STADT UND GESELLSCHAFT
Studien zur Rheinischen Landeskunde

Herausgegeben vom
LVR-Institut für Landeskunde und Regionalgeschichte
Reihenredaktion Helmut Rönz, Lisa Maubach und Keywan Klaus Münster

Band 15

Stadtgesellschaft und Militär

Köln in der Frühen Neuzeit

von
Max Plassmann

BÖHLAU

Gedruckt mit Unterstützung des Landschaftsverbands Rheinland.

Bibliografische Information der Deutschen Nationalbibliothek:
Die Deutsche Nationalbibliothek verzeichnet diese Publikation in der
Deutschen Nationalbibliografie; detaillierte bibliografische Daten sind
im Internet über https://dnb.de abrufbar.

Umschlagabbildung: Gerard ter Borch (der Jüngere): Wachtstube, ca. 1650/1660 (Wallraf-Richartz-
Museum & Fondation Corboud, Köln, Inv.-Nr. WRM 1001, Repro HAStK-RBA rba_c004928)

Redaktion: Wolfgang Rosen
Korrektorat: Dirk Michel, Mannheim
Umschlaggestaltung: Michael Haderer, Wien
Satz: SchwabScantechnik, Göttingen
Druck und Bindung: Elanders Waiblingen, Waiblingen
Printed in the EU

Vandenhoeck & Ruprecht Verlage | www.vandenhoeck-ruprecht-verlage.com
E-Mail: info@boehlau-verlag.com

ISBN 978-3-412-53429-5 (print)
ISBN 978-3-412-53430-1 (digital) | ISBN 978-3-412-53431-8 (eLibrary)

Inhalt

Einleitung

König Friedrich Wilhelm I. von Preußen konnte bei geschätzten 2,25 Millionen Einwohnern 83.000 Soldaten unter Waffen halten[1], etwa 3,7 % der Bevölkerung tat also in der Armee Dienst. Die in ihrer Zeit stärksten Streitkräfte, die französischen unter König Ludwig XIV., konnten bei ca. 20 Millionen. Einwohnern bis zu 400.000 Mann[2] aufbieten, also etwa 2 % der Bevölkerung. Im Kurfürstentum Sachsen schwankte im 18. Jahrhundert der Anteil der Militärbevölkerung inklusive Soldatenfrauen und -kindern sowie Gesinde zwischen 2,2 und 2,7 %.[3] Das Fürstbistum Münster hielt im 18. Jahrhundert knapp über 1 % seiner Bevölkerung unter Waffen.[4] Im Hochstift Würzburg waren es ca. 1,7 % der Männer.[5] Die Stadt Köln hatte in der Frühen Neuzeit etwa 40.000 bis 50.000 Einwohner[6] und unterhielt auch in Friedenszeiten ab der zweiten Hälfte des 17. Jahrhunderts[7] geworbene Soldtruppen – im Volksmund die „Roten Funken" – in

---

1   Vgl. Duffy, Friedrich, S. 15.
2   Nach manchen Angaben in der Spitze 1713 sogar noch mehr, vgl. Luh, Kriegskunst, S. 17; Lynn, Wars, S. 50. Vgl. auch Frey/Frey, Krieg, S. 26.
3   Vgl. Kroll, Soldaten, S. 73.
4   Vgl. Nowosadtko, Stehendes Heer, S. 10.
5   Vgl. Sicken, Streitkräfte, S. 729.
6   Vgl. Chaix, Köln, S. 26 (40.000 zu Beginn des 16. Jahrhunderts); Bergerhausen, Köln, S. 262 (knapp über 40.000 Mitte des 17. Jahrhunderts); Schwerhoff, Köln, S. 43 f. (bis zu 50.000, aber eher darunter im 18. Jahrhundert); Looz-Corswarem, Finanzwesen, S. 14 f. (ca. 40.000); Banck, Bevölkerungszahl, S. 331 (37.000 um 1574). Die Ermittlung der Einwohnerzahl von Köln in der Vormoderne ist quellenbedingt schwierig, weshalb eine zufriedenstellende Untersuchung zur demographischen Entwicklung zwar sehr erwünscht wäre, aber noch aussteht.
7   Schon im 16. Jahrhundert waren auch dauerhaft geworbene Soldaten in der Stadt im Einsatz, jedoch dürfte es sich dabei um einen quantitativ geringen Ansatz zu einem stehenden Militär gehandelt haben. Immerhin waren es jedoch schon 1599 genug Männer, um die tägliche Bewachung der offenen Stadttore zu übernehmen. HAStK-RBA Best. 14 A 29, Nr. 7 (Ratsedikt, 28.7.1599).

Stärke eines Bataillons, also wenn auch mit gewissen Schwankungen um 500 Mann[8] (die in Kriegszeiten teils beträchtlich aufgestockt wurden). Das entspricht bei 45.000 Einwohnern ca. 1,1 % der Bevölkerung (ohne ihre Frauen und Kinder zu berücksichtigen). Erreichte man in Kriegszeiten etwa 1.000 Mann[9], lag man bei etwa 2,2 %, und rechnet man die Bürgermiliz mit potentiell mindesten 5.000 Mann[10] hinzu – was im französischen Vergleichsbeispiel der Fall ist –, dann könnte der Anteil des Militärs an der Kölner Bevölkerung in Spitzenzeiten sogar 10-15 % betragen haben (und dabei sind verbündete Truppen, welche die Festungsbesatzung verstärkten, noch gar nicht eingerechnet). Selbst wenn man nun deutlich zurückhaltender kalkuliert, bei den Stadtsoldaten einen hohen Fehlbestand gegenüber der Sollstärke annimmt und auch nicht zu Unrecht davon ausgeht, dass ein großer Teil der potentiell einsetzbaren Bürgermilizionäre in der Praxis um den Dienst herumkam, kommt man immer noch selbst für das friedliebende[11] Köln zu einem militärischen Mobilisierungsgrad, bei dem der Anteil waffentragender Männer an der Einwohnerschaft dem größerer Flächenstaaten nicht nachstand, ihn teilweise sogar mehr oder minder deutlich übertraf. Nimmt man diesen Anteil oder auch den militärbezogener Ausgaben am städtischen

---

8   Vgl. Dietmar, Militärwesen, S. 42. Die Sollstärke der durch Stadtsoldaten versehenen Wachen wurde 1749 mit sieben Korporalschaften angegeben, die aus 168 Gemeinen, 16 Gefreiten und sieben Korporalen bestanden, also 191 Mann zuzüglich Offiziere, Unteroffiziere, Tamboure und Konstabler, so dass man von einer Größenordnung von 200 Mann im Wachdienst ausgehen kann, die täglich gegen andere ausgewechselt wurden. HAStK-RBA Best. 14 A 20 (Ratsedikt, 16.9.1749). Das macht eine Gesamtzahl von etwa 500 Mann wahrscheinlich. Auch die 1784 erhobenen Listen zur Wachgeldzahlung deuten auf 500 aktive Soldaten hin. HAStK-RBA Best. 33 A 60. Ebenso eine wenn auch undatierte Aufteilung der Wachen aus dem 18. Jahrhundert, in der von 399 gemeinen Soldaten die Rede ist. HAStK-RBA Best. 33 A 278, Bl. 2491r. Das Rechnungsbuch über Militärausgaben der Jahre 1776 bis 1790 weist auffällig häufig Beschaffungen von etwa 400 Uniformteilen für Gemeine aus, HAStK-RBA Best. 33 A 348. HAStK-RBA Best. 33 A 301, Bl. 354r kommt für 1760 ebenfalls auf 399 Gemeine, so dass diese Anzahl zumindest als Sollstärke einigermaßen stabil geblieben zu sein scheint. Hinzu kamen Offiziere und Unteroffiziere.

9   Vgl. Schwarz, Kreiskontingent-Stellung I, S. 63; Soénius, Kölner Stadtsoldaten, S. 99. Ebeling, Bürgertum, S. 182–187 (Tabelle 1), weist für 1797/99 bei der Häufigkeitsverteilung der Berufe in Köln 93 Soldaten (gegenüber 864 Tagelöhnern, aber z. B. nur 25 Fuhrmännern) aus, hinzu kommen fünf Konstabler. In HAStK-RBA Best. 33 sind einige Musterungslisten überliefert, jedoch ist angesichts der bewegten Geschichte dieses Bestands unklar, wie vollständig sie sind. Ein bloßes Aufaddieren der dort verzeichneten Namen führt daher letztlich zu keinem belastbaren Ergebnis, allenfalls zu einer Mindestanzahl von Soldaten zu einem bestimmten Zeitpunkt.

10   1610 rechnete man sogar mit 6.000 Mann in den Bürgerfahnen, HAStK-RBA 33 A 355, Bl. 342r (Protokoll Kriegsrat, 19.7.1610). Die 18.000 Mann, die Köln nach der Beobachtung eines Reisenden im frühen 16. Jahrhundert aufbieten konnte, entstammen dem Reich der Legenden. Vgl. Jansen, Stadt, S. 11.

11   Mit diesem Wort würden sich jedenfalls moderne Kölnerinnen und Kölner beschreiben, jedoch dürfte es sich dabei um eine Zuschreibung handeln, die erst nach 1945 in Abgrenzung zum sogenannten preußischen Militarismus bzw. zur Negierung der eigenen Verstrickung in die Verbrechen des Nationalsozialismus entwickelt wurde. Vgl. Plassmann, Kämpfer, S. 123; ders., Preußisch-Kölscher Militarismus; ders., Erinnern, S. 122–147. Vgl. auch Schennach, Introduction, S. 36; Doering-Manteuffel, Kriegserfahrungen, S. 201.

Haushalt[12] als Gradmesser für „Militarisierung" oder „Militarismus" avant la lettre[13], kann die Rheinmetropole jedenfalls keine pazifistische Tradition für sich beanspruchen. Frank Tallett hat kürzlich auf die simple Tatsache hingewiesen, dass Armeen in frühneuzeitlichen Territorien häufig aufgrund der schieren Anzahl der Soldaten „the largest single employers within states"[14] waren, also im Verhältnis zu anderen – wenn man so will – Arbeitgebern relativ am meisten Männer beschäftigten und auf diese Weise ein in sozial- und wirtschaftsgeschichtlicher Perspektive zwar häufig übersehener, aber kaum zu vernachlässigender Faktor waren. Das gilt sicher auch für Köln. Bei den Stadtsoldaten handelte es sich schon rein quantitativ um einen bedeutenden Anteil der Stadtgesellschaft, der allerdings in der bisherigen Forschung zur Stadtgeschichte weitgehend vernachlässigt wurde.[15]

Das Militär als Teil der Bevölkerung eines Territoriums oder einer Stadt hat in den letzten Jahrzehnten vermehrt die Aufmerksamkeit der Forschung gefunden.[16] Die preußische Armee gilt seitdem keineswegs mehr wie noch im 19. Jahrhundert als – je nach Perspektive – leuchtendes oder verdammenswertes Gegenbild zu den Armeen und Truppenkörpern kleinerer und kleinster vormoderner Territorien bzw. Städte. Frühere, holzschnittartige Zuschreibungen von vorgeblichen militärischen Qualitäten oder der Reichweichte militärischer Prägungen einer Gesellschaft sind differenzierten Betrachtungen gewichen. Dennoch blieben fürstliche Territorien und werdende Staaten im Zentrum des Interesses, während die Verhältnisse in Reichsstädten eher unberücksichtigt blieben.[17] Sie lassen sich auf der einen Seite schlecht mit Garnisonsstädten innerhalb größerer Herrschaftsgebiete vergleichen, weil es kein ferner Fürst war, der Truppen bei ihnen stationierte. Reichsstädte hatten daher die Regelung des alltäglichen Zusammenlebens viel direkter in der eigenen Hand, weil Bürgermeister und Rat letztlich die Stellung innehatten, die beispielsweise dem König von Preußen gegenüber Berlin oder Potsdam zukam. Sie hatten aber auch die Aufgaben und Probleme, welche die dortigen Magistrate im Umgang mit den königlichen Regimentern zu bewältigen hatten, vereinten also zwei Entscheidungs- und Verwaltungsebenen in sich selbst. Ein weiterer Unterschied besteht in der im Vergleich geringen Größe sowohl des Militärs als auch des zu überblickenden Raumes und seiner Zivilbevölkerung. Reichsstädtische Bürgermeister

12 Allein an Sold für die geworbenen Truppen wurden zwischen 1581 und 1608 239.294 Gulden acht Albus elf Heller aufgewandt, so die Gesamtrechnung in HAStK-RBA Best. 33 A 391, Bl. [1].

13 Vgl. Schmidt, G., Wandel, S. 140; Schilling, Höfe, S. 430 f.; Frevert, Jakobinisches Modell, S. 18; Kroener, „Schwungrad", S. 7.

14 Tallett, Soldiers, S. 135. Schwark bezeichnete zu Recht bereits im Titel seiner Monographie zum Lübecker Stadtmilitär dieses als „Berufsgruppe". Schwark, Lübecks Stadtmilitär.

15 Das ist nicht nur für Köln festzustellen, sondern z. B. auch für geistliche Territorien. Vgl. Nowosadtko, Stehendes Heer, S. 9. Vgl. auch Hohrath, Kriegspraxis, S. 25.

16 Vgl. die Überblicke bei Meumann, Military; Kroll, Soldaten, S. 15–20; Nowosadtko, Stehendes Heer. S. 11–23; Kroener, „Schwungrad".

17 Obgleich bis heute die vergangene Wehrhaftigkeit zum populären Geschichtsbild von ehemaligen Reichsstädten zählt, vgl. z. B. Breil/Paulus, Haus, S. 10–12; Hilsch, Geschichte, S. 15–18.

waren unmittelbarer als der König von Preußen mit den Folgen ihrer Entscheidungen im Alltag konfrontiert, konnten aber auch schneller und direkter auf Probleme reagieren. Daher spricht einiges dafür, den Faktor Militär auch und gerade in Reichsstädten ernst zu nehmen und in seinen Besonderheiten zu analysieren, um sowohl weitere Mosaiksteine zur allgemeinen militärgeschichtlichen Forschung zu liefern als auch die inneren Verhältnisse der jeweiligen Stadt besser zu verstehen.

Die Stadtgeschichtsforschung hat allerdings lange Zeit die jeweilige Militärbevölkerung wenig bis gar nicht beachtet.[18] Gerade für die Frühe Neuzeit sind hier ganz allgemein noch zahlreiche Lücken zu stopfen. Auch die Militärgeschichte von Reichsstädten hat zwar immer wieder Aufmerksamkeit auf sich gezogen, jedoch sind die meisten[19] Studien entweder weit vor den methodischen Entwicklungen der „neuen" Militärgeschichte der letzten 30 Jahre entstanden und insofern völlig veraltet, oder sie sind einem unkritischen Positivismus verhaftet, der sie zu einem bloßen Steinbruch für das Erheben von Fakten macht.[20] Beides gilt auch für viele Arbeiten zur Kölner Militärgeschichte.[21] Die hier beabsichtigte Untersuchung zielt daher darauf ab, einen Teil der Lücken im Hinblick auf die inneren Verhältnisse Kölns zu schließen und zu einer besseren lebensweltlichen Verortung des Faktors „Militär" in der Stadtgesellschaft zu kommen. Beim derzeitigen Stand der Forschung insbesondere zur Militärgeschichte, zur Rechtspraxis, zur Verwaltungsgeschichte und zur Sozialgeschichte Kölns in der Frühen Neuzeit ist dies jedoch nicht mit einem wie auch immer definierten Vollständigkeitsanspruch möglich. Daher erfolgt zunächst eine Konzentration auf vier große Kontaktzonen zwischen „ziviler" und „militärischer" Lebenswelt, deren Ausleuchtung weitergehende Untersuchungen ermöglichen (und hoffentlich anregen) wird:

– die Bürgerwache bzw. Bürgerfahnen, also der Bereich, in dem die Bürger temporär zu Ordnungskräften und Soldaten wurden (oder wenigstens in die Rolle schlüpften);
– Überschneidungszonen zwischen dem geworbenen Stadtmilitär und der „zivilen" Stadtgesellschaft (inklusive unvermeidlicher Konflikte);
– die Stadtsoldaten als Teil der Einwohnerschaft Kölns;
– die Präsenz fremder Armeen in der Stadt.

---

18 Rosseaux, Städte, ist dafür ein gutes Beispiel. Vgl. auch Pröve, Soldat, S. 193; Hohrath, Bürger, S. 307; Plassmann, Kämpfer, S. 124. Dass sich der Befund zu ändern beginnt, zeigen zuletzt u. a. Jansen, Stadt; Schönewald, Stadt; Engelbrecht/Looz-Corswarem, Krieg; Plassmann, Stadt; Strauss, Das preußische Militär; Brumshagen, Bremer Stadtmilitär. Bereits älter sind Ehlers, Wehrverfassung, und Kraus, Jürgen, Militärwesen.

19 Natürlich nicht alle, vgl. z. B. Boes, Rechtsprechung.

20 Vgl. z. B. Schlürmann, Militär.

21 So etwa für die verschiedenen Aufsätze von Holt und Schwarz oder Heuel, Truppenwerbungen; Hamacher, Reichsstadt. Der Nachlass des Offiziers und Festungsforschers Ernst Zander mit seinen Notizen und Materialsammlungen zur Kölner Militärgeschichte ist aufgrund seines unkritischen und positivistischen Ansatzes weitgehend unergiebig, HAStK-RBA Best. 1149. Vgl. auch Zander, Köln. Vgl. grundsätzlich Plassmann, Stadt, S. 7–15.

Ergänzend werden einige Nebenaspekte betrachtet, womit sich insgesamt ein deutlicheres Bild des Faktors „Militär"[22] in der frühneuzeitlichen Lebenswelt Kölns ergibt. So soll zugleich ein Beitrag zur stadtgeschichtlichen Forschung geleistet und der allgemeinen Militärgeschichte mit den reichsstädtischen Verhältnissen eine weitere Facette hinzugefügt werden.[23]

Abb. 1: Ansicht von Köln, um 1680 (Kölnisches Stadtmuseum HM 1915/208, Reproduktion HAStK-RBA rba_mf165518)

Die Quellenbasis für ein solches Unterfangen fällt für Köln einerseits reichhaltig aus. In großer Vielfalt und Dichte finden sich, verteilt über nahezu alle vormodernen Bestände des Historischen Archivs der Stadt Köln mit Rheinischem Bildarchiv (HAStK-RBA), Vorgänge und Entscheidungen, die um die Integration militärischer Aspekte und Heraus-

---

22 Nicht im Fokus stehen hingegen die inneren Verhältnisse der geworbenen Stadtsoldaten. Es wird also keine Truppen-, Formations-, Uniformierungs- oder Sozialgeschichte der „Roten Funken" vorgelegt, die gleichwohl ein Desiderat darstellt.

23 Der Einsatz militärischer Kräfte durch die Stadt Köln mit Blick nach außen wurde bereits in PLASSMANN, Stadt, betrachtet.

forderungen in die Lebenswelt der Kölnerinnen und Kölner kreisen.[24] Bei näherem
Hinsehen ergibt sich jedoch eine bedeutende Einschränkung: Wie so oft haben es hauptsächlich Probleme und Auseinandersetzungen in die Quellen geschafft, nicht aber Zeug-
nisse eines harmonischen Zusammenlebens. Es besteht daher die Gefahr der Über-
zeichnung von Konflikten. Das ist jedoch kein Argument dafür, das Themenfeld in der
Geschichte der Stadt Köln (und anderer Gemeinwesen) zu vernachlässigen. Denn: Wer
Teilbereiche des Zusammenlebens der Menschen aus der Betrachtung „ausläßt, weil
unsere Quellen über sie so gut wie nichts sagen, *beschränkt* sich nicht etwa in seiner
Aussage, sondern *verfälscht* das Gesamtbild"[25]. Anders gesagt: Wer den Quellenmangel
als Argument dazu nutzt, einen quantitativ und qualitativ bedeutenden Teil der vormodernen sozialen, kulturellen, politischen und wirtschaftlichen Realität aus der historischen Forschung auszusparen, wird auch zu anderen Themen letztlich kein valides
Bild der Entwicklung und Strukturen zeichnen können.

Eine gewisse Verzerrung der Untersuchung ist indes auch in chronologischer Hinsicht
nicht zu übersehen, denn die Quellen fließen für das 18. Jahrhundert deutlich reichhaltiger als für die beiden Jahrhunderte zuvor. Ursache dafür ist sowohl der höhere Grad an
Schriftlichkeit als auch die bessere Chance jüngerer Akten, bis in das 19. Jahrhundert und
damit bis zum Beginn systematischer Archivierung zu überleben.[26] Eine Beschränkung
auf das 18. Jahrhundert hätte daher nahegelegen. Da jedoch sowohl die Verhältnisse bei
der Bürgerwehr als auch die bei den Soldtruppen auf den Entwicklungen der beiden Jahrhunderte zuvor fußen, wäre damit der zweite Schritt vor dem ersten gegangen worden.
Die Verhältnisse des 18. Jahrhunderts können nicht zutreffend ohne die Kenntnis des 16.
und v. a. 17. Jahrhunderts analysiert werden. Umgekehrt kann dort, wo es sich um Kon-
stanten oder langfristig angelegte Phänomene handelt, die bessere Quellenlage des 18. auch
zur Beleuchtung wenigstens des 17. Jahrhunderts beitragen. Während das Ende des Be-
trachtungszeitraums daher einigermaßen genau mit dem Oktober 1794 angegeben werden kann, also mit der eine völlig neue Situation schaffenden Besetzung Kölns durch die

---

24 Zu nennen ist hier insbesondere HAStK-RBA Best. 33, ein Pertinenzbestand zur Aufnahme von Quellen,
    die sich auf Militär, Kriege und die Bürgerwehr beziehen. Die Bildung dieses Bestandes ab dem 19. Jahr-
    hundert bis in die 1990er Jahre hinein blieb aber einerseits unvollständig, so dass sich noch zahlreiche
    Quellen, die der Logik nach zu ihm passen würden, in anderen Beständen finden lassen (insbesondere
    in HAStK-RBA Best. 30 mit seinen Unterbeständen und HAStK-RBA Best. 70). Zum anderen unterblieb
    eine konsequente Ordnung und erst recht Erschließung des Bestandes, was die bisherige Zurückhaltung
    der Forschung zum Teil erklärt, umgekehrt sicherlich aber auch ein Produkt der traditionellen Missach-
    tung der Kölner Militärgeschichte sein dürfte. – Sowohl Personen- als auch Straßennamen werden nach
    der Schreibweise der jeweiligen Quelle zitiert, weil eine Normalisierung eine Eindeutigkeit suggerieren
    würde, die de facto nicht zu erreichen ist. Bei Straßennamen kommt hinzu, dass viele heutige Namen
    zwar auf alte Vorbilder rekurrieren, deren Verlauf sie aber nicht identisch abbilden.
25 So Hanna Vollrath, wenn auch mit Blick auf einen ganz anderen historiographischen Kontext. Voll-
    rath, Rolle, S. 193. Vgl. auch grundsätzlich Esch, Überlieferungs-Chance.
26 Vgl. auch Kroll, Soldaten, S. 20.

französische Armee[27], ist dies bei seinem Beginn nicht ganz so einfach. Ausgeschlossen aus der Untersuchung ist jedenfalls das Mittelalter mit seinen in militärgeschichtlicher Hinsicht vielfach anders gelagerten Bedingungen – genannt werden sollen hier nur die Fehde, das Einsatzspektrum von Söldnern, die Beziehungen zu Außenbürgern, aber auch Unterschiede in Bewaffnung und Taktik.[28] Auch das Selbstverständnis und die politische Kultur unterschieden sich trotz aller die gesamte Vormoderne durchziehender Kontinuitäten, wenn auch in einigen Bereichen weniger deutlich. Wann aber endet in Köln das Mittelalter? Böse Zungen behaupten, dies sei erst 1794 oder gar 1815 der Fall gewesen. In militärgeschichtlicher Hinsicht kann man jedoch konventioneller argumentieren und den Umschwung tatsächlich im 16. Jahrhundert ansetzen. Der eher schlecht als recht erfolgreiche Einsatz eines Bürgeraufgebots im Neusser Krieg 1475 markiert den letzten Versuch, im Kriegsgeschehen außerhalb der Stadt bewaffnete Bürger im großen Stil einzusetzen. Zugleich handelt es sich um das letzte Gefecht der Außenbürger. Unabhängig davon, wie schnell sich diese Erkenntnis tatsächlich durchgesetzt hat, kam der Einsatz bewaffneter Bürger als Teilzeitsoldaten in der Folge nur noch in verteidigender und die Stadt sichernder Funktion im Krieg und Frieden in Betracht. Im Einklang mit den großen Entwicklungen der Zeit wandelte sich aber auch seitdem der Charakter der Soldtruppen: Aus kleinen berittenen Trupps für die Fehdeführung wurden schließlich schrittweise Infanteristen moderner Prägung, während die Kölner keine reguläre frühneuzeitliche Kavallerie unterhielten.[29] All diese Entwicklungen lassen sich zwar nach 1475 bzw. 1500 verorten, jedoch schon allein aus Quellenmangel jedenfalls bis zur großen Reform der Bürgerfahnen 1583 nicht breit im Detail verfolgen. Daher setzt die Untersuchung zwar im 16. Jahrhundert an, schwerpunktmäßig allerdings nach dem Stichjahr 1583, weil mit diesem bis 1794 mehr oder minder stabile Verhältnisse im Bereich der Bürgerfahnen geschaffen worden waren und zugleich – oder vielleicht auch deshalb – die Quellen reichhaltiger fließen. Das Stichjahr für den Beginn der Untersuchung aber gleich auf 1583 festzusetzen, hätte dieser Reform ihrer Vorgeschichte geraubt.

Während der Frühen Neuzeit waren *Militär* und *Zivilgesellschaft* noch keineswegs so strikt getrennt, wie wir es seit dem 19. Jahrhundert zu denken gewohnt sind.[30] Im Folgenden sollen dennoch zur Vereinfachung des Leseflusses und der Argumentation die Begriffe *militärisch* und *zivil* genutzt werden, um die zwar durchlässigen und sich keineswegs immer antagonistisch gegenüberstehenden, aber wenigstens zu dem jewei-

---

27 Zwar lässt sich heute die früher angenommene scharfe Epochengrenze der Revolutionskriege für die Militärgeschichte allgemein nicht mehr in dieser Form halten (vgl. LANGEWIESCHE, Nation, S. 218), aber für die Kölner Stadtgeschichte traten doch so grundlegende Veränderungen ein, dass 1794 hier nach wie vor als wenn auch vielfältig durchlässige Epochenschwelle gelten kann. Die Kontinuitäten über die Brüche hinweg zu untersuchen, würde jedoch eine eigene Arbeit erfordern.
28 Vgl. PLASSMANN, Stadt.
29 Vgl. PLASSMANN, Stadt, S. 253–260. Zu den spätmittelalterlichen Verhältnissen vgl. jetzt auch JANSEN, Stadt.
30 Vgl. FREVERT, Gesellschaft, S. 7 f.; HOCHEDLINGER, Adlige Abstinenz, S. 308; MEUMANN, Military, S. 12; LORIGA, Soldaten, S. 64 f.; NIMWEGEN, Pitfalls, S. 141; NOWOSADTKO, Stehendes Heer, S. 34; KROENER, „Des Königs Rock", S. 77; SCHRÖDER, Stehende Heere, S. 45.

ligen Zeitpunkt der Entstehung einer Quelle aus Sicht ihrer Verfasser getrennten Lebenswelten zwischen Soldaten und Bürgern zu bezeichnen. Dass damit der Frühen Neuzeit
moderne Kategorien übergestülpt werden, sei beim Lesen stets mitbedacht.[31]

*

Wie der Gang der Untersuchung zeigen wird, handelt es sich bei der Erforschung des
Faktors Militär im Rahmen der Kölner Stadtgesellschaft der Frühen Neuzeit keineswegs
um ein randständiges Thema. Vielmehr führt sie in vielerlei Hinsicht in das Herz von
Verfassungsleben, Sozialgeschichte, wirtschaftlichen Verhältnissen, Mentalität und poli-
tischer Kultur der Stadt und sie streift weitere Bereiche wie etwa die Geschlechterverhältnisse oder das studentische Leben. Die bisherige Zurückhaltung der Kölnhistoriographie,
diese Dimension der Stadtgeschichte zu berücksichtigen, erklärt sich auch aus dem Problem mangelnder Verfügbarkeit von Quellen, aus (Fehl-)Entscheidungen, die im Historischen Archiv der Stadt Köln (damals noch ohne Rheinisches Bildarchiv) bereits im frühen 19. Jahrhundert getroffen wurden. Was damals als Ordnung des Archivs verstanden
wurde, bedeutete ganz allgemein die Zerschlagung von Schriftgutstrukturen im Hinblick
auf die Inhalte von Quellen unter Vernachlässigung ihres Entstehungskontextes. Die Kri-
terien dieses Pertinenzprinzip benannten Handelns waren so zeitgebunden, dass sie heute
keinen einfachen Weg mehr zu den Quellen eröffnen. Dies kann ein Archiv bis zu einem
gewissen Grad durch eine intensive Tiefenerschließung kompensieren, was jedoch angesichts des notorischen Personalmangels von Kulturerbeeinrichtungen bis heute nur sehr
selektiv geschehen ist. Der Archivbestand 33 „Militaria" wurde bis in die jüngste Vergangenheit sehr weitgehend vernachlässigt, sicherlich auch, weil den Archivaren das Thema
Militär fremd war und sie – ein klassischer Teufelskreis – aus der Forschung keine gegen-
teiligen Impulse erhalten konnten. Die nur recht summarische Erschließung, die nicht
konsequent zu Ende geführte innere Ordnung und auch die niemals systematisch berück-
sichtigten Überschneidungen zu anderen Beständen verhinderten gemeinsam mit einer
unklaren Signierung einen zielgerichteten Zugriff auf die Quellen, so dass der Forschung
kaum ein Vorwurf gemacht werden kann, wenn sie um Themen, für die dieser Bestand
heranzuziehen ist, einen weiten Bogen machte. Erst ab 2022 wurde er im Rahmen der
durch den Einsturz des Archivs 2009 ohnehin notwendigen Ordnungsarbeiten komplett
gesichtet, eindeutig signiert und einer verbesserten (wenn auch nicht abschließend tiefen)
Erschließung unterzogen. Eine Arbeit wie diese kann daher erst jetzt mit vertretbarem
Aufwand entstehen und – so ist zu hoffen – Nachfolgerinnen finden.[32]

---

31 Vgl. RISCHKE-NESS, Subjektivierungen, S. 65; KROLL, Soldaten, S. 23, Anm. 18; MEUMANN, Military,
    S. 23. Vgl. die Überlegungen anhand des ebenfalls nicht klar zu definierenden Begriffs „Stand" bei HÖH,
    Überlegungen, S. 200–203.
32 Zur Geschichte des Bestandes vgl. DEETERS, Bestände, S. 46 f.

Kurzer Überblick über die Verfassung Kölns
in der Frühen Neuzeit

Eine Verwaltungsgeschichte des frühneuzeitlichen Köln fehlt leider nach wie vor und auch die Geschichte der Stadtverfassung wurde meist mit Blick auf die spätmittelalterlichen Umbrüche beschrieben. Beide Defizite können hier nicht behoben werden. Der folgende Überblick soll aber die für die weitere Lektüre wichtigen grundlegenden Informationen bieten.[1]

Mit dem Verbundbrief von 1396 sowie seiner Ergänzung durch den Transfixbrief von 1513 hatten sich die Kölner eine Stadtverfassung gegeben, die in ihren äußeren Formen bis zum Ende der reichsstädtischen Zeit stabil blieb. An der Spitze standen jeweils zwei gewählte Bürgermeister, die zusammen mit dem Rat der Stadt die Herrschaft ausübten (ohne selbst zum Rat zu gehören). Der aus 49 Männern bestehende Rat wurde jeweils halbjährig zur Hälfte neu gewählt, und zwar zum Teil von den politischen Korporationen der Gaffeln (denen jeder Bürger angehören musste) und zum geringeren Teil durch Zuwahl durch den Rat selbst. Wer ausschied, konnte erst im dritten Jahr danach erneut gewählt werden.

Trotz dieser kurzen Amtszeiten verstanden und inszenierten sie sich als Obrigkeit. Möglich wurde dies auch durch den Umstand, dass trotz der formalen Wählbarkeit aller Bürger in der Praxis eine Rats-und-Bürgermeister-Elite entstand, deren Mitglieder bzw. Familien sich auf den Posten und Ämtern ablösten. Informell hatte sich nämlich der Brauch durchgesetzt, im Dreijahresrhythmus immer wieder dieselben Männer zu wählen, bis sie aus Alters- oder sonstigen Gründen aus der politischen Laufbahn ausschieden. Die Zeiträume, die wegen des Verbots der direkten Wiederwahl überbrückt werden mussten, wurden dabei häufig auf anderen Posten verbracht. Bürgermeister wurden auf diese Weise zu Rentmeistern der Mittwochsrentkammer und Präsidenten der Freitagsrentkammer, um nach drei Jahren wieder Bürgermeister zu werden. Als Sechsherren kontrollierten die drei Bürgermeisterpaare gemeinsam mit der Ratselite auf diese Weise die Geschicke der Stadt. Das gilt auch für den Bereich des Militärs, der entgegen dem modernen Effektivitätsdenken bewusst einem kollektiven zivilen Oberkommando unterworfen wurde.[2]

---

1 Vgl. dazu CHAIX, Köln, S. 73–77; SCHWERHOFF, Köln, S. 130–149; Stadtrat. Stadtrecht. Bürgerfreiheit.
2 Vgl. PLASSMANN, Stadt, S. 32–39. Vgl. auch BRUMSHAGEN, Bremer Stadtmilitär, S. 35; KRAUS, Jürgen, Militärwesen, S. 40–42.

Nur in wirklich schwerwiegenden Fragen wie etwa die nach Krieg und Frieden sowie – eng damit verwandt – die nach Steuererhebung und Schuldenaufnahme unterlag der Rat einer erweiterten Kontrolle durch die Gemeinde, nämlich der Mitwirkung des Gremiums der 44er aus den Vertretern der 22 Gaffeln. Es stellte ein Gegengewicht zu den obrigkeitlichen Tendenzen der Bürgermeister dar, das jedoch für den Gang dieser Untersuchung keine wirkliche Rolle spielt.

Die Einwohnerschaft Kölns zerfiel in der Frühen Neuzeit in mehrere klar voneinander geschiedene Gruppen mit unterschiedlichen Rechten und Pflichten auch im Hinblick auf die Frage der gemeinsamen Herstellung von Sicherheit – weshalb der Status sowohl der Menschen als auch der von ihnen bewohnten Häuser im Verlauf der Untersuchung immer wieder eine Rolle spielen wird.[3] Zu nennen sind hier zunächst die Bürger mit vollem Bürgerrecht. Dieses brachte zwar verschiedene, hier nicht im Einzelnen aufzuführende Vorteile u. a. in ökonomischer Hinsicht mit sich, war aber auch direkt mit Pflichten im Hinblick auf die Stadtverteidigung bzw. den Wachdienst verbunden.[4] Bürger gehörten jeweils zu einer der 22 Gaffeln, über die sie wenigstens indirekten Einfluss auf die Geschicke der Stadt nehmen konnten. Der Erwerb des Bürgerrechts war für Auswärtige mit einer Gebühr verbunden, zudem mussten sie sich wie die geborenen Kölner dazu qualifizieren, was insbesondere mit dem Nachweis der Zugehörigkeit zur katholischen Konfession verbunden war. Obgleich Letzteres den meisten Kindern aus Bürgerfamilien leichtgefallen sein dürfte und sie auch keine Zahlung für den Erwerb des Bürgerrechts leisten mussten, gab es eine deutliche Zurückhaltung, sich darum zu bemühen. Nur schätzungsweise 10 % der Einwohner Kölns waren daher im 18. Jahrhundert Bürger.

Wer sonst in Köln wohnte, war, abgesehen von einigen Sonderfällen, ein Eingessener, was abseits bestimmter wirtschaftlicher Aktivitäten keinen wirklichen Nachteil mit sich brachte, dafür aber u. a. mit dem Vorteil verbunden war, nicht zu bestimmten Sondersteuern herangezogen zu werden. Die Eingessenen hätten jedoch grundsätzlich das Bürgerrecht erwerben können (sofern sie nicht zu wirtschaftlich abhängigen Gruppen wie Hausgesinde oder Gesellen zählten). Das galt nicht für die Beisassen, was eine Bezeichnung v. a. für die in Köln widerwillig geduldeten Protestanten war. Als Beisassen waren sie auf einen Status minderen Rechts verwiesen, mussten aber dennoch einen Teil der bürgerlichen Lasten tragen. Schließlich gab es noch mehr oder weniger große Gruppen von Fremden in der Stadt, womit v. a. nur temporär anwesende Personen gemeint waren – was jedoch bei längerer Anwesenheit eine zum Eingessenenstatus fließende Kategorie war. Geistliche aller Art[5] sowie Studenten waren weitere zahlenmäßig starke Personengruppen, die zur Einwohnerschaft zählten, ohne der Bürgerschaft anzugehören.

---

3   Vgl. Küntzel, Fremde, S. 18–36.
4   Dreher, Texte, S. 113 (Nr. XXIV).
5   Vgl. Groten/Mölich/Muschiol/Oepen, Nordrheinisches Klosterbuch, Teil 3.

In der Praxis wurde das Bürger-, Einwohner- und Beisassenrecht häufig nicht so strikt gehandhabt, wie es auf dem Papier den Anschein hat. Das beginnt mit Frauen, die auch noch im 18. Jahrhundert das Bürgerrecht erwarben, und endet damit, dass man gegenüber Protestanten und anderen an sich Unqualifizierten ein Auge zudrückte – insbesondere, wenn in Notzeiten die Zahlungen der Neubürger Geld in die Kassen zu spülen versprachen. Wie noch zu zeigen sein wird, war auch der Bereich der inneren und äußeren Sicherheit ein Feld unterschiedlicher Vorstellungen und Wahrnehmungen hinsichtlich der Mitwirkungspflicht von Nichtbürgern, dessen Ausgestaltung auch von der allgemeinen Lage abhing.

Militär als Medium der Repräsentation

Unabhängig von der Frage ihres tatsächlichen Einsatzes im Kampf repräsentieren Armeen und Bürgeraufgebote auch immer die Herrschaft, die sie daher neben militärischen Zwecken im engeren Sinne stets zeremoniell einsetzten, z. B. beim Empfang von hochgestellten Persönlichkeiten, als Teil von Prozessionen[1] oder im Zuge von Festlichkeiten.[2] Bei besonderen Anlässen wie etwa einer Kaiserkrönung[3], aber auch beispielsweise bei der Durchreise von Fürsten wurde aus Geschützen Salut geschossen.[4] Auch zur Feier des niederländisch-spanischen Friedens 1648 wurden neben einem Feuerwerk Freudenschüsse aus Kanonen eingesetzt, die der Rat dazu eigens wieder auf die Bollwerke schaffen ließ.[5] Als 1774 der Kölner Kurfürst die Stadt auf der Reise Richtung Münster passierte, wurden insgesamt 36 Kanonenschüsse von unterschiedlichen Stellen der Stadtmauer aus abgeschossen.[6] Allein in den Jahren 1771 bis 1774 wurde mehr als eine Tonne Pulver für Salutschüsse verbraucht.[7] Doch auch im Alltag diente die Schildwache vor einem Gebäude oder am Stadttor der Kennzeichnung und Darstellung von Herr-

---

1 Ein Beispiel für die Begleitung einer Prozession durch Soldaten, bei der ein Tumult entstand, in HAStK-RBA Best. 150 A 193, Bl. 1r ([Protokoll Gewaltrichter] 1774).

2 Vgl. z. B. Schröder-Stapper, Fürstäbtissinen, S. 343; Eibach, Frankfurter Verhöre, S. 39.

3 So für Kaiser Matthias. HAStK-RBA Best. 10B A 63, Bl. 28v (Ratsprotokoll, 20.6.1612).

4 Siehe die Zusammenstellung in HAStK-RBA Best. 30N A 1075.

5 HAStK-RBA Best. 10B A 95, Bl. 144r–v (Ratsprotokoll, 8.6.1648). Die Freude über den Frieden wurde allerdings rasch dadurch getrübt, dass zahlreiche Fenster durch das vom niederländischen Vertreter in Köln veranstaltete Feuerwerk zu Bruch gingen. HAStK-RBA Best. 33 A 51, Bl. 918 (Supplik sämtlicher geistlicher und weltlicher Nachbarn, 1648). Zur Feier des eigentlichen Westfälischen Friedens Ende Oktober 1648 findet sich im Ratsprotokoll kein Beleg für Salutschüsse, die vermutlich aus politischen Gründen unterblieben sind, weil Köln den Friedensvertrag nicht mitgezeichnet hat. Vgl. Bergerhausen, Köln, S. 165. Vgl. auch Schanbacher, Natur, S. 266.

6 HAStK-RBA Best. 33 A 398, Bl. 651 (Bericht des Stückhauptmanns, 1774). Die 36 Schüsse zu dem Anlass waren der Standard siehe ebd., Bl. 657r (Bericht des Stückhauptmanns, 1778).

7 HAStK-RBA Best. 33 A 266, Bl. 2062r (Übersicht Pulverausgabe, 1771–1774). Nachweise zum Pulververbrauch für repräsentative Zwecke auch in HAStK-RBA Best. 33 A 207 sowie in HAStK-RBA Best. 30N A 236.

schaft.[8] So konnten sich Bürgermeister und Rat allen erst im 19. Jahrhundert aufkommenden Vorurteilen zum Trotz ihre Stadtsoldaten etwa bei der alljährlichen Prozession der Gottestracht[9] oder einem Herrscherempfang dazu nutzen, ihren eigenen Status als Obrigkeit zu unterstreichen.[10] Noch zum Jahresbeginn 1795 wurden Musiker der Stadtsoldaten dazu eingesetzt, dem nunmehrigen französischen Platzkommandanten aufzuspielen und so den Neujahrstag feierlich zu begehen.[11]

Auch die Bürgerfahnen konnten grundsätzlich zu repräsentativen Zwecken in Marsch gesetzt werden.[12] Die Huldigung eines neuen Kaisers, mit der zugleich die Freiheit vom Erzbischof als ehemaligem Stadtherrn unterstrichen wurde, wurde u. a. über die Bürgerfahnen organisiert.[13] Die Hauptleute hatten dafür Sorge zu tragen, dass die in ihrem Bezirk wohnenden Männer unter Einschluss derer ohne Bürgerrecht und sogar der Protestanten persönlich zur Huldigung erschienen – und zwar, was den engen Zusammenhang von Bürgertum und Wehrpflicht unterstreicht, voll bewaffnet, jedoch mit ungeladenen Gewehren.[14] Wenigstens 1717 wurde es den Hauptleuten im Nachgang zur Huldigung zur Pflicht gemacht, Listen der Männer zu erstellen, die der Vereidigung aus welchen Gründen auch immer ferngeblieben waren.[15] Zur Huldigung an Kaiser Leopold I. waren 100 jüngere Männer aus besseren Kreisen dem Huldigungskommissar zu Pferd entgegen-

---

8   Weshalb eine respektlose Behandlung von Soldaten durch Zivilisten nicht geduldet werden konnte. Im Jahr 1582 wurde deshalb ein Ratsedikt erlassen, das einen angemessenen Umgang „mit worten oder wercken" mit den geworbenen Soldaten forderte. Da es noch keine stehende Truppe gab, wurden die Männer offensichtlich zum Teil als sozialer Fremdkörper angesehen, der zunächst mit obrigkeitlicher Deckung in das Gefüge der Stadtgesellschaft einzupassen war. Dieses Problem stellte sich später nicht mehr im selben Maße. HAStK-RBA Best. 33 A 344, Bl. 365 (Ratsedikt, 1582). Vgl. auch STEPHAN, Tinte, S. 176.

9   Bei der aber auch die Bürgerfahnen zum Einsatz kamen. Siehe etwa HAStK-RBA Best. 33 A 278, Bl. 2512–2517 (Aufzugsordnung, 18. Jh.).

10 Vgl. KRISCHER, Rituale, S. 140–145; BRUMSHAGEN, Bremer Stadtmilitär, S. 154.

11 HAStK-RBA Best. 10B A 242, Bl. 7v (Ratsprotokoll, 2.1.1795).

12 Vgl. die Schilderung der Musterung von sechs Bürgerfahnen 1583 im Buch Weinsberg, Bd. 3, S. 215. 1501 wurden 600 Gesellen verköstigt, die mit Spießen und Hellebarden die Gottestracht begleitet hatten. HAStK-RBA Best. 70 A 98, Bl. 34v (Rechnung der Mittwochsrentkammer, 2.6.1501).

13 HAStK-RBA Best. 14 A 7, Nr. 250 (Ratsedikt, 13.11.1705); ebd., Nr. 251 (Ratsedikt, 22.10.1717); ebd., Nr. 252 (Ratsedikt, 29.10.1717); ebd., Nr. 257 (Ratsedikt, 23.5.1742); ebd., Nr. 259 (Ratsedikt, 10.8.1742); ebd., Nr. 260 (Ratsedikt, 17.8.1742); ebd., Nr. 261 (Ratsedikt, 17.8.1742); ebd., Nr. 262 (Ratsedikt, 17.8.1742); ebd., Nr. 262 (Ratsedikt, 27.8.1742). Siehe auch den ausführlichen Bericht zur Huldigung 1742 in HAStK-RBA Best. 30C A 611, dessen detaillierte Auswertung im Hinblick auf das militärisch geprägte Zeremoniell sowohl der Bürgerfahnen als auch der Stadtsoldaten sinnvoll wäre.

14 HAStK-RBA Best. 14 A 7, Nr. 250 (Ratsedikt, 13.11.1705); ebd., Nr. 251 (Ratsedikt, 22.10.1717); ebd., Nr. 252 (Ratsedikt, 29.10.1717); ebd., Nr. 257 (Ratsedikt, 23.5.1742); ebd., Nr. 259 (Ratsedikt, 10.8.1742); ebd., Nr. 260 (Ratsedikt, 17.8.1742); ebd., Nr. 261 (Ratsedikt, 17.8.1742); ebd., Nr. 262 (Ratsedikt, 17.8.1742). Siehe auch HAStK-RBA Best. 10B A 107, Bl. 57v–59v (Ratsprotokoll, 9.3.1660).

15 HAStK-RBA Best. 14 A 7, Nr. 253 (Ratsedikt, 22.11.1717); ebd., Nr. 254 (Ratsedikt, 6.12.1717); ebd., Nr. 255 (Ratsedikt, 4.2.1718): Die betreffenden Männer wurden einzeln vor den Magistrat geladen, um sich für ihr Fernbleiben zu rechtfertigen.

gezogen, um ihn mit gezückten Pistolen in die Stadt zu begleiten, wo neben 300 Stadt-soldaten acht Bürgerfahnen angetreten waren.[16] Auch für seinen Sohn Joseph I. wurde 1705 eine Kompanie berittener freiwilliger Junggesellen gebildet.[17] Für Karl VII. wurden 1742 sogar eigens zwei berittene Kompanien Bürgerwehr gebildet, die dem militärischen Gepränge der Vereidigungszeremonie noch mehr Glanz verleihen sollten. Dafür waren aus jeder Fahne zwei Mann zu stellen (ein verheirateter und ein unverheirateter).[18]

Abb. 2: Vergleichbar zur Kölner Bürgerkavallerie: ein Offizier der Bürgerkompanie zu Pferd der Stadt Regensburg, 1773 (Ausschnitt aus HAStK-RBA X-Best. 6100 A 492)

Zur Beerdigung von Kurfürst Clemens August von Köln wurden am 31. März 1761 16 Bürgerfahnen aufgeboten, also zwei aus jeder Colonelschaft. Sie sollten schwarz gekleidet und wohlgerüstet dem Trauerzug einen würdigen Rahmen verleihen. Dazu hatte jede Fahne drei Tamboure und zwei Pfeifer mitzuführen, die in der normalen roten Kleidung für musikalische Begleitung und v. a. Marschtritt sorgten.[19] Die beiden Fahnen, die den Zug anführten und beschlossen, sollten sogar von einer „Musicanten-Band"[20] sowie vier

---

16 HAStK-RBA Best. 50 A 310/2 (Bericht über die Huldigung, 1660).

17 LAVNRW, Abt. Rheinland AA 0007, Nr. 3417 („Verlauff [...], 1705).

18 HAStK-RBA Best. 14 A 7, Nr. 256 (Ratsedikt, 17.5.1742); ebd., Nr. 258 (Ratsedikt, 6.7.1742). Vgl. Kemp, Huldigung.

19 Vgl. Rogg, Lauter Krieg, S. 381.

20 HAStK-RBA Best. 14 A 2, Nr. 242 (Ratsedikt, vor 31.3.1761). Die Bürgerfahnen scheinen eine gewisse Anzahl von Trommlern in ihren Reihen gehabt zu haben, jedenfalls deutet darauf eine Angabe aus dem Jahr 1610 hin, HAStK-RBA Best. 33 A 339, Bl. 1v (Musterungsliste, 1610). Ebenso die Verzeichnung von Bezahlung von „Bürgertambouren" neben den „Soldaten Tambouren" für die Begleitung der Gottestracht 1769. HAStK-RBA Best. 70 A 681, Bl. 135v.

Tambouren und zwei Pfeifern begleitet werden. Die Trommeln waren schwarz zu über-
ziehen, die Fahnen erhielten einen Trauerflor sowie eine schwarze Rose.

1784 kam es anlässlich der Überführung der Leiche des Kurfürsten Maximilian Friedrich von Königsegg-Rothenfels über den Rhein zu Irritationen. An der Landbrücke, über
die der Sarg vom Schiff an Land gebracht werden sollte, erschienen nicht allein Deutzer
Schützen (also kurfürstliche Untertanen, wie es wohl auch schon bei Clemens August
1761 der Fall gewesen war), sondern auch „einige der Kölnischen Stadtsoldaten"[21]. Kurköln protestierte dagegen und Präzedenzfälle wurden hervorgekramt. Hier ist es allerdings nicht von Bedeutung, diesen Streit im Detail nachzuvollziehen. Wichtig ist aber
der Einsatz von Stadtsoldaten zur Markierung von Hoheitsansprüchen, nämlich im territorial umstrittenen Hafengebiet.[22]

Der feierliche Empfang des Erzherzogs und Kölner Koadjutors Maximilian Franz in
Köln im Jahr 1780 ist durch ein ausführliches „Reglement"[23] dokumentiert, das im Vorfeld zur Organisation des Einsatzes der Bürgerfahnen erstellt wurde. Diese hatten vollständig „in manierlicher Kleidung und [mit] gutem gewehr zu erscheinen" (§ 1), bis zu
ihrer Entlassung auf den zugewiesenen Posten zu verbleiben und dabei „ordentlich ran-
gieret" (§ 3) Aufstellung einzunehmen. Die genauen Orte des Antretens wurden dann
präzise angegeben, so dass der gesamte Weg des künftigen Kurfürsten möglichst ein-
drucksvoll abgedeckt wurde.

Zur Repräsentation gehörten auch Auftreten und Verhalten, das den Erwartungen von
Beobachtern an eine professionelle Truppe wenigstens einigermaßen entsprechen musste,
um Eindruck zu machen. Einfach war es jedoch beispielsweise nicht, die von Soldaten
durchgeführten Torwachen so einzurichten, dass gleichzeitig eine hohe Sicherheit gegeben war und es zu keinen Konflikten mit hochgestellten Besuchern kam. So wurde im
Sommer 1671 offenbar aufgrund von Beschwerden ein Edikt publiziert, dem zufolge die
Soldaten an den Toren sich nicht nur respektvoll zu verhalten hatten, sondern auch alle
kurkölnischen und fürstlich straßburgischen Amtsträger sowie bekannte Kavaliere, Stan-
despersonen und Nachbarn der Stadt auch bewaffnet einlassen sollten. Die Pfortenschrei-
ber wurden beauftragt, den Soldaten die entsprechenden Persönlichkeiten zu benennen.[24]

Im Jahr 1749 wurde ein „Verhaltungs-Reglement Beym Auffzug und Parade"[25] für die
Stadtsoldaten erlassen, das ein Interesse von Bürgermeistern und Rat daran belegt, sich

---

21 LAVNRW, Abt. Rheinland AA 0007/Kurköln II, Nr. 5454, Bl. 1r (Kurkölnischer Hofrat an Stadt Köln,
    9.6.1784). Der weitere Vorgang ebd.
22 Vgl. PLASSMANN, Köln – Stadt am Hafen, S. 64–65. Ein ähnlicher Fall hatte sich 1692 zugetragen, als der
    Bruder des damaligen Erzbischofs, Kurfürst Max Emanuel von Bayern, auf der Durchreise in die Nie-
    derlande eine stadtkölnische Wache bei Melaten antraf, also in einem ebenfalls mit Kurköln umstritte-
    nen Bereich weit vor der Stadtmauer. HAStK-RBA Best. 33 A 318, Bl. 772–773 (Verhör der Wache, 1692).
    Vgl. SCHRYVER, Max II. Emanuel, S. 53f.
23 HAStK-RBA Best. 33 A 369, Bl. 457–476. Ausgewertet wurden die Erfahrungen ebd., Bl. 477–489 (Mo-
    nita und Notaminia, [1780]). Demnach lief natürlich nicht alles wie geplant.
24 HAStK-RBA Best. 14 A 2, Nr. 75 (Ratsedikt, 10.7.1671). Vgl. auch Straubel, Heer, S. 97.
25 HAStK-RBA Best. 14 A 20 (Ratsedikt, 16.9.1749). Die folgenden Zitate ebd.

über das Medium eines in der Öffentlichkeit ordentlich auftretenden Militärs als ernst zu nehmende Obrigkeit zu präsentieren und dazu auch das militärische Führungspersonal in die Pflicht zu nehmen. Im Frieden sollte das Bataillon bei Aufzügen, also v. a. bei der morgendlichen Übernahme der Wache, gewöhnlich in drei Züge geteilt werden, die jeweils aus einem Offizier, drei Unteroffizieren, zwei Tambouren und sieben Korporalschaften bestanden (nämlich sieben Korporale, 16 Gefreite und 168 Gemeine). Diese Züge bildeten nicht die übliche Organisationsstruktur ab, sondern wurden jeweils aus Detachements der drei regulären Kompanien zusammengestellt. Den Dienst von kranken Soldaten mussten die übrigen mitversehen. Nur wenn der Krankenstand zu hoch wurde, sollten Invalide einspringen, die gewöhnlich am Bayen-Bollwerk Dienst taten. Der Paroleschreiber verteilte nun die tatsächlich anwesenden Soldaten auf die einzelnen Posten, indem er das Los zog. Die genaue Verteilung wurde täglich auf Postenzetteln vermerkt, die sowohl den Offizieren als auch den Kriegskommissaren als Grundlage für Kontrollen dienten.[26]

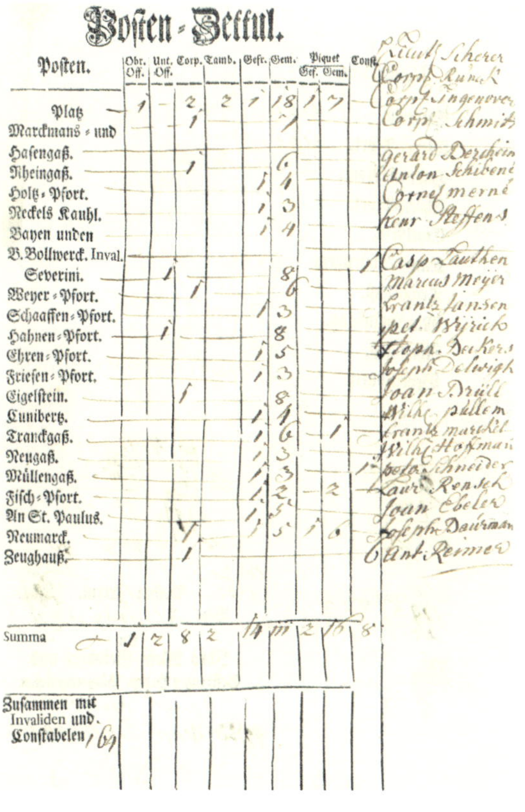
Posten-Zettul.
Posten. | Obr. Off. | Unt. Off. | Corp. | Tamb. | Gefr. | Gem. | Piquet Gef. | Gem. | Const.
Platz
Marckmans- und
Hafengaß.
Rheingaß.
Holtz-Pfort.
Neckels Kauhl.
Bayen unden
B. Bollwerck. Inval.
Severini.
Weyer-Pfort.
Schaaffen-Pfort.
Hahnen-Pfort.
Ehren-Pfort.
Friesen-Pfort.
Eigelstein.
Cuniberts.
Tranckgaß.
Neugaß.
Müllengaß.
Fisch-Pfort.
An St. Paulus.
Neumarck.
Zeughauß.
Summa
Zusammen mit Invaliden und Constabelen

Abb. 3: Postenzettel der Soldatenwache für den 3. Juli 1771 (HAStK-RBA Best. 33 A 371, Bl. 213v)

26 Diese sind nur schwach überliefert. Ein Beispiel für den 3.7.1771 findet sich in HAStK-RBA Best. 33 A 371, Bl. 213v.

Eingeleitet wurde der Tag aber mit einer Wachparade bzw. mit einem Appell, zu dem sich die aus allen Kompanien Kommandierten eine Viertelstunde vor dem Beginn auf dem Neumarkt, also bei der zentralen Hauptwache, einzufinden hatten.[27] Dort traten sie dann gemeinsam mit den Lohnwachen (also den bezahlten teils semiprofessionellen, teils professionellen[28] Ersatzmännern für die Bürgerwache) und den diensthabenden Konstablern (Artilleristen) an, wurden inspiziert und hielten „ein kleines Exercitium" ab, vollführten also wohl einige Bewegungen im Verband oder übten Handgriffe an der Waffe.[29] Es war dabei darauf zu achten, dass nicht jeden Tag dieselben Männer auf dem Neumarkt antraten. Der Appell wurde von der „Bande der Hautboisten" sowie Pfeifern und Tambouren, also von (Marsch-)Musik, begleitet. Diese bildete den feierlichen Rahmen für die Präsentation der Fahne vor der Front der angetretenen Soldaten und vermutlich auch für ihre Vergatterung für die Wache. Nach Appellende hatten die Männer in einer genau bezeichneten Reihenfolge auf ihre Posten bzw. zu ihren Einsatzbereichen zu ziehen, und zwar in „guter Ordnung".

Insgesamt unterscheidet sich die Wachparade jedenfalls auf dem Papier nicht grundsätzlich von den zeremoniellen Gepflogenheiten anderer Armeen der Zeit, etwa der preußischen.[30] Sie hatte durchaus ihren funktionalen Sinn, weil sie mit wenigstens rudimentären Übungen verbunden war, die Disziplin stärkte und auch die konkrete Verantwortung für die Wache des jeweiligen Tages sichtbar machte. Jedoch hätte all das auch in den Quartieren, auf einem Hinterhof oder direkt beim jeweils zu bewachenden Stadttor stattfinden können[31] – wenn es sich nicht auch und vielleicht sogar vorrangig um eine öffentliche Aufführung gehandelt hätte, durch die sowohl die obrigkeitliche Stellung von Bürgermeistern und Rat als auch die unabhängige Stellung der Stadt insgesamt performativ unterstrichen wurden. Denn für beides war die Verfügung über ein professionelles Militär essentiell. Wenigstens einmal am Tag, beim Aufmarsch der Stadtsoldaten auf dem Neumarkt, erschien Köln als „wie ein Uhrwerk nach einem Willen funktionierende ‚Staatsmaschine'" und sein Militär als „Muster und Instrument sozialer Disziplinierung"[32].

---

27 Der Neumarkt war zwar in seinem westlichen Teil baumbestanden und eignete sich daher nicht für eine repräsentative Parade. Im östlichen Teil in der Nähe des Wachhauses gab es aber einen freien Bereich, der für den Aufzug genutzt werden konnte. Vgl. MEYNEN/SCHÄFKE, Köln, S. 77 (oben rechts).

28 Manche Stadtsoldaten waren im Nebenverdienst Ersatzmänner. HAStK-RBA Best. 14 A 20 (Ratsedikt [18. Jh.]).

29 Die Nutzung der Wachparade zu Ausbildungszwecken findet sich auch in anderen Armeen der Zeit, vgl. z. B. NOWOSADTKO, Stehendes Heer, S. 223.

30 Vgl. WINTER, Friedrich Wilhelm Carl von Schmettau, Bd. 1, S. 458–466.

31 Dies ist für fremde, verbündete Truppen anzunehmen, die während ihres Aufenthalts in Köln auch „täglich exerziert" wurden, ohne dass ihnen der Neumarkt dafür als Bühne zur Verfügung gestanden hätte. Zitat für das Kontingent der Grafschaft Rietberg 1734 von BEHR, Kleinstaatliches Militärwesen, S. 273.

32 Beide Zitate HOHRATH, „Bildung", S. 31.

Abb. 4: Uniformen der Stadtsoldaten im 18. Jahrhundert (nach Knötel, Handbuch, Tafel 17)

Um diese repräsentativen Funktionen tatsächlich erfüllen zu können, mussten die Stadtsoldaten natürlich auch äußerlich eine gute Figur bieten. Frühneuzeitliche Uniformen
wurden nicht unbedingt vornehmlich funktional im Hinblick auf einen Einsatz im
Gefecht gestaltet, sondern sollten auch optisch beeindrucken.[33] Daher mussten die Uniformen der Stadtsoldaten regelmäßig erneuert bzw. vor zu starkem Verschleiß geschützt
werden. Das wiederum war ein Kostenfaktor, so dass ein praktikabler Mittelweg zwischen alltäglicher Nutzung und festtäglichem Gepränge gefunden werden musste. Ein
„Reglement betreffend die Mondur"[34] wohl ebenfalls aus dem 18. Jahrhundert stellt daher
die notwendige Ergänzung zur Ordnung der Parade dar. Unterschieden wurde hier die
alle vier Jahre zu ersetzende große Montur (Rock und Kamisol) von der jährlich zerschlissenen kleinen Montur aus Schuhen, Strümpfen, Gamaschen und Hut. Die leder-
nen Hosen bildeten ein Zwischending, denn sie wurden alle zwei Jahre ersetzt.[35] Diese
Grundregel galt für die einfachen Soldaten und wurde für Unteroffiziere, Offiziere und
Funktionspersonal wie Musiker abgewandelt. Die ausgegebenen Uniformteile durften
weder zweckentfremdet genutzt noch verändert (oder gar verkauft) werden und Ausrüstungsteile waren laufend zu pflegen (etwa die Patronentaschen, die regelmäßig nach-
zufärben waren, u. a. zur Gottestracht, zum Namenstag des Kaisers oder zum Amtsantritt
neuer Bürgermeister). Auch wurde es verboten, sich etwa mit einem individuellen Hals-
tuch auszustaffieren und sich so aus der Menge der Soldaten herauszuheben. Vor der
Wachparade hatte man aber nicht nur die vollständige Uniform anzulegen, sondern sich
auch zu waschen und zu kämmen.

Anlässlich einer finanziellen Auseinandersetzung nach dem Tod des Musketiers Johann Moll 1725 ist eine Auflistung seiner Montierung in 14 Dienstjahren erhalten. Demnach hatte er bei Dienstantritt als Stadtsoldat eine weiße Uniform empfangen, die er
2½ Jahre tragen konnte. Eine zweite und dritte Montur trug er dann jeweils für drei
Jahre. Es folgten noch zwei weitere Monturen, bei denen die genaue Tragezeit nicht angegeben ist.[36] Die Uniform der Stadtsoldaten dürfte demnach in etwa zwei bis drei Jahre
gehalten haben, bevor sie ersetzt werden musste. Das entspricht nach einem Gutachten
zur Finanzierung der Uniformierung aus dem Jahr 1772 auch der Absicht sowie den Gepflogenheiten der benachbarten kurpfälzischen Armee.[37] Den Offizieren war nach einer
Soldkürzung im frühen 18. Jahrhundert zugesagt worden, sie zum Ausgleich mit einer

---

33 Vgl. LUH, Kriegskunst, S. 178–194.
34 HAStK-RBA Best. 14 A 20 (Ratsedikt [18. Jh.]). Zur Finanzierung der Uniformierung siehe auch das
    Rechnungsbuch HAStK-RBA Best. 70 A 1339.
35 Zu den entsprechenden Fristen in Bremen vgl. BRUMSHAGEN, Bremer Stadtmilitär, S. 125.
36 HAStK-RBA Best. 33 A 73, Bl. 60r (Supplik Witwe Moll, 1725).
37 HAStK-RBA Best. 33 A 265, Bl. 2057r (Gutachten zur Montierung, 1772). Vgl. auch ALLMAYER-BECK,
    Hubertusburg, S. 126 (mit einem Beleg dafür, dass der dreijährige Uniformtauschzyklus bei den Preußen
    Ende des 18. Jahrhunderts von Österreichern kritisch gesehen wurde: Die drei Jahre waren demnach
    zwar üblich, bewegten sich aber am unteren Rand des angesichts des Verschleißes möglichen).

„Ober Montour"[38], also vermutlich mit einem Mantel oder wenigstens mit einem Uniformrock, zu versehen. Diese wurde offenbar ähnlich wie bei den Mannschaften ersetzt, wenn sie abgetragen war. Die Kölner Stadtsoldaten dürften insgesamt keine besonders prächtige Erscheinung gewesen sein. Sie mussten aber auch, was ihre Uniformierung anging, den Vergleich mit anderen Armeen der Zeit nicht scheuen, die in der Praxis ebenfalls nur für eine gewisse Erneuerung der Kleidung ihrer Soldaten sorgen konnten, nicht aber für ein Erscheinungsbild, das sich ständig auf höchstem Niveau befand.

Wie in anderen Armeen auch wurde den Soldaten ein Anteil vom Sold abgezogen, um ihre Uniformen und sonstigen Ausrüstungsteile zu finanzieren.[39] Den Abrechnungen der Soldzahlungen an die Stadtsoldaten im Jahr 1718 liegt beispielsweise ein Zettel bei, auf dem neun Mann aufgeführt sind, denen Schuhe ausgegeben worden waren. Im Gegenzug wurde monatlich jeweils ein halber Reichstaler vom Sold einbehalten, bis die Kosten gedeckt waren. Nur bei Peter Wentz dürfte das schneller gegangen sein, weil er einen vollen Reichstaler zahlte.[40] Das System geriet allerdings 1772 unter Druck, weil man vom dreijährigen auf einen zweijährigen Neuanschaffungsturnus übergegangen war. Der so entstehende Mehrbedarf hatte anscheinend auch die Preise in die Höhe getrieben, so dass die 24 Gulden, die man normalerweise in zwei Jahren von jedem Mann einsammeln konnte, nicht mehr für eine neue Uniform ausreichten (die mit 30 Gulden beziffert wurde). Auf die Stadt kam daher ein Fehlbetrag von bis zu 2.500 Gulden alle zwei Jahre zu (was rechnerisch einer Truppenstärke von knapp über 400 Mann entsprechen würde). Als Lösung für dieses Problem wurde vorgeschlagen, das Uniformtragen strikt auf den Dienst zu beschränken und den Männern als Ausgleich billige Leinenkittel für die dienstfreie Zeit auszuhändigen. Auch könne man den Erneuerungsturnus auf 30 Monate heraufsetzen.[41] Das Thema muss hier nicht weiterverfolgt werden, da es eine intensive Untersuchung des städtischen Haushalts anhand der Rechnungsüberlieferung erfordern würde. Deutlich wird jedoch, dass die Uniformen tatsächlich im hohen Maße repräsentativen Zwecken dienten. Die Männer sollten für ihren Dienstherrn nicht in

---

38 HAStK-RBA Best. 33 A 74, Bl. 68r (Supplik Stückhauptmann Mintzerieder, 1725). Er beklagt sich darüber, im Unterschied zu den anderen Offizieren noch keine Uniform erhalten zu haben, obgleich bei den anderen die erste (zerschlissene) bereits ersetzt worden sei. Möglicherweise spielte es hier eine Rolle, dass er als Artillerist nicht als vollwertiger Offizier angesehen wurde, zumal er sich auch noch 1727 gemeinsam mit seinem Stückjunker darüber beklagte, nicht wie die Offiziere der Infanterie montiert zu sein, HAStK-RBA Best. 33 A 243, Bl. 41r (Supplik Mintzerieder, 1727). Eine Abbildung eines stadtkölnischen Stückhauptmanns um 1780 findet sich im Kölnischen Stadtmuseum, KSM G 19396. Abgedruckt bei Hoffmann, Der Freien Reichsstadt Köln Artillerie, S. 362.

39 Eine genaue Übersicht über die Schulden der einzelnen Offiziere und Soldaten liegt für das Jahr 1779 vor. Sie weist allerdings nur die Geldbeträge, nicht die Gründe auf. Deutlich wird aber, dass so gut wie jeder Mann mehr oder weniger stark im Soll stand, was stets ein Problem bei Abschieden oder Desertionen war. HAStK-RBA Best. 33 A 391, Bl. 54–65. Für die Artillerie liegt eine Abrechnung der Monturrepartition (also des Soldeinbehalts für die Uniform) aus den Jahren 1745 bis 1751, 1754 bis 1759, 1759 bis 1764 und 1772 bis 1776 vor, HAStK-RBA Best. 33 A 398, Bl. 453–462, 519–545, 561–595 und 636–646.

40 HAStK-RBA Best. 33 A249, Bl. 2a.

41 HAStK-RBA Best. 33 A 265 (Gutachten zur Montierung, 1772).

schäbigen Röcken erscheinen, weshalb die naheliegende Lösung, alle Uniformteile bis zum wirklichen Verschleiß zu tragen und über Ersatz individuell zu entscheiden, offensichtlich nicht in Frage kam. Und bisweilen griff man darüber hinaus aus rein optischen Gründen tiefer in die Tasche, etwa als man 1777 von einer Mademoiselle de la Haye Goldborten für die Uniformen der Artilleristen im Wert von 390 Reichstalern bezog.[42] 1778 wurden sogar mehr als 1.500 Reichstaler für Silberborten, Portepees und Epauletten gezahlt, also für den Schmuck von Offizieren und höherrangigen Unteroffizieren.[43] Und bei diesen beiden Beispielen handelt es sich keineswegs um Einzelfälle.

42 HAStK-RBA Best. 33 A 348, Bl. 556r (Rechnungsbuch Militärausgaben, 1777).
43 HAStK-RBA Best. 33 A 348, Bl. 560r (Rechnungsbuch Militärausgaben, 1778).

Der Bürger als *Soldat*

Darauf, dass die Abgrenzung zwischen geworbenen Soldtruppen und einer Dienstpflicht unterliegenden Milizen bzw. Bürgeraufgeboten in der Vormoderne fließend war und beide Bereiche nicht vollständig voneinander zu trennen sind, hat kürzlich Michael Sikora nachdrücklich hingewiesen. Letztere dienten häufig als Rekrutierungsreservoir für Erstere, es gab zum Beispiel im preußischen Kantonssystem Misch- bzw. Übergangsformen, und die Aufgebote sollten vielfach so weit wie möglich professionalisiert werden, um Soldtruppen im Krieg zwar nicht vollständig zu ersetzen, sie aber so weit wie möglich zu ergänzen und zu unterstützen.[1] Hinzu kommt – jedenfalls in Köln – ein gewisser Anteil von Männern im Bürgeraufgebot, die in einem früheren Abschnitt ihrer Biographie in einer regulären Armee gedient hatten und ihre professionelle Erfahrung mitbrachten.[2] Die traditionelle militärhistorische Meistererzählung, nach der die starke Stellung bewaffneter Bürgeraufgebote zur Herstellung innerer und äußerer Sicherheit spätestens mit der Entstehung stehender Heere ab dem 17. Jahrhundert unterhöhlt und zurückgedrängt wurde[3], lässt sich daher in dieser Form wenigstens für Köln nicht bestätigen. Das Bürgeraufgebot (die Bürgerwache, das Bürgerkorps, die Bürgerfahnen, die Bürgermiliz) blieb bis Ende des 18. Jahrhunderts trotz seiner im Verhältnis zu Berufssoldaten sicherlich zurückgehenden Kampfkraft ein bedeutender Faktor der Herstellung von innerer und äußerer Sicherheit.[4]

Die Bürgerwache war im Zweifel niemals nur ein symbolischer Ehrendienst, sondern, abgesehen von der zeitlichen und körperlichen Belastung, auch mit echten Gefahren verbunden. So beklagten sich fünf Angehörige der im Innern der Stadt eingesetzten Kettenwache auf dem Eigelstein 1648 darüber, in der Nacht auf Allerheiligen in Ausübung ihres Dienstes von zwei Passanten gewaltsam angegriffen worden zu sein.[5] 1589 sollte Johan van Dutz eine empfindliche Strafe zahlen, weil er auf Wache einen Schuss gelöst hatte.[6] 1728 wurde in einem eskalierenden nächtlichen Streit zwischen der Kettenwache auf der Severinstraße und Passanten einer der Letzteren erstochen. Sie

---

1 Vgl. Sikora, Die guten Soldaten. Vgl. auch Wilson, Social Militarization, S. 10–18; Rogger, Söldneroffiziere, S. 152–165; Gräf, Landesdefension, S. 249.

2 Vgl. Plassmann, Stadt, S. 46–50.

3 Vgl. z. B. Eibach, Burghers, S. 23 f.

4 Vgl. Plassmann, Stadt, S. 58–68.

5 HAStK-RBA Best. 33 A 237, Bl. 33–34 (Supplik der Kettenwache, November 1648). Es steht zu vermuten, dass die Angreifer alkoholisiert waren. Die Nacht auf Allerheiligen bot möglicherweise bereits damals Anlass zu entsprechendem Brauchtum, jedoch müsste dies näher untersucht werden.

6 Buch Weinsberg, Bd. 5, S. 326 f.

kamen von der Kirchmessfeier, weshalb Alkohol im Spiel gewesen sein dürfte.[7] 1704
antwortete ein Passant bei Nacht einer Kettenwache auf Französisch, was in Anbetracht
der damaligen Kriegssituation mit Frankreich im gegnerischen Lager im besten Fall ein
unbedachter Scherz war, im schlechtesten aber der gezielten Provokation der Wachleute
in einer angespannten Lage diente.[8] 1703 nahm eine Auseinandersetzung zwischen dem
Kutscher des Nuntius und der Bürgerwache an der Trankgasse zwar einen harmloseren
Verlauf, hatte aber für die Wachmänner sicher ein unangenehmes juristisches Nachspiel.
Sie hatten von dem Kutscher anscheinend Schabau, also einen Schnaps, gefordert und
ihn dann u. a. damit misshandelt, dass sie ihm seinen Hut und seine Perücke wegnahmen. Den dabei entstandenen Schaden mussten sie schließlich ersetzen.[9]

Die also durchaus ernst zu nehmende Verpflichtung aller Bürger zum Waffendienst
lässt sich weit in das Mittelalter zurückverfolgen.[10] Die Ursprünge und frühen Verhältnisse spielen für diese Untersuchung jedoch keine Rolle. Wichtig ist, dass sich die enge
Verbindung von Bürgerrecht und Dienstpflicht nicht nur ins 16. Jahrhundert rettete,
sondern bis zum Ende des 18. Jahrhunderts im Grundsatz unhinterfragt bestehen blieb.
Direkt oder indirekt blieb damit eine Form eines Teilzeitsoldatentums fester Bestandteil
der Lebenswelt der Bürgerschaft. Die Ausgestaltung dieser Pflicht unterlag jedoch durchaus Wandlungen, von denen die wichtigste die Reform der Bürgerfahnen von 1583 war.

Bürgeraufgebot und Bürgerwache vor 1583

Die Anfänge des bürgerlichen Wehr- und Wachwesens in Köln verlieren sich in den
Tiefen des Mittelalters. Sie müssen hier nicht weiterverfolgt werden. Wichtig für den
weiteren Gang der Untersuchung ist nur, dass – wie in anderen Städten auch – die Kölner Bürger dazu verpflichtet waren, sich mit der Waffe in der Hand an der Herstellung
innerer und äußerer Sicherheit zu beteiligen. Die Bürgerpflicht wurde auch am Beginn
der Frühen Neuzeit nicht hinterfragt, sehr wohl aber die Frage ihrer Ausgestaltung und
Reichweite. Zu unterscheiden sind dabei das Bürgeraufgebot für militärische Aufgaben
im Krieg und die Bürgerwache in Krieg und Frieden – auch wenn beide aus demselben
Personenkreis der bewaffneten Bürger gebildet wurden. Ersteres zog letztmalig 1475 im
großen Stil in den Kampf, wurde aber auch danach immer wieder in krisenhaften Zeiten
zum Einsatz gerufen, ohne dass es allerdings etwa zur Abwehr einer Belagerung ernsthaft gebraucht worden wäre. Erst als sich die Gefahrenlage gegen Ende des 16. Jahrhunderts änderte, gewann der potentielle militärische Einsatz v. a. mit Blick auf die Abwehr

---

7 HAStK-RBA Best. 33 A 243, Bl. 113–114 (Supplik [Gehlens], Ehefrau Schmitz, 1728).
8 Vgl. PLASSMANN, Zwischen Neutralität, S. 54.
9 HAStK-RBA Best. 125 A 28, Bl. 123–143 (Untersuchung des Falls, 1703). Ein vergleichbarer Zwischen-
   fall trug sich 1740 mit dem Zuckerbäcker des Nuntius an der Ehrenpforte zu, nur, dass diesmal Stadtsoldaten betroffen waren. HAStK-RBA Best. 33 A 439, Bl. 1247–1250.
10 Vgl. PRIETZEL, Krieg, S. 131–137; SCHNITTER, Volk, S. 49–54; JILKA, Aspekte, S. 79 f.

möglicher Angriffe auf die Stadt wieder deutlich an praktischer Relevanz – die zu der im folgenden Kapitel darzustellenden Reform von 1583 führte. Für die Jahrzehnte davor bedeutet dies, dass die Bürgerwehr zwar bisweilen in Bereitschaft versetzt wurde, sich aber nicht im großen Stil bewähren musste. Die alltäglich auch im Frieden zu leistenden Wachdienste waren daher das Hauptbetätigungsfeld des Bürgeraufgebots, für das indes immer nur eine begrenzte Anzahl von Männern gleichzeitig benötigt wurde, deren Einsatz überdies mit einem gewissen Vorlauf geplant werden konnte. Hinzu kam besoldetes Personal wie etwa die Burggreven als ständige Aufseher der Stadttore, Söldner und (reitende) Nachtwächter, von denen es 1572 immerhin 72 gab.[11] Organisatorische und strukturelle Probleme, wie sie dann 1583 angegangen wurden, bestanden zwar, wirkten sich aber nicht so stark aus, dass Handlungsdruck entstand.[12]

Seit dem Verfassungsumbruch von 1396 war das Bürgeraufgebot auf Basis der 22 Gaffeln strukturiert. Jeder Bürger hatte sich bei Erwerb des Bürgerrechts einer dieser Gaffeln anzuschließen, über die u. a. die Ratswahlen organisiert wurden. Bei ihnen handelte es sich, obwohl sie u. a. im Zunftwesen wurzelten, also nicht um die Zünfte (oder Ämter), die das handwerkliche Leben organisierten, sondern um politische und soziale Zusammenschlüsse, die alle Bürger umfassten. Deren Aufgebot über sie sicherzustellen, hatte also den Vorteil der Vollständigkeit und der Organisation über stabile und anerkannte Institutionen. Allerdings handelte es sich bei den Gaffeln nicht um Nachbarschaften. Vielmehr wohnten ihre Mitglieder mehr oder weniger stark über die gesamte Stadt verstreut. Das stellte im Frieden noch kein erhebliches Problem dar. Im Kriegs- oder Notfall, in dem die Bürger rasch und geordnet unter die Fahnen treten sollten, erwies sich die Einteilung jedoch als ineffizient und störanfällig, mussten doch Männer gegebenenfalls von einem Gefahrenherd weg zu ihrer Gaffel eilen, während ihnen andere entgegenkamen.

Die Bannerherren der einzelnen Gaffeln hatten ihrem Ursprung nach wenigstens theoretisch auch eine militärische Funktion, nämlich die Banner ihrer Gaffel zu führen. Wenn sie jedoch jemals tatsächlich das Kommando geführt haben sollten, so ging diese Funktion bereits im Spätmittelalter verloren.[13] Als 1525 der Schatten des Bauernkrieges auch auf Köln fiel und es hier zu Unruhen kam, sah sich der Rat dazu veranlasst, sie an ihre Pflichten gemäß ihrem Eid zu erinnern.[14] Im Fall von „zwyst[,] zweydracht unnd irthump" zwischen dem Rat und einzelnen Gaffeln oder Bürgern hatten sie demnach Bürgermeister und Rat dabei zu unterstützen, „fridde unnd eynichkeit zu halden". Ge-

---

11 Nach der Rechnung der Mittwochsrentkammer, HAStK-RBA Best. 70 A 98, Bl. 10v. Es konnten in friedlichen Zeiten auch deutlich weniger sein. So im Jahr 1500, als ausdrücklich „want man zer zijt gheyne zůldener en hait" (also keine Söldner im Dienst waren) fünf Büchsenmeister und zwölf reitende Wächter bezahlt wurden. HAStK-RBA Best. 70 A 98, Bl. 11v (Rechnung der Mittwochsrentkammer, nach dem 16.9.1500). Ordnung der reitenden Nachtwächter aus dem 16. Jh. in HAStK-RBA Best. 30N A 1007.

12 Vgl. mit einem groben Überblick HEINZEN, Zunftkämpfe, S. 37–61; JANSEN, Stadt, S. 78–81.

13 HEINZEN, Zunftkämpfe, S. 58, stellt mit guten Gründen in Abrede, dass sie jemals in der Praxis das Kommando über Gaffelaufgebote geführt haben. Die Frage stellt sich hier jedoch nicht, weil sie im Untersuchungszeitraum definitiv keine Kommandofunktion innehatten.

14 HAStK-RBA Best. 95 U 1/111 (6.9.1525). Zu den Hintergründen vgl. CHAIX, Köln, S. 88–91.

meint war dabei zunächst eine Einwirkung auf die Aufrührer, zur inneren Eintracht zurückzukehren. Das kann man je nach Akzentsetzung als Ermahnung oder Vermittlung verstehen. Wenn sie wie in dieser Urkunde dazu verpflichtet werden, den Rat bei der (friedlichen) Unterdrückung von Unruhen zu unterstützen, dann bedeutete das daher zugleich, dass sie einen Bannerlauf als traditionelles Mittel des Aufstands[15] zu verhindern und im Falle gewaltsamer Auseinandersetzungen die Banner auf der Seite des Rats zu führen hatten.[16] Dieses System musste dann an seine Grenzen stoßen, wenn eine oppositionelle Bewegung aus den Gaffeln heraus erfolgte, als deren Vertreter die Bannerherren agierten. Eine Probe aufs Exempel dieser These musste indes während des weiteren Verlaufs des 16. Jahrhunderts nicht gemacht werden. Das Misstrauen, das bereits 1525 in der zitierten Urkunde gegen die Loyalität der Bannerherren erkennbar ist, ließ es aus Sicht von Bürgermeistern und Rat jedoch geboten erscheinen, ihre Stellung wenn nicht direkt zu schwächen, so doch zu begrenzen und wenn möglich zu umgehen. Das Amt der Bannerherren entwickelte sich bereits in dieser Zeit zurück zu einer politischen und repräsentativen Funktion ohne direkten Einfluss auf den Einsatz des Bürgeraufgebots.[17]

Im Alltag – und das bis zum Ende des 18. Jahrhunderts – spielte ohnehin weniger das volle Bürgeraufgebot eine Rolle als der Wachdienst jeweils eines Teils der Bürgerschaft zur Herstellung der alltäglichen und allnächtlichen Sicherheit. Je nach angenommener oder tatsächlicher Bedrohungslage unterschiedlicher Stärke leisteten Bürger dabei Wachdienste, und zwar sowohl auf den Wällen (die dazu in als „Tirm"[18] bezeichnete Abschnitte eingeteilt wurden) als auch an den Stadttoren und innerhalb der Stadt an den Punkten, an denen bei Nacht Ketten über die Straßen gespannt wurden, um Straftäter an der allzu raschen Flucht zu hindern und eindringende Feinde zu stoppen (die sogenannte Kettenwacht). Hier standen auch die sogenannten Kettenhäuschen, die den Männern wenigstens einen gewissen Schutz vor den Elementen[19] gewährten und vermutlich auch zur Einlagerung der Ketten dienten.

---

15 Vgl. Deutsches Rechtswörterbuch. Bd. 1, Sp. 1211.

16 Deshalb und nicht zur Übernahme eines Kommandos hatten sie sich z. B. nach der Wachordnung von 1467 im Falle der Gefahr beim Rathaus einzufinden, wo sie die anderen Amtsträger unterstützen sollten. Bezeichnenderweise wurden die Bannerherren in der Quelle erst nachträglich am Rand ergänzt. Vgl. STEIN, Akten, Bd. 2, S. 417.

17 Vgl. WILHELM, Köln Lexikon, S. 48. Gleichwohl wird noch in einem im 18. Jahrhundert verfassten Gutachten die Widerherstellung des alten Bannerrats gefordert, der gegen Ratsbeschlüsse hätten wirken sollen, die gegen die Grundsätze der Stadtverfassung waren. Ein widerständiges Potential blieb also mit dem Amt verbunden. HAStK-RBA Best. 6100 A 600.

18 Die Bezeichnung dürfte sich von lateinisch „terminus" für Grenze ableiten und sich auf die Grenzen der einzelnen Mauerabschnitte beziehen. Siehe z. B. HAStK-RBA Best. 30N A 855 (Tirmbuch, ca. 1730); HAStK-RBA Best. 30N A 854 (Neueinteilung der Tirme, 1585).

19 1631 war anlässlich der Reparatur des Kettenhauses an Maria Lyskirchen beispielsweise ausdrücklich davon die Rede, dass „die Wächtter iren nottürftigen Verpleib darin haben" können sollten. HAStK-RBA Best. 10B A 77, Bl. 300r (Ratsprotokoll, 12.9.1631). Ein indes aus dem Jahr 1787 stammender Grundriss eines Kettenhauses zeigt zwei kleine Räume, von denen der vordere vielleicht als Wachlokal, der hintere als Lager und Rückzugsort für wachfreie Männer gedient haben könnte. HAStK-RBA Best. 7101 P 312.

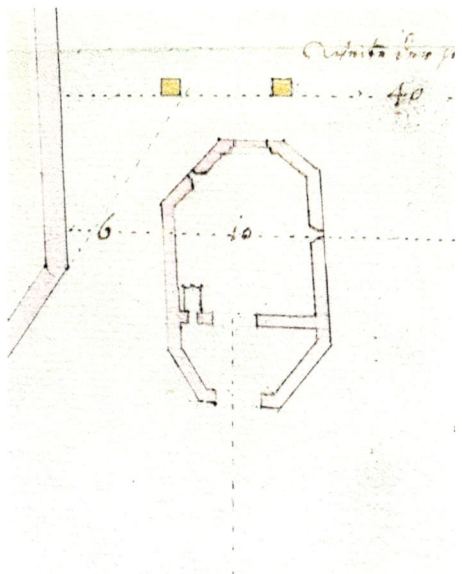

Abb. 5: Grundriss eines Kettenhauses, eines innerstädtischen Wachhauses für die Bürgerwache, 1787.
Auf einen kleinen Vorraum folgt ein mit schieß-
schartenartigen Fenstern versehenes Wachlokal,
in das sich die Männer zurückziehen konnten
(HAStK-RBA Best. 7101 P 312).

Abb. 6: Cornelius Springer: Ansicht eines Kettenhauses an der Kreuzung Blaubach/Waidmarkt, um 1840
(Kölnisches Stadtmuseum, HAStK-RBA rba_d029795)

Eine Übersicht aus dem Jahr 1768 weist 53 Kettenhäuser verteilt über die gesamte Stadt
nach, jedoch mit einem deutlichen Schwerpunkt in Richtung Rhein. Dieser Plan diente
auch der Aufstellung eines Schemas, nach dem sich während der Nacht die Kettenhaus-
besatzungen gegenseitig visitieren sollten – sei es, um Nachlässigkeiten zu unterbinden,
sei es, um sich gegenseitig bei Bedrohungen unterstützen zu können.[20]

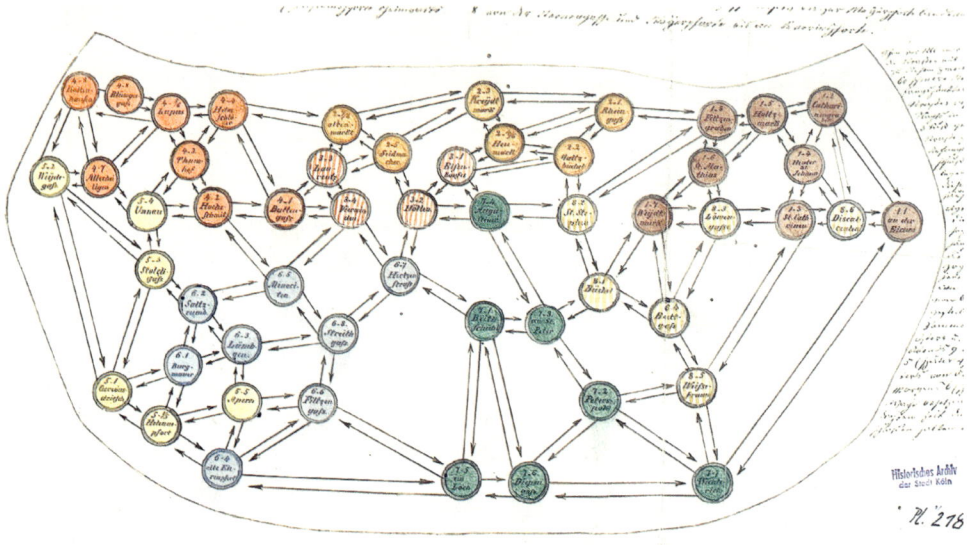

Abb. 7: Verteilung der Kettenhäuser mit dem Schema der gegenseitigen Visitation, 1768
(HAStK-RBA Best. 7101 P 1/218)

Der Wachdienst unterstand den Wachmeistern[21], also Inhabern eines Ratsamts, die ihre
Funktion nebenamtlich ausübten und nicht wie ein Offizier besoldeter Truppen einen
ständigen Dienst versahen. Folglich konnten sie auch nicht ständig präsent sein, um die
Aufsicht über die Wachen zu übernehmen. Sie trugen in der Praxis eher die Gesamt-
verantwortung und griffen bei Problemen ein, als dass sie so etwas wie direkte Befehlshaber der Wachen waren (was sich bis Ende des 18. Jahrhunderts auch nicht grundsätzlich ändern sollte). So wurde z. B. 1561 in Zusätzen zur Wachmeisterrolle bestimmt,
dass sie „alle raths tage, off auch zu anderen tagen, wanmehr sie vonnötten dunckt"[22]
die Burggreven – die fest installierten Aufseher und Verwalter der großen Tortürme der
Stadtmauer – einbestellen und nach dem Stand der gehenden und stehenden Wachen

---

20 HAStK-RBA Best. 7101 P 1/218. Ein Entwurf dazu in HAStK-RBA Best. 33 A 369, Bl. 314.
21 Hier „Wachmeister" ohne „t" im Unterschied zum militärischen Rang des Wachtmeisters. Es findet sich
     in den Quellen aber auch die andere Schreibweise.
22 HAStK-RBA Best. 33 A 230, Bl. 145r. Zum Folgenden ebd., Bl. 145–148 (Zusätze zur Wachmeister-Rolle
     von 1561).

befragen sollten. Die Burggreven hatten in diesem System also eine starke Rolle, weil
die Wachmeister nicht dazu verpflichtet waren, sich selbst ein Bild von der Situation zu
machen. Insbesondere die Zustände während der Nacht mussten sie von ihren Pflichten
her nicht aus eigener Anschauung kennen. Die Fragen, die sie den Burggreven stellen
sollten, zeugen von den damals aktuellen Problemen: Waren die Wachen überhaupt
ordentlich durchgeführt worden? Waren die Bürger selbst oder (bezahlte) Stellvertreter
erschienen? Waren auch die reitenden Nachtwächter im Dienst, welche die Bürgerwache
unterstützten?

Verfehlungen bzw. Säumigkeiten wurden mit Geldstrafen bedroht[23]: einen Gulden
je Nacht für einen fehlenden bürgerlichen Wachmann, vier Mark für einen ohne Urlaub
abwesenden reitenden Nachtwächter (der aber mit Genehmigung auch zu Fuß unterwegs sein durfte, wenn sein Pferd lahmte oder verdorben war – nicht aber, wenn er es
verkauft hatte). Drei Mark wurden fällig, wenn ein Tor oder ein Turm (bei Nacht) nicht
ordnungsgemäß verschlossen vorgefunden wurde (zwei für die Wachmeister und eine
für den Wächter, der das unverschlossene Tor gefunden hatte). Die Zahlung wurde aber
nur bei einem versehentlichen Offenlassen fällig. War Absicht im Spiel, was die Wachmeister durch Befragung der Wächter und Nachbarn feststellen sollten, behielt sich der
Rat die dann offenbar weitaus härtere Strafe vor. Wenn der Rat geboten hatte, bei Nacht
die Ketten über die Straßen zu schließen, sollten geöffnet vorgefundene Ketten mit zwei
Mark bestraft werden (je zur Hälfte für die Wachmeister und den Melder der offenen
Kette). Der Befehl zum Kettenschließen sollte dabei über die Burggreven ergehen. Wer
aber einen der beschriebenen Missstände entdeckt hatte, ohne ihn den Wachmeistern
zu melden, sollte vom Rat auf Lebenszeit vom Wachdienst ausgeschlossen werden. Da
dies als schwere Strafe galt, war damit für die Zeitgenossen wegen der engen Verbindung
zwischen dem Waffendienst und dem gesellschaftlichen Status sowohl als Bürger als
auch als Mann offensichtlich eine Entehrung, vielleicht auch eine Minderung der Bürgerrechte, verbunden, die es unbedingt zu vermeiden galt. Die Burggreven nahmen bei
der Organisation der Wachen insgesamt eine Mittelstellung ein. Zum einen verpflichtete
sie der Rat dazu, eine gewisse Oberaufsicht über die ihnen zugeteilten wachpflichtigen
Bürger zu führen – ihnen z. B. „ansagen sollen"[24], bei der morgendlichen Pfortenöffnung
auf den Turm zu gehen, um das Vorfeld im Hinblick auf etwaige Gefahren im Auge zu
halten. Sie erscheinen hier also als so etwas wie Vorgesetzte der Bürger, was durchaus
als ein Problem aufgefasst werden kann, weil sie sozial bei weitem nicht über allen anderen Bürgern standen.

---

23   Siehe zum Folgenden HAStK-RBA Best. 33 A 230, Bl. 145–148 (Zusätze zur Wachmeister-Rolle, 1561).
24   HAStK-RBA Best. 33 A 230, Bl. 178r (Befehl an die Burggreven, 12.2.1580).

Schon allein deshalb konnten sie nicht selbst darüber entscheiden, wie viele Bürger wann und wo gebraucht wurden. Das blieb Aufgabe des Rats, der sie im Zweifel an die Wachmeister delegierte. Das war wegen der mit der Wache verbundenen Belastungen und der daraus möglicherweise entstehenden Streitigkeiten um Gleichbehandlung und Überlastung eine heikle Aufgabe, die Fingerspitzengefühl und Autorität erforderte. Vor dem Hintergrund dieser Überlegung ist es plausibel, dass etwa 1548 anlässlich einer Verstärkung der Nachtwache zwei zusätzliche Wachmeister ernannt und ehemalige Gewaltrichter die Sonderaufgabe erhielten, die Befreiungen von der Wache aus gesundheitlichen Gründen zu prüfen.[25] Auf diese Weise wurde die Verantwortung breiter gestreut und damit der einzelne Wachmeister aus der Schusslinie von persönlichen Vorwürfen genommen.

Grundsätzlich und in normalen Zeiten war es aber an den Wachmeistern, die genaue Zahl der jeweils benötigten Bürger zu bestimmen. 1561 wurde dazu ein komplexes Verfahren etabliert, das willkürliche Ungleichbehandlungen wenn irgend möglich verhindern sollte. Nachdem die Gesamtzahl der benötigen Männer festgelegt war, sollten die Wachmeister ihre beiden Diener in einer bestimmten Reihenfolge zu den Gaffeln schicken, wo sie von den Gaffelknechten[26] eine schriftliche Angabe über die aktuelle Mitgliederzahl der jeweiligen Gaffel einfordern sollten (enthaltend die auf die Gaffel eingeschworenen Bürger und eine Liste derjenigen Gaffelmitglieder, die als Bürgermeister, Rentmeister usw. wegen ihrer Funktionen als Schließer von Pforten usw. oder als arme alte Leute vom Wachdienst ausgenommen waren – wohlhabende alte Leute hatten einen Ersatzmann anzugeben und damit auf der Liste zu verbleiben). Entstanden Zweifel an der Liste, hatten die Wachmeister das Recht, zusammen mit den Gaffelmeistern die schriftlichen Mitgliederverzeichnisse der Gaffel einzusehen. Die Gaffelknechte konnten auf diese Weise einige wenige Mitglieder aus welchen Gründen auch immer schonen, nicht aber allzu viele, weil die Gaffel sonst ihren Anteil nicht mehr hätte stellen können. Die Nachtwachen wurden dann in der Reihenfolge der Gaffeln mit jeweils so vielen Gaffelmitgliedern wie erforderlich gehalten. Der Punkt, an dem die Nachtwache eingestellt wurde, wurde für eine spätere Wiederaufnahme an dieser Stelle vermerkt. Die Wachmeister hatten dann für jede Nacht denjenigen, die es getroffen hatte, einen Zettel zu schicken. Diese Zettel waren zur Wache mitzubringen und dem jeweiligen Burggreven zu übergeben, der auf diese Weise die Vollzähligkeit kontrollieren konnte. Im Falle von Krankheit oder anderer Verhinderung konnten die Bürger mit Zustimmung der Wachmeister einen anderen vereideten Bürger auf den Zettel schreiben.[27]

---

25 Groten/Huiskes, Beschlüsse, Bd. 5, S. 610 (Nr. 389).

26 Diese wurden für den Dienst eigens durch die Mittwochsrentkammer bezahlt, siehe etwa HAStK-RBA Best. 70 A 98, Bl. 11r (Rechnung, 16.9.1500).

27 HAStK-RBA Best. 33 A 230, Bl. 147v–148r (Zusätze zur Wachmeister-Rolle von 1561).

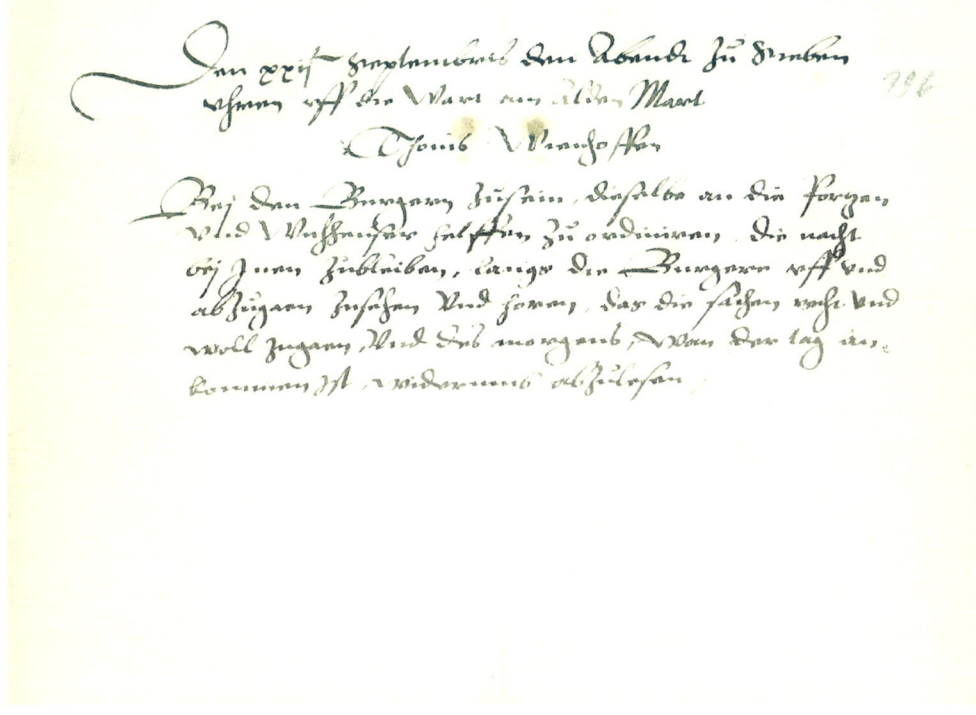

Abb. 8: Wachzettel für Thonis Wienhoffen, 16. Jh. (HAStK-RBA Best. 33 A 230, Bl. 196r)

Solche Wachzettel sind naturgemäß als ephemeres Schriftgut nur schwach überliefert und innerhalb der Überlieferung so lange nicht zuverlässig zu identifizieren, wie sie keinem festen Formular folgen bzw. keine eindeutige Selbstbezeichnung im Text führen.[28] Ein Beispiel aus dem 16. Jahrhundert könnte für Thonis Wienhoffen ausgestellt worden sein. Der Zettel kommt ohne Jahresangabe, Überschrift oder Beglaubigungsmittel aus: „Den xxiten septembris den Abend zu sieben / uhren uff der Wart am Alden Mart / Thonis Wienhoffen / bei den Burgern zu sein, dieselbe an die Portzen / und Wachheuser helffen zu ordiniren, die nacht / bej inen zubleiben, langs den Burgern uff und / abzugaen, und des morgens, wan der tag an- / kommen ist widerumb abzulesen"[29]. Im Sprachgebrauch des 18. Jahrhunderts wurden die Wachzettel auch „billet" genannt und es hieß z. B., man habe „das billet auf S. Gereons-Thurm gehabt",[30] um anzugeben, dass man dort habe Wache halten müssen.

---

28 Auch die Gegenüberlieferung in Form von listenartigen Übersichten ist nur fragmentarisch überliefert. HAStK-RBA Best. 30N A 1462.

29 HAStK-RBA Best. 33 A 230, Bl. 196r ([Wachzettel] für Thonis Wienhoffen, 16. Jh.). Gleichlautend ein Zettel für Goddert von dem Birbaum, ebd., Bl. 195r.

30 HAStK-RBA Best. 33 A 86, Bl. 59r (Supplik Irresheim und Konsorten, 1747).

Im Fall von Krankheit konnten nach einer Bestimmung von 1561 die Bürger einen gehenden oder reitenden Ersatzmann zur Wache stellen, der aber ein Bürger und damit dem
Rat eidlich verbunden sein sollte.[31] Ebenfalls 1561 reagierte der Rat auf die Erkenntnis,
dass sich unter den Bürgern doch eine zu große Zahl „unwerhafftiger und ungerusteter
leuthe"[32] befand, denen man also in Gefahrenzeiten nicht ohne weiteres eine Nachtwache
anvertrauen konnte. Fortan sollten jeweils 48 zur Wache aufgerufene Männer unter sich
selbst die 32 „bequemsten" auswählen, die dann tatsächlich, gerüstet mit Harnisch, Sturm-
hut oder Helm sowie einer Hellebarde und Degen, aufziehen mussten. Diese 32 erhielten
pro Jahr zwölf Radergulden (wobei ihnen, wenn erforderlich, von ihrem ersten, dazu ein-
zubehaltenden Jahreslohn die Bewaffnung gekauft wurde; wer eine eigene Rüstung mit-
brachte, musste schwören, dass sie sich in seinem Eigentum befand und nicht geliehen
war). Zugleich waren Ersatzleute zu bestimmen, die beim Ausfall von einem der 32 nach-
rücken konnten. Wer nicht selbst auf Nachtwache ging – und dazu zählten auch Witwen[33] –,
war zu Zahlungen verpflichtet, die das System offensichtlich gegenfinanzierten. Die Wachmeister sollten aber darauf achten, dass die Zahlungen sozialverträglich ausfielen.[34] Arme
oder weniger begüterte Bürgerinnen und Bürger sollten daher nicht mit dem vollen Satz
von sechs Albus (wohl jährlich) belastet werden. Befreit von der Wache und damit von
Zahlungen waren nur die Inhaber hoher Ämter, der sitzende Rat sowie diejenigen, die
Pforten, Ketten usw. zu verschließen hatten. Mit diesem Verfahren professionalisierte man
insgesamt die Wache, ohne von der Idee einer bürgerlichen Aufgabe abzurücken.

Dieses Verfahren wurde in den Folgejahren immer wieder im Detail verändert und
der jeweiligen Bedrohungslage angepasst. 1576 wurde die Zahl der zur Wache Ausgewählten beispielsweise auf 24 gesenkt, die jeweils 32 Gulden pro Jahr erhalten sollten.
Dafür sollten im täglichen Wechsel je zwölf von ihnen die Nachtwachen übernehmen,
wobei sie von jeweils 20 Bürgern aus deren Gesamtheit unterstützt werden sollten.[35] Bei
direkt drohender Kriegsgefahr wurden auch geworbene professionelle Soldaten an den
dann noch geöffneten Pforten eingesetzt, weil man ihnen eher die Abwehr eines ernsthaften feindlichen Angriffs zutrauen konnte.[36]

---

31 HAStK-RBA Best. 33 A 230, Bl. 146v (Zusätze zur Wachmeister-Rolle von 1561). Im 18. Jahrhundert
    scheint es üblich gewesen zu sein, dass Stadtsoldaten nebenberuflich als Ersatzmänner tätig waren.
    HAStK-RBA Best. 14 A 20 (Ratsedikt [18. Jh.]).

32 HAStK-RBA Best. 33 A 230, Bl. 148r. Siehe auch ebd., Bl. 148–150 (Reformation der gehenden Nacht-
    wache 1561).

33 Siehe z. B. die 1784 angelegte namentliche Liste der Wachgeldzahlungen, die auch zahlreiche Witwen
    aufzählt. HAStK-RBA Best. 33 A 60.

34 Weshalb ihnen z. B. 1673 ein Streit des Bürgerhauptmanns Koch mit zwei Frauen in seinem Fahnen-
    bezirk um Wachgeldzahlungen vom Rat zur Prüfung an die Wachmeister gegeben wurde. HAStK-RBA
    Best. 10B A 120, Bl. 111v (Ratsprotokoll, 5.4.1673).

35 HAStK-RBA Best. 33 A 230, Bl. 156–163 (Wachtordnung, 22.8.1576). Die Nachtwachen begannen we-
    nigstens ab 1578 im Sommer um neun Uhr und im Winter um acht Uhr. HAStK-RBA Best. 33 A 23,
    Bl. 171r (Wachtordnung 1578).

36 Siehe z. B. HAStK-RBA Best. 33 A 230, Bl. 187–194 (Konzept, ca. 1580er Jahre, zur Bewachung der Pfor-
    ten in Kriegszeiten).

Die Frage, in welchem Mischungsverhältnis (semi-) professionelle Wachen, Stadtsoldaten und Bürger den Dienst versahen, wurde je nach Bedrohungslage und eingerissenen Missständen auch binnen weniger Jahre unterschiedlich beantwortet. Ein klares
Bild ist daher nicht zu gewinnen. So dehnte man im November 1578 die Wachpflicht
ausdrücklich wieder auf „alle Burgere groß und klein eß sein Burgermeister, Renthmeis-
ter, Stimmmeister, Rathspersonen, Bannerherren, Doctoren, Licensiaten unnd alle anderen Burgere" aus, die in Person zu erscheinen hatten. Ausnahmen sollten nur bei „leibs
schwachheit"[37] oder bei nachweislicher Wahrnehmung wichtiger anderer städtischer
Aufgaben gemacht werden.[38] Die sonst üblichen Wachbefreiungen waren hier also zumindest aufgeweicht, denn Bürgermeister dürften leicht dazu in der Lage gewesen sein,
schwerwiegende städtische Geschäfte vorzuschieben.

Die Pflichten der zur Bewachung der Pforten eingesetzten „Herren"[39] (die also die
Aufsicht über die Wachen führten) wurden 1572 präzisiert:

- bei Tag und Nacht auf das Feld vor der Stadt auf sich nähernde Fußgänger und Reiter zu achten;
- sicherzustellen, dass der äußere Schlagbaum gut bewacht und jederzeit niedergelassen war;
- sicherzustellen, dass der Schlagbaum nach dem Einlassen von Landarbeitern mit
  einer Ladung von Getreide oder Ähnlichem rasch wieder niedergelassen wurde;
- keinen unbekannten einzelnen Reiter einzulassen (bei dem es sich ja um einen Bewaffneten handeln konnte), bevor nicht sein Name und seine Herberge in Köln festgestellt und an die Bürgermeister gemeldet worden waren;
- vor Reitern in Haufen (bei denen es sich um eine organisierte, feindlich gesinnte
  Truppe handeln konnte) die Schlagbäume und die Pforten zu schließen, die Haufen
  nach ihrer Identität und Absicht zu befragen und dies umgehend den Bürgermeistern zu melden;
- die Tagtüren nach den festgelegten Zeiten von morgens bis abends zu öffnen (für
  den kleinen Verkehr von Fußgängern).

Diese Bestimmung wurde 1573 ergänzt. Nunmehr wurde den auf Wache geschickten
Herren und Bürgern auch untersagt, „volck oder freunde umb drinckens willen"[40] mit
auf die Stadttore zu nehmen. Nach der pünktlichen Schließung der Pforten sollten die

---

37 HAStK-RBA Best. 33 A 230, Bl. 173r (Registratur vom 20.11.1578). Siehe auch ebd., Bl. 180r (Verbot der
    Stellvertretung in der Bürgerwache, 8.5.[1583]).

38 Beispielsweise wurde im Dezember 1589 ein Zeichenschreiber von der Wachpflicht befreit, damit er
    bei Nacht in der Malzmühle das Einfrieren der Mühle bei Winterkälte verhindern konnte. HAStK-RBA
    Best. 10B A 40, Bl. 72v (Ratsprotokoll, 20.12.1589).

39 HAStK-RBA Best. 33 A 230, Bl. 154 (Aufgaben der Pfortenwache, 1572).

40 HAStK-RBA Best. 33 A 230, Bl. 155r (Befehl an die Pfortenwache, 3.8.1573). 1577 wurde ihnen befohlen,
    keinen „uberflussigen wein" auf die Wache mitzubringen, HAStK-RBA Best. 33 A 230, Bl. 165r (Befehl an
    die Pfortenwache, 9.1.1577). Weinverbot auf Wache auch in HAStK-RBA Best. 14 A 1, Nr. 6 (Ratsedikt,
    16.5.1585).

Schlüssel[41] bei den Burggreven abgegeben werden. Am Morgen durften die Pforten
dann erst wieder bei vollem Tageslicht geöffnet werden, wenn das Vorfeld einsehbar und
frei von Reitern und Kriegsknechten war. Auch sollten sie ihre Wache nicht verlassen,
bevor die Ablösung eingetroffen war. Die Ablösung wiederum sollte dann nicht nur die
Schlüssel, sondern auch diesen Befehl erhalten.

Eine weitere Ergänzung wurde 1577 erlassen. Sie richtete sich diesmal an „Herren
und Burger“[42], welche die Nachtwache an den Toren zu versehen hatten. Sie hatten am
Abend die Schließung der Pforten zu überwachen und sich den Schlüssel des Burggreven aushändigen zu lassen, so dass dieser auch keine Verantwortung für eine nächtliche
Öffnung trug. Die Bürgerwache hatte sodann sicherzustellen, dass die (besoldeten)
Turmwächter auch in der Nacht auf dem Turm patrouillierten und ggf. durch das Bla-
sen eines Horns Alarm schlugen. Bei Tag sollten sie eine Glocke schlagen, wenn sie Land-
streicher oder Kriegsvolk vor der Pforte sahen. Reiter, Landsknechte oder Bettler sollten
nicht in die Stadt gelassen werden (wobei Landsknechte zu zweit für den Proviantkauf
eingelassen werden sollten, wenn sie an der Pforte ein Pfand hinterlegten).

Überblickt man das 16. Jahrhundert vor der im Folgenden zu behandelnden Reform
von 1583, so ist ein stetiges Bemühen um eine Verbesserung der Organisation und Einsatzbereitschaft von Bürgerwehr und Bürgerwache feststellbar. Dabei stand es außer
Frage, das die Herstellung innerer und äußerer Sicherheit weiterhin zu einem Großteil
auf dem Bürgeraufgebot beruhen und nicht in die Hände besoldeter Kräfte gelegt werden sollte. Die Gründe dafür werden weder reflektiert noch diskutiert, was sich letztlich
nur daraus zu erklären ist, dass der bewaffnete Dienst zwar eine Bürgerpflicht war, zugleich aber auch Ausdruck des Bürgerrechts und des Anspruchs auf politische Teilhabe.
Das machte die Bürgerwehr zu einer als unverzichtbar angesehenen, wenigstens symbolischen Säule der Stadtverfassung. Dass nebenbei auch fiskalische Gründe für sie und
gegen teure Söldner sprachen, ist demgegenüber zwar nicht zu vernachlässigen, dürfte
aber nicht im Vordergrund gestanden haben. Allerdings waren die Kölner nicht naiv.
Mit wachsender Kriegsgefahr sahen sie deutlich, dass das System nur dann weiter funktionieren konnte, wenn seine Organisation auf neue Füße gestellt wurde. Zugleich war
das Problem der (gefühlten) Gerechtigkeit bei der Teilung der Lasten unter formal gleich-
gestellten Bürgern im Auge zu behalten – das indes, wie noch darzulegen ist, niemals
abschließend gelöst wurde.

---

41 Zu den Stadtschlüsseln vgl. zuletzt Kramp, 1794.
42 HAStK-RBA Best. 33 A 230, Bl. 164r (Befehl an die Pfortenwache, 9.1.1577). Der gesamte Befehl ebd.,
     Bl. 164–165.

Die Reform des Bürgeraufgebots von 1583

Der in den benachbarten Niederlanden tobende Achtzigjährige Krieg konnte jederzeit auf das Rheinland übergreifen, weshalb ab den 1570er Jahren die Anforderungen an die Verteidigungsbereitschaft der Bürger deutlich wuchsen. Nun kümmerte man sich auch wieder mehr um die Organisation des großen Bürgeraufgebots, das im Falle eines Angriffs oder einer Katastrophe wie einer – möglicherweise auch durch Feinde verursachten – Feuersbrunst eingesetzt werden sollte. Es wurde zunächst an einer verbesserten Alarmierung gearbeitet. 1576 hatte sich die Bürgerwehr an insgesamt zwölf Plätzen zu versammeln, die jeweils einem Kirchspiel zugeordnet waren.[43] Die Zahl der Sammelplätze erschien aber zu hoch, um unter dem Druck einer katastrophalen Situation die Übersicht zu wahren und geordnet handeln zu können. Daher wurden nun nur noch fünf Sammelplätze ausgewiesen: das Rathaus (Rat mit Bürgermeistern und Rentmeistern, Söldner, Nachtwächter, städtisches Personal sowie die Bannerherren), der Platz vor dem Rathaus (Männer aus den Kirchspielen St. Laurentius und St. Brigida), der Heumarkt (Klein St. Martin, St. Alban, St. Maria Lyskirchen), der Waidmarkt (St. Jakob, St. Johann Baptist, St. Severin), der Neumarkt (St. Columba, St. Aposteln, St. Peter, St. Mauritius, St. Christoph) und der Platz vor St. Paulus (St. Kunibert, St. Lupus, St. Paulus, St. Maria im Pesch, St. Johann Evangelist, St. Maria Ablass).[44]

Wohl 1583[45] kam ein dazu bestellter Ausschuss angesichts der gefährlichen Gesamtlage zu dem Schluss, dass innerhalb der Stadt am Tage vier Gewaltrichter für Sicherheit sorgen sollten, und zwar je einer für eines von vier Quartieren. Sie sollten dabei von einer nicht näher genannten Anzahl von Wächtern begleitet werden. Bei Nacht wiederum sollten die reitenden Boten bei derselben Aufgabe von jeweils zwei Bürgern unterstützt werden. In diesen Fällen dürften die Bürger jeweils dem Befehl dessen unterstellt gewesen sein, dem sie zugeordnet waren. Wohl in diesem Zusammenhang entstand eine Quantifizierung von Wachpflichten in „bedrewhlicher Zeit".[46] Die vier Gewaltrichter hatten dabei die Oberaufsicht zu führen, um „gewalt unnd boißheit" in der Stadt zu verhindern bzw. zu bestrafen oder sie wenigstens den Bürgermeistern anzuzeigen. Dazu sollten sie bei einer festgestellten Gefahrenlage von jeweils 50 Mann der Bürgerwache unterstützt werden (wobei der Rat den Gewaltrichtern die volle Befehlsgewalt über sie

---

43 Die Organisation nach Kirchspielen lässt sich bereits im 15. Jahrhundert greifen, war also keine neue Idee des ausgehenden 16. Jahrhunderts. Vgl. die Wachordnung von 1467 bei STEIN, Akten, Bd. 2, S. 417 f. Vgl. auch WULF, Pfarrgemeinden, S. 284–287. Vereinzelte Bürger- und Einwohnerlisten aus der zweiten Hälfte des 16. Jahrhunderts (vor 1583), die teilweise auch (fehlenden) Waffenbesitz verzeichnen, sind dementsprechend nach Kirchspielen geordnet. Siehe etwa HAStK-RBA Best. 30N A 1463, A 1464, A 1466 und A 1467.

44 HAStK-RBA Best. 14 A 3, Nr. 58 (Ratsedikt, 16.11.1576). Siehe dazu auch die beigefügte Karte bei WULF, Pfarrgemeinden.

45 Die Quelle ist undatiert, dürfte aber in diesen zeitlichen Zusammenhang einzuordnen sein, HAStK-RBA Best. 33 A 230, Bl. 183–184 (Gutachten eines Ausschusses zur inneren Sicherheit).

46 HAStK-RBA Best. 33 A 230, Bl. 185–186 (undatierte Aufstellung von Wachpflichten). Die folgenden Zitate ebd. Siehe auch HAStK-RBA Best. 33 A 52, Bl. 1–5 („Ordnung" [1568]).

übertrug). Diese 200 Mann waren nach einer bestimmten Reihenfolge und nach Proporz der Mitgliederzahl von den Gaffeln zu stellen: Eisenmarkt sechs Mann, Schwarzhaus drei Mann, Goldschmiede acht Mann, Windeck acht Mann usw. Die höchste Belastung lag mit zwölf Mann bei den Steinmetzen und den Fassbindern, die geringste mit den genannten drei Mann bei Schwarzhaus. Die Gaffeln kamen so zusammen täglich auf 184 Mann. Hinzu kamen 16 Mann von den Beigeschworenen, also Männer ohne das volle Bürgerrecht. Jeweils zwei Bürger sollten zusätzlich bei der Brandglocke gemeinsam mit den etatmäßigen Wächtern wachen. Die Turmherren und Bürgerhauptleute sollten schließlich die Häuser in den Kirchspielen im Auge haben, um „starck unnutze luyde" und Bettler im Auge zu haben und gegebenenfalls zu bekämpfen. Das System mischte noch Elemente der Aufbietung nach Gaffeln mit der neuen Idee der Einteilung der Stadt in Zuständigkeitsbezirke. Letzterer gehörte die Zukunft. Die Kirchspiele, die ja sonst eine gewisse Rolle als Verwaltungsbezirke spielten, erwiesen sich jedoch als kein tauglicher Ersatz für die Gaffeln, weil auch sie keine klaren und einigermaßen handhabbaren militärischen Einheiten zu produzieren vermochten, da sie sich nach Größe und Struktur stark voneinander unterschieden.[47]

Die Maßnahmen blieben auf diese Weise nur Stückwerk. Im Jahr 1583 erfolgte daher eine grundlegende Reform des bürgerlichen Wach- und Verteidigungswesens, welche die Verhältnisse bis zum Ende der reichsstädtischen Zeit prägen sollte.[48] Nicht zufällig erfolgte diese Reform in kriegerischer Zeit, als also eine tatsächliche Gefahr eines Angriffs auf die Stadt drohte und sich die bisherige Organisation als zu störanfällig erwies.[49] Die

---

47 Anderenorts wurde trotz solcher Probleme die Bürgerwehr auf Basis von Kirchspielen organisiert (von denen es in den meisten Städten aber weniger als in Köln gab), vgl. z. B. Brumshagen, Bremer Stadtmilitär, S. 53; Schlürmann, Militär, S. 169. Die Stadt Düsseldorf war in vier Quartiere aufgeteilt, die jeweils eine Bürgerkompanie stellten. Vgl. Müller, Klaus, Unter pfalz-neuburgischer und pfalz-bayerischer Herrschaft, S. 112 f.

48 Zum Folgenden vgl. v. a. Holt, Einteilung (hier findet sich auch eine genaue straßenmäßige Beschreibung der Fahnenbezirke); ders., Bürgermusterung (auch hier eine Rekonstruktion der Bezirke mit Karte S. 235); Takatsu, Neuorganisation; Jilka, Aspekte, S. 80 f. Siehe auch HAStK-RBA Best. 33 A 56 mit Details zur Reform von 1583.

49 Takastu betont dabei stark den Gedanken einer Entmachtung oder Entwaffnung der Gaffeln aufgrund konfessioneller Gegensätze, weil der Rat den Einfluss von Protestanten in den Gaffeln auf die Verteidigungsbereitschaft habe zurückdrängen wollen. Das greift aber insoweit zu kurz, als die Protestanten ja nicht völlig ausgeschieden wurden, sondern nun in den Fahnen Dienst taten. Wie weiter unten zu zeigen sein wird, hatte der Rat zwar theoretisch große Eingriffsmöglichkeiten in die inneren Verhältnisse der Fahnen, jedoch konnte er sie in der Praxis nie zu einer vollständigen Kontrolle ausbauen. Wenn also der Gedanke der Ausschaltung von Protestanten 1583 ausschlaggebend gewesen sein sollte, so gelangte er auf Dauer nicht zur Wirksamkeit. Vgl. Takatsu, Neuorganisation, S. 39 f. Auch die Vorstellung einer mit der Reform verbundenen strengen hierarchischen Ordnung, wie sie in der angesichts der Bedeutung der Reform allzu knappen Darstellung bei Chaix, Köln, S. 288 f., durchscheint, hält angesichts der noch zu zeigenden vielfältigen Infragestellungen der Autorität der Befehlshaber dem Praxistest nicht stand. Vgl. auch Wulf, Pfarrgemeinden, S. 287–289.

Stadt ließ daher ein „Vorschlagh und Bedenken"[50], also einen Reformplan, ausarbeiten, wozu sie auch auf in Köln verfügbare kriegserfahrene Männer zurückgriff (die dann auch bei der Erstausbildung der Bürgerfahnen unterstützen sollten). Bereits eingangs betont das Gutachten, dass die Herstellung von mehr Sicherheit nicht mit mehr Kosten verbunden sein solle, weshalb die Option der Anwerbung eines großen Söldnerheeres entfiel.

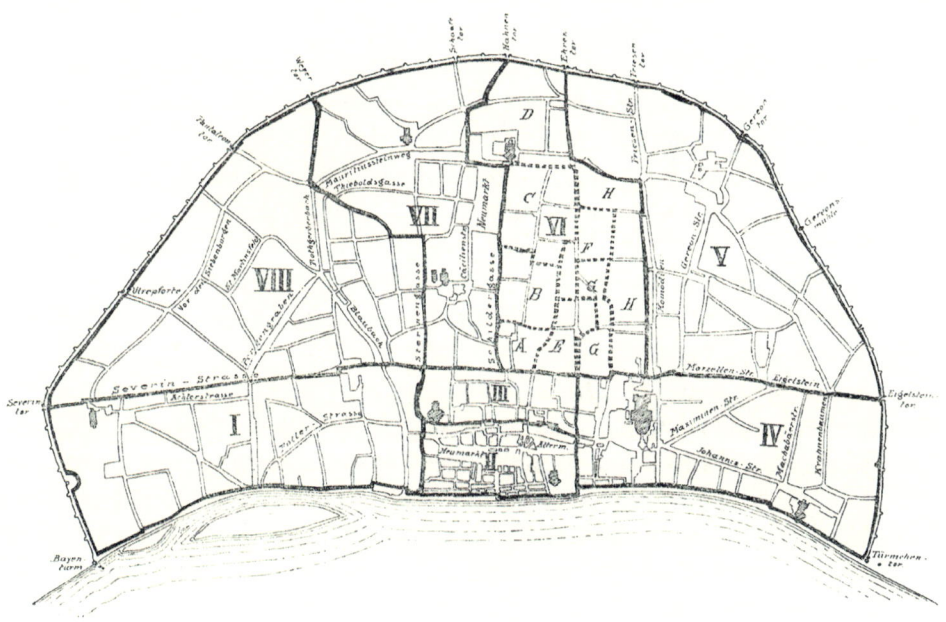

Abb. 9: Die Einteilung der Stadt Köln in acht Colonelschaften (I–VIII) sowie in die Fahnenbezirke A–H in der VI. Colonelschaft, 1583 (nach Holt, Bürgermusterung, S. 235)

---

50 In mehrfacher Ausfertigung überliefert in HAStK-RBA Best. 33 A 58, Bl. 19–44. Hierbei handelt es sich allerdings nicht um eine Konzeption der dann tatsächlich eingerichteten Bürgerfahnen, sondern um eine Vor- bzw. Zwischenstufe, die der unmittelbar drohenden Gefahr geschuldet war. Auch wenn dieses Gutachten also wenig langfristige Bedeutung hatte, zeigt seine Existenz, dass es bei der Reform von 1583 zunächst primär um tatsächliche Gefahrenabwehr ging und nicht um langfristige Erwägungen zur Stadtverfassung. Zu nachfolgenden Detailregelungen der Aufteilung von Wachpflichten siehe HAStK-RBA Best. 33 A 363.

Köln wurde schließlich in acht Colonelschaften (oder Bürgerregimenter) aufgeteilt, die jeweils einem Bürgeroberst (mit Oberstleutnant und Obristwachtmeister bzw. Major) unterstanden. Diese Colonelschaften umfassten jeweils einen Teil der Stadt, wenn man so will einen Stadtbezirk, ohne dass diese Bezirke jedoch durch ältere Traditionen oder etwa die Kirchspiele vorgeprägt gewesen waren. Ihre Grenzen verliefen in etwa wie folgt:[51]

- Colonelschaft I (acht Fahnen): Severinstraße, Waidmarkt, Hohe Pforte, Stephanstraße, Marienplatz, Königstraße und Rheingasse.
- Colonelschaft II (acht Fahnen): Rheingasse, Königstraße, über das Dreikönigenpförtchen und den Lichhof, Martinstraße, Judengasse, Rathausplatz, Bürgerstraße, Nordseite des Alten Markts, Mühlengasse.
- Colonelschaft III (vier Fahnen): Hohe Straße bis Große Budengasse, Große und Kleine Budengasse, Rathausplatz, Judengasse, Martinstraße, Lichhof, Marienplatz, Stephanstraße.
- Colonelschaft IV (acht Fahnen): nördlich der Colonelschaften II und III, Hohe Straße ab der Großen Budengasse, Wallrafplatz, Unter Fettenhennen, Marzellenstraße, Eigelstein bis zum Eigelsteintor.
- Colonelschaft V (fünf Fahnen): Eigelstein ab dem Eigelsteintor, Marzellenstraße, Burgmauer, Zeughausstraße, St. Apernstraße, Ehrenstraße bis Ehrentor.
- Colonelschaft VI (acht Fahnen): südlich der Colonelschaft V, Unter Fettenhennen, Wallrafplatz, Hohe Straße bis Schildergasse, Schildergasse, Neumarkt, Hahnenstraße.
- Colonelschaft VII (sieben Fahnen): Hahnenstraße, Marsilstein, Im Laach, Neumarkt, Schildergasse, Hohe Straße, Sternengasse, Peterstraße, Kleiner Griechenmarkt, Griechenpforte und Weyerstraße.
- Colonelschaft VIII (sechs Fahnen): Severintor, Weyertor, Weyerstraße, Griechenpforte, Kleiner Griechenmarkt, Peterstraße, Sternengasse, Hohe Pforte, Waidmarkt, Severinstraße.

Die Bezirke waren mehr nach topographischen Verhältnissen denn nach der Einwohnerzahl konstruiert worden, denn die Colonelschaften zerfielen jeweils in unterschiedliche Zahlen von Bürgerfahnen (oder Kompanien) unter Bürgerhauptleuten. Die 1., 2., 4. und 6. Colonelschaft umfassten jeweils acht Fahnen, während es bei der 3. vier, bei der 5. fünf, bei der 7. sieben und bei der 8. sechs Fahnen waren. Quellen, welche

---

51 Angaben nach Holt, Bürgermusterung, S. 17–18. Angegeben sind die heutigen Straßennamen, jedoch sind verschiedene Unsicherheiten in Rechnung zu stellen: auch wenn die Namen Kölner Straßen eine hohe Kontinuität vielfach bis ins Mittelalter aufweisen, hat sich ihr Verlauf doch zwischenzeitlich mehr oder minder stark mehrfach verändert, zuletzt durch die Zerstörungen des Zweiten Weltkriegs. Zweitens können sich die Grenzen gewohnheitsrechtlich im Verlaufe der Frühen Neuzeit verschoben haben. Und drittens: Es gibt kein offizielles Verzeichnis über die Fahnenbezirke und Colonelschaften, das während ihrer Existenz geführt und aktualisiert worden wäre, weshalb nur punktuelle Angaben aus den Quellen gewonnen werden können. Zum defizitären Forschungsstand der Topographie Kölns in der Frühen Neuzeit vgl. Plassmann, „Topographie".

die genauen Hintergründe dieser Einteilung erhellen, liegen nicht vor. Neben rein praktischen Erwägungen (so stieß die schwache 3. Colonelschaft als einzige nicht an einen Teil der Stadtmauer an) könnte auch das Sozialprestige der ersten Obristen eine Rolle gespielt haben.[52] Wie auch immer: Jede Fahne bestand aus ungefähr 150 Mann, so dass bei insgesamt 54 Fahnen theoretisch mehr als 8.000 Mann zusammengekommen wären.[53] In der Praxis lag die Stärke der wiederum in Rotten gegliederten Fahnen allerdings etwas niedriger, man war von etwa 7.000 Mann ausgegangen. Aufgrund der topographischen Einteilung der Fahnen war es in der Folge ohnehin nicht möglich, ihre Stärke einem strikten allgemeinen Raster folgen zu lassen.[54] Sie war vielmehr von der Bevölkerungsentwicklung des jeweiligen Fahnenbezirks abhängig. Zudem gab es von Anfang an Befreiungen von der Dienstpflicht, z. B. für die Ratsherren und einiges städtisches Verwaltungspersonal. Zudem war die allerdings nicht präzise in ihren Grenzen definierte Möglichkeit einer Befreiung vom persönlichen Dienst durch Zahlung eines Wachgeldes gegeben.[55]

In der Praxis spielten die Bürgerobristen und mit ihnen die Colonelschaften nur eine geringe, mangels Kriegseinsatz häufig eher zeremonielle Rolle.[56] Nur bei Streitigkeiten und Problemen griff der Rat vermehrt auf die Obristen zurück – was aber auch ein Hebel dazu sein konnte, über die Funktion des Bürgerobristen Sozialprestige und Einfluss-

52 Bei ihnen scheint es sich nach einer wohl 1587 entstandenen Übersicht überwiegend um Ratsverwandte gehandelt zu haben. HAStK-RBA Best. 33 A 373, Bl. 125.

53 Der „Vorschlagh und Bedenken" war noch von einer Einheitsgröße von 200 Mann pro Fahne ausgegangen (HAStK-RBA Best. 33 A 58, Bl. 39r), jedoch war dies offenbar nicht praktisch umsetzbar. Siehe auch HAStK-RBA Best. 7101 P 1/218 (graphische Übersicht über Colonelschaften und Kettenhäuser, 1768).

54 1780 wurde beispielsweise mit nur noch 3.841 einsatzbereiten Männern in den Bürgerfahnen gerechnet und zwischen starken und schwachen Colonelschaften unterschieden. HAStK-RBA Best. 33 A 369, Bl. 478r (Monita und Notamina [1780]). Von einer schwachen Fahne ist auch 1673 die Rede, HAStK-RBA Best. 10B A 120, Bl. 179v (Ratsprotokoll, 30.5.1673).

55 Aus dem Jahr 1568 ist eine Liste der „furnemsten" Bürger überliefert, die sich der Tagwacht durch eine Zahlung (theoretisch) entziehen konnten. Die Möglichkeit der Ersatzzahlung war jedenfalls schon aus rein praktischen Erwägungen heraus mit höherem Vermögen und damit mit sozialer Ungleichheit verbunden. HAStK-RBA Best. 30N A 1462, 1–2.

56 Wohl von 1587 ist ein Plan für die Abhaltung regelmäßiger gemeinsamer Essen der Bürgerobristen mit den Oberstleutnanten zur Besprechung gemeinsamer Probleme überliefert, für den sogar eine Speisefolge festgelegt wurde. Dieses Gremium tritt dann aber nicht mehr in Erscheinung, wäre aber wohl ohnehin eher eines des geselligen Zusammenseins der Führungsschicht gewesen als ein Generalstab, HAStK-RBA Best. 33 A 373, Bl. 125. 1780 wird anlässlich des Empfangs des Koadjutors Maximilian Franz von Österreich in Köln ausdrücklich betont, dass die höheren Chargen der Bürgerfahnen „sonsten [...] nicht mit aufziehen", nun aber mit „ihren Regimentern" antreten sollten. HAStK-RBA Best. 33 A 369, Bl. 457–476, § 4 (Reglement, 1780).

möglichkeiten zu generieren.[57] Ansonsten kommunizierte er meist direkt mit den Bürgerhauptleuten, die sich auch umgekehrt direkt an den Rat wandten.[58] Dieser hatte bei
der Bürgerwehr neuen Typs überhaupt eine stärkere Stellung inne, als er es zuvor im
Hinblick auf die Organisation über die Gaffeln gehabt hatte. So war die Besetzung aller
Posten vom Oberst bis zu den Unteroffizieren eine Sache des Rats.[59] Das Ratsamt der
Wachmeister blieb überdies erhalten. Sie hatten weiterhin die Oberaufsicht über die Bürgerwache, mussten sich dazu nun aber mit den Bürgerobristen und Bürgerhauptleuten
auseinandersetzen.

Der Dienst in den Bürgerfahnen war grundsätzlich bis zum Tod der Bürger zu leisten.[60] In der Praxis war man sich jedoch durchaus bewusst, dass hinfällige Greise die
Sicherheit der Stadt nicht mehr garantieren konnten. Dennoch wurde keine Altersgrenze
für den Dienst eingezogen. Die Männer wurden vielmehr auf Einzelantrag befreit.[61] Die
Begründungen sind vergleichsweise stereotyp und sollten daher nicht auf die Goldwaage
gelegt werden. Auf der anderen Seite hatten die Nachbarn und anderen Bürgersoldaten
ihre Kameraden so sehr im Blick, dass eine bloße Simulation von Alter und Gebrechen
kaum erfolgversprechend gewesen wäre. So wird zwar immer wieder pauschal auf hohes

---

57 Zu den Bürgerobristen müsste wie zu den Bürgerhauptleuten eine eigene prosopographische Studie erfolgen, um die Funktion des Amts im Hinblick auf die Stellung seiner Inhaber im politisch-sozialen System
    zu untersuchen. Es scheint aber so gewesen zu sein, dass das Amt des Bürgerobristen auch von ehemaligen
    Bürgermeistern ausgeübt wurde und damit zur Festigung ihrer Stellung nach dem Ausscheiden aus dem
    üblichen dreijährigen Zyklus der Bürgermeisterschaft beitrug. So war etwa Nicolas Ferdinand Joseph Kerich, der 1786 das letzte Mal Rentmeister gewesen war, 1794 Bürgerobrist (HAStK-RBA Best. 33 A 281,
    Bl. 2563r). Vgl. Deeters, Rat, S. 368. Auch die Bürgermeister von Wimmar, von Herrestorff, von Krufft,
    von Herwegen und von Beywegen werden in einer allerdings undatierten Aufstellung als Bürgerobristen geführt, HAStK-RBA Best. 33 A 285, Bl. 13–16. Sie sind in der zweiten Hälfte des 18. Jahrhunderts
    zu verorten und dürften teilweise bereits während ihrer aktiven Zeit auch Bürgerobrist geworden sein,
    weil die Quelle vermutlich aus dem Siebenjährigen Krieg stammt. Vgl. zu den Amtszeiten Deeters, Rat,
    S. 367–368. 1780 ist ausdrücklich von vier Colonelschaften die Rede, deren Obristen ehemalige Bürgermeister waren. HAStK-RBA Best. 33 A 369, Bl. 477r (Monita [1780]).
58 Das lässt sich auf breiter Basis anhand der Ratsprotokolle in HAStK-RBA Best. 10B und der Suppliken in
    HAStK-RBA Best. 33 belegen. Die starke persönliche Stellung der Hauptleute wird auch dadurch deutlich, dass zwar die Colonelschaften durchnummeriert waren und daher so etwas wie überpersönliche
    Institutionen darstellten, die einzelnen Fahnenbezirke aber nicht. Sie wurden meist ähnlich wie lange
    Zeit die Kompanien in den Regimentern der großen Armeen der Zeit nach dem Namen ihres Hauptmanns benannt, so dass sich ein viel stärkerer persönlicher Bezug zwischen diesem und seinem Zuständigkeitsbereich ergab. Das hat zugleich zur Folge, dass es beim derzeitigen Forschungsstand schwerfällt,
    die mit dem Namen ihres Hauptmanns bezeichneten Fahnen mit bestimmten Bezirken im Stadtgebiet
    zu identifizieren. Eher selten wurden sie auch nach der Straße benannt, in der sie ihren Schwerpunkt
    hatten, z. B. anlässlich eines Grenzstreits zwischen zwei Fahnen. HAStK-RBA Best. 10B A 120, Bl. 179v
    (Ratsprotokoll, 30.5.1673).
59 Vgl. Takatsu, Neuorganisation, S. 31 f.
60 Die Vorstellung, dass der Dienst mit dem 70. Lebensjahr endete (vgl. Takatsu, Neuorganisation, S. 32),
    war bereits 1583 v. a. deshalb auf Sand gebaut, weil sich das präzise Alter der Männer häufig nicht feststellen ließ.
61 Diese Befreiungen wurden durch den Rat ausgesprochen und sind entsprechend breit in den Ratsprotokollen HAStK-RBA Best. 10B dokumentiert.

Alter und allgemeine körperliche Einschränkungen verwiesen. Wenn aber etwa 1729 Christian Bolz um Wachbefreiung bat, weil er von einer schweren Lungenkrankheit „heimbgesucht worden"[62] sei, so dürfte diese Angabe Glaubwürdigkeit für sich beanspruchen können. Seine Aussage, 72 Jahre alt zu sein, lässt sich hingegen nicht auf das Jahr genau prüfen, belegt aber ein sichtbar fortgeschrittenes Alter, das eine völlige Wiederherstellung der Lunge unwahrscheinlich machte. Im selben Jahr führte Johan Peter Tack sein Alter von 84 Jahren und seine Armut als Grund für seine Bitte um Befreiung von der Wache an.[63] 1755 bezeugte sein Bürgerhauptmann dem Frans Caspar Wiertzt, dass er aufgrund eines Schlaganfalls dienstuntüchtig war.[64] 1730 war es Hubertus Frenger, der ein Alter von 68 Jahren ins Feld führte.[65] Johan Friedrich Eichhorn war 76 Jahre alt und hatte nach eigener Aussage bereits 50 Jahre lang bürgerliche Dienste übernommen.[66] Der ehemalige Schuhmachermeister Theodorus Dyck führte 1771 neben seinem Alter von 70 Jahren Armut und seine plötzliche Erblindung an, um nicht mehr auf Wache ziehen bzw. Wachgeld zahlen zu müssen.[67] Beim 81-jährigen Jacob Lohmann war es ein Zittern, das auf Wache eher hinderlich gewesen wäre.[68] Thomas Mashier war 1773 mit Taubheit geschlagen.[69] Johannes de Groote aus vornehmer Familie konnte 1781 sogar ein Taufzeugnis beibringen, das seine Taufe und damit seine Geburt im Jahr 1700 belegte.[70] Dergleichen Beispiele lassen sich fast beliebig anführen (und auch für eine Geschichte des Alters bzw. der Krankheiten im Alter heranziehen).

Bereits aus den eher fragmentarisch vorliegenden Listen aus dem Jahr 1583, die der praktischen Organisation der neuen Fahnen dienten, lassen sich weitere Probleme ersehen, die aus dem Übergang von einer Wehrpflicht aufgrund persönlicher Gaffelzugehörigkeit zu einer territorialen Regelung resultieren, also zu einer Wehrpflicht, die sich am Wohnort orientiert. So wurde im Kirchspiel St. Kolumba 1583 eine nach Straßen geordnete Einwohnerliste erstellt, welche die in etwa gleichmäßige Einteilung der Fahnen ermöglichte. Hier erscheinen u. a. Wilhelm von Thor und sein nicht benannter Bruder (beide mit Harnisch) sowie ein Knecht und ein Junge, die alle zusammen in einem Haus Unter Wapenstickern wohnten.[71] Sollten sie nun alle als männliche Bewohner des Hauses dienstverpflichtet sein, musste jeweils nur einer von ihnen als Vertreter eines Haushalts zur Wache erscheinen, war der Junge dazu vielleicht zu jung, konnten sie die

62 HAStK-RBA Best. 33 A 76, Bl. 1r (Supplik Bolz, 1729).
63 HAStK-RBA Best. 33 A 76, Bl. 34r (Supplik Tack, 1729).
64 HAStK-RBA Best. 33 A 316, Bl. 9r (Supplik Wiertz, 1755).
65 HAStK-RBA Best. 33 A 76, Bl. 90r (Supplik Frenger, 1730).
66 HAStK-RBA Best. 33 A 76, Bl. 135r (Supplik Eichhorn, 1730).
67 HAStK-RBA Best. 33 A 241, Bl. 1 (Supplik Dyck, 1771).
68 HAStK-RBA Best. 33 A 241, Bl. 4 (Supplik Lohmann, 1771).
69 HAStK-RBA Best. 33 A 105, Bl. 48–49 (Supplik Mashier, 1773).
70 HAStK-RBA Best. 33 A 111, Bl. 15r (Supplik Groote, 1781). Spätestens bei ihm stellt sich die Frage, ob es bei der Wachbefreiung nicht nur um die persönlich aufziehenden Männer handelte, sondern auch um solche, die sich der Ersatzzahlung entledigen wollten.
71 HAStK-RBA Best. 33 A 1463, 4, Bl. 2r.

beiden Harnische durchtauschen, was wäre dann aber bei einem vollen Aufgebot der
Fahne gewesen? Diese Probleme – die sich in zahlreichen Haushalten stellten – wurden
weder systematisch durchdacht noch abschließend geregelt, so dass sie in zahlreichen
Variationen bis Ende des 18. Jahrhunderts immer wieder zu Diskussionen und Streit
führten. Ähnlich verhielt es sich mit den Witwen, die in der Liste zumeist ohne Namen
oder andere Informationen angeführt werden.[72] Waren sie zwar nicht persönlich wehr-
pflichtig, mussten aber in Nachfolge ihres verstorbenen Ehemanns einen männlichen
Vertreter aus dem Haushalt oder einen bezahlten Heuerling schicken? Was war mit den
im Haushalt verwahrten Waffen? Oder wie war die Dienstpflicht von Akademikern wie
Dr. Andreas Geill geregelt, der mit drei Dienern in der Hertzigstraße wohnte und demnach sicher die Möglichkeit gehabt hätte, wenigstens einen von diesen zur Fahne zu
schicken?[73] Was war mit leerstehenden Häusern – haftete der vielleicht ferne Eigentümer für deren Anteil an der Fahne?[74] Wie war der Soldat Heinrich in der St. Apostel-
straße einzuordnen (falls es sich bei „Soldat"[75] nicht um einen Eigennamen handelt)?
Die Beispiele mögen genügen, um zu zeigen, dass es zahlreiche ungelöste Detailfragen
gab, die in der Praxis immer wieder zu Diskussionen führten.

Das gilt auch für die Frage des finanziellen Aufwands, den der Einzelne für seine Bewaffnung zu betreiben hatte. Sicherlich stand außer Frage, dass man zu repräsentativen
Zwecken auch sehr teure Waffen und Rüstungen anschaffen konnte. Aber wie waren
Mindestaufwand und der erwartete Zustand definiert, ab wann galt etwa eine alte Waffe
als unbrauchbar? Angaben über die Bewaffnung der Bürger finden sich allerdings nur
vereinzelt und selbst dort eher summarisch. In einem ebenfalls in St. Kolumba im Vorfeld der Reform entstandenen Verzeichnis der Wehrfähigen finden sich beispielsweise
Einträge wie „harnisch und helbardt", „roir" (Schusswaffe), „harnisch und schlacht-
schwerdt", „harnisch und federspieß" und „harnisch und spieß"[76]. Allein auf der einen
Seite, von der diese Zitate stammen, befinden sich 14 Angaben zu Waffen. Aufgeführt
sind aber inklusive der Knechte 20 Mann, wobei nur ein Knecht als mit einen „roir" versehen erscheint. Ob die anderen aber unbewaffnet waren oder ob man sich nur den Aufwand für eine weiter differenzierte Aufstellung gespart hat, ist nicht zu klären. Doch
selbst, wenn man annimmt, dass die Waffenübersicht vollständig ist, ist zumindest im
16. Jahrhundert von einer breiten Verfügbarkeit von Waffen in der Bürgerschaft auszugehen. Dennoch stellte sich bei einer Mobilisierung die Frage nach der Ausrüstung der
Unbewaffneten. Schwierig dürfte es auch gewesen sein, aus einem Haufen individuell

---

72 HAStK-RBA Best. 33 A 1463, 4, passim.

73 HAStK-RBA Best. 33 A 1463, 4, Bl. 19v. Er dürfte mit dem Rechtsgelehrten und kaiserlichen Rat Andreas
    von Gail zu identifizieren sein. Zu ihm vgl. Gschliesser, Gail.

74 Zum Beispiel HAStK-RBA Best. 33 A 1463, 4, Bl. 26r.

75 HAStK-RBA Best. 33 A 1463, 4, Bl. 37r. Ein weiterer, eindeutig als Soldat zu identifizierender Mann wohn-
    te jedoch in der Breiten Straße, ebd., Bl. 31r.

76 Alle Zitate HAStK-RBA Best. 30N A 1463, 4a, Bl. 41r. Zum Harnisch im bürgerlichen Besitz im Spätmit-
    telalter vgl. auch Schmid, Harnisch; Lenerz-de Wilde, Zunft, S. 37. Zu den Waffen vgl. Schmidtchen,
    Kriegswesen, S. 137–211; Dolínek/Durdík, Historische Waffen.

bewaffneter Männer eine schlagkräftige taktische Einheit zu formen, denn die Mischung von Hieb-, Stich-, Schutz- und Schusswaffen war doch recht zufällig, und manche alte Waffe wie ein Schlachtschwert oder eine altertümliche Feuerwaffe mochte sich auch je länger, je mehr nicht mehr sinnvoll mit neuerer Ausrüstung und Taktik kombinieren lassen. All das bot natürlich Stoff für Diskussionen, denn, wer im 17. Jahrhundert in eine moderne Muskete investierte, fühlte sich vielleicht von dem Nachbarn benachteiligt, der mit einem 150 Jahre alten Feuerrohr seiner Bewaffnungspflicht nachkam.

Abb. 10: Bürger mit Hellbarde, Spießen und Helmen. Ausschnitt aus: Arnold Colyns: Die Rückkehr nach der Schlacht von Worringen, 1582 (Kölnisches Stadtmuseum, Repro HAStK-RBA rba_d035260_04)

Insgesamt war aber mit der Reform von 1583 eine Lösung gefunden worden, die sich bis zum Ende der reichsstädtischen Zeit 1794 trotz aller Querelen in der Praxis als tragfähig erweisen sollte. Mit den Fahnen und Colonelschaften war eine grundlegend neue Einteilung der Bürgerschaft erreicht worden, die nicht nur die Organisation und damit Einsatzbereitschaft der Bürgermiliz verbesserte, sondern es auch erleichterte, die unübersichtliche Großstadt administrativ zu durchdringen. Von prinzipiellem Widerstand gegen das System ist dabei nicht die Rede, so dass davon auszugehen ist, dass es auch im Sinn der Bürger war. Die heiklen Fragen der solidarischen Lastenteilung – wer zog persönlich wie oft auf Wache, wer zahlte wie viel Wachgeld? – waren auf die Ebene der Fahnen und damit der Nachbarschaften verschoben worden. Das eröffnet zumindest die Möglichkeit, sie im Konsens unter Anwesenden zu klären und so tragfähige Kompromisse zu erzielen, die der jeweiligen Situation vor Ort angemessen waren. Dies gelang selbstverständlich nicht immer, nahm aber Bürgermeister und Rat aus der Schusslinie von Kritik, die sich an allzu obrigkeitlich bestimmten Lösungen entzünden mochte. Im Gegenteil, sie konnten als Schiedsrichter in den lokalen Konflikten auftreten und so ihre Stellung als Obrigkeit darstellen und festigen. Aber sie hatten auch nicht die volle Kontrolle über das Geschehen. Letztlich blieben sie wie Bürgerhauptleute und -obristen auf die Herstellung von Konsens angewiesen, auf Aushandlungsprozesse, die auch von den Bürgern gestaltet werden konnten. Die Reform von 1583 darf daher nicht allein unter dem Aspekt einer verbesserten Organisation der Wache und der Verteidigung betrachtet werden. Sie schuf auch vertikale und horizontale Verbindungen innerhalb der Einwohnerschaft, welche die Stadtverfassung stabilisierten, ohne die Bürger zu reinen Objekten obrigkeitlichen Handelns zu machen.

Die Rumorordnung: Einsatz der Bürgerfahnen bei drohender Gefahr

Grundsätzlich waren die Bürgerfahnen nicht nur für einen mehr oder minder gemütlichen Wachdienst vorgesehen. Sie mussten sich auch für den Fall ernsthafter Bedrohungen aller Art bereithalten. Das Entstehen von „Rhumors / Lermens / Tumults"[77] in der Stadt konnte zunächst viele Ursachen haben – von einem Unglück oder einer (Brand-) Katastrophe über einen feindlichen Angriff bis hin zu einem inneren Aufstand. Da im Zweifel keine Zeit blieb, den Ursachen genau auf den Grund zu gehen, wurde etwa 1590 eine allgemeine Verhaltensregel in Kraft gesetzt, die immer bei entstehendem „Geschrey" automatisch umgesetzt werden sollte. Zunächst waren alle Pforten, straßensperrenden Ketten und Schlagbäume zu schließen, und zwar auch durch die jeweils anwesenden Nachbarn, falls kein Befehlshaber zur Hand war. Auf diese Weise wurde der Verkehr unterbunden, was insbesondere bei Angriffen und Aufständen sinnvoll war, es aber auch im Fall einer Feuersbrunst erleichterte, die Bevölkerung zu kontrollieren und gezielt Gegenmaßnahmen zu ergreifen. Handelte es sich um eine gewaltsame Aktion von außen oder von innen, so sollten die Nachbarn zusätzlich Barrikaden aus Karren, Mobiliar oder Fässern errichten, um den „Feynd" am weiteren Vordringen zu hindern. Diejenigen, die sich zum Zeitpunkt des Rumors regulär auf der Wache befanden, durften ihren Posten nicht verlassen, sondern hatten ihn bis zum Eintreffen von Hilfe zu halten. Sie hatten aber nach Möglichkeit dafür zu sorgen, den Rest der Bevölkerung und v. a. Bürgermeister und Rat zu informieren und zu alarmieren. Alarm konnte aber auch bei Nacht durch Turmwächter und andere etwa durch Feuerzeichen oder Schüsse ausgelöst werden, bevor dann durch das Läuten der Sturmglocken auch das offizielle Alarmzeichen gegeben werden konnte. Nun differenzierte sich das Vorgehen: Erklang die Brandglocke auf dem Rathaus, hatte man mit den dezentral vorgehaltenen Löschwerkzeugen zum Brandherd zu eilen. Für den Fall eines Angriffs traten die Bürger hingegen unter den jeweiligen Hauptleuten ihrer Fahnen bewaffnet an, wozu ein durch den Hauptmann

---

77 HAStK-RBA Best. 14 A 3, Nr. 54 (Ratsedikt, ca. 1590). Die folgenden Zitate ebd.

veranlasstes Trommelschlagen aufforderte. Wer nicht zur Bürgerwache gehörte, hatte aber im Haus zu bleiben (jedenfalls, wenn dieses nicht durch eine Feuersbrunst bedroht wurde). Das galt auch für Geistliche, Studenten und Fremde in den Wirtshäusern, die ja nicht zur Bürgerschaft gehörten.

Es folgen Bestimmungen zum Zusammentreten der Bürgerfahnen. Dabei wurde Wert darauf gelegt, dass bei jedem Bürgeroberst die jeweils nächstgelegene Fahne zusammentrat, so dass die Obristen handlungsfähig gemacht wurden und in der Ausübung ihres Amtes auch geschützt waren. Gesichert wurden auch die Gaffelhäuser, und zwar durch die nächstgelegene Rotte der Bürgerwache. Das diente u. a. dem Schutz der dortigen Waffenvorräte, die in der Folge an unbewaffnete Bürger ausgegeben werden konnten. Es mag aber auch beabsichtigt gewesen sein, die Gaffeln als Kristallisationspunkte eines Aufstands auszuschalten.

Auch das Rathaus war zu schützen und hierher wurde auch alles möglich weitere Personal beordert, u. a. Fuhrleute mit ihren Pferden, die auf diese Weise zur Disposition der Stadtspitze gestellt wurden und Transporte aller Art übernehmen konnten. Sofern geworbene Soldaten verfügbar waren, sollten auch sie von ihren Befehlshabern aufgeboten werden, und zwar am ehesten bei dem Bürgeroberst, in dessen Bezirk die meiste Gefahr drohte. Diesen sollten sie insbesondere mit „ire meinungen unnd guten Rath" unterstützen, also ihre professionelle Expertise einbringen.[78] Die Bürgerfahnen sollten dann rasch, aber situationsangepasst zum Einsatz gebracht werden, wobei die Auswahl einer bestimmten Fahne für einen bestimmten Auftrag auch per Los möglich war (ein Ausdruck des Egalitätsgedankens innerhalb der Bürgerschaft, denn so wurde das Risiko gleichmäßig verteilt).

Frauen, Kinder und nicht wehrfähige Männer hatten zwar an sich im Haus zu bleiben. Im Fall aber, dass ein Feind gewaltsam in ihre Gasse eindrang, Ketten sprengte und Häuser aufbrach, sollten sie aus den Häusern Möbel, Kisten oder Fässer auf die Straße werfen, um den Feind in seinen Bewegungen zu behindern, sowie die an den Ketten verbliebenen Männer unterstützen. Das ist insofern bemerkenswert, als so gegen eine bereits in die Stadt vorgedrungene Soldateska Widerstand geleistet werden sollte, was leicht zu einer Gewalteskalation, Plünderung und Mord führen konnte. Dass dieses Risiko ausgerechnet Frauen und Kindern zugemutet werden sollte, wäre unter geschlechtergeschichtlichen Aspekten einer näheren Betrachtung wert.

Nun ist die Theorie das eine, die Praxis im tatsächlichen Katastrophen- oder Angriffsfall etwas anderes. Die Erneuerung dieser Ordnung 1604[79] bedeutet auch nicht, dass sie sich bewährt hätte – denn dazu hatte es keinen ernsthaften Anlass gegeben. Die Rumorordnung zeigt aber das Ideal einer Bürgerschaft, die sich selbst organisiert und zumindest in einer frühen Phase der Alarmierung mit stark dezentralisierter Verantwortung der ge-

---

78 1576 hatten sie sich noch zum Rathaus zu begeben, um Bürgermeister und Rat direkt zu unterstützen. Jedoch handelt es sich hier um keinen wirklichen Unterschied, denn auch die Ordnung von 1590 setzt einen zentralen Sammelpunkt voraus, von wo aus sie in den Einsatz geschickt wurden, und der konnte am Rathaus liegen. HAStK-RBA Best. 14 A 3, Nr. 58 (Ratsedikt, 16.11.1576).

79 HAStK-RBA Best. 14 A 3, Nr. 56 (Ratsedikt, 5.1.1604).

meinsamen Bedrohung stellt, um dann aber so schnell wie möglich die Bürgerobristen sowie Bürgermeister und zumindest die Inhaber hoher Ratsämter durch Schutz und Zurverfügungstellung personeller und materieller Ressourcen handlungsfähig zu machen. Söldner spielen dabei noch eine untergeordnete Rolle, weil sie nur zeitweise angeworben wurden und daher im Bedarfsfall nicht zuverlässig zur Verfügung standen.

Mit der Etablierung der stehenden Truppe von Stadtsoldaten im Verlauf des 17. Jahrhunderts, die im Falle eines „Rumors" im Zweifel schneller und disziplinierter reagieren konnten als die Bürgerfahnen, verlor die Ordnung an Relevanz. An deren grundsätzlichen Pflichten im Fall von Gefahr änderte sich jedoch dadurch nichts. Bis zuletzt mussten sie in der Not bereitstehen, auch wenn es nicht mehr zu einer laufenden Aktualisierung der Rumorordnung kam.

Die „Newe gemeine Wachtordnung"

Die Reform von 1583 verfolgte als wichtigstes Ziel, die Mobilisierung der Bürgerschaft für den Fall eines feindlichen Angriffs zu verbessern, indem einem solchen mit einer nach den Vorstellungen der Zeit gegliederten Truppe unter klaren Befehlsstrukturen begegnet werden konnte. In den Kriegen der folgenden Jahrhunderte wurden zwar immer wieder wegen tatsächlicher oder angenommener Gefahren alle oder ein Teil der Bürgerfahnen mobilisiert. Zum tatsächlichen Einsatz kamen sie dabei jedoch nicht. In der Praxis blieb die Sicherstellung der Wachdienste daher ihre Hauptaufgabe.[80]

Daher war die weitere Entwicklung der Bürgerfahnen vornehmlich von der Organisation der Wachdienste geprägt. Im Nachgang zu der Reform von 1583 wurden die Pflichten der Bürger 1586 in der „Newe[n] gemeine[n] Wachtordnung"[81] umfangreich zusammengefasst. Diese Wachordnung blieb bis Ende der reichsstädtischen Zeit weitgehend stabil, auch wenn manches Detail im Verlaufe der Jahrzehnte sicherlich umgedeutet wurde oder in Vergessenheit geriet. Sie zählt damit eigentlich mit Verbund- und Transfixbrief sowie dem Summarischen Extract von 1609 zu den Grundgesetzen der Stadtverfassung, weil sie einen wesentlichen Teil der Bürgerpflichten umfassend regelte und so Rechtssicherheit schuf.[82] Es kann daher nur verwundern, dass sie in der Literatur zur Stadtverfassung bislang keine prominente Rolle gespielt hat.[83]

---

80 Vgl. PLASSMANN, Stadt, S. 66–67.
81 Verzeichnis der Drucke des 16. Jahrhunderts (VD16) K 1808 (nach dem Exemplar in der Bayerischen Staatsbibliothek München 4 H.un. 86#Beibd. 4). Zur praktischen Umsetzung siehe auch HAStK-RBA Best. 33 A 52, Bl. 50–53 („Visitation und Execution", 1588).
82 Aus diesem Grund wurden Bürger und Einwohner zum „einkauffen" des Drucks verpflichtet, der in jedem Haus vorrätig sein sollte (Nr. 5, I). Das erklärt nicht nur die zahlreichen Nachdrucke, sondern ist auch interessant im Vergleich zu anderen Verfassungsdokumenten, namentlich zum Verbundbrief, der gerade nicht im Druck verbreitet werden durfte. Die Wachordnung hatte damit einen viel direkteren Sitz im Leben als dieser.
83 Siehe nur DREHER, Texte; Stadtrat [Ausstellungskatalog].

Überliefert ist sie in gedruckter Form in verschiedenen Varianten, bei denen es sich jeweils um nur leicht bzw. nur im Layout veränderte Nachdrucke der ersten Druckfassung handelte. In den Bibliotheken nachweisbar sind Fassungen von 1624[84], 1645[85], 1686[86]. 1707[87] und 1725[88]. Es ist nicht unwahrscheinlich, dass systematische bibliographische Recherchen zu weiteren Treffern führen würden.[89] Sie alle sind vorbehaltlich einer hier unnötigen Kollationierung im Detail textlich weitgehend identisch, weshalb sich die folgende Auswertung auf eine Fassung von 1685 stützen kann, welche die Verhältnisse des gesamten 17. und noch weiter Teile des 18. Jahrhunderts widerspiegelt.[90]

Bereits das erste Kapitel behandelte die Frage, wer denn zur Wachleistung verpflichtet war. Die Antwort fiel recht einfach aus: alle Männer über 18 Jahre aller Stände, „niemandt außgenommen", die sich dauerhaft in Köln „under Schutz unnd Schirm" des Rats aufhielten, also auch Einwohner ohne Bürgerrecht. Sie alle hatten auf Befehl des Rats Dienst zu tun (Nr. 1, I). Damit war nicht nur der Rahmen der Verpflichtung denkbar weit gesteckt. Der Rat erscheint hier auch als befehlende Obrigkeit. Er kann also über das Medium der Wachtordnung diese erst nach und nach erlangte Stellung auch symbolisch untermauern, was den Charakter des Texts als Verfassungsdokument (wenigstens durch die Hintertür) unterstreicht.[91]

Die weiteren Bestimmungen behandeln dann doch Ausnahmen von der Regel: die Pflicht ende mit 70 Jahren – was nur eine Chiffre für Dienstunfähigkeit durch hohes Alter ist. Von der Wache befreit sind sodann die Bürgerobristen und ihre Obristleutnante, Ratsherren mit einer Funktion in den Fahnen, die Syndici, die Ratssekretäre, die Türwärter[92] und Diener im Rathaus, die Gaffelboten, die Nachtreiter, die Ratsboten, die Burggreven (also Aufseher bzw. Verwalter auf den Türmen der Stadtmauer) mit den Turmwächtern sowie die Pastoren, Kaplane, Schulmeister und Offerleute (Nr. 1, XXIX). Mit Ausnahme Letzterer handelte es sich also um Männer, die entweder ohnehin sicher-

---

84 Angebunden in HAStK-RBA Best. 30N A 490 (zugleich ein Beispiel für die praktische Nutzung durch einen Bürgerhauptmann).

85 Staatsbibliothek zu Berlin – Preußischer Kulturbesitz 14 in: Th 9702.

86 Staatsbibliothek zu Berlin – Preußischer Kulturbesitz 9 in: Th 9705.

87 Universitäts- und Stadtbibliothek Köln RHR1205.

88 Universitäts- und Stadtbibliothek Köln RHR1206#2.

89 Siehe auch HAStK-RBA Best. 33 A 228, Bl. 224–227: Hier wurde nach 1755 die Geschichte der „Newen Wachtordnung" aus den Ratsprotokollen und Drucken rekapituliert, offenbar, weil es um ihre Auslegung Diskussionen gegeben hatte. Diese wiederum belegen, dass der Text auch in der zweiten Hälfte des 18. Jahrhunderts Relevanz für das Verfassungsleben hatte.

90 Vgl. Newe gemeine Wachtordnung. Ein Exemplar ist auch überliefert in HAStK-RBA Best. 33 A 68. Noch 1776 wurde der Text im Zuge der damaligen Diskussionen um die Reichweite der Wachpflicht bzw. das Wachgeld herangezogen und obrigkeitlich ausgelegt, hier unter Bezug auf die Fassung von 1599. HAStK-RBA Best. 33 A 369, Bl. 327–328 (Ratsedikt, 8.11.1776).

91 Dass sich der Entwurf zu einem Bürgereid 1610 im Protokoll des Kriegsrats befindet, zeigt ebenfalls die enge Verbindung zwischen Bürgerrecht und Waffendienst, die Letzteren zu einer wesentlichen Säule der Stadtverfassung machte. HAStK-RBA 33 A 355, Bl. 335v (Protokoll Kriegsrat, 15.7.1610).

92 Deren Privileg konnte aber auch in Zweifel gezogen werden, wie eine Supplik des Türwärters Gereon Arnold Schawberg aus dem Jahr 1738 belegt, HAStK-RBA Best. 33 A 82, Bl. 23–24.

heitsrelevante Aufgaben[93] hatten oder die für die Aufrechthaltung der Stadtverwaltung auch in Krisenzeiten wichtig waren.

Ausgenommen wurden aber auch unvereidete (also auswärtige) Studenten und sonstige „junge Gesellen", die noch bei ihren Eltern usw. wohnten und kein eigenes Einkommen hatten. Dabei handelte es sich wohl kaum um eine Maßnahme des Jugendschutzes. Es steht vielmehr zu vermuten, dass der Rat nicht in die inneren Verhältnisse der Haushalte eingreifen und die jungen Männer nicht an ihren Vätern oder Meistern vorbei zum Dienst rufen wollte. Alle Übrigen sollten aber grundsätzlich zur persönlichen Ableistung der Wache verpflichtet sein (Nr. 1, II). Dazu zählten ausdrücklich auch solche Männer im Laienstand, die in geistlichen Häusern oder Immunitäten wohnten, womit sowohl Bedienstete von Klöstern und Stiften als auch die Bewohner von geistlichen Zinshäusern gemeint sein konnten (Nr. 1, IV) – auf dieses Thema wird zurückzukommen sein. Das gilt auch für die folgende Bestimmung zu unbewohnten Häusern: Für sie hatte der Hauseigentümer, der sie aus welchen Gründen auch immer nicht vermietet hatte, einen Ersatzmann zu stellen (Nr. 1, V).

Ein wenig im Widerspruch zu den vorigen Bestimmungen steht die Eröffnung weiterer Ausnahmen nicht nur für Alte, sondern – nachvollziehbarerweise – auch für Kranke, Geistliche und Witwen (Nr. 1, VII).[94] Das ist aus praktischen Gründen zwar nachvollziehbar, wurde aber insofern nicht ganz konsequent gehandhabt, weil gegen die Vermögenden unter diesen Gruppen der Anspruch auf eine Ersatzzahlung erhoben wurde, während die Unvermögenden offenbar ohne jede Pflicht blieben. Die Höhe der Zahlung wurde überdies nicht normiert.[95] Vielmehr sollten die Bürgerhauptleute oder im Konfliktfall die Bürgerobristen das Wachgeld „nach billigkeit" in Ansehung der Leistungskraft der jeweils betroffenen Personen festlegen (Nr. 1, VIII). Es liegt auf der Hand, dass dieser Ermessensspielraum auch ein Einfallstor für zahlreiche Konflikte war.

Wer zwar persönlich zur Wache verpflichtet war, diese aber aus welchen Gründen auch immer nicht ableisten konnte oder wollte, hatte auch die Möglichkeit, mit Genehmigung seiner Vorgesetzten einen tauglichen Ersatzmann zu schicken. Was unter Tauglichkeit zu verstehen war, wurde von der Einschätzung der Befehlshaber abhängig gemacht. Ausdrücklich verwies die Ordnung aber auch darauf, dass die persönlich wachenden Nachbarn keinen Grund zur Beschwerde haben sollten (Nr. 1, XI–XII).[96]

---

93 Gewohnheitsrechtlich scheinen dann auch die Offiziere der Stadtsoldaten (teilweise) in den Genuss einer Befreiung gekommen zu sein, jedenfalls wird Hauptmann Karp 1723 als seit Jahren „qua persona exempta" bezeichnet. HAStK-RBA Best. 30N A 696, Bl. 1r (Aufstellung der Befreiungen in der Fahne Bosseler [1723]).

94 Zusätzlich waren die regulären Stadtsoldaten ausgenommen (Nr. 1, XIII), weil sie in andere Dienst- und Wachpflichten eingebunden waren.

95 Außer für in Köln wohnende Angehörige „frembder Nation und Sprachen", die 20 Reichstaler zu zahlen hatten (Nr. 1, IX) – was aber wiederum kaum für fremde Bettler anwendbar war.

96 Was natürlich nicht stringent durchgesetzt werden konnte. 1733 etwa wurden „untaugliche Leuth" in gefährlich großer Zahl bei den Kettenwachen vorgefunden. HAStK Best. 10B A 180, Bl. 17r (Ratsprotokoll, 23.1.1733). Vgl. auch JANSEN, Stadt, S. 79, Anm. 267.

Um zu verhindern, dass sich Männer der Wachpflicht durch Wegzug in einen anderen Fahnenbezirk entzogen, folgen einige Bestimmungen über solche Umzüge, die nur noch mit Bewilligung möglich sein sollten. Überhaupt sollten und mussten Rottmeister und Hauptleute einen kontrollierenden Blick auf die Einwohner ihres Zuständigkeitsbereichs inklusive der Fremden haben, wenn das System funktionieren sollte (Nr. 1, XVI–XXVIII). Dazu wurden sogar Visitationsrechte der Häuser etabliert, die dem traditionellen Schutz des Hauses vor obrigkeitlichem Zugriff zuwiderliefen (Nr. 1, XXIII). Dass aus all dem kein regelrechtes Meldewesen mit verschriftlichen Bürger- oder Einwohnerlisten erwachsen ist, führt bis heute zum schmerzhaften Fehlen einer ganzen Quellengattung für Köln.[97] Zwar lässt sich vermuten, dass zumindest einige Hauptleute entsprechende Listen für die eigene Übersicht führten, jedoch sind diese nicht systematisch überliefert.

Die folgenden Bestimmungen widmen sich der Verteilung der Last, denn so gut wie nie wurden alle Bürger zugleich zu den Fahnen gerufen. Dem prinzipiellen Grundsatz der Gleichheit aller Bürger entsprechend, wurde dieser Frage große Aufmerksamkeit geschenkt, um möglichen Konflikten von vornherein einen Riegel vorzuschieben. Zu diesem Zweck wurde ein Losverfahren[98] etabliert (Nr. 2, I–XI). Wer ausgelost wurde, hatte jeweils zu bestimmten Zeiten zur Nachtwache oder zur Kettenwache unter Androhung eines Bußgelds zu erscheinen und auch während seiner gesamten Wache dort zu bleiben (Nr. 2, VI–XIII). Die Bewaffnung war dabei mitzubringen, und zwar ausdrücklich die eigene Bewaffnung. Leihwaffen waren nicht erlaubt. Die genaue Form der Bewaffnung war hingegen nicht vorgeschrieben, sondern sollte sich – wie könnte es in der Praxis auch anders sein – nach dem Vermögen der Männer richten. Dem Ideal nach sollte es sich um einen Harnisch und eine Waffe wie Schwert, Spieß oder Büchse handeln (Armbrüste waren der Standard des Spätmittelalters und werden hier nicht mehr erwähnt).[99] Besondere Waffen wurden in den Häusern der Hauptleute verwahrt und eigens ausgegeben, um entweder die Kampfkraft oder die repräsentative Funktion der Fahne zu stärken (genannt sind lange Spieße und Schlachtschwerter). Es waren aber auch Waffen in den Türmen und Wichhäusern entlang der Stadtmauer verfügbar, welche die Ausrüstung der diensttuenden Bürger zumindest ergänzen konnten.[100] Die eigenen Waffen mussten funktionstüchtig und im guten Zustand sein, insbesondere sollten sie keinen Rost angesetzt haben. Wer einmal mit einer bestimmten Bewaffnung versehen war, durfte diese nicht eigenmächtig ändern (sicherlich, weil sonst die Hauptleute die

---

97 Es finden sich nur vereinzelte in den Bürgerfahnen erstellte Listen ihrer Angehörigen, vgl. Stadtrat [Ausstellungskatalog], S. 76–77 (D 8).

98 Dessen Umsetzung lässt sich in der Praxis allerdings nur schwer greifen. Es ist davon auszugehen, dass sich die Handhabung der Auswahl je nach Fahne und der lokalen Konstellation unterschied.

99 Zu den einzelnen Waffentypen vgl. Boheim, Handbuch.

100 Eine Übersicht findet sich in HAStK-RBA Best. 30N A 855 (Tirmbuch, ca. 1730). Die Rede ist hier hauptsächlich von Munition bzw. Lunten, Ladestöcken und Hakenbüchsen, die zum Teil auch als schwere Wallbüchsen ausgeführt gewesen sein dürften. Zur Munition zählte übrigens ausdrücklich auch „bücher maculatur" (z. B. Bl. 9r), also Papier, mit dem man Kugel und Pulver zu einer Patrone zusammenfügen konnte. Ähnlich HAStK-RBA Best. 30N A 236A (Übersicht 5. Tirm, 18. Jh.).

Kampfkraft ihrer Männer nicht mehr hätten einschätzen können). Wer mit einem Spieß oder einer Hellebarde erschien, hatte zwingend auch einen Harnisch zu tragen – was im Umkehrschluss bei den Schützen dann nicht mehr der Fall gewesen sein dürfte. Diese Bestimmung trug dem Umstand Rechnung, dass der Kampf mit dem Spieß eine direktere Konfrontation mit dem Gegner und damit einen höheren Schutz erforderte. Vielleicht ging es aber auch darum, die Wahl von Spieß oder Hellebarde zu verteuern, um die modernere, aber auch wenigstens auf lange Sicht kostenintensivere Schusswaffe mitsamt der mitzubringenden Lunte und Munition konkurrenzfähig zu machen (Nr. 2, XV–XXI). Inwieweit diese der Lebenswelt des ausgehenden 16. Jahrhunderts entstammenden Bestimmungen noch im 18. Jahrhundert umgesetzt wurden, ob also um 1750 immer noch Männer mit den gut gepflegten Spießen und Harnischen ihrer Vorväter auf Wache zogen, ist schwer zu beurteilen. Das Recht dazu hätten sie jedenfalls gehabt.[101] Es konsequent einzufordern, wäre jedoch angesichts der Entwicklungen von Waffentechnik und Taktik sowie der mit einer beständigen Modernisierung und Instandhaltung insbesondere von Gewehren eher dysfunktional gewesen, weshalb nach und nach, ergänzend zum eigenen Waffenbesitz, die obrigkeitliche Zurverfügungstellung trat. Nach einem Inventar von 1748 befanden sich im Zeughaus neben reichlich Artillerie und Munition u. a. ca. 1.200 Musketen sowie weitere meist wohl veraltete Handfeuerwaffen in kleineren Stückzahlen und verschiedene Blankwaffen.[102] Die Musketen überstiegen den Bedarf der Stadtsoldaten im Regelfall, dürften auch als eine Reserve für zusätzliche Rekrutierungen gedient haben.[103] Wenn nötig, konnten aber auch die Bürgerfahnen auf das Reservoir des Zeughauses zurückgreifen.[104] Insbesondere konnte man mit einem Sammelsurium individueller Waffen keinen Staat machen, wenn die Bürgerfahnen zeremoniell eingesetzt werden sollten. Dann wurde aus offensichtlichen repräsentativen

---

101 Einen visuellen Eindruck von einem Bürger mit angelegtem Harnisch auf Wache gibt ein Bild von Gerard ter Borch aus den 1650er Jahren im Wallraf-Richartz-Museum (Inv.-Nr. WRM 1001) mit dem Titel „Wachstube". Beim in der Literatur zu findenden Titel „Guard Room with Sleeping Soldier" scheint es sich um eine fehlerhafte Zuschreibung zu handeln, fehlen dem Mann doch alle sonst von ter Borch genutzten Attribute von regulären Soldaten wie – abgesehen vom Harnisch – Bewaffnung und luxuriösere Elemente von Kleidung und Ausrüstung. Es dürfte sich also um einen bürgerlichen Wachmann handeln, wie er am Entstehungsort des Gemäldes, Deventer, tatsächlich auch häufiger zum Einsatz kam. Vgl. Kunzle, Soldier, S. 274 sowie Abb. 3, 4, 6, 8.

102 HAStK-RBA Best. 33 A 63/3 (Inventar Zeughaus, Gestell 6, 1748). Vgl. auch Höser, Zeughaus.

103 Belegt ist in einem Nachtrag von 1785 die Abgabe von Bajonetten „an daß Bataillon", was zum einen darauf hindeutet, dass die Stadtsoldaten ihre täglich gebrauchten Waffen nicht im Zeughaus lagerten, sondern z. B. im Wachlokal oder gar zu Hause. Zum anderen erscheint hier das Zeughaus als Quelle von Materialersatz (der vielleicht als Folge des Hochwassers von 1784 nötig war?). HAStK-RBA Best. 33 A 63,3 (Inventar Zeughaus, Nachtrag zu Gestell 6, 1785). Nach einem lose beiliegenden Zettel wurden einem Leutnant – hier zu verstehen als Offizier der Stadtsoldaten – 476 „gewehr" aus dem Zeughaus ausgehändigt. Auch hier dürfte es sich um einen größeren Ausrüstungsbedarf gehandelt haben.

104 HAStK-RBA Best. 33 A 278, Bl. 2418r (Ratsedikt zur Bürgerwache, 4.10.1794). Dokumentiert ist die Ausgabe von jeweils zehn oder 20 Gewehren an die 54 Bürgerfahnen in HAStK-RBA Best. 33 A 126. Aus dem Jahr 1684 ist eine Quittung überliefert, nach der 25 Musketen zur Bewaffnung von Junggesellen ausgegeben worden waren. HAStK-RBA Best. 33 A 317, Bl. 816.

Gründen wenigstens bisweilen eine einheitliche Bewaffnung aus dem Zeughaus gestellt.[105] Waffen für solche Zwecke befanden sich aber nicht nur im städtischen Zeughaus und im Privatbesitz der Bürger, sondern auch als eine Art von Zwischenstufe zwischen diesen beiden Polen in den Häusern der Gaffeln. Diese hatten dort sicher auch repräsentative Funktionen, jedoch belegt etwa eine 1684 ausgesprochene Aufforderung, diese „Gewehr und Kriegs-Rüstung [...] in fleissiger Obacht immer fort zu halten / auch annebenst mit Kraut und Loth [Munition] woll zu versehen"[106], dass auch an einen Einsatz gedacht wurde, etwa zur Bewaffnung ärmerer Bürger im Kriegsfall, die sich nicht voll rüsten konnten.

Abb. 11: Gerard ter Borch (der Jüngere): Wachtstube, ca. 1650/1660 (Wallraf-Richartz-Museum & Fondation Corboud, Köln, Inv.-Nr. WRM 1001, Repro HAStK-RBA rba_c004928)

---

105 Belegt durch eine Schadensersatzforderung gegen einen Bürger, der das ihm zum Empfang eines Erzherzogs ausgehändigte Gewehr beschädigt hatte. HAStK-RBA Best. 33 A 63/3 (Anweisung an Hauptmann Koep, 1780).

106 HAStK-RBA Best. 14 A 2, Nr. 96–1 (Ratsedikt, 2.3.1684). Vgl. Lenerz-de Wilde, Zunft, S. 176.

Weitere Bestimmungen der „Newe[n] gemeine[n] Wachtordnung" zielen auf das Verhalten während der Wache ab, das offenbar dazu tendieren konnte, zu einer die allgemeine
Sicherheit gefährdenden Angelegenheit zu werden. Jedenfalls waren sowohl scharfe als
auch blinde grundlose Schüsse untersagt. Konkret sollte man Frauen weder winken noch
auf sie anlegen, was anscheinend eine rustikale Form der Beziehungsanbahnung war.
Selbstverständlich durfte die Wache nicht eigenmächtig verlassen werden und auch sonst
musste der Dienst ordentlich versehen werden (Nr. 2, XXII–XXXIV). Bestimmungen,
nach denen man bewaffnet, bei Schusswaffen auch mit Munition versehen und persönlich auf der Wache zu erscheinen hatte, diese auch nicht eigenmächtig verlassen durfte
und den Anweisungen der Vorgesetzten nachzukommen hatte, folgen in verschiedenen
Variationen für die unterschiedlichen Typen von Wachen (Nr. 3. I–LXXII). Bei den
Typen handelt es sich um die Schildwache oder auch Kettenwache an einem bestimmten
Punkt, die Scharwacht als Patrouille sowie die Tag- und Pfortenwache an den geöffneten
Stadttoren bei Tag. Den Männern wurde mehrfach eingeschärft, den Dienst anständig
zu versehen, nicht zu schlafen, die Waffen bereitzuhalten, nicht zu streiten und nicht zu
feiern bzw. Alkohol zu trinken – alles Probleme, deren Sitz im Leben man sich leicht
vorstellen kann und die offensichtlich dann besonders virulent wurden, wenn mitten
im Frieden keine Gefahr zu drohen schien. Aus ihrer häufigen Wiederholung auch in
Ratsedikten allerdings zu schließen, dass es sich bei der Bürgerwache grundsätzlich um
eine Partytruppe gehandelt habe, dürfte zu kurz greifen. Sicherlich reagierte man mit den
entsprechenden Ge- und Verboten auf reale Probleme und tatsächlich zu beobachtende
Fälle etwa einer schlafenden Schildwache oder einer betrunkenen Kettenwache. Aber
die Kölner vertrauten über Jahrhunderte der Bürgerwache ihre Sicherheit an, was sie
bei einer vollkommen dysfunktionalen Truppe nicht getan hätten. Die Bestimmungen
zum Verhalten auf Wache sowie ihre Wiederholungen sind daher auch im Sinne eines
Gesetzes zu sehen, das den Wachvorgesetzten und Amtsträgern Rechte gegenüber ihren
wachehaltenden Mitbürgern einräumte, die ihnen nach Dienst keineswegs automatisch
sozial oder rechtlich nachgeordnet waren. Bei einer Truppe von Gleichen unter Gleichen musste die temporäre Hierarchie eigens etabliert werden, damit die Wache selbst
nicht durch Diskussionen um Rechte und Pflichten gelähmt wurde. Deshalb wurde auch
eigens festgelegt, dass die Bürgermeister, Rentmeister, Stimmmeister und andere vom Rat
dazu Bestimmte das Recht hatten, die Wachen zu visitieren und dabei mit dem Anspruch
auf Befolgung ihrer Befehle aufzutreten, auch wenn sie ja eigentlich keine direkte Funktion in den Bürgerfahnen hatten. Auch deren Hauptleute und Befehlshaber hatten das
Visitationsrecht und auch ihnen war in Ausübung dieser Tätigkeit mit Gehorsam zu
begegnen (Nr. 3, LIII–LX). Die im militärischen Bereich übliche Hierarchie musste unter
bewaffneten Bürgern erst geschaffen werden. Soweit sicherheitsrelevant, wurde diese
Hierarchie auch auf die nicht auf Wache ziehenden Bürger und Einwohner ausgedehnt,
die im Notfall – neben einem Angriff auch eine Feuersbrunst oder sonstige Katastrophe – den Anweisungen der Bürgerobristen und -hauptleute zu folgen hatten (Nr. 4, I–
XXXVIII). Diese Ämter waren ja 1583 neu eingeführt worden und ersetzten im Alltag

Funktionen, die zuvor im Hinblick auf die Wache die Wachmeister und die Burggreven wahrgenommen hatten, zumindest teilweise. Die möglichst genaue Definition ihrer Stellung war daher unumgänglich, weil sie sich zumindest am Anfang nicht auf Tradition, Herkommen und Präzedenzfälle stützen konnten – und weil sie traditionsreichen Ämtern wie den Wachmeistern, den Gewaltrichtern und den Bannerherren wenigstens einen Teil ihrer Funktionen und Kompetenzen raubten. Die „Newe gemeine Wachtordnung" vollendete also die Reform von 1583 und etablierte sie endgültig in der Stadtverfassung. Auch deshalb wurde die immer wieder einmal ausgesprochene Entfernung aus dem Wachdienst aufgrund irgendwelcher Verfehlungen und Streitigkeiten offensichtlich als Entehrung, jedenfalls als Statusminderung empfunden.[107] Im Umkehrschluss deutet das darauf hin, dass der Dienst in der Bürgerfahne nicht nur als eine ehrenvolle Tätigkeit verstanden wurde. Durch die Teilhabe an der Bürgerfahne konnte auch der Bürgerstatus der Männer mit allen damit verbundenen Rechten (und Pflichten, aber das dürfte die Männer häufig weniger interessiert haben) öffentlich unterstrichen werden.

Die Bürgerfahnen im 17. und 18. Jahrhundert

Die Zusammensetzung der Bürgerfahnen

Genauere Informationen über die Angehörigen der einzelnen Bürgerfahnen liegen nur vereinzelt vor. Auch wenn anzunehmen ist, dass die Bürgerhauptleute über Listen oder sonstige Unterlagen verfügten, so haben diese doch kaum einen Weg ins Archiv gefunden.[108] Da es auch sonst kein systematisches Meldewesen gab, klafft also eine Quellenlücke, die weit über die Analyse der Bürgerfahnen hinausgeht und die Einwohnerschaft der Stadt insgesamt schwer greifbar macht.

Eine Ausnahme stellt etwa eine umfassende Visitation einiger Fahnen dar, die 1690 in der Frühphase des Neunjährigen Krieges (1688–1697)[109] durchgeführt wurde und mit deren Hilfe wenigstens einige Schlaglichter geworfen worden können.[110] Die einzelnen Hauptleute – Peter Stattlohn, Peter Schlebusch, Paulus Viersen, Peter Glabbach, Reinard

---

107 Siehe z. B. HAStK-RBA Best. 33 A 253, Bl. 23r (Supplik Beecks, 1721).

108 1748 wurde verfügt, dass genaue Häuserlisten zur Vorbereitung von Einquartierungen fremder Truppen in allen Fahnen zu führen und jährlich zu aktualisieren waren. Daraus lässt sich schließen, dass vorher in dieser Frage eher unsystematisch verfahren wurde. Falls das Edikt voll umgesetzt wurde, sind die Listen dennoch nicht breit ins Archiv gelangt. HAStK-RBA Best. 33 A 53, Bl. 393 (Ratsedikt, 1748). Eine Ausnahme und zugleich ein Beispiel dafür, was bei allen Hauptleuten zu erwarten ist, findet sich mit HAStK-RBA Best. 30N A 490: Es handelt sich um das Buch des Bürgerhauptmanns Arnold Crudener von Crufft aus dem Dreißigjährigen Krieg, das neben grundsätzlichen Bestimmungen zur Wache auch Namenslisten von Fahnenangehörigen enthält. Es wäre eine eigene Auswertung wert.

109 Damals wurde der Westen des Reiches durch Frankreich bedroht, so auch Köln, das sich auf eine mögliche Verteidigung der Stadt vorbereiten musste.

110 HAStK-RBA Best. 33 A 57, Bl. 44–60.

Vesper, Theodorus Dulman, Franz Wilhelm Meyer und Michael Fuhrer – legten dabei Namenslisten ihrer Fahnenangehörigen vor, aus denen der Wohnort, das Gewerbe und der bürgerrechtliche Status hervorgehen. Immerhin acht Fahnen lassen sich damit näher untersuchen, jedoch ist hier wie stets Vorsicht vor einer vorschnellen statistischen Auswertung geboten, denn die möglicherweise im Detail voneinander abweichenden Grundsätze der Erhebung, der Umgang mit Informationslücken oder abwesenden Männern sowie insgesamt die Genauigkeit der Angaben lassen sich nicht nachvollziehen. Es ist auch nicht vermerkt, ob die aufgeführten Frauen und Männer tatsächlich Wachdienst leisteten, Wachgeld zahlten oder gänzlich befreit waren.

Wie nach der Reform von 1583 nicht anders zu erwarten, finden sich in den Bürgerfahnen die Angehörigen verschiedener Zünfte und Gaffeln in bunter Mischung. Dasselbe gilt für den sozialen Status, denn in den nach Straßen und Gassen geordneten Listen erscheinen Knechte als Nachbarn der Meister, Krämer neben Handwerkern, geistliche Jungfrauen neben Stadtsoldaten, zum Bürgerrecht Qualifizierte neben Unqualifizierten, Auswärtige neben Kölnern.[111] Wie sehr es sich dabei um eine Augenblicksdarstellung handelt, zeigt der Hinweis auf brandenburgische und pfalz-neuburgische Soldaten, die summarisch neben Stadtsoldaten für die Pützgasse aufgeführt werden.[112] Bei ihnen handelte es sich um Angehörige der niederrheinisch-westfälischen Kreistruppen, die wegen des laufenden Krieges in Köln einquartiert waren. Nur verhältnismäßig selten stehen in der Spalte zur Qualifikation (also eigentlich zum Bürgerrecht) Geldbeträge, und zwar in Höhe von 20 Reichstalern etwa beim Betreiber einer Brennerei am Neumarkt Marcus Braun[113], beim Tabakkrämer Henrich Schambagh auf der Breiten Straße[114] oder dem Betreiber einer Badestube auf dem Berlich Lambert Haußmann.[115] Hier dürfte es sich um eine Ersatzzahlung handeln, wobei Wachgeld in dieser Höhe unwahrscheinlich ist. Anzunehmen ist daher eine Befreiung von Einquartierungen, wofür auch die drei Gewerbe sprechen (deren Vermengung mit Soldaten Schwierigkeiten versprach). Allerdings zahlte auch der Notar Albert Gronen auf der Breiten Straße 20 Reichstaler[116], während der Tabakkrämer Johan Weidenfeldt auf der Breiten Straße nichts zahlte[117], so dass auch andere Erwägungen eine Rolle gespielt haben könnten. Wie auch immer: Die Bildung der Fahnen nach Straßen führte Menschen der unterschiedlichsten Professionen, Stände und Vermögen zusammen und löste sie beim Umgang mit zahlreichen alltäglichen Problemen von ihren Gaffeln. Nachbarschaft und Bürgerfahne traten so neben diese, neben die Zünfte, neben Bruderschaften und Kirchspiele als ein gemeinschaftsstiftendes Grundelement von Stadtgesellschaft, Verfassung und Verwaltung.

---

111 All dies bereits auf dem ersten Blatt der Listen von 1690 HAStK-RBA Best. 33 A 57, Bl. 44r.
112 HAStK-RBA Best. 33 A 57, Bl. 44r.
113 HAStK-RBA Best. 33 A 57, Bl. 45v.
114 HAStK-RBA Best. 33 A 57, Bl. 46r.
115 HAStK-RBA Best. 33 A 57, Bl. 46r.
116 HAStK-RBA Best. 33 A 57, Bl. 46v.
117 HAStK-RBA Best. 33 A 57, Bl. 46v.

Die Vorbereitungen auf den nahenden französischen Einmarsch im Herbst 1794 ermöglicht einen letzten Blick auf die personelle Zusammensetzung und den Zustand der Bürgerfahnen. Mit Stichtag 30. September 1794 wurde namentliche Listen zumeist der männlichen[118] Einwohner der Fahnenbezirke unter Einschluss derjenigen ohne Bürgerrecht[119] erstellt. Ziel war es offensichtlich, sich einen Überblick über den Zustand und gegebenenfalls die Kampfkraft des Bürgerkorps zu machen. Allerdings gelang das nur unvollkommen, weil die Bürgerhauptleute die Listen unterschiedlich anlegten, sie teilweise nicht vollständig ausfüllten und vielleicht auch die eine oder andere Fehlinformation transportierten. Eine detaillierte statistische Auswertung kann daher auch an dieser Stelle unterbleiben. Schon allein aus denjenigen Listen, die dem Anschein nach einigermaßen korrekt geführt wurden, ergibt sich allerdings ein ernüchternder Gesamteindruck:[120]

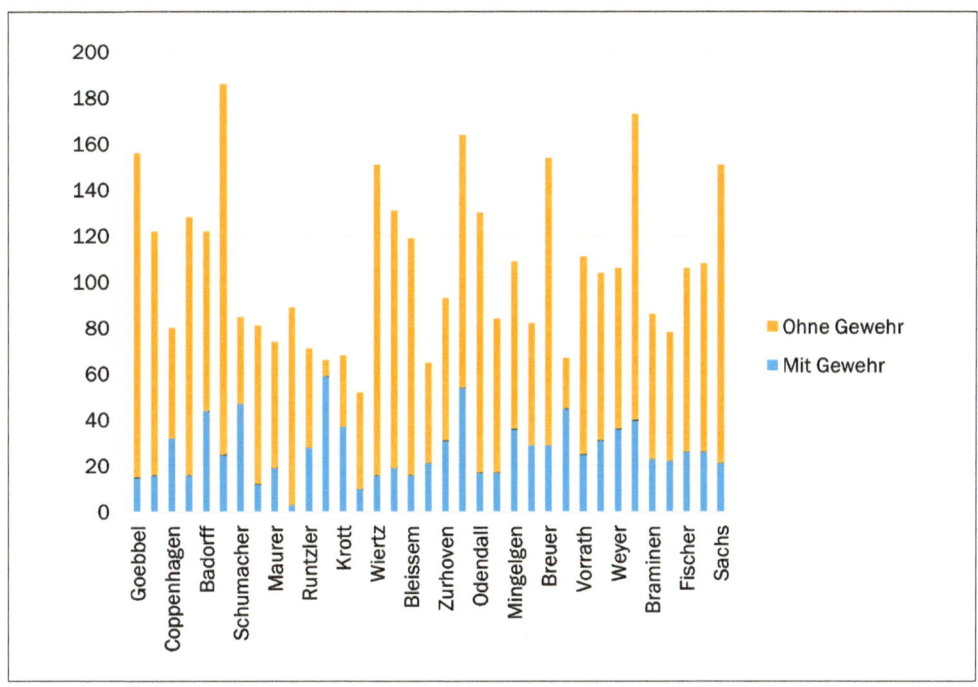

Graphik 1: Stand der Bewaffnung von ausgewählten Bürgerfahnen, 1794

---

118 Frauen werden anscheinend v. a. dort angeführt, wo sie als Witwe den Haushaltsvorstand eines Hauses bildeten.

119 Insofern handelt es sich unabhängig vom Entstehungszweck auch um eine wertvolle Quelle sowohl für genealogische als auch für sozialgeschichtliche Untersuchungen. Beim Bürgerrecht wurden „Unbürger" und „Protestanten" meist gesondert gezählt, wobei beide, wenn auch aus unterschiedlichen Gründen, nicht über das Bürgerrecht verfügten. Beide Gruppen werden hier deshalb den Bürgern mit Bürgerrecht gemeinsam gegenübergestellt. Die Listen im Hinblick auf die protestantische Bevölkerung zu untersuchen, wäre ein Desiderat.

120 HAStK-RBA Best. 33 A 61 (Listen Bürgerfahnen, 30.9.1794).

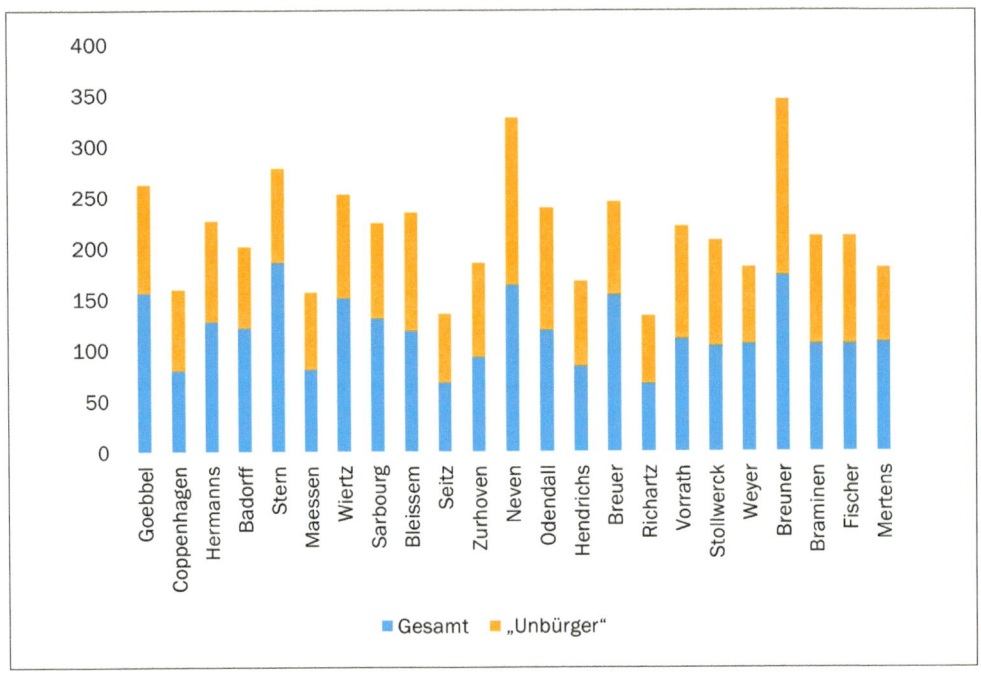

Graphik 2: Anteil der „Unbürger" in ausgewählten Bürgerfahnen, 1794

In den Listen werden teilweise Obergewehr, Untergewehr und Seitengewehr differenziert betrachtet, was hier wegen der besseren Übersicht zur Kategorie „mit Gewehr"
zusammengezogen wurde. Die Bürgerfahnen sind nach ihren Hauptleuten benannt.
Keineswegs waren nur die Bürger bewaffnet. Auch „Unbürger" – worunter wirtschaftlich und sozial etablierte Männer zumindest offiziell von katholischer Konfession zu verstehen sind, die aber nicht das Bürgerrecht erworben hatten – wurden teilweise summarisch, teilweise dezidiert unter die Bewaffneten, teilweise aber auch gar nicht gezählt.[121]
Unabhängig von der stets umstrittenen Frage ihrer Pflicht zur Teilnahme an den Wach-
lasten zählten sie doch zu den grundsätzlich im Fall der Not Mobilisierbaren. Wohl deshalb verzeichneten manche Bürgerhauptleute pauschal „waf[f]en fähige"[122], womit sie
auf junge gesunde Männer unabhängig von ihrem rechtlichen Status abzielten, während
kranke oder alte Bürger sowie Bürgerfrauen nicht zum Potential der Fahne gezählt wurden. Diese sicher sinnvolle Differenzierung wurde indes nicht überall und nicht einheitlich getroffen, so dass eine allerdings kaum zu leistende umfassende prosopographische
Untersuchung der Listen notwendig wäre, um zu einem wenigstens näherungsweise exak-

---

121 So z. B. von Hauptmann Mertens an der Kriegspforte: Er zählte 22 bewaffnete Bürger und vier bewaff-
      nete „Unbürger". HAStK-RBA Best. 33 A 61, Bl. 364v.
122 So z. B. Hauptmann Sachs, HAStK-RBA Best. 33 A 61, Bl. [367]v.

ten Bild zu kommen. Allerdings ist ohnehin zu berücksichtigen, dass nur zu 35 Fahnen aussagekräftige Listen und Zahlen vorliegen, also die Angabe zu 19 Fahnen entweder nicht gemeldet worden oder verloren sind. Eine die gesamte Stadt erfassende Statistik ist also ohnehin nicht möglich.

Dennoch lassen sich anhand der Listen mit einiger Vorsicht einige Schlüsse ziehen. Zunächst stellen sie einen weiteren Beleg dafür dar, dass die Bürgerfahnen bis zuletzt grundsätzlich zum militärischen Potential der Stadt Köln gezählt wurden, dass sie also keineswegs funktionslos oder auf einen rein repräsentativen Einsatz beschränkt worden waren, auch wenn der persönliche Wachdienst in Friedenszeiten wegen der Ablösung durch Wachgeld kaum noch eine Rolle spielte. Letzteres wird sicherlich durch den verhältnismäßig geringen Grad der Bewaffnung von etwa 943 zu 2.809 unterstrichen, denn dort, wo Bürger nicht mehr selbst aufzogen, gab es für sie auch wenig Gründe, in das Vorhalten einer einsatzbereiten Waffe zu investieren.[123] Auch aus Sicht der Stadt war es mittlerweile sinnvoll geworden, Bürger mehr oder minder einheitlich aus den Beständen des Zeughauses auszustatten und nicht wie noch im Mittelalter auf eine individuelle Bewaffnung zu setzen[124], so dass fehlender dezentraler Waffenbesitz nicht mit Unfähigkeit oder Unwilligkeit zum Dienst an der Waffe gleichgesetzt werden kann. Und es bleiben noch immer 943 Männer, die privat über einsatzbereite Kriegswaffen verfügten – möglicherweise zuzüglich einer Dunkelziffer, die aus welchen Gründen auch immer ihren Waffenbesitz verschwiegen hatte. Von einer Entwaffnung der Bürgerschaft im Lichte der Vernunft und der Aufklärung kann also keine Rede sein, obgleich vermutlich dieselbe Erhebung 100 oder 200 Jahre zuvor noch einen höheren Grad an Waffenbesitz ergeben hätte. Der Umstand, dass wenigstens die 35 Bürgerhauptleute, deren Zahlen überliefert sind, namentliche Listen präsentieren konnten, die man teilweise als regelrechte Musterungslisten bezeichnen kann, deutet nicht darauf hin, dass sie mit ihrem Ansinnen einer genauen Erhebung auf massiven Widerspruch gestoßen waren. Insgesamt kann man also schon davon ausgehen, dass ein beträchtlicher Teil der Bürgerschaft und der weiteren Einwohnerschaft noch 1794 dazu bereit gewesen wäre, im Ernstfall unter die Fahnen zu treten und ihre Stadt zu verteidigen. Wie effizient sie dabei gewesen wären, steht indes auf einem anderen Blatt. Das gilt auch für etwaige Kontinuitätslinien in Richtung Volksaufgebot der Befreiungskriege und Wehrpflicht des 19. Jahrhunderts. Beides scheint jedoch schon 1794 zumindest mental und bei einem fühlbaren Teil der Bevölkerung angelegt gewesen zu sein.

---

123 1784, als zwecks Ablösung der Wachpflicht durch das Wachgeld eine detaillierte Übersicht über die Wachpflichtigen erstellt wurde, wurde mit Schwankungen zwischen den Fahnen und weiteren quelleninhärenten Unsicherheiten noch etwa die Hälfte der Bürger als die Wache grundsätzlich selbst versehend aufgeführt. Listen in HAStK-RBA Best. 33 A 60. 1780 wurde offenbar unter Berücksichtigung der durch Zahlung oder Privileg Befreiten mit ca. 3.800 Männern in den Bürgerfahnen gerechnet (von einstmals theoretisch 7.000). HAStK-RBA Best. 33 A 369, Bl. 478r (Monita und Notamina [1780]).

124 So wurde noch kurz vor der Besetzung Kölns durch die Franzosen 1794 befohlen, den vor die Stadt entsandten Feldwachen der Bürgerfahnen Gewehre aus dem Zeughaus auszuhändigen. HAStK-RBA Best. 33 A 278, Bl. 2418r (Ratsedikt zur Bürgerwache, 4.10.1794).

Auseinandersetzungen und Probleme in der Praxis der Bürgerwache

In normalen Zeiten, also im Frieden und in Abwesenheit von anderen besonderen Ge-
fährdungen der Sicherheitslage, waren in der Praxis nicht sehr viele Männer gleichzeitig vom Wachdienst betroffen. Wo immer möglich, wurde dieser auf ein Minimum reduziert, das jeweils der (gefühlten) Bedrohungslage angepasst wurde.[125] Die Frage, wie
viele Männer für eine effektive Bewachung der gesamten Stadt im Innern erforderlich
waren, beschäftigte noch 1805 die nunmehrige französische Stadtverwaltung. In ihrem
Auftrag entwickelte ein Ingenieur einen Plan von Wachwegen und den dabei zurückzu-
legenden Entfernungen, dem zufolge zwölf Mann binnen einer Stunde alle Straßen und
Gassen der Stadt hätten begehen können.[126] Dieser Wert ist jedoch natürlich nur theoretisch, denn zum einen wäre es kaum zu verantworten gewesen, einzelne Männer auf
Patrouille zu schicken, und zum anderen mussten die einzelnen Patrouillen auch abgelöst werden können. Eine flächendeckende Begehung der Stadt hätte daher mindestens
48 Mann für sich gegenseitig ablösende Doppelpatrouillen erfordert, wobei natürlich
auch auf reguläre Soldaten zurückgegriffen werden konnte. Hinzu käme die Bewachung
der Tore und Mauern sowie die Besatzung eines zentralen Wachlokals. Ähnliches dürfte bereits 1792 gegolten haben, als ein Plan für sechs zeitgleich ausgehende Patrouillen
entworfen wurde, die ebenfalls binnen einer Stunde die gesamte Stadt hätten abdecken
können.[127] Mehr als 100 Mann, die bei Nacht über die Stadt wachten, waren also in
friedlichen Zeiten nicht notwendig.[128] Dementsprechend musste der einzelne Angehörige einer Bürgerfahne zumeist auch nicht mit einer übermäßigen Belastung rechnen
(jedenfalls, wenn sich nicht die meisten Nachbarn der Pflicht entzogen).

Dennoch war die Praxis der folgenden beiden Jahrhunderte durch zahlreiche Diskussionen und Streitigkeiten um die genaue Auslegung der Bestimmungen der „Newen gemeinen Wachtordnung" sowie um tatsächliche oder angenommene Verfehlungen geprägt.
Sie gab daher nur auf den ersten Blick eine umfassende und feste normative Basis für die
Bürgerfahnen und die Wachdienste ab. Das lag zum einen an verbliebenen Unklarheiten
und Regelungslücken, zum anderen aber auch an einer gewissen Bauernschläue, mit der
sich einzelne Männer immer wieder ihren Pflichten entziehen wollten. Persönliche Konflikte kamen hinzu und hilfreich war es sicher auch nicht, dass die Ordnung nicht mehr
weiterentwickelt und an neue Gegebenheiten angepasst wurde, weil sie den Charakter
eines mehr oder minder unveränderlichen Verfassungsdokuments erlangt hatte. Auf der
anderen Seite ist indes davon auszugehen, dass das System normalerweise funktionierte
und den Zweck der solidarischen Herstellung von Sicherheit erfüllte – denn sonst wäre

---

125 Vgl. Plassmann, Stadt, S. 134–141.
126 HAStK-RBA Best. 350 A 4338.
127 Dabei ist allerdings nicht angegeben, wie stark die einzelnen Patrouillen sein sollten. HAStK-RBA
     Best. 33 A 268, Bl. 2241–2242.
128 1678, also im Krieg, ging man hingegen davon aus, dass 800 Mann nicht dazu ausreichten, „die bloße
     Wachten zu bestellen". HAStK-RBA Best. 33 A 313, Bl. 651r (Notanda, 1678).

es früher oder später erneut reformiert worden. Die Tatsache, dass Probleme und Streit eher zu Papier gebracht wurden als Harmonie, dürfte also zu einer Verzerrung der Quellenbasis geführt haben, die nicht zu Fehlschlüssen verleiten darf.

Ein Blick auf die vielfachen Auseinandersetzungen zeigt gleichwohl den Rahmen dessen auf, was üblich und akzeptiert war. Er lohnt sich also trotz der Einschränkung, dass keine Gewichtung im Verhältnis zum harmonischen Miteinander möglich ist. Fast schon selbstverständlich kam es immer wieder zu Missständen, mit denen sich jeweils der Rat befassen musste und die dann natürlich Anlass zur Reaktion in Form von Einzelregeln auf sie gaben – und die nahelegen, dass man die jeweilige Verordnungslage nicht mit der Realität verwechseln sollte.[129] 1599 wies beispielsweise der Rat die Bürgeroffiziere nachdrücklich darauf hin, dass nur qualifizierte Männer (also solche mit vollem Bürgerrecht und Vereidigung) zur Wache zugelassen seien, dass sie „mögig und mechtigh"[130] seien, die Wache zu visitieren, ihr Anweisungen zu geben, dass die Wache an den Pforten am Morgen nicht abziehen dürfte, bevor sie nicht durch eine Wache geworbener Soldaten abgelöst war, und dass die Pforten nicht aufgeschlossen werden durften, bevor diese Soldaten da waren. Im Umkehrschluss lassen sich die damals offensichtlich eingerissenen Probleme aufzählen: Auf der Wache erschienen billige nichtbürgerliche Ersatzleute, die Wachmänner stellten die Autorität der Offiziere in Frage, sie warteten nicht auf ihre Ablösung und die Tore standen in den Morgenstunden für eine Zeit unbewacht offen, was eine regelrechte Einladung für Handstreiche auf die Stadt darstellte. Solche Laxheiten schlichen sich im Alltag immer wieder ein und kamen v. a. in krisenhaften Zeiten auf die Tagesordnung des Rats. 1675 – im Holländischen Krieg – wurde den Hauptleuten Bestrafung angedroht, wenn die Wache nicht spätesten um sieben Uhr am Abend auf- oder vor fünf Uhr am Morgen abzog, und während der Nacht hatte das „schiesen und pletschen"[131] zu unterbleiben, mit denen sich die wachhabenden Bürger offenbar die Zeit vertrieben. Oder sie feuerten die Schusswaffen aus Versehen ab, weil sie sich nicht zu bedienen wussten: Zwei Tage später wurden die Bürgerhauptleute angewiesen, ihre Kompanien zu mustern und „dieselbe ihn ihrem gewehr zu exerzieren"[132]. 1681 – nun wieder im Frieden – erging erneut ein Befehl, die Wache „fleissiger und ordentlicher / als nun

---

129 So wurden 1640 drei Ratsherren auf die Hahnenpforte geschickt, um die „Ungelegenheit" bei der dortigen Bürgerwache zu untersuchen, HAStK-RBA Best. 10B A 87, Bl. 184v (Ratsprotokoll 15.6.1640). 1589 reagierte der Rat auf einem Bericht über nicht gehaltene Wachen an den Pforten mit einer Strafandrohung, HAStK-RBA Best. 10B A 40, Bl. 18v (Ratsprotokoll 22.9.1589).

130 HAStK-RBA Best. 14 A 29, Nr. 7 (Ratsedikt, 28.7.1599).

131 Letzteres im Sinne von „Knallen", gemeint ist also wohl das Abbrennen blinder Ladungen aus Schusswaffen. HAStK-RBA Best. 14 A 29, Nr. 14 (Ratsregistratur, 10.6.1675). Vgl. auch PLASSMANN, Stadtgeschichte, S. 84.

132 HAStK-RBA Best. 14 A 29, Nr. 14 (Ratsregistratur, 12.6.1675). Wenn 1678 ein regulärer Oberst bemerkte, „[d]ie Burgerschaft zieht gar zu schlecht auff die Wachen", so dürfte dies zwar interessengeleitet zugunsten seiner Männer gewesen sein, aber auf einem wahren Kern beruhen. HAStK-RBA Best. 33 A 313, Bl. 651v (Notanda, 1678).

eine Zeit hero verspürt [...] zu versehen"[133]. Das war wenig nachhaltig, denn bereits 1684 musste erneut auf „Disordre"[134] bei den Wachen reagiert werden.

Wirklichen Erfolg hatte das nicht. Immer wieder neu musste auf eingerissene Laxheiten und Pflichtversäumnisse reagiert werden.[135] So erließ der Rat etwa 1703 – während der für Köln nicht ganz ungefährlichen Frühphase des Spanischen Erbfolgekriegs[136] – ein Edikt, das die damaligen, jedoch altbekannten Missstände aufzeigt: Bürgerwachen erschienen demnach an den Pforten unvollständig und zogen auch nach Belieben vorzeitig wieder ab und sie ließen sich durch nicht qualifizierte Männer vertreten. Diesen teilten sie sogar die Parole mit, was ein ernsthaftes Sicherheitsproblem mit sich bringen konnte. All das sollte nun abgestellt werden – theoretisch jedenfalls, der praktische Erfolg solcher Edikte lässt sich schwer überprüfen.[137]

Er war sicher nicht immer gegeben. 1734 macht es der Rat den Bürgerhauptleuten bzw. ihren Befehlshabern ausdrücklich zur Pflicht, wegen der gefährlichen Kriegszeiten (während des Polnischen Thronfolgekrieges) die Gewehre der aufziehenden Bürgerwachen zu kontrollieren und so sicherzustellen, dass sie tatsächlich geladen waren.[138] Manchmal waren die Probleme jedoch auch eine Reaktion auf praktische Schwierigkeiten. Im Winter Anfang 1747 hatte die Nachtwache auf dem Gereonsturm offenbar kein Brennmaterial, um ein wärmendes Feuer zu unterhalten. Nach eigenen Angaben hatten sie dennoch bei bitterer Kälte bis drei Uhr morgens ausgehalten. Erst dann seien sie zur Ehrenpforte gegangen, wo andere Mitglieder ihrer Bürgerfahne Wache hielten und wo man über ein Feuer oder einen brennenden Ofen verfügte. Der Wachmeister wollte sie dennoch wegen Verlassens ihres zugewiesenen Postens mit einer Geldstrafe belegen. Der Rat ließ immerhin prüfen, ob die Kälte nicht doch als Entschuldigung anzuerkennen sei.[139]

Wenn bewaffnete Bürger womöglich gegen ihren Willen zum Wachdienst eingesetzt wurden, lag die Gefahr von leicht eskalierenden Auseinandersetzungen sowohl zwischen den einzelnen Männern als auch zwischen ihnen und Dritten oder zwischen ihnen und ihren Vorgesetzten nahe. Streitigkeiten und Austausch von Beleidigungen waren daher immer wieder zu beobachten, ohne dass diese jedoch unbedingt aus den Umständen des Wachdienstes resultieren mussten. Sie können vielmehr auch aus dem normalen Zi-

---

133 HAStK-RBA Best. 14 A 29, Nr. 21 (Ratsedikt, 11.7.1681).

134 HAStK-RBA Best. 14 A 29, Nr. 39 (Ratsedikt, 25.2.1684).

135 Einzelfälle dazu aus dem 16. bis 18. Jh. in HAStK-RBA Best. 33 A 52.

136 Vgl. Plassmann, Zwischen Neutralität und Kaisertreue.

137 HAStK-RBA Best. 14 A 20 (Ratsedikt, 3.8.1703).

138 HAStK-RBA Best. 33 A 78, Bl. 117 (Ratsedikt, 22.11.1734).

139 HAStK-RBA Best. 33 A 86, Bl. 59–60 (Supplik Irresheim und Konsorten, 1747); HAStK-RBA Best. 10B A 194, Bl. 9v–10r (Ratsprotokoll, 11.1.1747). 1745 war ein Wachmann während einer Nachtwache an einer Kohlenmonoxidvergiftung gestorben – hier war also das zu kräftige Heizen ein Risikofaktor. HAStK-RBA Best. 125 A 40, Bl. 76–79 (Untersuchung, 1745). Auch 1783 wird davon berichtet, dass ein Stadtsoldat „in der Wachstuben des Nachts ersticket war", HAStK-RBA Best. 33 A 348, Bl. 579r (Rechnungsbuch Militärausgaben, 1783).

villeben in die Bürgerfahne getragen worden sein, ohne dass das immer aus den Quellen genau nachzuvollziehen ist.[140] Dezidiert wird dies beispielsweise 1728 ausgeführt, als Streit zwischen zwei verwandten Gerbern um Schäden, die der Hund des einen an den Fellen des anderen angerichtet habe, auf die Bürgerfahne übergriff.[141] 1734 wurde dem Henrich Essert schlicht ständiger „Zanck und Hader"[142] zum Vorwurf gemacht, weshalb niemand mehr mit ihm auf Wache ziehen wolle. Ähnlich wurde im selben Jahr das Verhalten des Fähnrichs Wistorf und des Befehlshabers Bornheim beschrieben, die mit „zanken und schmähen"[143] auffielen. Die Hintergründe einer Schlägerei zwischen Angehörigen der Bürgerfahne von St. Gereon und der vom Eigelstein im Jahr 1721, bei der anscheinend auch Blut geflossen ist, sind nicht ganz klar. Anlass war eine Wachablösung am Abend der Gottestracht (der großen Prozession), aber die Ursache können sowohl tieferliegende persönliche Konflikte zwischen einzelnen Angehörigen der Fahnen gewesen sein wie eine Konkurrenz zwischen den Einheiten – oder auch der Alkoholgenuss am Rande der Gottestracht.[144]

In all diesen und vielen weiteren Fällen von bisweilen auch mit „degen undt stöcken"[145] ausgetragenen Streitigkeiten, die man hier noch anführen könnte, handelte es sich um praktische Probleme bei der Umsetzung der bürgerlichen Wachpflicht. Bürgermeister und Rat griffen – wenn nicht innerhalb der Fahnen eine Lösung gefunden wurde – obrigkeitlich ein. Sie schufen aber in aller Regel kein neues Recht, sondern erinnerten an bestehende Pflichten. Diese passten sie nur moderat im praktischen Vollzug den jeweiligen Gegebenheiten an oder sie präzisierten die Auslegung bestehender Regeln, ohne dass sich etwas an den Grundsätzen der Wachpflicht änderte. Dass dies aber mit schöner Regelmäßigkeit bis ins endende 18. Jahrhundert geschah, ohne dass man auch nur daran dachte, ein anderes System mit besseren Chancen auf ein reibungsloses Funktionieren einzuführen, zeigt die Erwartungshaltung, grundsätzlich über eine funktionierende Bürgerwehr zu verfügen. Diese Erwartung hatten offensichtlich sowohl Bürgermeister und Rat aus der Sicht der Obrigkeit als auch die Bürger selbst, von denen sich zumindest ein größerer Teil mehr oder minder klaglos mit mehr oder minder großem Eifer an der gemeinsamen Herstellung der Sicherheit beteiligte. Das lag sicher nicht nur daran, dass man sich die Kosten für eine besoldete Stadtwache sparen wollte. Die Wachpflicht blieb im Hintergrund auch Vehikel für den Anspruch der Bürger auf zumindest indirekte politische Mitsprache – denn, wer seine Haut für das Gemeinwesen

---

140 So ist anlässlich eines Streits 1737 unspezifisch von Injurien innerhalb einer Bürgerfahne die Rede, HAStK-RBA Best. 33 A 237, Bl. 73 (Ratsregistratur 20.3.1737). Zu einem anderen Fall siehe HAStK-RBA Best. 33 A 88, Bl. 125–126 (Supplik Löbgen, 1750).
141 HAStK-RBA Best. 33 A 237, Bl. 74–75 (Supplik des Urban Breidbach, 1728).
142 HAStK-RBA Best. 33 A 78, Bl. 3r (Supplik Bürgerhauptmann Wilms, 1734).
143 HAStK-RBA Best. 33 A 78, Bl. 87r (Supplik Rotte Lützenkirchen, 1734).
144 HAStK-RBA Best. 33 A 253, Bl. 21–22 (Supplik Fahne St. Gereon, 1721).
145 HAStK-RBA Best. 33 A 432, Bl. 1044v (Verhör Johan Gumpartz, 1700).

zu Markte trägt, kann mit Fug und Recht auch beanspruchen, in den grundlegenden Fragen eben dieses Gemeinwesens mitzusprechen.[146]

In der Bürgerfahne unter Hauptmann Badorff kam es Anfang 1750 zu einem an sich völlig unnötigen Konflikt. An Fastnacht ging zumindest ein Teil der hier organisierten Nachbarn „der allgemeinen üblichkeit nach mit dem handschuhe herumb". Es handelte sich um einen der damals an Karneval gebräuchlichen Heischgänge, bei denen maskierte Männer von Haus zu Haus zogen und Gaben insbesondere in Form von Alkohol oder Geld für Alkohol eintrieben.[147] So kamen sie auch zum Ratsverwandten Henrich Stamberg, der in ihrem Fahnenbezirk wohnte und folglich Teil ihrer Nachbarschaft war. Von ihm erwarteten sie „einen gewohnlichen Tranckpfennig", so wie ihn auch andere zahlten, die von der persönlichen Bürgerwache befreit waren. Es handelte sich also um eine zusätzliche Ausgleichszahlung zum Wachgeld, die auf einer eher informellen und geselligen Ebene all jenen einen Ausgleich schuf, die selbst den Wachdienst versahen. Stamberg wies sie jedoch ab, hatte die Gruppe „mithin alß Nachbahren nicht erkennet" – sie waren sicherlich maskiert. Aber sie führten einen Pfortenschlüssel mit sich, mit dessen Hilfe sie sich als Angehörige des Bürgerkorps zu erkennen gaben. Dennoch habe Stamberg sie „auff die straßen hinaußgeworffen". Das empfanden die Männer als umso ungebührlicher, als andere Ratsverwandte und sogar Bürgermeister den Trankpfennig gaben. Sie baten daher darum, Stamberg zur persönlichen Wache zu verpflichten.[148] Der Rat nahm dieses Ansuchen durchaus ernst und wies die Wachmeister an, den Fall zu prüfen.[149] Der Fall wirft nicht nur ein interessantes Schlaglicht auf die vormodernen Fastnachtsbräuche, sondern auch auf den Modus der bürgerlichen Lastenteilung. Wiewohl nirgends verbrieft, beanspruchten die tatsächlich auf Wache ziehenden Männer gewohnheitsrechtlich und ziemlich selbstbewusst ihren Anteil an den Ausgleichszahlungen der anderen, wobei die an Fastnacht ohnehin stattfindenden Heischgänge einen zwanglosen Rahmen boten. Der mitgeführte Pfortenschlüssel zeigte aber an, dass es sich hier keineswegs um eine reine Freizeitveranstaltung handelte, sondern um eine rituelle Einforderung eines Rechts – denn die Wachmänner waren gleichsam in offizieller Mission unterwegs. Der soziale Zusammenhalt des Bürgerkorps und damit einer Nachbarschaft wurde durch derlei Gebräuche auch abseits des eigentlichen Wachdiensts gestärkt – sofern es nicht zu derartigen Konflikten wie hier kam.

Die Frage, ob man persönlich zur Wache bzw. Dienst erscheinen musste oder einen bezahlten Ersatzmann stellen konnte, erhitzte dennoch immer wieder die Gemüter –

---

146 Diese Überlegung bildete dann auch im 19. Jahrhundert den Hintergrund von Diskussionen um die allgemeine Wehrpflicht sowie die Landwehr. Vgl. Frevert, Jakobinische Modell; Jessen, „Preußens Napoleon", S. 202–215; Schönfuss, Mars, S. 394–415; Sikora, Revolution, S. 144; Kutz, Deutsche Soldaten, S. 31 f. (wenngleich wohl etwas überspitzt).

147 Vgl. Kayser, 1570; Plassmann, Karneval, S. 71–74.

148 Mit allen Zitaten: HAStK-RBA Best. 33 A 88, Bl. 36–37 (Supplik Nachbarn aus der Bürgerfahne Badorff, 1750).

149 HAStK-RBA Best. 10B A 197, Bl. 38v–39r (Ratsprotokoll, 13.2.1750). Da das Thema in den folgenden Ratssitzungen nicht wieder aufgegriffen wurde, scheint eine informelle Lösung gefunden worden zu sein.

zumal sich in ihr sicher auch ein Sozialgefälle ausdrückte, das dem Ideal der Gleichheit der Bürger entgegenstand.[150] Eine Liste der „Absentes"[151] während der Nachtwache vom 13. auf den 14. Juli 1707 (also im Spanischen Erbfolgekrieg) in der Bürgerfahne des Hauptmanns Paffrath führt insgesamt 25 Namen an, darunter drei Doktoren, ein Kommissar, der Hospitalmeister von Ipperwald[152], ein Notar, ein Hofrat, ein Schöffe und ein Prokurator. Von den Übrigen waren die meisten, soweit angegeben, Handwerker, über deren Vermögensverhältnisse nur spekuliert werden kann.[153] Das gilt auch für den Tanzmeister Hottingh. Nur fünf Männer hatten statt ihrer Heuerlinge als Ersatz geschickt. In derselben Nacht hatten unter Hauptmann Franciscus Weisweiler zehn Mann gefehlt, darunter zwei Herren (inklusive des Syndikus Cadoneus), zwei Offermänner (von Maria ad Gradus und des Doms), der Hausmeister des Grafen von Königseck, zwei Männer, die in der Domimmunität wohnten, und der Hachtmeister. Hier mischt sich eine sozial erhöhte Stellung mit dem Schutz, den geistliche Immunitäten ihren Angehörigen vor städtischem Zugriff bieten konnten.[154] Unter Hauptmann Johan Schwerdt fehlten sieben Mann, davon ein Doktor und drei weitere Herren. Ein Mann war wegen Fiebers entschuldigt.[155] Hauptmann Jacob Schöneberg berichtete zum selben Anlass, dass drei Mann nicht erschienen waren, davon einer auf Krücken (der also dienstuntauglich war) und ein Ratsverwandter. Die anderen beiden hatten offenbar „vielle wiederwertige worth gebraucht"[156], als sie vergeblich zum Erscheinen aufgefordert worden waren. Von der Fahne des Hauptmanns Heinrich Gade wiederum fehlten sieben Mann, darunter zwei Doktoren.[157]

Insgesamt folgte also eine fühlbare Anzahl von Männern entschuldigt und nicht entschuldigt dem Ruf zur Fahne nicht – aber es blieb eine Minderheit, die gegenüber der großen Zahl der Dienstuenden deutlich zurückblieb.[158] Es handelte sich also keineswegs um eine massenhafte Verweigerung. Gleichwohl ist unter den Absenten ein Übergewicht

---

150 Siehe zum Beispiel HAStK-RBA Best. 33 A 237, Bl. 35–36 (Supplik Hauptmann Bernhard von Balen, Januar 1684). Offenbar, um solche Probleme zu vermeiden, wurde im Dezember 1672, also im Holländischen Krieg, aus Anlass der Verstärkung der Bürgerwache ausdrücklich die Auslösung durch Zahlung von Wachgeld verboten (nicht aber die Stellung von Ersatzleuten), HAStK-RBA Best. 10B A 120, Bl. 3v (Ratsprotokoll, 28.12.1672).

151 HAStK-RBA Best. 33 A 237, Bl. 37 (Fehlliste 13./14.7.1707).

152 Einer seiner Nachfolger erbat 1746 Wachbefreiung, weil sich Fahnen- und Kettenwache nicht mit dem Zeitaufwand für sein Amt überbringen ließen. Als Argument führte er eine grundsätzliche Wachbefreiung des Hospitalpersonals an. Es scheint sich also, wenigstens was Ipperwald angeht, um einen sehr langlebigen Streit gehandelt zu haben. HAStK-RBA Best. 36 A 1746 (Supplik Adolphus Frings, 1746).

153 Zur Spannweite der wirtschaftlichen Verhältnisse frühneuzeitlicher Handwerker vgl. REINHARDT, Überleben, S. 73.

154 HAStK-RBA Best. 33 A 237, Bl. 42 (Fehlliste 13./14.7.1707). 1731 wurde auch Beschwerde gegen einen Bediensteten des päpstlichen Nuntius in Köln geführt, der konsequent den Wachdienst verweigerte. HAStK-RBA Best. 33 A 77, Bl. 11–12 (Supplik Bürgerhauptmann Grosman, 1731).

155 HAStK-RBA Best. 33 A 237, Bl. 46 (Fehlliste 13./14.7.1707).

156 HAStK-RBA Best. 33 A 237, Bl. 45 (Bericht Hauptmann Schöneberg [14.7.1707]).

157 HAStK-RBA Best. 33 A 237, Bl. 48 (Fehlliste 13./14.7.1707).

158 Die Fahne des Hauptmanns Nothoven erschien beispielsweise vollständig, HAStK-RBA Best. 33 A 237, Bl. 49 (Notiz aus der Fahne Nothoven, 13.7.1707).

höhergestellter Persönlichkeiten unübersehbar. Die Ereignisse vom 13./14. Juli 1707 sind aber nicht unbedingt repräsentativ, weil damals vollständige Bürgerfahnen alarmiert worden waren, während bei einer normalen Nachtwache weniger Männer betroffen waren. Der größere Personaleinsatz war erforderlich, weil französische Truppen vor die Stadt gezogen waren und mit einer Bombardierung drohten. Es bestand also durchaus echte Gefahr, was an sich ein Anlass zum vollständigen, solidarischen Dienst aller Bürger hätte sein können – aber vielleicht eben wegen dieser Gefahr nicht war.[159]

Oft nahm aber auch unter normalen Umständen das Fernbleiben von der Wache bisweilen ein gefährliches Ausmaß an, wobei ein gewisses Übergewicht von rechtlich, sozial und/oder wirtschaftlich besser gestellten Männern offensichtlich ist. Das bestätigt auch eine undatierte Liste von „ungehorsamen bürger und eingesessenen"[160] unter Hauptmann Dulman, die trotz ausdrücklicher Einbestellung und Androhung einer Strafe von drei Gulden nicht zur abendlichen Musterung erschienen waren. Hier handelte es sich um acht Männer, davon drei als Herren tituliert und vier Meister. Nur beim „Roßteuscher" (hier wohl: Pferdehändler) Everd Kusten fehlte ein weiterer Zusatz zum Namen. Von den acht Männern führten zwei Krankheit bzw. Schwäche als Entschuldigung an, während drei nicht zu Hause angetroffen werden konnten. Von Kusten hieß es sogar, dass er gar nicht in Köln gewesen sei. Eine weitere undatierte Liste von säumigen Wachmännern weist elf Männer aus, davon sechs Herren und einen Meister. Von den übrigen ist bei zweien angegeben, dass sie bei jemand anderem wohnten, also keinen eigenen Hausstand hatten und daher wohl zu den sozial schlechter gestellten zu rechnen sind.[161] Auf einer undatierten Liste von Abwesenheiten unter Hauptmann Flohr sind vier Namen aufgeführt, darunter eine Witwe und eine Jungfer (die wohl jeweils einen Heuerling hätten schicken sollen) und zwei Doktoren.[162]

Ein gegenteiliges, aus sozialer Ungleichheit resultierendes Problem ergab sich aus der Armut von Männern, die zwar den Dienst antraten, aber als „arme Leuth ohne gewehr erschienen"[163] – so wohl Ende des 16. Jahrhunderts nach einer Liste der Fahne unter Hauptmann Keuters, die neben Handwerkern und Knechten auch neun Männer als „pauper" (arm) qualifizierte. Einer der anderen Männer war übrigens ein sogenannter gartender Knecht, also ein zu dem Zeitpunkt keiner Armee dienender Landsknecht. Eine gleichmäßig gute Bewaffnung aus Ausrüstung der Bürgerwache musste indes so lange Fiktion bleiben, wie sie von den Männern selbst zu beschaffen war.

---

159 Die Stadt wurde bereits am 12.7.1707 in Alarmzustand versetzt, HAStK-RBA Best. 10B A 154, Bl. 202v (Ratsprotokoll vom 12.7.1707).

160 HAStK-RBA Best. 33 A 237, Bl. 38 (Fehlliste Nachtwache, 18. Jh.).

161 HAStK-RBA Best. 33 A 237, Bl. 40 (Fehlliste Wache, 18. Jh.).

162 HAStK-RBA Best. 33 A 237, Bl. 44 (Fehlliste Nachtwache, 18. Jh.).

163 HAStK-RBA Best. 33 A 237, Bl. 43 (undatierte Liste der Fahne unter Hauptmann Keuters [Ende 16. Jh.]).

Wachgeld und die Reichweite der Wachpflicht

Wer grundsätzlich wachpflichtig war, dieser Pflicht aber nicht persönlich nachkommen konnte oder wollte, konnte schon seit dem Spätmittelalter einen Ersatzmann (oder Heuerling) schicken. Da diese Ersatzleute in der Regel für ihren Dienst bezahlt wurden, entstand nach und nach die Idee der Abgeltung der Wachpflicht durch eine Wachgeldzahlung, die statt an den Stellvertreter in die Kasse der Bürgerfahne geleistet wurde. Das war grundsätzlich akzeptiert und lief vielfach reibungslos, zumal es für den Zahler vielfach weniger aufwändig gewesen sein dürfte, als es die Anwerbung eines Mannes gewesen wäre.

Das Thema war und blieb jedoch konfliktträchtig, wobei es v. a. um die Höhe der Zahlung, um die Reichweite der Wachpflicht, um die Alternative der Stellung eines Ersatzmannes und um die Verwaltung und Verwendung des Wachgelds ging – alles Themen, die nie abschließend geklärt wurden, sondern von Fall zu Fall ausgehandelt wurden. Als beispielsweise Johann Peter Müller 1729 in offenbar fortgeschrittenem Alter einen Heuerling an seiner statt zur Wache schickte, wurde dieser von der Bürgerfahne nicht akzeptiert und weggeschickt, was zu der Diskussion darüber führte, ob Müller nun ein erhöhtes Wachgeld zu zahlen habe.[164] Unabhängig von solchen Fragen blieb auch die nach der grundsätzlichen Befreiung bestimmter Gruppen sowohl vom Dienst als auch von einer Zahlung umstritten. 1731 entstand eine Auseinandersetzung darum, ob die städtischen Rundengänger und Nachtgänger auch noch zusätzlich zu diesem ohnehin der Wache verwandten Dienst zur Bürgerwache zu erscheinen bzw. Wachgeld zu zahlen hatten. Sie gingen davon aus, dass das dem nicht so war, was jedoch zumindest in einem Fall bestritten wurde.[165]

Aus dem Jahr 1734 liegt eine genaue Aufstellung über die Fahne des Hauptmanns Joannes von Heck vor, die vermutlich im Zuge von Streitigkeiten um das Wachgeld entstanden ist.[166] Jedenfalls wird hier für jede Rotte bzw. Straße (betroffen ist der Bereich Ecke St. Agatha-Schildergasse) genau aufgeführt, wer Wache leistet, wer befreit ist und wer Wachgeld zahlt. Es handelt sich um eine seltene Momentaufnahme, die im Folgenden näher zu betrachten ist. Erfasst sind insgesamt acht Rotten mit 154 Häusern – gezählt wurden also nicht die Bürger oder wehrfähigen Männer, sondern nur die Häuser mit dem offensichtlichen Hintergedanken, dass der Theorie nach aus jedem Haus ein Mann bzw. eine Wachgeldzahlung zu erwarten ist.[167] Wir sehen hier also den Prozess weg von einer persönlichen Wehrpflicht hin zu einer am Haus lastenden Verpflichtung weit fortgeschritten, möglicherweise in Verbindung mit der Verfestigung des Gedankens eines territorial und nicht allein über persönliche Beziehungen verfassten Gemeinwesens.

---

164   HAStK-RBA Best. 33 A 76, Bl. 7–8 (Supplik Müller, 14.3.1729).
165   HAStK-RBA Best. 33 A 77, Bl. 1–2 (Supplik von sechs Rundengängern, 1731).
166   HAStK-RBA Best. 33 A 57, Bl. 67–81.
167   Genauso bei der Visitation weiterer Fahnen aus demselben Jahr 1734. HAStK-RBA Best. 33 A 57, Bl. 82 (Hauptmann [Schnickel], 1734) und Bl. 88r (Hauptmann Simons, 1734).

Die Hausorientierung hatte zwar sicher ihren Ursprung im Bestreben, Wachgeldzahlungen auch von Befreiten zu erhalten, jedoch dürfte dieser funktionale Aspekt letztlich zu kurz greifen. Bis Mitte des 18. Jahrhunderts war er jedenfalls so weit fortgeschritten, dass die Bürgerfahne gedanklich nicht mehr die Zusammenführung von Männern eines Bezirks war, sondern ein Ort mit festen Grenzen, dessen Einwohner zu einer gemeinsamen Verteidigung beizutragen hatten. Die Idee einer Gebietskörperschaft Bürgerfahne war also bereits angelegt, ohne jedoch voll zur Entfaltung zu kommen, weil sich viele Hausbesitzer ihr entzogen.

Die Rotten umfassten jeweils 14 bis 26 Häuser. Nimmt man idealtypisch[168] an, dass aus jedem Haus ein Mann zu stellen war, handelt es sich also um eine recht große Varianz, die eine Einsatzplanung auf Rottenbasis stark erschwerte. Hinzu kommen die regulären und irregulären Wachbefreiungen, durch die sich die Zahl der tatsächlich verfügbaren Männer in der Praxis drastisch reduzieren konnte. Dies sei anhand der 1. Rotte demonstriert: Sie umfasste 23 Häuser. Aus 17 von ihnen zog jedoch niemand auf Wache – weil man per se befreit war, weil man Wachgeld an die Fahne abführte, weil man Nachbarn für die Übernahme des Diensts bezahlte, weil das Haus leer stand, weil man sich der Pflichten auf unterschiedliche Weise entzog (der Schuhmacher Dierich Müller war beispielsweise „vor 2 Jahren mit Hinterlaßung der Fraw im Haus durchgegangen"[169]). Die Einsatzbereitschaft der Rotte wurde daher durch nur sechs Häuser gewährleistet. Dabei dürfte es sich aber um mehr als sechs Männer gehandelt haben, weil einige Kammermänner erwähnt sind, also Untermieter.[170] Da bei einem von ihm ausdrücklich erwähnt wird, dass er sich nicht an der Wache beteilige („thuet nichts"[171]), lässt sich im Umkehrschluss der Einsatz wenigstens einiger Kammermänner vermuten. Auf mehr als etwa zehn Mann kann die Rotte dann dennoch nicht gekommen sein – und sie mussten noch alle gesundheitlich dazu in der Lage sein, den Dienst zu versehen. Heck selbst gibt Rottengrößen von neun bis 15 tatsächlich einsetzbaren Männern an. Bei Aufbietung der Fahne zum Dienst musste der Hauptmann also sehr genau auf die Einsatzbereitschaft der konkreten Rotte schauen.[172] Streitigkeiten wegen ungleich ver-

---

168   In der Praxis ist aber damit zu rechnen, dass Häuser von mehreren Familien bewohnt wurden, u. a. in Form mehrerer Häuser „unter einem Dach". Es ist aber häufig nicht zu klären, ob solche Konstruktionen nun als ein oder als zwei Häuser gezählt wurden. Da es hier nur um einen näherungsweisen Überschlag geht, kann das unberücksichtigt bleiben.

169   HAStK-RBA Best. 33 A 57, Bl. 68r (Nr. 6).

170   In der Fahne des Hauptmanns Thomas wird ein Kammermann ausdrücklich auch als Bettler bezeichnet, so dass bei dieser Personengruppe insgesamt von einer prekären Existenz ausgegangen werden kann, ohne dass alle in völliger Armut gelebt haben müssen. HAStK-RBA Best. 33 A 57, Bl. 95r (Bericht Hauptmann Thomas, 1734). Dennoch wurde 1701 ausdrücklich geregelt, dass auch sie grundsätzlich zur Zahlung von Quartiergeldern verpflichtet waren. HAStK-RBA Best. 10B A 148, Bl. 224r (Ratsprotokoll, 6.7.1701). Es dürfte sich lohnen, die Gruppe der Kammermänner ganz allgemein näher zu untersuchen.

171   HAStK-RBA Best. 33 A 57, Bl. 68r (Nr. 15).

172   Weshalb es auch zu Neuaufteilungen der Rotten kam, jedoch erfahren wir darüber nichts Systematisches. Erwähnt ist sie etwa beiläufig in HAStK-RBA Best. 33 A 420, Bl. 1718r (Supplik Befehlshaber der Fahne unter Hauptmann Wilms, 1744).

teilter[173] Dienste waren jedoch auch beim besten Willen angesichts dieser Situation nicht zu vermeiden (und sie waren vielleicht der Grund für die Entstehung der Quelle).[174]

Sie wirft auch ein recht differenziertes Bild auf die Praxis der Ersatzzahlung in der ersten Hälfte des 18. Jahrhunderts. Hier sind mindestens drei Fälle zu unterscheiden:

- eine Zahlung an Nachbarn, die dann persönlich als Stellvertreter Dienst tun: Das Geld wanderte dann offensichtlich direkt in die Taschen des Ersatzmannes. Probleme konnte es geben, wenn dieser Ersatzmann untauglich oder unzuverlässig war. Vorteilhaft war aber die Vermeidung einer aufwändigen zentralisierten Verwaltung;
- eine regelmäßige Zahlung an die beim Hauptmann angesiedelte Kasse der Fahne, was diesen in die Lage versetzte, das Geld zentral einzusetzen, aber immer wieder auch Misstrauen wegen der Verwaltung der Wachgeldkasse schürte;
- ein einmaliger oder auf längere Zeit[175] angelegter Freikauf von der Wachpflicht, wobei möglicherweise noch zwischen den Kassen zu unterscheiden ist, in die dieses Geld floss (nämlich entweder in die Kasse der Fahne oder in einen zentralen städtischen Topf).[176]

Damit stand ein flexibel an die Bedürfnisse anzupassendes Instrumentarium der Ersatzzahlung zur Verfügung, bei dem allerdings ein strukturell angelegtes Konfliktpotential nicht zu umgehen war. Niemand dürfte überdies einen exakten Überblick über die tatsächlichen Zahlungen gehabt haben. Ein weiteres Problem dürfte die unterschiedliche Größe der Häuser gewesen sein, zumal wenn diese in der Vergangenheit einmal in mehrere Wohneinheiten geteilt worden waren. Solange die Wache als persönliche Pflicht jedes Einzelnen angesehen wurde, war diese Frage zu vernachlässigen. Die nunmehr eingetretene Wahrnehmung der Fahne als Konglomerat von Häusern in Verbindung mit den verschiedenen Formen der Ersatzzahlungen warf aber mehrere Schwierigkeiten auf, insbesondere wegen der unterschiedlichen finanziellen Leistungskraft der Häuser und wegen ihrer unterschiedlichen dichten Bewohnerschaft. Beides wird in einer Zu-

173 Was möglicherweise auch Absicht war, jedenfalls warf der Rat 1724 ungenannten Befehlshabern „willkührliche" Wachbefreiungen – wohl gegen direkte oder indirekte Gegenleistungen – vor, was die Last der übrigen Rottenmitglieder ungebührlich vermehre. HAStK.RBA Best. 33 A 419, Bl. 1273r (Ratsregistratur, 8.3.1724).

174 Ein weiteres Beispiel dafür: 1764 beklagten sich Befehlshaber der Bürgerfahne unter Hauptmann Fischer darüber, dass sich so viele Männer freigekauft hätten, dass die verbliebenen keinen ordnungsgemäßen Wachdienst mehr aufrechterhalten konnten. HAStK-RBA Best. 33 A 332, Bl. 3–5 (Supplik Befehlshaber, 1764).

175 Üblich scheint auch der Freikauf jeweils für ein Jahr gewesen zu sein. Siehe etwa HAStK-RBA Best. 1074 A 55 (Quittung des Pfennigmeisters einer Bürgerfahne für Joan Conrardt Meyer über vier Reichstaler für die Befreiung von der Fahnenwache für ein Jahr, 1720).

176 Solche Einnahmen wurden in der Regel durch die Mittwochsrentkammer verwaltet. Um eine Ausnahme scheint es sich gehandelt zu haben, als 1768 der Freiherr von Bourscheidt-Burgbroel der Bürgerfahne unter Hauptmann Werners eine neue Fahne mit silbernem Knauf schenkte, um bestimmte Immobilien dauerhaft von der Wachpflicht zu befreien. HAStK-RBA Best. 33 A 268, Bl. 1963r (Quittung Hauptmann Werners, 1768).

sammenfassung seiner Aufstellung durch Hauptmann Heck über die Größe der Häuser reflektiert. Er unterscheidet in seinem Bezirk nämlich sechs große, 60 mittelgroße, 40 kleine und 48 geringe Häuser. Zwischen Hausgröße und sozialer Stellung sowie Vermögen der Bewohner dürfte ein Zusammenhang bestanden haben, so dass sich die Frage nach einer als gerecht wahrgenommenen Verteilung von Zahlungen stellen mochte – also: Soll ein Mann aus einer geringen Behausung genauso viel zahlen müssen wie ein reicher Großbürger? Zweitens könnte ein großes Haus auch mehr Einwohner beherbergt haben, also neben den erwähnten Kammermännern auch Knechte, weitere Verwandte usw. Die Stellung nur eines Mannes aus einer solchen größeren Gruppe führte dann natürlich zu einer relativ geringeren Belastung, als dies bei einer Kleinfamilie in armer Behausung der Fall war.

Entscheidend war in diesem Zusammenhang also die Möglichkeit, sich gegen Zahlungen der persönlichen Wachpflicht zu entziehen. Dass dies den reicheren Bürgern leichter fallen musste als den ärmeren und so auf Dauer dazu beitrug, den Gedanken der Gleichheit der Bürger zugunsten einer auch auf diesem Weg markierten sozialen Schichtung zu untergraben, muss wohl nicht näher ausgeführt werden. Weitere Konfliktfelder oder Reibungspunkte waren in diesem Zusammenhang tatsächliche oder nur angenommene Über- oder Unterforderungen der Zahler, Versuche zur Umgehung von Zahlungen (ohne dazu selbst auf Wache zu ziehen), in enger Verwandtschaft damit die Frage nach der Reichweite und Begründung von Exemtionen und schließlich die Verwaltung der Gelder bzw. der Vorwurf von Betrug, Verschwendung oder Zweckentfremdung. Das Wachgeld war jedenfalls eine Quelle ewiger Konflikte auf verschiedenen Ebenen. Das Thema wird dennoch in der Literatur in seiner Bedeutung für die politische und rechtliche Kultur Kölns eher unterschätzt.

Das gilt umso mehr, als es weit über die Gemeinschaft der Bürger im Rechtssinne hinausweist und auch die Nachbarn anging, deren Status zumindest die Diskussion darüber zuließ, ob sie durch die Stadt direkt oder indirekt über Zahlungen dazu gezwungen werden konnten, sich an der gemeinsamen Herstellung von Sicherheit zu beteiligen. Das Statusproblem stellte sich in rechtlicher Hinsicht zum Beispiel für Angehörige einer geistlichen Institution oder in Köln wohnende Fremde, aber auch in praktischer Hinsicht etwa für Bürgerwitwen, die nicht zu einem persönlichen Wachdienst gezwungen werden konnten, aber doch zur Gemeinschaft der Bürger zählten.[177] Je mehr aber der persönliche Wachdienst ohnehin durch Zahlungen abgelöst wurde und je mehr dabei die Häuser innerhalb eines territorial gedachten Fahnenbezirks in den Fokus gerieten, desto mehr hafteten – jedenfalls nach Ansicht vieler, die sich an der Wache beteiligten – die Pflichten nicht nur an Personen mit Bürgerrecht, sondern auch an Immobilien, von

---

177 Regelmäßig wurden allein lebende Frauen in Streitigkeiten um Wachgeldzahlungen verwickelt, siehe z. B. HAStK-RBA Best. 33 A 105, Bl. 54–55 (Supplik Meyer u. a., 1773). Allgemein vgl. Kraus, Jürgen, Militärwesen, S. 97. Die Einschätzung von Heide Wunder, dass die fehlende Wehrfähigkeit von Frauen zum Ausschluss aus der „politischen Bürgergemeinde" führte, ist daher zu differenzieren. Wunder, „Er ist die Sonn'", S. 221.

denen statt einer Grundsteuer Wachgeld zu entrichten war, wenn die Bewohner den Dienst nicht selbst versehen konnten oder wollten.

Dass die weibliche wie männliche Geistlichkeit nicht persönlich auf Wache aufziehen konnte, war nicht umstritten.[178] Sehr wohl aber die Fragen, ob sie sich indirekt an den gemeinsamen Anstrengungen der Einwohnerinnen und Einwohner Kölns zur Herstellung von Sicherheit beteiligen sollten und ob in Klosterimmunitäten wohnende Laien ebenfalls von der Wachpflicht auszunehmen waren.[179] Da dieses Problem eine sehr grundsätzliche Frage berührt, lässt sie sich nicht allein unter dem Blickwinkel der Bürgerwache betrachten. Denn letztlich ging es um Fragen der Territorialhoheit der Stadt über ihr Stadtgebiet, damit zugleich um die Qualität der Reichsstandschaft, nach wie vor vorhandene Rechte des Erzbischofs (und des Papsts) in der Stadt sowie um ganz praktische Fragen des Rechts- und Wirtschaftslebens. Sie alle können hier nicht weiterverfolgt werden.[180] Sie bildeten jedoch den Hintergrund für an sich banale Einzelfälle aller Art, die aber wegen der hinter ihnen liegenden Grundsatzfragen eine an sich unnötige Schärfe und Intensität erreichen konnten. So zog sich ein Konflikt um Wachgeldzahlungen zwischen dem Kloster Lämmchen auf der Breiten Straße und der dortigen Bürgerfahne von 1633 bis 1668 hin. 1633 war dem Kloster auf Intervention des Nuntius ein weltliches Haus in seiner Nachbarschaft überlassen worden, das in der Folge baulich in die Immunität einbezogen wurde.[181] Zuvor waren seine Bewohner aber zweifelsfrei

---

178 1778 zog die Witwe Maria Agnes Lummertz „mit oben und untergewehr wohl versehen" selbst auf die Kettenwache, weil sie sich keinen Ersatzmann bzw. keine Ersatzzahlung leisten könne. Der Wachmeister, der in dieser Nacht die Ketten visitierte, schickte sie aber nach Hause und belegte sie mit einer Geldstrafe. Bewaffnete Frauen waren nicht vorgesehen. HAStK-RBA Best. 33 A 374, Bl. 68 (Supplik Witwe Lummertz, 1778).

179 Siehe z. B. den Streit um die Wachpflicht auf dem zur Universität gehörenden Collegium Ruremundanum, die sich vom Abt von Gladbach her ableitete, HAStK-RBA Best. 150 A 204, Bl. 3–6. Vgl. zur Frage der freiwilligen Solidarität der Geistlichkeit in Kriegszeiten auch PLASSMANN, 1632.

180 Vgl. PLASSMANN, Abgrenzung; DERS., 1632, S. 41–43. Da dieses Thema die Kölner während der gesamten Vormoderne beschäftigte, wäre auch ein Blick zurück in das Mittelalter reizvoll. Da sie Grundbesitz verzeichneten, der allein dem städtischen Recht unterstand und in keine Grundherrschaft eingebunden war (oder sein sollte), könnte bereits die Entstehung der Schreinskarten im 12. Jahrhundert (vgl. STEHKÄMPER/DIETMAR, Köln, S. 218–222) mit durch das Ziel motiviert gewesen sein, einen festen Überblick über diese Immobilien zu behalten und zu verhindern, dass sie unter andere Einflüsse abwanderten – mithin auch leichter ermitteln zu können, wer sich denn an gemeinsamen Verteidigungslasten in Form von Zahlungen und persönlichen Diensten zu beteiligen hatte. Dass die älteste Schreinskarte zunächst eine Bürgerliste enthielt, kann zwanglos in diese Vorstellung eingefügt werden, denn zum selben Zweck war es sinnvoll, die leistungspflichtigen Personen zu kennen. Diese Möglichkeit zu prüfen, würde aber eine eigene Studie erfordern.

181 Es kam aber auch in rein weltlichen Kontexten vor, dass ein kleineres, bisher wachpflichtiges Gebäude in einen größeren Gebäudekomplex eingebaut wurde, dessen Besitzer dann die Pflichten der eingebauten Immobilie nicht mehr zu tragen bereit war. Siehe z. B. HAStK-RBA Best. 33 A 253, Bl. 61 (Supplik Bürgerhauptmann Braun, 1721). Ein Ratsbeschluss von 1673 macht dem Wollenamt zur Auflage, ein von ihm gekauftes Haus nicht in das benachbarte Gaffelhaus einzubeziehen, sondern als eigenständiges Zinshaus mit allen daran haftenden Pflichten bestehen zu lassen. HAStK-RBA Best. 10B A 120, Bl. 92v (Ratsprotokoll, 15.3.1673).

dazu verpflichtet gewesen, entweder persönlich an der Wache teilzunehmen oder sich
dem durch die Zahlung von Wachgeld zu entledigen. Die Nonnen setzten nun weder
das eine noch das andere fort, so dass die Belastung der Angehörigen der Bürgerfahne
entsprechend stieg. Da die Stadt aber keinen juristischen Zugriff auf ein Kloster hatte
und Erzbischof und Nuntius sicher kein Interesse daran hatten, ihr diesen zu gestatten,
konnte erst nach offenbar zähen Aushandlungsprozessen nach 35 Jahren eine Lösung
gefunden werden, welche die Situation auf der Breiten Straße entschärfte: Zur Ablösung
der Wachpflicht zahlte das Kloster 115 Taler in die Wachgeldkasse.[182]

Eine solche Einmalzahlung[183] war sicher für beide Seiten eine günstige Lösung, die
jedoch nicht für alle Fälle in Frage kam, zumal nicht für solche, an denen kirchliche
Einrichtungen allenfalls indirekt beteiligt waren. 1725 kam es zu einer Auseinandersetzung über die Frage, ob ein Fräulein von Rottkirchen verpflichtet sei, für ihr Haus am
Neumarkt Wachgeld zu zahlen. Dieses Haus war an den päpstlichen Nuntius vermietet,
der natürlich weder persönlich zur Kettenwache erschien noch sich freikaufte. Der zuständige Bürgerhauptmann hielt sich an die Vermieterin und legte Hand auf ihr zuste-
hende Zinszahlungen aus anderen Häusern. Ihr Vormund[184] ging beim Rat mit dem
Argument dagegen vor, dass nicht der Eigentümer, sondern der Bewohner eines Hauses
zur Wache und folglich auch zu ihrer Ablösung durch Zahlungen verpflichtet sei. Hätte
man vorhergesehen, dass nun die Eigentümerin in Verantwortung genommen wurde,
hätte man das Thema direkt im Mietvertrag berücksichtigt. Das aber sei unterblieben,
weil man gar nicht auf den Gedanken hätte kommen können, dass es erforderlich sei.[185]
Die besondere Bedeutung dieses Falls ergab sich daraus, dass man den Nuntius nicht
direkt angehen konnte, ohne diplomatische Verwerfungen zu riskieren.[186] In seiner ausführlichen Antwort wies der Rat daher darauf hin, dass es sich bei dem Wachgeld nur
„nach äußerlichem ersten anblick"[187] um eine persönliche Last handele. In Wahrheit
hafte sie jedoch an den Gebäuden, was man daran erkennen könne, dass Eigentümer
auch für unbewohnte Häuser zahlen müssten.[188] Diese Pflicht rühre keineswegs von
einer persönlichen Verpflichtung her, sondern beruhe auf „natürlicher billig- und nach-

---

182   HAStK-RBA Best. 240 U 3/19 (Revers und Quittung der Bürgerfahne, 22.11.1668).

183   Das Kloster St. Lucia zahlte hingegen im 18. Jahrhundert für einen Platz, den es mit Zustimmung des
       Rats gemietet und in die Immunität einbezogen hatte, ein jährliches Wachgeld. HAStK-RBA Best. 40 A
       84 (St. Lucia an den Rat, 1738).

184   Sie galt als „schwachsinnig", HAStK-RBA Best. 33 A 74, Bl. 24r.

185   HAStK-RBA Best. 33 A 74, Bl. 26–27 (Supplik Hierstorpf, 1725).

186   Aus diesem „außenpolitischen" Grund gab es auch immer wieder Irritationen um die Wachpflicht auf
       Stadthäusern hoher fremder Adeliger, siehe etwa HAStK-RBA Best. 33 A 54, Bl. 179, mit Ratsregistratu-
       ren zu diesem Thema, das allerdings nie den Umfang des Streits mit geistlichen Institutionen annahm.
       Siehe auch HAStK-RBA Best. 33 A 362, Bl. 311r (Ablehnung einer Wachbefreiung für die in Köln stu-
       dierenden Söhne der Familie von Fürstenberg, 17. Jh.).

187   HAStK-RBA Best. 33 A 74, Bl. 24r (Rat an Hierstorpf, 1725). Die folgenden Zitate ebd., Bl. 24–25.

188   Vgl. auch HOLT, Einteilung, S. 139.

bahrlicher Schuldigkeit" zum Zwecke „nachtlicher Sicherheit" im jeweiligen Stadtteil.[189] Offenbar traute man dieser selbstbewusst vorgetragenen Argumentation aber selbst nicht allzu weit, denn der Arrest auf die Rottkirchen'schen Hauszinsen wurde trotzdem aufgehoben, verbunden mit der Aufforderung an Bürgerhauptmann und Vormund, sich gütlich zu einigen.

Tatsächlich hätten sich Juristen trefflich und lange über diese Frage streiten können. Zweifellos fußte die Wachpflicht in einer persönlichen Verpflichtung wenigstens aller Bürger. Diese Vorstellung war im 18. Jahrhundert aber nicht mehr praktikabel, weil sie die Lasten zu ungleich verteilte und von zu vielen Ausnahmen durchbrochen werden musste: Geistlichen[190], Alten und Kranken, „schwachsinnig[en]"[191] Männern, Frauen[192] und Fremden in der Stadt konnte oder durfte man keine persönliche Wachpflicht auferlegen. Nachdem auch gesunde, junge männliche Bürger ihre Pflicht durch Zahlung ablösen konnten, war eine Befreiung von zahlungskräftigen Menschen aller Stände und Geschlechter kaum noch vermittelbar und auch sachlich nicht erforderlich. Dennoch fehlte es hier an einer eindeutigen und rechtlich durchsetzbaren Grundlage, denn spätestens an den Immunitäten der Geistlichkeit musste der Versuch scheitern, sich mit den Mitteln der stadtkölnischen weltlichen Obrigkeit durchzusetzen. Aus diesem Grund wich der Rat im Fall Rottkirchen vom Syndikat gut beraten und ganz im Zeichen der in Köln sonst eher weniger geschätzten Aufklärung[193] auf das Naturrecht aus, das aber natürlich den Nachteil mangelnder Kodifizierung hatte und deshalb auch vor Gericht erst hätte durchgesetzt werden müssen. Da das gerade in diesem, den päpstlichen Nuntius betreffenden Fall eine mehr als unsichere Perspektive war, griff man zum typisch kölschen Mittel einer Einigung der Streitparteien. Wer aber eine weniger starke politische oder soziale Position hatte als der Nuntius, hatte dabei geringere Chancen auf Durchsetzung

---

189 Auch im Streit mit der Abtei Gladbach um die Wachpflicht ihres Gladbacher Hofs in Köln wurde 1698 das Argument angeführt, dieser habe „zu Krieg und Friedens Zeiten [...] Schutz und Schirm" genossen, weshalb seine Beteiligung an der Herstellung dieser Sicherheit nur billig sei. HAStK-RBA Best. 33 A 54, Bl. 134r (Supplik Bürgerhauptmann Schwert, 1698). Vgl. zu dem Argument auch Sikora, Militarisierung, S. 174.

190 So ein Vikar von St. Gereon, der in einem weltlichen Haus wohnte, das wiederum dem Grafen von Virmond[-Neersen] gehörte: Hier stellte sich die Frage der persönlichen Befreiung des Geistlichen, gekreuzt mit möglichen Problemen, sich an die Grafen als Vermieter zu halten. HAStK-RBA Best. 33 A 88, Bl. 61–62 (Supplik aus der Bürgerfahne unter Hauptmann Blumenberg, 1750).

191 So Joannes Bourscheid, dessen als „Schwachsinn" gedeuteter Hexenwahn erst dann in den Fokus der Obrigkeit geriet, als er die Zahlung von Wachgeld verweigerte, HAStK-RBA Best. 30N A 445 (Ratsregistratur, 18.12.1767).

192 So der Frau Monnems, die um Wachbefreiung bat. Sie sei wegen der Einlieferung ihres Ehemanns ins Tollhaus „von jederman verlaßen", so dass „kein Man im Hauß ist". HAStK-RBA Best. 33 A 74, Bl. 48r (Supplik Monnems, 1725).

193 Vgl. Ikari, Tendenzen.

seiner Rechtsposition.[194] So 1734 Georg Henrich Vorrath, der die Wachgeldzahlung mit dem Argument verweigern wolle, dass er ein Fremder sei und aus Werden (heute Teil von Essen) stamme. Er habe in Köln die Tochter der Witwe Diest geheiratet und wohne nun wegen seiner juristischen Studien und Tätigkeiten bei der Schwiegermutter, ohne in Köln „zu Hauß"[195] zu sein. Zahlungspflichtig sei also die Witwe Diest. Die Situation gleicht letztlich der des Nuntius, indem sich Vorrath als bloßer eingemieteter Gast der Stadt darstellte. Der Rat ging in diesem Fall aber nicht darauf ein und forderte ihn „sub poena executionis"[196] dazu auf, seinen Bürgerhauptmann zufriedenzustellen. Ein gänzlich anderes Problem hatte im selben Jahr die Witwe Rödingen (deren Mann kurpfälzischer Hofrat gewesen war): Die Bürgerfahne forderte von ihr Wachgeld für ein Haus, das aber nach ihrer Angabe von einem Weingärtner bewohnt wurde – der persönlich auf die Wache zog, weshalb an sich ja gar keine Ersatzzahlung nötig gewesen wäre. Dennoch konnte sich die Witwe mit ihrem Anliegen nicht durchsetzen, allerdings entschied der Rat, die Geldforderung zu reduzieren.[197] Zu erklären dürfte diese Entscheidung damit sein, dass das Haus für eine bloße Weingärtnerunterkunft zu groß bemessen war, jedoch schweigen sich die Quellen darüber aus.

Im Jahr 1761 war vermehrt zu beobachten, dass kleinere wachpflichtige Häuser in größere benachbarte Immobilienkomplexe eingebaut wurden, so dass sie nicht mehr als eigenständiges Haus zu erkennen waren und sich – so der Ansatz zumindest einiger Eigentümer – die Wachpflicht für den gesamten Komplex halbierte. Diese Praxis wurde daher verboten bzw. auf die Fälle eingeschränkt, in denen sich die Bauherren vorab mit der Bürgerfahne über eine Ausgleichszahlung verständigt hatten.[198] Ganz ließen sich Irritationen dieser und ähnlicher Art aber nicht vermeiden, wie das Beispiel des Paulus Schörach belegt, der sich 1708 gegen die Ansprüche zweier Fahnen wehren musste, die beide davon ausgingen, dass sein Haus in ihrem Bereich liege.[199]

---

194 Nicht zuletzt, weil der Rat bereits 1659 beschlossen hatte, dass der Eigentümer für die Wachpflicht auf seinem Haus einzustehen habe, selbst wenn es von einem Geistlichen bewohnt werde. Solche Beschlüsse konnten später zwar in die Diskussion eingebracht werden, gerieten aber auch rasch in Vergessenheit oder wurden situativ abgewandelt bzw. neu interpretiert. HAStK-RBA Best. 33 A 54, Bl. 123r (Ratsregistratur, 20.3.1659).

195 HAStK-RBA Best. 33 A 78, Bl. 79r (Supplik Vorrath, 1734).

196 HAStK-RBA Best. 10 B A 181, Bl. 160v (Ratsprotokoll, 2.7.1734).

197 HAStK-RBA Best. 33 A 78, Bl. 107–108 (Supplik Rödingen, 1734); HAStK-RBA Best. 10 B A 181, Bl. 225v (Ratsprotokoll, 1.10.1734).

198 HAStK-RBA Best. 14 A 2, Nr. 243–2 (Ratsedikt, 12.6.1761). Ein entsprechender Fall wurde bereits 1759 beklagt: Damals waren die ehemals einem Brauhaus zugehörigen Stallungen dem benachbarten Hospital zur weiten Tür zugeschlagen worden, dessen Verwalter jeden Anteil an Wach- und Kriegslasten verweigerte. Das war umso misslicher, als die Stallungen nun für die Einquartierung von Pferden dringend benötigt worden wären. Der Verdacht liegt durchaus nahe, dass dies mit der Immobilienübertragung zu Lasten der Nachbarn vermieden werden sollte. HAStK-RBA Best. 33 A 349, Bl. 1–2 (Supplik der Nachbarn, 1759).

199 HAStK-RBA Best. 33 A 53, Bl. 391–392 (Supplik Schörach, 1708).

Der Streit um die Wachpflicht von Bewohnern geistlicher Häuser findet sich in zahlreichen weiteren Spielarten.[200] So war strittig, ob Hospitäler (die zumindest indirekt auch als geistliche Einrichtungen gelten konnten) Zahlungen leisten mussten oder nicht.[201] Wer dies bejahte, entzog ja den Armen und Kranken mildtätige Stiftungsgelder, was zumindest zu Diskussionen führte.[202] Dem Offermann von St. Severin, Anton Hansleider, wurde 1750 auf seine Weigerung der Zahlung von Wachgeld vorgehalten, dass seine Argumentation brüchig sei. Er bewohnte ein propsteiliches Haus von St. Severin, das von derartigen Lasten befreit sei. Der zuständige Bürgerhauptmann argumentierte aber, dass Hansleider zuvor ebenfalls in einem geistlichen Haus gewohnt habe, nämlich in einer Kanonikerwohnung. In dieser Zeit habe er Wachgeld gezahlt und somit anerkannt, dass er ungeachtet seines Wohnorts zahlungspflichtig sei.[203] Der Fall zeigt, dass es an eindeutigen Regelungen mangelte. Die Folge waren beständige Streitigkeiten und Aushandlungsprozesse, die zu individuellen Regelungen und mit diesen zu Präzedenzfällen führten, welche die Situation weiter verunklarten und so weitere Auseinandersetzungen hervorbrachten. Dabei setzte sich je nach Rahmenbedingungen und Streitlust der Parteien durchaus auch die weltliche Seite einmal durch.[204]

Auseinandersetzungen um Exemtionen bzw. die Reichweite der Wachpflicht sind auch über den Bereich der Geistlichkeit hinaus reichhaltig überliefert.[205] So 1771: Der Bürgerhauptmann und Ratsverwandte Everhard Sarbourg beklagte sich damals über die Witwe Hartman, die ein Haus in seinem Fahnenbezirk in ein größeres Anwesen einbauen lassen wollte. Das bot Anlass, die offenbar bereits zuvor strittige Frage der Wach-

---

200 Er ist Teil einer über Jahrhunderte geführten Auseinandersetzung um den Besitz der „Toten Hand", den die Stadt stets zu beschränken versuchte, weil sich die geistlichen Institutionen ganz allgemein der Teilhabe an „burgerlichen Lasten" verweigerten. Zitat HAStK-RBA Best. 30N A 1291, Bl. 1r (Ratsregistratur, 3.11.1694). Eine 1665 erstellte Übersicht weist zahlreiche Einzelfälle aus, in denen geistliche Einrichtungen unter Umgehung aller Verbote weltliche Immobilien an sich gebracht hatten. Sie belegt einen zähen Stellungskrieg um den geistlichen oder weltlichen Status, an dem ihren eigenen Vorteil suchende Bürger bisweilen nicht unbeteiligt waren. HAStK-RBA Best. 30N A 838. Noch 1784 wurde das Gesetz gegen die „Tote Hand" aus dem 14. Jahrhundert durch eine notariell beglaubigte Abschrift aktualisiert, HAStK-RBA Best. 30N A 1293. Vgl. Rosen, Stadt.
201 Zur Rolle der Kölner Hospitäler im „Gewebe des städtischen Lebens" vgl. jetzt Huffman, „Caritas", S. 52.
202 Siehe etwa HAStK-RBA Best. 33 A 54, Bl. 163–164 (Supplik Provisoren des Hospitals St. Johann auf der Breiten Straße, 1700).
203 HAStK-RBA Best. 33 A 88, Bl. 20–21 (Supplik Bürgerhauptmann Aldenbrück, 1750).
204 Das zeigt z. B. eine Zusammenstellung von tatsächlich geleisteten Wachgeldzahlungen durch Geistliche in HAStK-RBA Best. 33 A 54, Bl. 124–127 (17. Jh.).
205 Siehe auch die entsprechenden Auseinandersetzungen mit Angehörigen der Universität Köln, bei denen es eher um die Zahlung von Wachgeld als um eine durch Professoren persönlich zu leistende Wache ging. HAStK-RBA Best. 150 A 285 (18. Jh.); HAStK-RBA Best. 150 A 4 (17. Jh.). Zu einem über die Wachpflichten der Erben Canto von 1711 bis 1752 geführten Reichskammergerichtsprozess siehe HAStK-RBA Best. 33 A 364. Siehe auch HAStK-RBA Best. 33 A 365 zu einem weiteren langjährigen Streit um Wachgeldzahlungen zwischen dem Ratsverwandten Pingen und seiner Bürgerfahne. HAStK-RBA Best. 30N A 696 enthält Übersichten zu Exemtionen in verschiedenen Fahnenbezirken aus dem Jahr 1723. Siehe auch Einzelfälle in HAStK-RBA Best. 30N A 695.

gebührnisse zu klären. Sie bot zu deren Ablösung 45 Reichstaler an, was Sarbourg em-
pört zurückwies, weil von viel kleineren Häusern sonst das Drei- bis Vierfache gezahlt
werde. Unmittelbarer Anlass für seine Beschwerde war aber, dass sich die Witwe an die
Mittwochsrentkammer gewandt hatte, also an die städtische Finanzverwaltung. Dies sei
aber in einer Wachgeldfrage nicht statthaft, denn die gehöre vor ein Gremium aus Obristen und Oberstleutnanten der Bürgerfahnen.[206] Der Rat verwies die Angelegenheit
tatsächlich an einen Oberst und einen Oberstleutnant.[207] Die Bürgerfahnen erscheinen
hier also als Verwaltungsbezirke mit eigenen finanziellen Kompetenzen[208] neben dem
eigentlichen städtischen Haushalt. Den Hausbesitzern in ihrem Bezirk traten sie daher
nicht selten weniger als Beschützer und Wahrer von Sicherheit gegenüber als als Steuer-
eintreiber – die beispielsweise für ein Haus nicht nur vier Taler jährlich forderten, sondern diese sehr zum Ärger der Bewohnerin Anna Catharina Conraths auch in einer Rate
bereits für das ganze Jahr einzogen. Sie wies auf ihre Armut hin, müsse sich „von meiner
handarbeit kümmerlich ernähren"[209], so dass es nicht billig sei, von ihr den vollen Be-
trag zu fordern.[210] Darüber konnte sie ihrer Supplik sogar eine Bescheinigung des zuständigen Pfarrers von St. Maria Ablass beifügen. Der Vorgang zeigt zweierlei: Zum
einen war die Höhe des Wachgeldes zwar grundsätzlich festgelegt, in der Praxis im Hinblick auf ihre Höhe und die Zahlungsmodalitäten aber Aushandlungsprozessen[211] unterworfen, die den Bürgerhauptleuten einen großen Gestaltungsspielraum und damit eine
Machtstellung in ihren Bezirken brachten. Gefährdet wurde diese aber offensichtlich
durch eine konkurrierende Macht, nämlich über die ebenfalls die gesamte Stadt territorial erfassenden Pfarrbezirke bzw. die Pastoren, die sich wie in diesem Fall an die Seite
ihrer Pfarrkinder gegen die Bürgerwache stellen konnten.

Tatsächlich wurde in der Folge weniger über die Höhe der Zahlungen gestritten als
um die Stellung des Bürgerhauptmanns Rüttgers in seinem Bezirk. Dieser legte eine Stel-
lungnahme vor, die die Sache in einen etwas anderem Licht erscheinen ließ. Ihm ging

---

206 HAStK-RBA Best. 33 A 241, Bl. 8–9 (Supplik Sarbourg, 1771); ebd., A 54 (verschiedene Streitigkeiten
      um geistliche Häuser, Grundbesitz Auswärtiger usw.).
207 HAStK-RBA Best. 10B A 218, Bl. 24v (Ratsprotokoll, 18.2.1771).
208 Was auch dazu führen konnte, dass ein Bürgerhauptmann die Beschlagnahme rückständiger Wachgel-
      der aus im Rahmen einer Schuldauseinandersetzung bei einem Schrein hinterlegten Geldern beantra-
      gen konnte. HAStK-RBA Best. 310C A 51, Bd. 1, Bl. 61r (Klage der Stadt Köln vor dem Reichskammer-
      gericht, 1743).
209 HAStK-RBA Best. 33 A 241, Bl. 10–11 (Supplik Conraths, 1771).
210 Die Argumentation mit einem geringen Einkommen, das Beiträge zur Wache und zu Einquartierungen
      ausschließe, findet sich auch bei dem Juraprofessor Engelbert de Monte, der aufgrund seines „schlech-
      ten gehalts" nicht dazu in der Lage sei, irgendwelche Zahlungen zu leisten. Armut ist also in diesem
      Zusammenhang relativ und subjektiv. HAStK-RBA Best. 150 A 5, Bl. 1r (Supplik de Monte, 1715).
211 Siehe auch „irrung" der Witwe des Ratsverwandten Bertram Weihs mit ihrer Bürgerfahne um das „geld-
      quanto, so ich jederzeit für die wachten entrichtet", das nun aber von der Fahne für zu gering gehal-
      ten wurde, HAStK-RBA Best. 33 A 88, Bl. 65–66 (Supplik Witwe Weihs, 1750): Es gab keinen festen
      Zahlungssatz, sondern nur Forderungen, die für gerechtfertigt oder auch nicht gerechtfertigt gehalten
      wurden.

es nicht um Anna Catharina Conraths, sondern um einen gewissen N. Noppeney. Dieser hatte bereits zuvor seine Bürgerpflichten in puncto Wache vernachlässigt. Conraths war dabei seine Magd, die in seinem Haus gewohnt hatte, nun aber „als Principalin vom Hauß"[212] auftrat – ein Rollentausch also, durch den Noppeney seine Verweigerung durchsetzen wollte. Conraths sei, so Rüttgers, tatsächlich mit ihrer Tätigkeit als Strickerin und Näherin nicht dazu in der Lage, einen Heuerling für die Wache zu bezahlen. Sie könne damit aber auch nicht das Haus finanzieren, so dass er unterstellen konnte, dass sie als Strohfrau des eigentlichen Hausherrn auftrat. Als dieser nicht zur Wache erschien und auch keinen Ersatzmann gestellt hatte, ließ Ruttgers ihn „durch den Fahnen-Bedienten […] um sich hierüber vernehmen zu laßen, citiren". Er trat also sowohl im Verhalten als auch in der Wortwahl als Obrigkeit auf. Noppeney erschien nicht zur Vernehmung, weshalb er erneut unter Strafandrohung in Höhe eines Talers geladen wurde. Er verweigerte sich erneut. Er werde auch dann „nicht erscheinen", wenn er „noch zehnmal" zitiert werde. Daran änderte auch die dritte Zitation unter Erhöhung der Strafandrohung auf drei Taler nichts. Der Fahnenbediente wurde schließlich ein letztes Mal zu Noppeney geschickt, um die Exekution der Strafe durch Einquartierung eines (regulären) Soldaten anzudrohen. Dieser hielt dem entgegen, er habe die Angelegenheit vor den Rat getragen (womit die Supplik der Conraths gemeint war) – erkannte also die Autorität seines Bürgerhauptmanns keineswegs an. Die angedrohte Exekution fand daraufhin erst einmal nicht statt. Rüttgers bat aber darum, Noppeney entweder zum Dienst oder zur Zahlung des Wachgeldes für jeweils drei Monate im Voraus zu zwingen.

Der zuständige Bürgeroberst Mylius[213] und sein Oberstleutnant Metternich unterstützten Rüttgers und sahen das Hauptproblem im „ungehorsam"[214] Noppeneys, der überdies „Trotz-Wörter" gebraucht habe. Sie hatten aber „wenig Hoffnung", das Problem auf ihrer Ebene zu klären. Sie baten den Rat daher, Noppeney Turmhaft anzudrohen, um ihn zum Einlenken zu zwingen. Der Rat folgte dieser Bitte.[215] Damit hatte Noppeney allerdings eines erreicht: die Autorität der Bürgeroffiziere zu erschüttern und sich als allein dem Rat untergeordnet zu inszenieren. Und auch bei diesem Vorhaben hatte er – mit Blick auf die zuletzt nicht mehr beachtete Supplik Conraths – die indirekte Unterstützung des lokalen Pastors erhalten. Der Rat mochte sich vielleicht über die mangelnde Durchsetzungsfähigkeit seiner Amtsträger auf unterer Ebene ärgern – vielleicht kam sie ihm aber auch gerade gelegen, denn Bürgermeister und Rat konnten sich anlässlich solcher vor Ort unlösbaren Konflikte als Schiedsrichter, Schlichter oder handlungsfähige Obrigkeit darstellen und über eine Form des Teile-und-herrsche-Prinzips die Zügel in der unübersichtlichen Metropole in der Hand halten.

---

212 HAStK-RBA Best. 33 A 241, Bl. 19–20 (Pro Memoria Rüttgers, 1771). Die folgenden Zitate ebd.

213 Wohl der Bürgermeister Johan Heinrich Arnold Mylius (1709–1774). Vgl. Deeters, Rat, S. 367, Nr. 174.

214 HAStK-RBA Best. 33 A 241, Bl. 18r (Bericht Mylius und Metternich, 30.4.1771). Die folgenden Zitate ebd.

215 HAStK-RBA Best. 10B A 218, Bl. 51r–v (Ratsprotokoll, 1.5.1771).

Über alle die Quellen durchziehenden Probleme mit persönlichen oder qua Wohnort gegebenen Befreiungen von der Wachpflicht darf indes nicht übersehen werden, dass
ihr geräuschloses Funktionieren nur wenig Spuren in den Quellen hinterließ. So ist es
eine Ausnahme, wenn 1723 der Bürgerhauptmann Tillmetz berichtet, in seinem Bezirk
seien „keine Haußer mehr, worauß nichts […] gegeben wird"[216] – mit Ausnahme der
Häuser der Stimmmeister, eines Kriegskommissars, der Gaffel Himmelreich und einiger
unbewohnter Häuser. Zählt man diese Ausnahmen zusammen, ergab sich schon ein
nicht unerheblicher Fehlbestand. Jedoch hätte Tillmetz dies nicht so leichthin abgetan,
wenn das von ihm, seinen Befehlshabern oder den Nachbarn der betroffenen Häuser
als Problem angesehen worden wäre. Ein bestimmtes Maß an Befreiungen traf also sehr
wohl auf die Zustimmung der Bürger.

Eine spezielle Form der Wachbefreiung gegen Zahlung war die der sogenannten
„Kerzenleute" bei den Rotten der Bürgerwache – jedenfalls einem 1750 in der Bürgerfahne unter Hauptmann Stamberg 1750 entstandenen Streit um dieses informelle Institut nach zu schließen. Damals hatte Stamberg fünf seiner Männer eine Strafe von jeweils
einem Taler auferlegt, weil sie nicht mit auf die Prozession der Gottestracht gezogen,
also ihrem Dienst ferngeblieben waren. Auch wenn die Männer die Strafe teilweise unter
Protest zahlten, waren sie bei ihrer Fahne Kerzenleute und wollten das zugrunde liegende Problem geklärt wissen. Denn es sei „bey allen fahnen üblichen eingefuhret", dass
es in jeder Rotte Kerzenleute gebe, die dem Rottmeister bei den Aufzügen zur Wache
etwas zahlten, damit dieser für Feuer und Licht sorgen könne. Im Gegenzug seien diese
Kerzenleute von der Wache befreit und sie, die Beschwerdeführer, hätten ihr Kerzen-
geld stets bezahlt. Stamberg aber hatte anscheinend damit argumentiert, dass die Kerzenleute nicht von den Bürgern selbst bestimmt, sondern nur von ihm als Hauptmann
eingesetzt werden könnten. Letztlich ging es also um die Macht innerhalb der Bürgerfahne. Denn die Männer bestritten vehement den Anspruch ihres Hauptmanns. Vielmehr folge man einem „uhralten gebrauch", wenn die Frage der Kerzenleute auf Ebene
der Rotte geklärt werde. Sogar Hauptmann Stamberg habe sich dem bisher gebeugt, so
dass man ihm unterstellte, er wolle jetzt „eine Neuerung zu machen sich anmaßen".
Zudem hatte Stamberg anscheinend auch den vorigen Rottmeister abgesetzt, war also
bestrebt, seine Autorität zu stärken, und sei es durch ein Exempel gegen die Kerzenleute.[217] Ihnen warf er vor, in „abganges aller Vernunfft und guter ordnung" die Bestimmung
der Kerzenleute als eine „privativè"[218] Sache der Rottmeister anzusehen. Das könne aber
schon deshalb nicht sein, weil der Hauptmann die Wachen sonst nicht kontrollieren
könne (weil er nie wissen könne, wer zu Recht als befreiter Kerzenmann und wer zu
Unrecht bei der Wache fehlte). Überdies sei es problematisch, wenn die Frage der Kerzen-

---

216 HAStK-RBA Best. 30N A 696, Bl. 2r (Bericht Tillmetz, 1723). Fehlanzeige erstattete damals auch der
     Bürgerhauptmann Fritz, ebd., Bl. 7r (Bericht Fritz, 1723).
217 Alle Zitate HAStK-RBA Best. 33 A 88, Bl. 73–76 (Supplik aus der Fahne Stamberg, 1750).
218 Beide Zitate HAStK-RBA Best. 33 A 88, Bl. 87r (Gegendarstellung Stamberg, 1750).

leute im Belieben der Rotten stehe, weil sich die Vermögenden (die sich durch Zahlung befreien konnten) und die Unvermögenden nicht gleichmäßig auf alle Rotten verteilten. Es könne daher zu einem Ungleichgewicht bei der Belastung der Rotten kommen. Der Streit lässt sich letztlich auf unterschiedliche Grundannahmen zurückführen: Während die beschwerdeführenden Bürger die Wache, ihre Fahne und ihre Rotte ganz traditionell als Bruderschaft ansahen, in der man mehr oder weniger unter Gleichen seine Angelegenheiten regelte, deutete Stambergs Argumentation auf den entstehenden modernen Staat hin, der auf der Basis von Vernunft und Ordnung obrigkeitlich dafür Sorge zu tragen hatte, dass die allgemeine Sicherheit in geregelten Bahnen organisiert wurde. Dass dabei zugleich die Stellung des Hauptmanns gestärkt und mit einem höheren Sozialprestige aufgeladen wurde, nahm er wohl billigend in Kauf.

Wenn sie denn von wem auch immer eingenommen worden waren, wurden die regulären Wachgeldzahlungen für zwei Zwecke verwendet: Entweder wurden Ersatzleute angeworben, die für die eigentlich wachpflichtigen Bürger Dienst taten.[219] Oder sie wurden dafür verwendet, dass sich die tatsächlich auf Wache ziehenden Bürger zum Ausgleich ihrer Belastung „erfrischen, und [...] recreijren"[220] konnten. Dabei ist zwar auch an eine Verpflegung während der Wache selbst zu denken, aber die Kasse der Bürgerfahne stand offenbar auch für Finanzierung von geselligen Zusammenkünften außerhalb des Dienstes zur Verfügung.[221] Denn in dem hier zitierten Vorwurf an die Witwe Beyweghs, ihren Zahlungsverpflichtungen nicht nachzukommen, wird ausdrücklich darauf hingewiesen, dass die Bürgerfahne wegen des Zahlungsausfalls „nicht einmahl bey der Fastnachts Zeit" feiern könne. Möglicherweise speiste sich die Schärfe manchen Konflikts daher weniger aus fiskalischen Erwägungen als aus einer Gefährdung des sozialen Zusammenhalts, der durch ausbleibende gemeinsame Feiern geschwächt werden konnte.

Mittel aus der anscheinend meist durch einen innerhalb der Fahne dazu bestellten Pfennigmeister[222] verwalteten Wachgeldkasse wurden aber auch manchmal für öffentliche Aufgaben zweckentfremdet. Das legt jedenfalls eine Eingabe des Bürgerhauptmanns Joseph Anton Ortman aus dem Jahr 1773 nahe. Er wies darauf hin, dass es in seinem Fahnenbezirk zwei verfallene Brunnen gäbe, die unbedingt repariert werden müssten. Die Kosten dafür könne man aber nicht auf die umliegenden Häuser anschlagen, da diese teils unbewohnt, teils von Menschen am unteren Rand des sozialen Spektrums bewohnt seien. Es bleibe also nur der Rückgriff auf die Kettengelderkasse. Zu dem Zweck

---

219 Der Einsatz von Ersatzmännern war auch anderenorts üblich. Vgl. z. B. SCHWARK, Lübecks Stadtmilitär, S. 66–70; EIBACH, Frankfurter Verhöre, S. 152.

220 HAStK-RBA Best. 33 A 105, Bl. 54r (Supplik Meyer u. a., 1773). Das folgende Zitat ebd.

221 Eine solche Zusammenkunft der Befehlshaber der Fahne des Hauptmanns Stommel mit ihren Ehefrauen im Jahr 1590 wird auch geschildert in Buch Weinsberg, Bd. 5, S. 336 f. Vgl. auch EHLERS, Wehrverfassung, S. 60 f., zu ähnlichen Verhältnissen in Hamburg.

222 Der offenbar auch Quittungen über geleistete Zahlungen ausstellte, die allerdings selten überliefert sind. Ein Beispiel: HAStK-RBA Best. 1074 A 37 (Quittung des Pfennigmeisters Johan Bergh über die Zahlung von 5 Reichstalern durch Herrn Meyer zur Befreiung von der Fahnen- und Kettenwache 1724).

bat er den Rat darum, das Kettenhäuschen schließen zu dürfen, bis die Reparaturen bezahlt werden konnten (das heißt, er wollte keine Wache durch angeheuerte Wächter durchführen und deren eingesparten Lohn verwenden).[223] Bürgerfahnen konnten auch in finanzielle Probleme geraten, wenn „viele Bürger [...] persöhnlich auf die Wacht ziehen, die sich vorher abgekaufft haben"[224]. In diesem konkreten Fall ging es darum, dass die Fahne eines Bürgerkorps bereits mehr als 40 Jahre alt und vollkommen zerschlissen war, es aber an den Mitteln mangelte, eine neue anzufertigen (was die Ehre der Männer zu schmälern drohte, die sich unter der alten Fahne anlässlich der Gottestracht versammeln sollten).[225]

In den 1770er Jahren zählte der Vorwurf, ein Bürgerhauptmann habe Wachgelder nicht ordnungs- bzw. bestimmungsgemäß verwendet, weil diejenigen, die tatsächlich zur Wache aufziehen mussten, nicht in den Genuss von Zahlungen kamen, zu den Auslösern des Verfassungskonflikts um die sogenannte Bürgerliche Deputatschaft. Der Verdacht, dass sich der Bürgerhauptmann und vielleicht noch seine Befehlshaber hier widerrechtlich bereichert hatten, lag dabei in der Luft.[226] Tatsächlich darf man sich je nach Bürgerfahne das Aufkommen an Wachgeld und damit das vom Bürgerhauptmann verwaltete Vermögen nicht als eine kleine Trinkgeldkasse vorstellen, aus der Ersatzmänner und vielleicht einmal ein geselliges Zusammensein finanziert wurden.[227] So ist aus einer nicht genannten Fahne für den Januar wohl von 1776 oder 1777 eine Abrechnung der Wachgeldzahlungen überliefert, aus der hervorgeht, dass allein in diesem kurzen Zeitraum 146 Reichstaler fünf Albus eingenommen wurden.[228] Es handelte es sich also we-

---

223 HAStK-RBA Best. 33 A 105, Bl. 92 (Supplik Ortman, 1773). Ähnlich HAStK-RBA Best. 33 A 331, Bl. 31
     (Supplik Bürgerhauptmann Grüsen, 1762).

224 HAStK-RBA Best. 33 A 107, Bl. 124r (Supplik Bürgerfahne unter Hauptmann Thurnigh, 1777). Dass
     die Fahne nicht direkt obrigkeitlich gestellt wurde, unterstreicht noch einmal den Charakter der Bürgerfahne als selbständige Korporation.

225 Ein weiterer Fall der Herstellung eines Zusammenhangs zwischen einer im angeblich 100-jährigen Gebrauch zerschlissenen Fahne und der dadurch beeinträchtigten Ehre der Bürgerfahne: HAStK-RBA
     Best. 33 A 111, Bl. 11 (Supplik Hauptmann Koepp, 1781). 1764 ging es um 50 Reichstaler, die die Bürgerfahne unter Hauptmann Stamberg für eine neue Fahne aufwenden wollte, HAStK-RBA Best. 33 A
     332, Bl. 1–2 (Supplik Fahne Stamberg, 1764). 1768 war der Bürgerfahne unter Hauptmann Werners das
     Geschenk einer neuen Fahne mit silbernem Knauf so viel wert, dass im Gegenzug bestimmte Immobilien dauerhaft von der Wachpflicht befreit wurden. HAStK-RBA Best. 33 A 268, Bl. 1963r (Quittung
     Hauptmann Werners, 1768). Für die Erstausstattung der 54 Bürgerfahnen mit Fahnen waren 1583 angeblich 1.200 Taler aufgewandt worden, vgl. Buch Weinsberg, Bd. 3, S. 215. Grundsätzlich zur hohen
     symbolischen Bedeutung von Fahnen vgl. ZIELSDORF, Militärische Erinnerungskulturen, S. 142–144.

226 Vgl. SCHWERHOFF, Köln, S. 354–356; WOLF, Politische Öffentlichkeit, S. 77.

227 Weshalb an sich auch eine ordentliche Buchführung über Rechnungsbücher gefordert war. Wie etwa
     eine Visitation der Rechnung der Fahne unter Hauptmann Büttgen 1766 ergab, war dies aber nicht
     immer der Fall: Die Kommissare stellten fest, dass man hier mit der Rechnungslegung sieben Jahre im
     Rückstand war. HAStK-RBA Best. 33 A 62, Bl. 425r (Relatio, 1766).

228 HAStK-RBA Best. 39 A 1, Bl. 76.

nigstens teilweise[229] um beträchtliche Summen, die auch in Renten angelegt wurden und laufende mehr oder weniger hohe Zinsen erbrachten.[230] Dass über die Abrechnung solcher Kapitalien im Zweifel Streit entstand, dass ein Bürgerhauptmann durchaus Möglichkeiten hatte, etwas von dem Geld direkt oder indirekt zum eigenen Vorteil einzusetzen, liegt auf der Hand.[231]

Am 8. November 1776 wurde in Reaktion auf die Probleme eine neue Wachordnung erlassen, die zum einen – wohl auch in Anbetracht des damals herrschenden Friedens – die Zahl der Nachtwachen halbierte und zum anderen das Stellvertreterwesen erneut regelte. Demnach konnte man sich seiner Wachpflicht durch Stellung eines qualifizierten Ersatzmannes entledigen, der dafür im Sommer vier bis sechs Weißpfennige, im Winter sechs bis acht Weißpfennige pro geleisteter Schicht erhielt.[232] Eine durchgreifende Lösung erreichte man damit jedoch nicht. 1777 ließ der Rat weitere Untersuchungen der Probleme in den Bürgerfahnen anstellen. Im Ergebnis wurde festgestellt, dass „einige Misverständnus / und Irrungen"[233] eingerissen seien. Einige Bürgerhauptleute hatten in der Tat zwar Wachgelder kassiert, aber davon keine Ersatzleute aufmarschieren lassen und so die Belastung der Nichtzahler deutlich erhöht, auf die nun alle Wachdienste zurückfielen. Daher wurde erneut festgelegt, dass sich Bürger zwar der persönliche Wachpflicht durch eine Zahlung von Wachgeld entledigen konnten, dass dafür aber ein von dem Bürger zusätzlich zur Wachgeldzahlung gestellter und bezahlter fähiger und qualifizierter Ersatzmann zu erscheinen habe, der auf die Stadt vereidigt[234] sein müsse. Zugleich wurde die Wachlast für ruhige Zeiten ohne besondere Bedrohung dadurch reduziert, dass jede Fahne in zwei Hälften geteilt wurde und jeweils nur eine Hälfte statt bisher die ganze Fahne zum Dienst erscheinen musste. Voraussetzung dafür war, dass der Hauptmann eine genaue Übersicht über seinen Fahnenbezirk inklusive unbewohnter Häuser erstellte (was also bisher offenbar nicht

---

229 Bisweilen ist auch von einem Minus in der Kasse einer Bürgerfahne die Rede, z. B. HAStK-RBA Best. 33 A 114, Bl. 4–5 (Supplik Fahne unter Hauptmann Stern, 1784).

230 HAStK-RBA Best. 10B A 232, Bl. 288r (Ratsprotokoll, 19.12.1785). 1728 kam es zu Streitigkeiten um seit 13 Jahren rückständige Zinszahlungen an die Fahne unter Hauptmann Engelskirchen, die sich aus einem Kapital von 300 Reichstalern speisten. HAStK-RBA Best. 30N A 257D. Siehe auch HAStK-RBA Best. 33 A369, Bl. 498r (Kapital der Fahne unter Hauptmann Wolter von 50 Talern auf der Mittwochsrentkammer, 1781).

231 HAStK-RBA Best. 39 A 1, Bl. 1r (Beschwerde aus der Bürgerfahne Dussel, 1776): Hier lautete der konkrete Vorwurf, dass sich von den 13 Mitgliedern einer Rotte sechs freigekauft hatten. Die übrigen sieben versahen daher den Dienst für 13, erhielten aber keine Zuwendung aus den Wachgeldern. Sie verdächtigten also ihren Bürgerhauptmann, die Mittel zu ihrem Nachteil zweckzuentfremden. Siehe auch ebd., Bl. 3r (Beschwerde aus der Bürgerfahne Wendels, 1776): Hier waren es in einer Rotte vier Mann, die alle Dienste sowohl für leerstehende Häuser als auch für ausgekaufte Mitbürger leisten mussten.

232 SCHWERHOFF, Köln, S. 356.

233 HAStK-RBA Best. 14 A 20 (Ratsedikt, 14.4.1777). Die folgenden Zitate ebd. Die Probleme konnten auch aus der Verschuldung einer Bürgerfahne entstehen. Siehe z. B. HAStK-RBA Best. 33 A 110, Bl. 1–2 (Supplik Bürgerfahne unter Hauptmann Hoedt, 1780).

234 Er musste aber nicht das volle Bürgerrecht besitzen. Fremde waren jedoch auf diese Weise ausgeschlossen.

systematisch erfolgt war). Soweit nun mehr Männer als erforderlich zur Wache erschienen, mussten die Befreiten keine Ersatzleute stellen, jedoch das gesparte Geld am Jahresende auf die Rottmeister der Fahne verteilen (denen so aus ihrer Stellung ein Gewinn erwachsen konnte). Offenbar, damit es darüber zu keinem neuen Konflikt kam, wurde der Mindestlohn für Ersatzleute festgesetzt. Demnach waren für eine Nachtwache im Winter sechs und sonst vier Albus zu zahlen. Mehr als acht bzw. sechs Albus durften aber auch nicht aufgewandt werden – was offensichtlich dem Schutz weniger vermögender Männer vor der Finanzkraft reicherer Nachbarn diente. Das Wachgeld wurde in Anbetracht der Halbierung der Wachdienste auf maximal zwei Reichstaler begrenzt, jedoch unterhalb dieses Betrags weiterhin flexibel in Ansehung des jeweiligen Vermögens ausgehandelt – was wiederum den reicheren Männern entgegenkam. Da auf diese Weise sehr unterschiedliche Zahlungen in den einzelnen Fahnen erfolgen konnten, hatten die Bürgerobristen für einen Ausgleich der Wachgeldkassen zu sorgen. Das Geld diente dann (auch) dafür, den auf die Wache ziehenden Männern neben Licht und Feuerholz für die Wache eine „Ergötzlichkeit" zukommen zu lassen, also ein Ausgleich für ihren persönlichen Einsatz für die Allgemeinheit. Einmal im Jahr waren die Wachgeldkassen der Fahnen gegenüber dem Oberst abzurechnen. Etwaige Überschüsse waren „zu gemeine[m] Nutzen" auszugeben, beispielsweise zur „Verzierung deren öffentlichen Aufzügen", also für repräsentative Zwecke.

Doch auch bei korrekter Kassenführung handelte es sich bei den Wachgeldkassen um Nebenhaushalte der städtischen Finanzen, die Begehrlichkeiten außerhalb ihres ursprünglichen Zwecks erzeugen konnten – oder in der Not tatsächlich einen Ausweg aus einer Krise bieten konnten. Nach der großen Flutkatastrophe von 1784 wurde das Wachgeld für die Bewältigung der Folgen eingesetzt, also letztlich als Ersatz für eine sonst notwendig gewordene Sondersteuer.[235] Um möglichst umfassende Einnahmen zu erzielen, wurde die Möglichkeit zunächst verschlossen, statt der Zahlung selbst auf Wache zu ziehen, so dass man hier vom Ende der Bürgerwache im Sinne eines regelmäßigen Diensts sprechen kann. Allerdings blieb die Dienstpflicht aller Bürger bestehen, stellte sie doch die Legitimation für die Einnahme von Wachgeld dar. Sie konnte also wieder reaktiviert werden, weshalb man besser von einer Aussetzung als von einer Abschaffung der Bür-

---

235 Vgl. KRAMP, 1794, S. 99; LOOZ-CORSWAREM, Finanzwesen, S. 172–178. Eine listenmäßige Erfassung der Zahlungen für das erste Halbjahr 1784 (und damit zugleich großer Teile der Einwohnerschaft) findet sich in HAStK-RBA Best. 33 A 60. Doch bereits für 1781 lassen sich gedruckte Listen von Haushaltsvorständen nach Fahnenbezirken nachweisen, die einer besseren Kontrolle der Wachleistungen bzw. Zahlungen dienten und auf diese Weise die systematische Wachgelderhebung vorbereiteten (zugleich handelt es sich um frühe Vorläufer der Adressbücher der späten 1790er Jahre), HAStK-RBA Best. 33 A 59.

gerwache reden sollte. Die Bürgerfahnen blieben überdies als Verwaltungsbezirke[236] be-stehen und hatten dabei nach wie vor sicherheitsrelevante Aufgaben wie etwa die Erfassung französischer Flüchtlinge nach 1789. Titel und Amt eines Bürgerhauptmanns blieben daher erhalten.[237]

Die Frage, ob nun Wachdienst zu leisten war oder nicht, spielte folgerichtig weiterhin eine bedeutende Rolle im Zuge der damaligen Verfassungskonflikte, wobei sich je nach den Konjunkturen die Wachpflicht bzw. ihre Abschaffung durchsetzte. Letzteres wurde 1789 von Kaiser Joseph II. angeordnet, womit er vermutlich das aufrührerische Potential von bewaffneten Bürgern, die aus ihrer Dienstpflicht heraus Ansprüche auf politische Teilhabe stellen konnten, begrenzen wollte.[238] Ohnehin muss die Bürgerwache im Sinne von Herstellung innerer Sicherheit im Frieden getrennt vom Einsatz der Bürgerfahnen zum Schutz der Stadt nach außen während eines Krieges betrachtet werden. Die Pflicht, an diesem nach außen gerichteten Einsatz teilzunehmen, bestand bis zuletzt und endete erst mit dem Einmarsch der Franzosen im Oktober 1794.[239]

Bürgerhauptleute und Befehlshaber der Bürgerfahnen

Ende 1697 wurde eine Kleiderordnung erlassen, die die Kölner Bürgerschaft in vier Klassen einteilte, denen jeweils vorgeschrieben war, welchen Luxus sie maximal betreiben und an ihrem Körper zur Schau stellen durften. Die Bürgerhauptleute wurden dabei in die zweite Klasse einsortiert, rangierten also mit Großkaufleuten und vornehmen Ratsherren vor den einfachen Ratsherren in der dritten Klasse.[240] Das Amt des Bürgerhauptmanns ermöglichte also das Erreichen oder Festigen einer herausgehobenen sozialen Position – auch als Sprungbrett in noch höhere Kreise – unabhängig von sonstigen Ämtern und unabhängig vom Reichtum. Vorbehaltlich einer hier nicht zu leistenden näheren prosopographischen Untersuchung[241] der Gruppe der

---

236 Nicht zuletzt, weil über sie die Erhebung des Wachgeldes organisiert wurde. Noch aus den Jahren 1793/94 gibt es ein systematisches Verzeichnis der Einwohner nach Fahnen bzw. Straßen und der Wachgeldzahlungen, das im Entwurf und als Reinschrift vorliegt. Es systematisch auch im Hinblick auf Sozialtopographie, wirtschaftliche Verhältnisse und als Vorgänger der nur wenig späteren Adressbücher der Stadt Köln auszuwerten, wäre sicherlich sinnvoll. HAStK-RBA Best. 30N A 673 und HAStK-RBA Best. 70 A 1359.

237 Siehe etwa HAStK-RBA Best. 33 A 10 (Erfassung von Franzosen durch die Bürgerfahne Weges, 1792–1794).

238 Vgl. Schwerhoff, Köln, S. 424; Hansen, Quellen, Bd. 1, S. 959 (Nr. 442). Auch in den Niederlanden ließ sich damals, am Vorabend der Französischen Revolution, die Verbindung von bürgerlichem Dienst an der Waffe und politischen Forderungen beobachten, vgl. z. B. Prak, Städtische Politik, S. 225 f.

239 Siehe dazu die Ratsprotokolle des Jahres 1794, die sich an zahlreichen Stellen mit dem Einsatz von Bürgerfahnen befassen. HAStK-RBA Best. 10B A 241. Vgl. Looz-Corswarem, Finanzwesen, S. 177.

240 HAStK-RBA Best. 30N A 340 und A 808 (Entwurf Kleiderordnung in 2 Teilen, 1697).

241 Holt, Befehlshaber, S. 409–414, hat eine aus den Ratsprotokollen gewonnene Namensliste der Befehlshaber der Fahnen von 1583 bis 1603 vorgelegt, die einerseits fortgesetzt, andererseits aus anderen Quellen ergänzt werden müsste.

Bürgerhauptleute dürfte es sich bei diesem Amt also um einen in der Kölner Stadtgeschichtsforschung weithin übersehenen Kanal sozialen Aufstiegs sowie ein Mittel
der Festigung einer bereits erlangten Stellung gehandelt haben.[242]

   Zwar versprach daher eine Offiziers- oder Unteroffiziersstelle[243] im Bürgerkorps Sozialprestige und Einfluss[244], aber mit ihr waren auch Ärger, Mühen, Aufwand und Kosten
verbunden, die dem möglichen Gewinn gegengerechnet werden mussten.[245] Dass es sich
keineswegs (nur) um eine mit Sozialprestige verbundene Sinekure handelte, um einen
Titel ohne weitere Anforderungen, zeigt etwa der Rücktritt des Hauptmanns Gerhardt
Meuser im Jahr 1728, den er mit „Leibsschwierigkeit"[246] begründete, also mit gesundheitlichen Einschränkungen, die ihn an der Wahrnehmung seiner Pflichten hinderten. Gleichzeitig bat er aufgrund seiner Verdienste um eine lebenslange Befreiung vom normalen
Wachdienst. Das zeigt, dass er keineswegs körperlich so völlig verfallen war, dass ihm der
Wachdienst automatisch erspart worden wäre (zumal er seine gesundheitlichen Probleme
auch nicht näher benannte, sie also wohl auch nicht so offensichtlich waren wie bei man-
chem Greis, der um Wachbefreiung bat). So bleibt der Schluss, dass es tatsächlich die

---

242 Der Totenzettel für Johan Wolter de Beche führt nach mehreren Ratsämtern, der Position als Banner-
     herr und der eines Schöffen des Gerichts Airsbach als Letztes die eines Bürgerhauptmanns an. Das lässt
     darauf schließen, dass dieses Amt zwar zum Kanon wichtiger, erinnerungswürdiger Stellungen zählte,
     dabei jedoch nicht an allererster Stelle stand. Der Zettel ist überliefert im Kölnischen Stadtmuseum,
     Digitalisat in HAStK-RBA rba_mf122175. Siehe auch HAStK-RBA Best. 227 U 1/469: Von den Titeln
     des Dr. iur. Johan Caspar Caspars wird 1686 der eines Oberstleutnants der Bürgerfahnen neben dem
     eines Ratsherrn und dem eines Appellationskommissars aufgeführt, was ebenfalls dafür spricht, dass
     eine führende Stellung in den Bürgerfahnen zu Ansehen verhalf. Genauso das Testament des Ratsver-
     wandten, Bannerherrn, Kirchmeisters von St. Mauritius und Bürgerhauptmanns Antonius Beyell von
     1701, HAStK-RBA Best. 110B U 1/182. Der Ratsverwandte Dominicus Fischer führt in seinem Testa-
     ment von 1767 als einzigen zusätzlichen Titel den Bürgerhauptmann an, siehe HAStK-RBA Best. 110F U
     1/225. Joannes Immendorf nennt sich in seinem Testament von 1720 Kirchmeister von St. Kunibert
     und Bürgerfähnrich, HAStK-RBA Best. 110J U 1/67. Joan Lutzenkirchen nennt sich 1730 in seinem
     Testament Bürgerfähnrich und Wundarzt (in dieser Reihenfolge), HAStK-RBA Best. 110L U 1/481.
     Der Veranstalter von Bällen und Karnevalsvergnügen Caspar Rodius zeichnete seine diesbezüglichen
     Anträge und Eingaben in der Regel mit seinem damit indes in keiner sachlichen Verbindung stehen-
     den Titel „Bürgerhauptmann". Mehrfach in HAStK-RBA Best. 30N A 242. Die Praxis des Führens von
     Titeln bzw. Amtsbezeichnungen in Köln wäre noch detaillierter zu untersuchen.
243 Im Sprachgebrauch der Quellen handelte es sich bei allen Männern unter dem Bürgerhauptmann und
     oberhalb der einfachen Wachmänner um „Befehlshaber".
244 Ein Befehlshaberposten schützte aber auch vor unbequemen Wachpflichten, was auch ein Grund dafür
     gewesen sein mag, ihn anzustreben. Siehe z. B. HAStK-RBA Best. 33 A 419, Bl. 1266r (Ratsregistratur,
     13.5.1722). 1725 wurde die ungebührliche und unnötige übermäßige Vermehrung der Befehlshaber-
     stellen zu Lasten der übrigen Fahnenmitglieder beklagt, was demselben Problemkreis zuzurechnen ist.
     Ebd., Bl. 1275r (Ratsregistratur, 9.3.1725).
245 Zuletzt im späten 18. Jahrhundert wohl teilweise auch Spott im Zuge der Auseinandersetzungen in-
     nerhalb der Bürgerschaft. So in einem allerdings erst etwa 70 Jahre später verfassten, anscheinend auf
     einer authentischen Grundlage beruhenden Gedicht von 1784, in dem den Bürgerhauptleuten vor-
     geworfen wird, sich zu Herren über die Bürger aufzuwerfen. Siehe: Die Abschaffung der Bürgerwacht
     im Jahre 1784.
246 HAStK-RBA Best. 33 A 243, Bl. 103r (Supplik Meuser, 1728).

aufreibenden und zeitaufwändigen Hauptmannspflichten mit der Kontrolle der unter-
gebenen Wachleute und mancher Patrouille durch seinen Bezirk sowie die damit verbundenen Streitigkeiten waren, die Meuser zu seinem Rücktritt brachten.

Manch anderen mag es abgeschreckt haben, dass der Hauptmann letztlich „auß eigenem beutel"[247] für Schulden und Fehlbeträge in der Wachgeldkasse haftbar gemacht
werden konnte. Daher war es keineswegs sicher, dass immer ausreichende Bewerber für
die Posten zur Verfügung standen. Dieses Problem hatte man beispielsweise 1684 in der
Bürgerfahne unter Hauptmann Bernhard von Balen, der sich zusammen mit acht seiner
nachgeordneten Befehlshaber über drei andere Befehlshaber beklagte, die man ausdrücklich deshalb zu Befehlshabern vorgeschlagen habe, um einen höheren Anteil an den
Kosten der Teilnahme der Fahne an der Prozession der Gottestracht zu tragen. Die drei
seien aber erst nach mehrmaliger Mahnung erschienen und hätten sich gegen Zahlungen zugunsten der Fahne gesträubt.[248] Während es hier nur um finanzielle Fragen ging,
konnte ein Posten in den Bürgerfahnen auch immer dann unbequem werden, wenn un-
populäre Maßnahmen durchgesetzt werden mussten. Anfang 1673 wurde beispielsweise
den Bürgerhauptleuten eine Strafe von 20 Goldgulden angedroht, wenn sie die angefor-
derten Listen von (privaten) Getreidevorräten in ihren Fahnenbezirken nicht einreich-
ten.[249] Offensichtlich standen hier manche in einem Zwiespalt zwischen ihrem Auftreten
als Agenten der Obrigkeit und ihrer Stellung als Nachbar, der nun seinen Mitbürgern in
Kriegszeiten an die Vorräte ging. 1758 war der Bürgerhauptmann Sigismund Theodor
Wollersheim Ziel von Injurien, weil der Bürger N. Gummersbach nicht mit der Einquartierung einverstanden war.[250] Die Witwe Gressenich überzog den Bürgerhauptmann
Gelen 1765 im Streit um Wachgelder nach seiner Darstellung mit „denen schmähelich-
sten außtruckungen"[251]. 1723 überzog Jacob Schieffer während der Wache am Drei-
königsabend seine Bürgerhauptmann Brewer (der überdies noch Ratsverwandter war)
mit Beleidigungen wie „Hund, [...] schelme Haubtman, thete schelme sachen treiben"[252].
Derartige Beispiele ließen sich leicht vermehren – vielleicht deshalb wies der Bürgerhauptmann Paul Steitz 1792 im Vorfeld der Einquartierung kaiserlicher Truppen darauf
hin, dass sich in seinem Bezirk „viele arme, und krottige häuser"[253] befanden, weshalb

---

247   HAStK-RBA Best. 33 A 110, Bl. 5r (Supplik Hauptmann [Hoedt], 1780). Hier ging es um früher durch
      die Fahne gemachte Schulden. 1786 streckte der Bürgerhauptmann Rüttgers Teile der Rechnung für
      die Reparatur eines Brunnens Unter Sachsenhausen vor, unterstützte also mit eigenem Vermögen eine
      öffentliche Aufgabe in seinem Zuständigkeitsbereich. HAStK-RBA Best. 30N A 764, Bl. 1.
248   HAStK-RBA Best. 33 A 237, Bl. 35–36 (Supplik Hauptmann Bernhard von Balen, Januar 1684).
249   HAStK-RBA Best. 10B A 120, Bl. 27v (Ratsprotokoll, 16.1.1673).
250   HAStK-RBA Best. 33 A 257, Bl. 170 (Ratsregistratur und Bericht in der Sache, 1758).
251   HAStK-RBA Best. 33 A 264, Bl. 1899r (Supplik Gelen, 1765).
252   HAStK-RBA Best. 33 A 354, Bl. 4r (Aussage von Zeugen, 1723).
253   HAStK-RBA Best. 33 A 276, Bl. 2310r (Supplil Steitz, 1792). „Krottig" lässt sich sowohl als „klein" als
      auch als „widerspenstig" lesen. Siehe Artikel „krottig", Rheinisches Wörterbuch, digitalisierte Fassung
      im Wörterbuchnetz des Trier Center for Digital Humanities, Version 01/23, https://www.woerterbuch-
      netz.de/RhWB?lemid=K17043, abgerufen am 11.1.2024.

er um weitgehende Verschonung bat. Bei Erfolg hätte ihm das zahlreiche unangenehme Diskussionen erspart.

Die Autorität der Hauptleute und Befehlshaber wurde aber unabhängig von derartigen Verwaltungsvorgängen auch ganz alltäglich in Frage gestellt.[254] So musste sich etwa der Bürgerhauptmann Jacob Kettteler 1646 vor dem Rat zu Vorwürfen erklären, die ein gewisser Henrich van Datteln (oder Datlen) gegen ihn erhoben hatte. Ketteler schilderte den zugrunde liegenden Vorgang, der sich während einer Nachtwache zugetragen hatte, wie folgt.[255] Er sei zusammen mit seinen nachgeordneten Befehlshabern (die auch sämtlich diesen Bericht mit ihrer Unterschrift bestätigten) und dem Profoss – dem für militärische Strafverfolgung Zuständigen – an dem Wachposten des Datteln vorbeikommen, wobei sie wegen mitgeführter Fackeln gut zu erkennen gewesen seien. Dennoch habe dieser sie mit „Wer dahe" angerufen, was sie mit „Burger Rondt" beantwortet hätten (offenbar arbeitete man nicht mit Parolen). Dennoch sei Datteln auf den Hauptmann zugestürmt und habe so heftig mit seiner Muskete nach ihm gestoßen, dass die Funken von der brennenden Lunte der Waffe aufgeflogen seien. Trotz Zurufen von den Umstehenden habe er dann Anstalten dazu gemacht, die Waffe auf Ketteler abzufeuern. Das konnte man zwar gemeinsam abwenden. Aber der Bürgerhauptmann wies den Rat darauf hin, dass er und seine Kollegen ihren Dienst nicht unbedingt freudig weiter versehen würden, wenn sie auf solche Gefahren stießen. Daher bat er um eine exemplarische Bestrafung des Übeltäters. Der Rat folgte diesem Argument und wies an, Datteln zu bestrafen.[256]

1729 entstand in der Bürgerfahne unter Hauptmann Aldenbruck ein Streit zwischen Hermann Schaffstahl – aus dessen gewiss einseitiger Schilderung hier zitiert wird – und dem Befehlshaber (also Bürgerunteroffizier) Anton Müller. Dieser wollte Schaffstahl nach Beendigung der Wache seine Partisane (also einen Spieß, der in regulären Armeen auch einen gehobenen Dienstrang anzeigte) abnehmen, und zwar anscheinend so zudringlich, dass er sich in eine Bäckerei bei St. Severin in Sicherheit brachte. Dort habe er Müller erklärt, dass es sich um seine persönliche Waffe in seinem Eigentum handele. Der Konflikt war aber offenbar durch bereits zuvor geäußerte Beleidigungen so eskaliert, dass er kaum mehr zu dämpfen war. Der Bürgerhauptmann hatte zwar seine gesamte Fahne antreten lassen, den Streit untersucht und nach Schaffstahl die Schuld Müllers anerkannt. Dieser sah sich aber vielleicht gerade deshalb in seiner Ehre so sehr gekränkt, dass er nicht einzulenken vermochte. Die Angelegenheit wurde schließlich vor den Rat gebracht.[257] Offensichtlich gehörte es aber zu den Aufgaben der Bürgerhauptleute, soweit möglich, Auseinandersetzungen unter den Bürgern intern aufzufangen.

---

254 Siehe z.B. HAStK-RBA Best. 33 A 420, Bl. 1718r (Supplik Befehlshaber der Fahne unter Hauptmann Wilms, 1744): Ein in den Fahnenbezirk Zugezogener weigert sich hartnäckig, Wachdienste zu versehen. In diesem Fall standen die Befehlshaber ihrem Hauptmann zur Seite, indem sie allesamt die Supplik unterschrieben.

255 HAStK-RBA Best. 33 A 237, Bl. 31–32 (Gegenbericht der Hauptmanns Ketteler, [November] 1646).

256 HAStK-RBA Best. 10B A 93, Bl. 357v–358r (Ratsprotokoll 28.11.1646).

257 HAStK-RBA Best. 33 A 76, Bl. 22–23 (Supplik des Schaffstahl, 1729).

Im August 1705 kam es zum Streit zwischen dem Ratsherrn und Bürgerhauptmann Bartholomäus Tröster[258] und seinem Leutnant Heinrich Eiger (oder Eyger), der Ersteren auf offener Straße im Beisein anderer Ratsherren mit „gar ohnglimpflichen worte[n], undt gestibus respectloß"[259] behandelt hatte. In der Folge wurde eine Untersuchung des Vorfalls eingeleitet, wobei offenbleiben muss, ob die Beleidigung des Ratsherrn oder des Bürgerhauptmanns schwerer gewichtet wurde. Eiger wurde zu Beginn der Untersuchung vom Leutnantsdienst suspendiert, so dass der Konflikt zumindest im Hinblick auf die Funktionsfähigkeit der Fahne während des Spanischen Erbfolgekriegs bis auf weiteres entschärft war. Als Ergebnis der Untersuchung wurde die Schuld bei Eiger[260] verortet, der sowohl seine Leutnantsstelle einbüßte als auch vollständig vom Wachdienst befreit und damit zugleich öffentlich in seiner Qualität als Bürger beeinträchtigt sowie entehrt wurde. Vielleicht deshalb wollte er die Sache nicht auf sich beruhen lassen und supplizierte beim Rat – der ihn aber schroff anwies, weitere Supliken zu unterlassen. Eiger hielt sich jedoch nicht daran, so dass ihm etwa ein Jahr später, im Sommer 1706, bei Androhung des Turmgangs geboten wurde, Frieden zu halten. Im Januar 1707 wurde dieses anscheinend fruchtlose Gebot mit einer erweiterten Strafe erneuert. Nun stand bei fortgesetzten Schmähungen gegen Tröster neben dem Turmgang auch die Einziehung sämtlichen Hab und Guts im Raum. Zugleich wurde der Ratssekretär angewiesen, keine weiteren Supliken in der Sache mehr anzunehmen. Der Fall scheint nun ausgelaufen zu sein, jedenfalls bricht die Zusammenstellung der Ratsentscheidungen an dieser Stelle ab. Der Vorgang vermag gut die Risiken eines Offiziersdienstes in den Bürgerfahnen zu illustrieren. Die Stellung war ehrenvoll und mit Prestige verbunden, konnte aber auch in heftige Streitigkeiten führen, wenn der Bürgeroffizier seine Autorität nicht durchzusetzen vermochte. Dann drohte wegen der öffentlichen Infragestellung des Status eine Eskalation, die es bei einem normalen Konflikt zwischen zwei Bürgern nicht unbedingt gegeben hätte.

Die Bürgerhauptleute konnten sich jedenfalls nicht darauf verlassen, dass ihnen die Angehörigen ihrer Fahnen jederzeit respektvoll und gehorsam folgten. Ihre Autorität als Vorgesetzte war von ihrer Persönlichkeit und ihrem Verhalten abhängig. Sie unterlag Aushandlungsprozessen und konnte dann in Frage gestellt werden, wenn die Bürger den Eindruck hatten, dass ihr Hauptmann seine Stellung nicht sachgerecht oder gar zu seinen Gunsten und gegen die allgemeinen Interessen wahrnahm. So beschwerten sich 1733 elf Befehlshaber (also die mittlere Führungsebene) der Bürgerfahne unter Hauptmann Rheidt darüber, dass dieser eine frei gewordene Stelle als Diener bzw. Profoss „ohne bewilligung des Corpores, auch ohnerachtet wir ein und andern capablerers

---

258 Vgl. Deeters, Rat, S. 21 (Nr. 3651).

259 Auch zum Folgenden HAStK-RBA Best. 33 A 237, Bl. 50–51 (Untersuchung der Angelegenheit Eiger, 1705). Das Zitat Bl. 50r.

260 Bereits 1704 hatte sich der Rat mit einem Prozess eines Henrich Eiger gegen einen Licensiaten Gruber befasst. Falls es derselbe Eiger war, könnte er als notorischer Störenfried angesehen worden sein. HAStK-RBA Best. 10B A 151, Bl. 126v–128v (Ratsprotokoll 5.5.1704).

subjectum zu praesentiren gehabt"[261] besetzt hatte. Der Streit war auf lokaler Ebene nicht zu lösen. Rheidt hatte vielmehr eine Delegation aus seiner Fahne offenbar rüde des Hauses verwiesen. Die Beschwerdeführer schalteten daher den Rat ein (und nicht den Bürgeroberst). Es sei nicht statthaft, derartige Stellen in der Bürgerfahne „ohne Consens und Vorwißen der Confratrum" zu besetzen. Zumindest der Kreis der Befehlshaber in einer Bürgerfahne wurde also als eine Art von Bruderschaft oder Gemeinschaft unter Gleichen angesehen, die über die Besetzung von Posten gemeinsam entschieden.[262] Und sie konnten auf einen Präzedenzfall in der Fahne unter Hauptmann Engelbert Simons verweisen, bei dem dieselbe Stelle gegen dessen Willen per Mehrheitsentscheidung besetzt worden sei.

Rheidt sah das naturgemäß anders. Er trug vor, dass er – obgleich nicht dazu verpflichtet – die Stellenbesetzung mit einigen seiner Befehlshaber besprochen habe. Nicht aber mit allen und die Forderung nach einer Einbeziehung aller Befehlshaber sei eine Anmaßung.[263] Die Ratsherren waren sich allerdings nicht sicher, wie das Verfahren der Besetzung von Bürgerkorpsdienerstellen geregelt war – vermutlich, weil in den meisten Fällen ohne Aufsehen ein Ausgleich innerhalb der Fahnen gefunden worden war und deshalb kein Anlass zum Eingreifen bestanden hatte. Sie verwiesen die Frage an den zuständigen Bürgeroberst und seinen Oberstleutnant.[264]

Der Fall zeigt einen Bürgerhauptmann, der seine Autorität nur mit Mühe zu behaupten wusste. Die Deutung der Befehlshaberschaft – des Offiziers- und Unteroffizierskorps – seiner Bürgerfahne als mitstimmungsberechtigte Bruderschaft bleibt dabei erklärungsbedürftig. Einen Bezug zu korporativen Bräuchen der Landsknechte des 16. Jahrhunderts[265] herzustellen, dürfte zu weit hergeholt sein. Es bleiben zwei Deutungen mit höherer Wahrscheinlichkeit: Entweder ging es hier tatsächlich um das Unterlaufen obrigkeitlicher Ansprüche mit dem Ziel, die in der Stadtverfassung angelegte, aber in der Praxis wenig wirksame Gleichheit aller Bürger symbolisch zu unterstreichen. In diesem Fall würden wir uns im Vorfeld der Verfassungskonflikte bewegen, die später im 18. Jahrhundert unter dem Rubrum Bürgerliche Deputatschaft[266] ausbrechen sollten. Oder es handelte sich

---

261 HAStK-RBA Best. 33 A 77, Bl. 168r (Supplik von 11 Befehlshabern unter Hauptmann Rheidt, 1733). Das folgende Zitat ebd. Die gesamte Supplik ebd., Bl. 168–170).

262 Siehe auch HAStK-RBA Best. 33 A 105, Bl. 96r (Supplik von neun Befehlshabern der Fahne Winckelhoch, 1773), wo der von neuen Befehlshabern unterstützte Kandidat für den Posten des Bürgerhauptmanns als Confrater bezeichnet wird. Siehe auch ebd., Bl. 102r (Supplik Cürten, 1773) mit „Confrateren".

263 HAStK-RBA Best. 33 A 77, Bl. 171–172 (Supplik Rheidt und zwei Befehlshaber, 1733).

264 HAStK-RBA Best. 10B A 180, Bl. 173r–v (Ratsprotokoll, 25.7.1733). Das Thema wurde in den folgenden Ratssitzungen nicht wieder aufgegriffen und folglich durch den Oberst beruhigt, ohne dass eine letztgültige Entscheidung getroffen werden musste.

265 Vgl. Xenakis, Gewalt, S. 118–140; Fiedler, Kriegswesen-Landsknechte, S. 77. Allerdings war in Armeen des 18. Jahrhunderts die wechselseitige Anrede von Soldaten als „Bruder" offenbar nicht unüblich, jedoch ohne dass sich daraus Konsequenzen im Hinblick auf ihre rechtliche Stellung ergaben. Die zugrunde liegenden Vorstellungen und kulturellen Hintergründe wären noch eingehender auf breiter Quellenbasis zu untersuchen. Vgl. Nowosadtko, Stehendes Heer, S. 95.

266 Vgl. Schwerhoff, Köln, S. 362–371.

schlicht um einen persönlichen Konflikt, der über das Medium der Dienerstelle ausgetragen wurde.

So oder so konnten sich die Bürgerhauptleute nicht auf ihrer formalen Autorität ausruhen und mussten bei Auseinandersetzungen bisweilen ehrverletzenden Spott hinnehmen, den sie – wenn er öffentlich wurde – zur Wahrung ihrer Autorität nicht auf sich beruhen lassen konnten. Der Weg zur Eskalation lag dann weit offen. So 1772 der Streit zwischen dem Appellationskommissar und Bürgerhauptmann Gerard Stamberg und der Witwe des Joannes Hermannus Merrem um die Zahlung rückständiger Wachgelder. Nachdem schon beleidigende Worte gefallen waren, wurde der Bürgerkorpsbediente vom Sohn der Witwe gewaltsam an der Eintreibung der Zahlungen gehindert. Schließlich wurde zwar auf Vermittlung des Bürgerobersten eine Zahlung vereinbart, jedoch beharrte Stamberg darauf, dass der Sohn ihm „persönlich eine abbitt desfals thuen sollte"[267]. Der Streit setzte sich nun aber um diesen symbolischen Akt der Unterordnung fort, auf den Stamberg zur Wahrung seiner Autorität und Stellung nicht zu verzichten können glaubte. Beim Rat konnten Bürgerhauptleute in solchen Auseinandersetzungen durchaus auf Rückhalt hoffen, worauf im selben Jahr der Bürgerhauptmann Cornelius Camo hinauswollte: Der in seinem Bezirk wohnende Cronen sei schon für mehrere Jahre das Wachgeld schuldig geblieben. Er führe sich dabei auf, „als könnte er nicht bezwungen werden". Damit stelle er die „Hohe Autoritaet" des Rates in Frage und gebe „seinen spießgesellen ein böses exempel"[268]. Der Rat folgte der Argumentation und wies Cronen an, rasch zu zahlen.[269]

Trotzt vielfältiger Probleme und Herausforderungen, die mit einer Stellung als Bürgerhauptmann oder Befehlshaber verbunden sein konnten, gibt es aber auch ausreichend Belege dafür, dass Männer Posten in den Bürgerfahnen gezielt anstrebten oder sie auch dann weiter besetzen wollten, wenn dies an sich nicht möglich war.[270] So der Befehlshaber Sebastian Schrot aus der Fahne des Hauptmanns Schmitz. Er musste 1772 sein Haus in der Severinstraße verkaufen und aus dem Fahnenbezirk wegziehen, wollte aber sein Amt als Befehlshaber nicht aufgeben und bat den Rat darum, es zumindest befristet auch aus einem anderen Bezirk heraus wahrnehmen zu dürfen – und dabei alle „onera & commoda"[271] des Postens zu genießen, also neben den Lasten auch die Vorteile. Christian Joseph Cürten wehrte sich 1773 gegen die Übernahme des Postens des Wachmeisters, zu der ihn andere Angehörige seiner Fahne drängten. Er war Stellvertreter des Fähnrichs und hätte dieses Amt für die neue Funktion aufgeben müssen (da der Wachmeister im Alarmfall auf dem Rathausplatz erscheinen und die Parole abholen musste, folglich

---

267   HAStK-RBA Best. 33 A 105, Bl. 23v (Supplik Stamberg, 1772).

268   Alle Zitate HAStK-RBA Best. 33 A 105, Bl. 25r (Supplik Camo, 1772).

269   HAStK-RBA Best. 10B A 219, Bl. 196r (Ratsprotokoll, 31.8.1772). Der Streit setzte sich allerdings danach noch fort.

270   Mehrere Bewerbungen aus dem 17. Jh. finden sich z. B. in HAStK-RBA Best. 33 A 277.

271   HAStK-RBA Best. 33 A 105, Bl. 3r (Supplik Schrot, 1772).

kein Kommando bei der Truppe ausüben konnte). Ihm ging es also darum, seine Stellung als Fähnrich-Leutnant zu erhalten.[272]

Als 1773 der Bürgerhauptmann Joan Joseph Winckelhoch starb, bewarb sich Theodor Schweinem um seinen Posten. Er habe schon 19 Jahre als Befehlshaber in dessen Fahne gedient und für viele Jahre auch das Amt des Pfennigmeisters (also des für die Verwaltung der Bürgerfahnenkasse Zuständigen) bekleidet. Seinen Einsatz bei der Einquartierung der französischen Armee im Siebenjährigen Krieg hob er als besondere Leistung hervor. Insgesamt sei er in allen Fragen und Problemstellungen der Bürgerfahne erfahren und habe sich stets so verhalten, dass seiner Beförderung zum Hauptmann niemand widersprechen werde. Sollte der Rat dennoch den Ratsverwandten Paul Fischer auf die Stelle setzen – den derzeitigen Fähnrich –, so bewarb sich Schweinem ersatzweise um dessen Position.[273] Zur Unterfütterung seiner Bewerbung konnte er eine von neun Befehlshabern der Fahne unterzeichnete Supplik anführen – die vom selben Schreiber verfasst war und daher zu einer Bewerbung aus einem Guss gehörte. Hier werden ebenfalls seine über Jahre erbrachten Leistungen hervorgehoben, ergänzt um den Zusatz, dass die Unterzeichner mit seiner Person „vollkommen vergnüget"[274] seien. Der Fähnrich Fischer „in seinen hohen Jahren und anscheinender abgängigkeit" wird demgegenüber als ungeeignet dargestellt.[275] Man habe ihn in der Versammlung der Fahne gefragt, ob er denn lebenslänglich Hauptmann bleiben wolle. Darauf habe er aber keine Antwort gegeben. Daher wurde er verdächtigt, nur zu dem Zweck Hauptmann werden zu wollen, um die Stelle bei nächster Gelegenheit zum Schaden der Fahne an einen anderen abzugeben. Fischer reichte am selben Tag wie Schweinem unter Verweis auf seine 33 Jahre im Dienst als Fähnrich seine Bewerbung ein, so dass der Rat nun entscheiden musste, weil man sich innerhalb des Korps nicht hatte einigen können.[276] Der Rat löste das Problem konventionell, indem er die von Schweinem aufgezeigte Brücke beschritt und diesen zum Fähnrich, Fischer zum Hauptmann ernannte.[277] Das an sich schlagkräftige Argument des zu hohen Alters wurde zugunsten der Anciennität und der Nähe zur Ratselite zurückgestellt. Der Vorgang wirft einige interessante Schlaglichter auf die Stellenbesetzung in den Bürgerfahnen. Stellen in deren Befehlshaberkorps waren so attraktiv, dass sich bisweilen mehrere Bewerber um sie stritten. Dabei gab es Verhandlungen und Versammlungen innerhalb der Fahne, welche die Befehlshaber, vielleicht aber auch andere Bürger, dazu nutzten, die Kandidaten zu prüfen und zu befragen. Zumindest dem Anspruch nach verfügten sie über ein Mitspracherecht, dem aber der Rat zur Erhaltung der von einer Willensbildung von unten unabhängigen obrigkeitlichen Autorität an-

---

272 HAStK-RBA Best. 33 A 105, Bl. 102 (Supplik Cürten, 1773).

273 HAStK-RBA Best. 33 A 105, Bl. 98 (Supplik Schweinem, 1773).

274 HAStK-RBA Best. 33 A 105, Bl. 96r (Supplik von neun Befehlshabern der Fahne Winckelhoch, 1773).
     Das folgende Zitat ebd.

275 Fischer war seit 1741 Ratsherr für das Fleischamt und starb 1776. Vgl. DEETERS, Rat, S. 91.

276 HAStK-RBA Best. 33 A 105, Bl. 100 (Supplik Fischer, 1773).

277 HAStK-RBA Best. 10B A 220, Bl. 113r (Ratsprotokoll, 30.6.1773).

scheinend, wenn möglich, einen Riegel vorschob. Auch wenn dies quellenmäßig nicht zu belegen ist, kann man aber davon ausgehen, dass bei einer vorgeschalteten inneren Einigung der Befehlshaber auf einen Kandidaten der Rat zumeist den von der Fahne getragenen Kandidaten ernannte. Für Bewerber bedeutete dies, dass sie auf jeden Fall versuchen mussten, die Befehlshaber hinter sich zu bringen.

Dies gelang beispielsweise dem Fähnrich Johan Aldenbruck, der sich 1725 um die Nachfolge seines verstorbenen Bürgerhauptmanns bemühte. Für ihn baten 15 selbst unterschreibende Befehlshaber, da er der tüchtigste und fähigste unter ihnen sei.[278] Mit dieser Demonstration von Einmütigkeit konnte ein Hineinregieren des Rates in die inneren Angelegenheiten der Fahne verhindert werden. Unabhängig davon, welche internen Personaldiskussionen sie vorher beschäftigt hatten, konnten die Befehlshaber auf diese Weise die Initiative in der Hand behalten. Einigkeit machte also stark, während die Uneinigkeit, die sich dann um die Nachbesetzung der Fähnrichstelle ergab, dem Rat wieder Spielräume zur Einflussnahme eröffnete.[279]

So wurde ein schwerer Streit innerhalb der Fahne des Bürgerhauptmanns und Ratsverwandten Johan Büttgen um die Besetzung der Fähnrichstelle 1758 vor dem Rat ausgetragen, weil sich der bisherige Befehlshaber Simon Miltz offenbar eine nach seinem Verständnis eine Anwartschaft[280] auf den Posten begründende Zahlung geleistet hatte, von der Fahne aber doch übergangen worden war. Er wandte sich daher an den Rat, der sich laut einer eigens angefertigten Übersicht zwischen dem 7. Juni 1758 und dem 29. Juli 1761 in zahlreichen Sitzungen mit den Querelen zu befassen hatte.[281] Allein die lange Dauer dieses Konflikts lässt annehmen, dass ihm letztlich persönliche Streitigkeiten zugrunde lagen, die der Rat natürlich auch nicht auflösen konnte. Vordergründig verwies Miltz jedoch darauf, dass er seit Jahren eine rechtmäßige Anwartschaft auf den Fähnrichposten hatte oder zu haben glaubte. Um ihn nicht zu berücksichtigen, habe man mit dem „eitelen Vorwand" operiert, seine Ehefrau wohne außerhalb des Fahnenbezirks. Es sei jedoch „ohnstreitig, daß nicht meine Fraw, sondern ich das be-

---

278 HAStK-RBA Best. 33 A 74, Bl. 34–35 (Supplik der Befehlshaber, 1725). Ähnlich geschlossen verhielten sich 14 Befehlshaber der Fahne unter Hauptmann Vallen, als sie sich nach dessen Tod für die Ernennung des langjährigen Fähnrichs zum Hauptmann einsetzten oder – falls der Rat dies nicht wolle – für die Ernennung eines anderen aus ihren Reihen, um „harmonie und einigkeith" zu erhalten. HAStK-RBA Best. 33 A 243, Bl. 90r (Supplik Befehlshaber, 1728). Siehe auch HAStK-RBA Best. 33 A 111, Bl. 7r (Supplik Befehlshaber unter Hauptmann Weiler, 1781). Ein weiterer Fall erfolgreicher fahneninterner Stellenbesetzung durch Einigkeit der Befehlshaber: HAStK-RBA Best. 10B A 120, Bl. 86r (Ratsprotokoll, 10.3.1673).

279 HAStK-RBA Best. 33 A 74, Bl. 36–39 (Suppliken von Befehlshabern, 1725). Ein weiteres Beispiel: 1673 gab es unter Hauptmann Sechtem einen Streit um die Leutnantsstelle, den der Rat schließlich gegen den Fähnrich entschied, der sich Hoffnung auf den Posten gemacht hatte. HAStK-RBA Best. 10B A 120, Bl. 14v (Ratsprotokoll, 6.1.1673).

280 Die Praxis, Befehlshaberstellen gegen Geld zu vergeben, war bereits 1722 verboten worden. HAStK-RBA Best. 33 A 419, Bl. 1266r (Ratsregistratur, 13.5.1722).

281 HAStK-RBA Best. 33 A 62, Bl. 216–219.

fehlshaber recht erworben habe"[282]. Außerdem wohne und arbeite er bekanntlich seit sechs Jahren in einem angemieteten Haus innerhalb des Fahnenbezirks. Er lebte also von seiner Frau getrennt, was möglicherweise wieder auf in seiner Person und seinem Lebensstil[283] liegende Ablehnungsgründe verweist. Jedenfalls machte ihm der zuständige Bürgeroberst die Auflage, innerhalb von sechs Wochen seine Ehefrau mitsamt ihrem Knecht und der Haushaltung zum Umzug in den Fahnenbezirk zu bewegen. Miltz wollte darauf jedoch nicht eingehen.[284] Die Forderung belegt den nachbarschaftlichen Charakter der Bruderschaft der Bürgerfahne – jedenfalls in der Theorie, denn es ist durchaus anzunehmen, dass sich auch Beispiele von Befehlshabern finden lassen, denen gegenüber eine vergleichbare Forderung nicht erhoben wurde. Wie auch immer, Miltz pochte auf sein Recht und klagte beim Reichskammergericht, womit die Angelegenheit eine grundsätzliche Bedeutung als Präzedenzfall erhielt, denn die Stadt musste nun ein Hineinregieren des Reichskammergerichts in Detailfragen des bürgerlichen Zusammenlebens befürchten.[285] Die juristischen Debatten sollen hier jedoch nicht weiterverfolgt werden (zumal sie sich teilweise juristischen Verfahrensfragen und der Höhe des Streitwerts widmen). Bezogen auf die inneren Verhältnisse der Bürgerfahnen wird an diesem Beispiel jedoch erneut deutlich, dass die Befehlshaberstellen durchaus attraktiv waren, dass die Zurückweisung eines Aspiranten diesen so nachhaltig in seiner Ehre kränken konnte, dass er die Kosten eines Reichskammergerichtsprozesses nicht scheute, und dass es eher im Interesse aller Beteiligten gelegen hätte, die Stellenbesetzungsfragen geräuschlos als Bruderschaft der Fahnenangehörigen zu klären. Zugleich zeigt der Fall, dass es offenbar mehr oder minder unter der Hand einen Handel mit Anwartschaften auf Posten gab.

---

282 Beide Zitate HAStK-RBA Best. 33 A 62, Bl. 221r (Supplik Miltz, 1758).

283 Vielleicht legte er deshalb ein Zeugnis seiner Nachbarn (u. a. eines Vikars am Dom) vor, die nicht nur bestätigten, dass er in seiner alten Wohnung arbeite und jede Nacht schlafe, sondern auch „einen gewönlichen umbgang pflege". HAStK-RBA Best. 33 A 62, Bl. 232r (Zeugnis der Nachbarn, 1758). Die Bezeichnung seiner Wohnung als alte Wohnung deutet darauf hin, dass seine Ehefrau ausgezogen war. Miltz schreibt später, dass der Grund die Unbequemlichkeit und Dunkelheit des alten Hauses sei. Aufmerken lässt aber, dass sie die Gesellen – Miltz war Schuster – mitgenommen habe. Der Meister saß also allein in der alten Behausung, wo er nach seinen Angaben das Leder zuschnitt. Dieses werde dann zu den fernen Gesellen zur Weiterverarbeitung gebracht (ebd., Bl. 236r). Dieses ungewöhnliche Arrangement lässt sich eigentlich nur mit seiner persönlichen Unverträglichkeit erklären, denn, wenn es nur um die Wohnverhältnisse gegangen wären, hätten die Gesellen ja bei ihm arbeiten können. So mag im Hinblick auf die Fähnrichstelle ausschlaggebend gewesen sein, dass Miltz ein schwieriger Mensch war, der noch nicht einmal seinen eigenen Haushalt im Griff hatte und eventuell vor den Augen der Nachbarschaft von seiner Frau so düpiert worden war, dass er keine Autorität gegenüber den Wachmännern mehr ausüben konnte. Eine Betrachtung unter geschlechtergeschichtlichen Aspekten wäre sicher lohnend.

284 HAStK-RBA Best. 33 A 62, Bl. 225r (Supplik Miltz, 1758).

285 Daher ließ er vortragen, dass eine Annahme der Klage Miltz' ein „ungeschlachtes mißbürdiges Justiz-Weßen" zur Folge hätte, weil es sich um eine Bagatelle handele. HAStK-RBA Best. 33 A 62, Bl. 311v (Köln an Reichskammergericht, 1760). Prozessakte HAStK-RBA Best. 310M A 52.

1777 entstand ein Streit in der Bürgerfahne unter Hauptmann Hoedt, weil die Stelle des Leutnants vakant war und vom Hauptmann aus welchen Gründen auch immer unbesetzt gelassen wurde, obwohl es zwei Kandidaten gab. Als die Fahne nun zur Wache aufziehen sollte, fehlte der Leutnant, um das Kommando zu übernehmen. Der Hauptmann weigerte sich dennoch, auf Wache zu ziehen – und das, obwohl ihn seine Männer anscheinend dringend darum gebeten hatten, weil sie nicht ohne Offizier aufziehen wollten. Nach ihrer Aussage lehnte er das aber mit schroffen Worten ab. Er sei – als Hauptmann – nicht dazu verpflichtet, selbst auf der Wache zu erscheinen. Die Bürger „könnten gehen oder nicht, und wenn sie nicht wollten auf die wacht gehen, so könnten sie alle zu Hauß bleiben[,] ihme wäre nichts daran gelegen"[286]. Die Bürger zogen dennoch auf die Wache an der Severinspforte, wo sie den „alte[n] Befehlshaber Richrath" vorfanden, also einen früheren und vermutlich aus Altersgründen entlassenen Unteroffizier, der offenbar nicht oder nicht mehr so genau wusste, was zu tun war. Jedenfalls sei nach der Eingabe der Bürger die Wache nicht ordnungsgemäß durchgeführt worden, was in einem peinlichen Vorfall um eine Kutsche mündete, die bei Nacht bei an sich geschlossener Pforte noch passieren wollte. Da die Wachmänner nicht wussten, wie sie damit umgehen sollten, kam es zu einer Verzögerung und in deren Verlauf zu einem Streit, bei dem die Insassen der Kutsche die „heßlichsten außlaßungen" von sich gaben und im Gegenzug die Scheiben des Gefährts eingeschlagen wurden. Wie hoch auch immer der Wahrheitsgehalt dieser Darstellung im Einzelnen einzuschätzen zu sein mag – hier zeigt sich ein tiefgreifender Konflikt zwischen Hauptmann und wenigstens Teilen seiner Männer, die nicht davor zurückschreckten, ihren Vorgesetzten beim Rat anzuschwärzen (und sei es nur, um vom eigenen Fehlverhalten bei der Rangelei um die Kutsche abzulenken). Ebenfalls beklagten sich die Nachbarn der Bürgerfahne unter Hauptmann Salgardt darüber, dass dieser eigenmächtig unter Berufung auf seine dann wohl doch nicht unbestrittene Befehlsgewalt die Reihenfolge der Wachdienste geändert habe.[287] Der Bürgerleutnant Peter Wallraff beschwerte sich 1733 darüber, dass ihn ein ihm unterstellter Rottmeister mit dem Tod bedroht habe.[288] Von einem streng hierarchischen Verhältnis im Sinne moderner Vorstellungen von militärischer Disziplin kann hier jedenfalls nicht gesprochen werden.

Vielfach ging es bei der Infragestellung von Autorität sicher um praktische Probleme und menschlichen Streit. Es schwang jedoch immer auch eine Komponente des politischen Widerstandes mit – und möglicherweise wurde manchmal eine alltägliche Meinungsverschiedenheit nur vorgeschoben, um damit eine grundlegende Kritik am politischen System und dem Verhalten der Obrigkeit symbolisch zu transportieren. Die überschaubaren Verhältnisse der Bürgerfahnen boten jedenfalls Bürgern einen Kanal,

---

286 HAStK-RBA Best. 33 A 107, Bl. 152v (Supplik aus der Bürgerfahne, 1777). Die folgenden Zitate ebd., Bl. 152–155.
287 HAStK-RBA Best. 33 A 107, Bl. 122–123 (Supplik von 17 Nachbarn, 1777).
288 HAStK-RBA Best. 33 A 257, Bl. 158–159 (Supplik Wallraff, 1733).

um Unzufriedenheit auszudrücken und Herrschaft in Frage zu stellen, ohne gleich zum Mittel des offenen Aufruhrs greifen zu müssen. Die Fahnen boten so einen informellen Kanal von Kommunikation nach oben und letztlich Repräsentation der Bürger, die aufgrund ihrer Wehrpflicht Mitspracherechte einfordern konnten.

Bürgerhauptleute taten jedenfalls – wenn sie auf ein erträgliches Miteinander aus waren – grundsätzlich gut daran, wenn sie sich innerhalb der Bürgerfahne nicht als Vorgesetzte mit absoluter Autorität aufspielten, sondern den Gedanken einer Bruderschaft mit einem Hauptmann als Primus inter Pares ernst nahmen. Traten Hauptleute mit ihren Befehlshabern als eine auch rechtlich gemeinsam handelnde Gruppe auf, hatten sie gute Chancen, ihre inneren Angelegenheiten selbst und zu ihrer aller Vorteil zu regeln, während jeder Streit Bürgermeistern und Rat sowie anderen Außenstehenden Eingriffsmöglichkeiten bot. Eigenmächtiges Handeln des Hauptmanns insbesondere in sensiblen Fragen der Lastenverteilung und der Verwaltung des Wachgeldes konnte demgegenüber auch dann Verdacht und Missgunst provozieren, wenn er sich völlig korrekt verhielt. Wohl deshalb ist beispielsweise ein Vergleich der Fahne auf der Breiten Straße mit dem dortigen Kloster Lämmchen um eine Zahlung von 115 Talern zur Ablösung der auf einem in den geistlichen Bereich einbezogenen Hauses lastenden Wachpflicht vom Hauptmann und zehn Befehlshabern eigenhändig unterschrieben und besiegelt.[289] Die Einnahme war so auch symbolisch eine korporative und die vermehrte Wachbelastung durch den Wegfall des Hauses wurde gemeinsam akzeptiert und (vermutlich) gegenüber den einfachen Fahnenmitgliedern vertreten.

Die Bürgerhauptleute vertraten vielfach die Autorität von Bürgermeistern und Rat in den Fahnenbezirken, deren Aufträge aller Art sie im Zweifel gegen die Bürger umzusetzen hatten. Auf der anderen Seite konnten sie aber auch je nach Konstellation zu Interessenvertretern der Menschen ihres Fahnenbezirks werden. Dass dieser Position zwischen Bürgerschaft und Obrigkeit auch ein subversives Potential innewohnen konnte, zeigt ein Vorgang aus dem Jahr 1776, also aus den Jahren vor dem mit der Bürgerlichen Deputatschaft verbundenen Verfassungskonflikt, als es bereits in der Stadt gärte. Im November ging das wohl nicht unzutreffende Gerücht um, dass sich alle Bürgerhauptleute auf der Buntwörtergaffel versammeln wollten. Ein solches ungenehmigtes und in der Stadtverfassung nicht vorgesehenes Gremium wurde jedoch von der Schickung, also einem aus dem Rat gebildeten Gremium der wichtigsten Entscheidungsträger, als „wider die Grund Gesetz"[290] der Stadt untersagt. Dass der Rat sehr genau darauf achten musste, die Bürgerhauptleute unter Kontrolle zu halten und zu verhindern, dass sie ihre starke Stellung für oppositionelle Umtriebe nutzen konnten, zeigt auch ein weiterer Fall aus dem bereits von der Französischen Revolution überschatteten Jahr 1789. Damals wurde eine Untersuchung gegen fünf Hauptleute eingeleitet, weil sie der Teilnahme an einer

289 HAStK-RBA Best. 240 U 3/19 (Revers und Quittung der Bürgerfahne, 22.11.1668).
290 HAStK-RBA Best. 30N A 1160, Bl. 1r (Erlass der Schickung, 19.11.1776).

konspirativen Zusammenkunft verdächtigt wurden.[291] Die Praxis der Bürgerfahnen und der Stellenbesetzung hatte jedenfalls einen erheblichen Einfluss auf die Beziehungen zwischen Gemeinde und städtischer Obrigkeit – der bisher bei der Untersuchung der Stadtverfassung Kölns weithin unbeachtet blieben.

Die Bürgerfahne als Verwaltungsbezirk

Das Netz der Bürgerhauptleute spannte sich über die ganze Stadt, deren Fahnenbezirke ähnlich wie die Kirchspiele[292] (aber mit anderer Grenzziehung) das Gebiet Kölns mehr oder minder systematisch abdeckte. Von einer territorial organisierten Verwaltung im modernen Sinne war das aber noch weit entfernt. Eine Liste derjenigen Bürger, die 1790 zum Unterhalt eines Brunnens auf der Schildergasse beitragen mussten, führt beispielsweise Männer aus mindestens sieben Fahnenbezirken auf, die allerdings nicht alle Anwohner der Schildergasse waren, sondern zum Teil auch auf dem Heumarkt oder am Malzbüchel wohnten. Ihre Verpflichtung an der Schildergasse scheint daher auf alten Rechten oder Zuständigkeiten beruht zu haben, vielleicht gehörten ihnen auch Immobilien dort. Die Bürgerhauptleute, die auch eine Zuständigkeit für die Funktionstüchtigkeit der Brunnen in ihrem Bezirk hatten, waren jedenfalls mit dem Problem konfrontiert, nicht systematisch auf die Bürger zugreifen zu können, weil Fahnenbezirk und – wenn man so will – Brunnenbezirk nicht deckungsgleich waren und sich umgekehrt auch Bürger auf dem Heumarkt einer Verpflichtung dort mit dem Hinweis entziehen mochten, schon auf der Schildergasse Zahlungen zu leisten.[293] Doch auch dort, wo es etwa bei Wachpflichten eindeutig um die Zuordnung zu einem Fahnenbezirk ging, waren die Grenzziehungen im Detail nicht immer mit der an sich erwünschten Übersichtlichkeit erfolgt. Sie konnten bisweilen innerhalb einer Straße auch recht kleinteilig springen.[294]

---

291 HAStK-RBA Best. 33 A 257, Bl. 194–199 (Befragung der Hauptleute, 1789).

292 Die folglich teilweise ebenfalls die Basis für Verwaltungshandeln abgaben, so wurden z. B. die dezentral vorzuhaltenden Feuerlöschgerätschaften über die Kirchspiele kontrolliert. Siehe HAStK-RBA Best. 14 A 2, Nr. 74 (Ratsedikt, 24.2.1670). Vgl. WULF, Pfarrgemeinden, S. 277–304. Daneben hatten allerdings auch die Bürgerhauptleute selbst jeweils 12 Löscheimer in ihren Fahnen vorzuhalten. HAStK-RBA X-Best. 6100 A 599.

293 HAStK-RBA Best. 30N A 768 (Listen über Beiträger zum Brunnenunterhalt auf der Schildergasse, 1790).

294 Als Bespiel mag der Plan genügen, der 1767 Häuser im Grenzbereich der Fahnen Schölgens, Wirtz und Töller farbig kennzeichnete und im Bereich Neumarkt - Alte Mauer - Kleiner Kriegmarkt ein buntes Durcheinander zeigt. HAStK-RBA Best. 7101 P 251.

Abb. 12: Grenzbereich der Fahnen Schölgens, Wirtz und Töller, 1767 (HAStK-RBA Best. 7101 P 251)

Im Zweifel konnten die Kölner derartige Unklarheiten nutzen und die Hauptleute gegeneinander ausspielen.[295] Von solchen Konflikten ist aber so wenig bekannt, dass vom
Regelfall einer eindeutigen und nicht hinterfragten Zuordnung der Häuser auszugehen
ist. Jede und jeder mit einem festen Wohnsitz war dadurch dem Zuständigkeitsbereich
eines Bürgerhauptmanns zugeordnet.[296] Es lag daher nahe, die Hauptleute auch als untere
Verwaltungsinstanzen zu nutzen.[297] Das galt insbesondere und in der Natur der Aufgaben der Bürgerwache begründet für Maßnahmen, die im weitesten Sinne der Sicher-

---

295 Vielleicht unterstützten deshalb 1796 gleich drei Bürgerhauptleute (neben dem örtlichen Pfarrer)
    die Supplik des Mathias Hamecher um Aufnahme seines „schwachsinnigen" Sohnes in ein Hospital.
    Selbst wenn dem aber nicht so war: Ihr gehäuftes Auftreten zeigt sie als Männer von (lokaler und
    zumindest zugeschriebener) Autorität gleich einem Pfarrer. HAStK-RBA Best. 160 A 49/14 (Supplik
    Hamecher, 1796).

296 Obgleich es bisweilen auch Streit zwischen Bürgerhauptleuten um die Grenzziehung zwischen ihren
    Bezirken gab, siehe etwa HAStK-RBA Best. 10B A 120, Bl. 59v (Ratsprotokoll, 10.2.1673), und ebd.,
    Bl. 179v (30.5.1673).

297 Vgl. HOLT, Einteilung, S. 141; FINZSCH, Kölner Bürgerhauptmann. Siehe z. B. HAStK-RBA Best. 33 A 131
    (systematische Erfassung von Kölnern in preußischen Diensten 1758/59 durch die Bürgerhauptleute).
    Vgl. SCHWERHOFF, Köln, S. 165–167. Ähnlich verhielt es sich in Hamburg, vgl. EHLERS, Wehrverfassung,
    S. 112.

heit dienlich waren wie etwa die Überwachung von Fremden und Bettlern[298], die Kontrolle der Wirtshäuser[299] oder die Führung von Listen von für Einquartierungen fremden Militärs heranziehbaren Häusern[300] sowie von nicht zum Bürgerrecht Qualifizierten[301] im jeweiligen Fahnenbezirk. Als in den Revolutionskriegen Ende des 18. Jahrhunderts französische Royalisten auch nach Köln flohen, wurden sie u. a. durch die Bürgerhauptleute überwacht. So erfasste Bürgerhauptmann Weges 1792 in seinem Bezirk drei Franzosen: einen Grafen und ehemaligen Oberst (der mit einem Dienstboten bei Meister Euskirchen auf dem Neumarkt wohnte), einen Offizier (der bereits seit 16 Monaten beim Bäckermeister Gauches wohnte) und einen Monsieur Vernier (der bei Herrn Bachem in der Fleischmengergasse wohnte).[302]

Eingesetzt wurden sie aber beispielsweise auch bei der Erfassung von innerstädtischen Weingärten, die der Vorbereitung der Steuererhebung diente.[303] Um das gegen Jesuitinnen und andere weltgeistliche Frauen ausgesprochene Verbot des Weinzapfs und sonstigen Handels durchzusetzen, wurden die Bürgerhauptleute 1684 mit der Erstellung von Listen solcher Frauen in ihren Fahnenbezirken beauftragt.[304] Einem unklaren Zweck dienten vollständige Namenslisten der Bürgerfahnen mit der Angabe von Geldbeträgen aus dem 18. Jahrhundert. Vermutlich waren sie die Basis für eine Umlage oder Steuererhebung.[305] 1709 musste jede Fahne zwei Männer bestimmen, die gemeinsam mit einem Müdder (also einem vereidigten Abmesser der Mengen) alle Häuser ihres Bezirks nach versteckten Getreidevorräten durchsuchten.[306] 1757[307] und 1771[308] erhielten sie denselben Auftrag. 1743 hatten sie nach solchen Häusern zu forschen, deren Dachrinnen so auf das neu ausgelegte Straßenpflaster gerichtet waren,

---

298 Vgl. Ikari, Wallfahrtswesen, S. 115. Hier wird der Einsatz der Bürgerhauptleute 1611 als Notmaßnahme des von „den Zahlen der Bettler überfordert[en]" Rats interpretiert, was insofern fehlgeht, als die Bürgerhauptleute regelmäßig herangezogen wurden, die Überwachung also zu ihrem normalen Aufgabenportfolio zählte. Vgl. auch Finzsch, Kölner Bürgerhauptmann, S. 9 f.

299 HAStK-RBA Best. 14 A 2, Nr. 91–2 (Ratsedikt, 27.10.1681). HAStK-RBA Best. 14 A 3, Nr. 164 (Ratsedikt, 27.5.1585).

300 HAStK-RBA Best. 14 A 2, Nr. 210 (Ratsedikt, 1.8.1748); ebd., Nr. 226–2 (Ratsedikt, 21.8.1757). Solche Listen sind bruchstückhaft überliefert in HAStK-RBA Best. 33 A 53 und in HAStK-RBA Best. 33 A 3.

301 HAStK-RBA Best. 33 A 57, Bl. 61–66 (Liste der Unqualifizierten in der Fahne des Hauptmanns Ortman, 1767).

302 HAStK-RBA Best. 33 A 10 (Liste Weges [1792]).

303 HAStK-RBA Best. 14 A 2, Nr. 68–1 (Ratsedikt, 20.5.1665).

304 HAStK-RBA Best. 14 A 2, Nr. 96–2 (Ratsedikt, 17.5.1684); HAStK-RBA Best. 10B A 131, S. 161 (Ratsprotokoll. 17.65.1684). Wer genau mit den Jesuitinnen gemeint ist, ist rätselhaft. Da die Niederlassung der Englischen Fräulein in Köln nur von 1621 bis 1631 bestand, können sie nicht mit diesen identifiziert werden. Vielleicht handelte es sich aber um einen Neugründungsversuch oder es ging schlicht um Frauen, die in irgendeiner Verbindung zu den Jesuiten standen. Vgl. Rutz, Englische Fräulein.

305 HAStK-RBA Best. 33 A 238 (Namenslisten [18. Jh.]).

306 HAStK-RBA Best. 14 A 2, Nr. 150–1 (Ratsedikt, 1.5.1709).

307 HAStK-RBA Best. 14 A 2, Nr. 223–2 (Ratsedikt, 15.4.1757).

308 Erhebung der 6. Colonelschaft in HAStK-RBA Best. 33 A 235, der 3. Colonelschaft in HAStK-RBA Best. 33 A 263. Siehe auch Best. 14 A 20 (Ratsedikt, 7.12.1771).

dass dieses sogleich wieder beschädigt wurde.[309] Daneben kümmerten sich die Bürgerhauptleute sicherlich mit wechselnder Einsatzbereitschaft auch um alltägliche Probleme ihres Bezirks, wobei sie Funktionen des älteren Amts der Tirmmeister[310] übernahmen. Dazu zählten die Aufsicht über die Brunnen und Wasserstellen sowie die Durchführung von gegebenenfalls erforderlichen Reparaturen.[311] Dies hatte zwar nicht unerhebliche Bedeutung für das Alltagsleben der Bevölkerung, die sowohl auf eine regelmäßige Wasserversorgung angewiesen war als auch vor den Gefahren durch verfallene und schlecht gesicherte Brunnen geschützt werden musste. Aber die Brunnenaufsicht steht am Ende doch auch im engen Zusammenhang mit der öffentlichen Sicherheit in Krieg und Frieden, da durch sie die Verfügbarkeit von Löschwasser sichergestellt wurde. Dass sich die Bürgerhauptleute hier engagieren sollten, lag daher nahe. Gleiches gilt für die Umsetzung des Gebots, im Alarmfall vor allen Häusern bei Nacht Laternen anzuzünden.[312]

In Notzeiten wuchsen den Bürgerhauptleuten aber noch weitere, sehr zentrale Verwaltungsfunktionen zu. Als etwa 1775 aufgrund des starken Anstiegs des Roggenpreises eine Hungerkrise drohte, plante der Rat die Ausgabe eines Brotpfennigs an die Betroffenen. Dazu musste die „ungefehrliche anzahl deren unvermögenden bürgeren"[313] ermittelt werden. Mit der Erhebung nicht nur der Zahlen, sondern auch der Namen der potentiell

---

309   HAStK-RBA Best. 14 A 2, Nr. 208–1 (Ratsedikt, 20.6.1743).

310   Vgl. Wulf, Pfarrgemeinden, S. 297–304.

311   Siehe z. B. HAStK-RBA Best. 30N A 761 (Abrechnung der Reparatur eines Brunnens am Perlenpfuhl durch Bürgerhauptmann Richartz, 1786); HAStK-RBA Best. 33 A 105, Bl. 92 (Supplik Ortman, 1773); HAStK-RBA Best. 33 A 78, Bl. 68–70 (Supplik Kolle, 1734); HAStK-RBA Best. 33 A 86, Bl. 25 (Supplik Bürgerhauptmann Seyll, 1746); HAStK-RBA Best. 33 A 86, Bl. 86 (Supplik Bürgerhauptmann Sarburg, 1747); HAStK-RBA Best. 33 A 83, Bl. 94–95 (Supplik Nachbarn der Fischpforte, 1741); HAStK-RBA Best. 33 A 87, Bl. 133–134 (Supplik Bürgerhauptmann Seyll, 1749); HAStK-RBA Best. 33 A 88, Bl. 40 (Supplik Merrem, 1750); HAStK-RBA Best. 33 A 243, Bl. 35–36 (Supplik Nachbarn „auf der Bach", 1727); HAStK-RBA Best. 33 A 243, Bl. 138 (Supplik Stamberg u. a., 1728). 1755 erhielten die Bürgerhauptleute, die an der Erstellung einer Liste reparaturbedürftiger Brunnen mitgewirkt hatten, für ihre Mühen ein Ratszeichen, also eine Belohnung. HAStK-RBA Best. 30N A 847, Bl. 12r (Ratsregistratur, 22.12.1755). HAStK-RBA Best. 30C A 672A, Bl. 9–11, enthält eine Auflistung von Brunnen nach Fahnenbezirken, ca. 1790.

312   HAStK-RBA Best. 30N A 795, Bl. 3r (Ratsedikt, 2.3.1761). Nach einem handschriftlichen Zusatz hatte es einen Brand gegeben, bei dem die Löscharbeiten durch die nachlässige Beleuchtung beeinträchtigt worden waren. Die Bürgerhauptleute hatten übrigens im 18. Jh. jeweils 12 Löscheimer für ihre Fahne zusätzlich zu denen bereitzuhalten, die über die Kirchspiele und Zünfte verfügbar sein sollten. HAStK-RBA X-Best. 6100 A 599.

313   HAStK-RBA Best. 33 A 229, Bl. 436r (Kommission wegen des Brotpfennigs, 7.6.1775). Dem Institut des Brotpfennigs wäre aber noch einmal auf breiterer Quellenbasis gesondert nachzugehen. Vgl. einstweilen Finzsch, Kölner Bürgerhauptmann, S. 10 f.

Notleidenden wurden die Bürgerhauptleute beauftragt.[314] Das gilt auch für die andere Seite der Rationierung, nämlich für die geordnete Lebensmittelverteilung. Überliefert ist beispielsweise ein gedrucktes Formular, das die Funktion einer modernen Lebensmittelmarke hatte. Der Bürgerhauptmann bescheinigte damit unter dem städtischen Wappen unvermögenden Bürgern mitsamt ihren Frauen und Kindern den Brotbedarf. Mit diesem „Brod-Zettul"[315] konnte dann Brot in der entsprechenden Menge gekauft werden.

Die vielfältigen Aufgaben der Bürgerfahnen als Lokalverwaltung wurden niemals klar geregelt. Bürgermeister und Rat nutzten den Zugriff auf die Bevölkerung über die Bürgerhauptleute jeweils situativ für anstehende Aufgaben oder Probleme, wozu sie ad hoc Regelungen schufen – zumal die Kirchspiele eine ebenfalls über die gesamte Stadt gespannte Alternative zu den Fahnenbezirken boten und die Pfarrer daher durchaus auch in Konkurrenz zu den Bürgerhauptleuten auftreten konnten.[316] Aus verwaltungstheoretischer Sicht war dieser Zustand unbefriedigend, fehlte es doch an Systematik, Rechtssicherheit und eindeutigen Kompetenzen. In funktionaler Hinsicht scheint jedoch all dies eher als Vor- denn als Nachteil wahrgenommen worden zu sein. Die Obrigkeit musste sich nicht mit Debatten um die Einführung grundlegender Neuerungen belasten und konnte bei den Einzelregelungen fast immer auf ein drängendes Problem verweisen, das nunmehr im Sinne aller zu lösen sei. Dem konnte zumeist kaum widersprochen werden und so entstand schleichend auf der Basis von Präzedenzfällen ein Gewohnheitsrecht des Durchgriffs auf den Einzelnen über die Bürgerfahnen. Dieses nicht systematisch abzusichern, könnte dann aber auch im Sinne von Bürgermeistern und Rat gewesen sein. Denn so vermieden sie die Entstehung einer selbstbewussten mittleren Verwaltungsebene mit eigenen Rechten und Ansprüchen. Gerade weil die Bürgerhauptleute vielfach zwischen Baum und Borke saßen, konnten sie sich am Ende nur mit Rückendeckung durchsetzen, blieben also in ihrem administrativen Nebengeschäft unter obrigkeitlicher Kontrolle. Für diesen Vorteil nahm man offenbar Effizienzeinbußen gerne in Kauf.

---

314 Nebenbei sei bemerkt, dass damit auch wertvolle Quellen zu Genealogie und zur Sozialgeschichte entstanden sind, die noch einer systematischen Auswertung harren. Teilweise enthalten die von den Bürgerhauptleuten angelegten Namenslisten auch Angaben zur jeweiligen Anzahl der Familienangehörigen, da es hier ja darum ging, den Brotbedarf zu ermitteln. Überdies liegt hier der seltene Fall vor, dass gezielt die Namen von ärmeren Kölnerinnen und Kölnern erfasst wurden. HAStK-RBA Best. 33 A 229. Siehe auch zu früheren Erhebungen ab 1740 HAStK-RBA Best. 33 A 55 und 335–337. Eine zusätzliche Erfassung von Bettlern in Fahnenbezirken finden sich auch in HAStK-RBA Best. 33 A 368. Zu ihnen wurden nicht nur die Namen, sondern auch weitere biographische Informationen erfasst.

315 Das Formular ist undatiert, dürfte aber aus einer Hungerkrise des 18. Jahrhunderts stammen. HAStK-RBA Best. 14 A 2, Nr. 208–2 (Brotzettel, 18. Jh.).

316 Dazu nur ein Beispiel: 1760 legte Hilger Berger seiner Supplik um Befreiung von der Bürgerwache aus Altersgründen eine Bescheinigung seines Pfarrers bei, nach der er sich jederzeit nicht nur christlich verhalten habe, sondern auch seinen bürgerlichen Pflichten nachgekommen sei. Letzteres wäre eher vom Bürgerhauptmann zu erwarten gewesen, der hier aber wohl umgangen wurde. HAStK-RBA Best. 33 A 350, Bl. 40.

Exkurs: das Schützenwesen neben den Bürgerfahnen

Die Kölner Wartschützen-Truppe wurde Ende des 16. Jahrhunderts gebildet. Bei ihnen
handelte es sich um ein Zwischending zwischen den Bürgerfahnen und Soldtruppen,
nämlich um Bürger, die sich gegen Zahlung eines Wartgeldes dafür bereithielten, im Notfall unter Waffen zu treten. Allerdings entwickelten sie kaum praktische Bedeutung, weil
ihre militärischen Funktionen alsbald von den professionellen Soldtruppen übernommen wurden. Sie scheinen aber noch bis Ende des 18. Jahrhunderts eine Rolle bei der
Brandbekämpfung gespielt zu haben.[317] Zu unterscheiden von dieser halbmilitärischen
Einrichtung ist das Schützenwesen, das mit seinen überregional besuchten Schützen-
festen auch die Komponente des sportlichen Wettkampfs[318] beinhaltete – auch wenn es
letztlich im Waffentraining der Bürgerwehr wurzelte und diesen Beigeschmack nie ganz
verlieren sollte.[319] Größere stadtgeschichtliche Bedeutung erlangte es im frühneuzeitlichen Köln allerdings vermutlich schon allein deshalb nicht, weil mit den Bürgerobristen
und Bürgerhauptleuten ausreichend mit einem gewissen Sozialprestige versehene Stellen vorhanden waren, um einer repräsentativen Zurschaustellung von Wehrhaftigkeit
zu dienen. Sie mussten sich also nicht der Peinlichkeit aussetzen, dass ihre Schießkünste
vielleicht nicht mit den Erwartungen an ihre Position oder dem eigenen Selbstverständnis mithalten konnten. Das Schützenwesen entwickelte sich jedenfalls im Schatten der
Bürgerfahnen von diesem unabhängig, auch wenn die Schützen ihre bei diesem Freizeitvergnügen trainierten und erprobten Fähigkeiten auch im Bedarfsfall in ihre jeweilige Bürgerfahne einbrachten.

Anlässlich einer Auseinandersetzung mit dem Erzbischof über die Abhaltung von
Schießspielen außerhalb der Stadtmauer und damit im zwischen Stadt und ehemaligem
Stadtherrn umstrittenen Burgbann hielt 1606 ein Notar Zeugenaussagen beteiligter Bürger fest. Konkret ging es darum, festzustellen bzw. festzuhalten, dass die Kölner ihre
Schießspiele seit jeher in der Umgebung von Melaten und Mechtern und damit in einer
deutlichen Entfernung von der Stadtmauer abhielten. Wie im Fall von ländlichen Weis-
tümern wurden dazu mehrere alte Männer von etwa 70, 75, 80 und 85[320] Jahren befragt.
Sie kamen mit gewissen Variationen zu dem Schluss, dass das Spiel mindestens seit Jahrzehnten unwidersprochen durchgeführt worden war. Allerdings hatten sie meist nicht
durchgängig oder eher selten teilgenommen.[321] Wenn sich also offenbar nur eine Minderheit von Kölnern kontinuierlich oder öfter an den Schießspielen beteiligte, so han-

---

317 Vgl. Holt, Wartschützen. Die noch näher zu untersuchende Brandbekämpfung findet sich in HAStK-
      RBA Best. 30N A 1009.
318 Vgl. Schnitzler, Die Kölner Schützenfeste; Jansen, Stadt, S. 257–265. Vgl. auch allgemein Delle Lu-
      che, Des amitiés.
319 So wurde 1614 argumentiert, man müsse Frei- und Preisschießen organisieren, damit man aus der
      Bürgerschaft fähige Büchsenmeister gewinnen könne. HAStK-RBA 33 A 355, Bl. 372r („Vorschlag pro
      exercitio civium", 1614). Vgl. Lenerz-de Wilde, Zunft, S. 109.
320 Hier handelt es sich um den Schützenmeister und Pulvermacher Thönnes von Reidt.
321 HAStK-RBA X-Best. 6100 A 443 (Kundschaft zum Schießspiel, 1606).

delte es sich doch um ein regelmäßiges Brauchtum, das nicht nur dem Wettkampf und der Festigung sozialer Beziehungen, sondern auch dem ernsten Zweck des symbolischen Absteckens von Grenzen diente, indem es vor der Stadt und damit in mit dem Erzbischof territorial umstrittenem Gebiet abgehalten wurde.

Ein Schießspiel von 1581 ist gut dokumentiert. Damals wurden insgesamt 200 Taler als Preise für das Schießen mit Büchse oder Armbrust (hier lief das Freizeitvergnügen also noch der Kriegstechnik hinterher) ausgelobt.[322] Allein an dem Schießen der Armbrustschützen nahmen dann insgesamt 134 Personen teil, davon etwa die Hälfte Auswärtige.[323] Die gesamte Veranstaltung lag im Schnittpunkt von Waffenübung, Freizeitveranstaltung und Darstellung der Bedeutung Kölns – und sicherlich auch der Selbstdarstellung der erfolgreichen Schützen. Vergleichbare Schießspiele mit ähnlichen Zwecken finden sich noch im 18. Jahrhundert, wenngleich nun offenbar ein geringerer Aufwand betrieben wurde. 1747 und 1750 erinnerten etwa die Schützen im Stadtgraben den Stadtrat daran, dass er für gewöhnlich etwas Geld für die Auslobung von Prämien für das Scheibenschießen bereitstellte.[324] Eine Reihe von im Kölnischen Stadtmuseum überlieferten frühneuzeitlichen Schützenschilden belegt zudem, dass zumindest für einige Kölner die Schießspiele noch repräsentativen Zwecken dienten, also einen sozialen Sinn hatten.[325]

Eine besondere, aber offenbar nicht institutionalisierte Form des Schützenwesens war das Schießen mit Kanonen von einem Festungsbollwerk aus, woran – jedenfalls 1659[326] – alle Bürger nach freiwilliger Meldung teilnehmen konnten und wofür wie beim eigentlichen Schützenfest Preise ausgelobt wurden. Die Funktion war sicherlich nicht nur eine soziale, denn auf diese Weise verfügte man über Männer in der Bürgerschaft, die die reichlich vorhandene Artillerie bedienen konnten. Da für diesen Zweck im Kriegsfall jedoch eher professionelle Spezialisten benötigt wurden und da ein bewaffneter oder repräsentativer Einsatz von Schützen aller Art im größeren Stil durch die Etablierung der Bürgerfahnen mehr oder weniger unnötig geworden war, fristete das Schützenwesen in den letzten beiden Jahrhunderten der reichsstädtischen Zeit insgesamt eher ein Schattendasein als Form der Vorbereitung auf einen militärischen Einsatz.

---

322 HAStK-RBA Best. 30N A 481 (Einladung zum Schießspielt, 1581).

323 HAStK-RBA Best. 30N A 478, Bl. 7–9 (Teilnehmerverzeichnis Armbrustschützen, 1581). Das komplementäre Buch der Büchsenschützen ebd., A 477, ist nicht vollständig ausgeführt, es fehlt v. a. das Teilnehmerverzeichnis.

324 HAStK-RBA Best. 10B A 86, Bl. 88 (Supplik Schützen, 1747); HAStK-RBA Best. 33 A 88, Bl. 81 (Supplik Schützen, 1750).

325 Vgl. die Abbildungen von Schützenschildern in LENERZ-DE WILDE, Zunft, S. 38 f., 42, 90, 135 und 156. Ein 1550 angefertigtes Gemälde eines Schießspiels im Gaffelhaus der Goldschmiede wurde noch 1766 „erneuert", also nachgemalt. WAGNER, Kölnischer Bildersaal, S. 242 (Nr. 0631).

326 HAStK-RBA Best. 14 A 3, Nr. 60–2 (Ratsedikt, 22.8.1659). Vgl. auch CHILDS, Military Use, S. 83.

In Restbeständen waren Schützen aber noch im 18. Jahrhundert auch als bewaffnete Ordnungskräfte tätig.[327] Jedenfalls findet sich eine entsprechende Bestimmung noch 1765 unter den Statuten der Bauernbank auf dem Eigelstein, die das Aufgebot von Schützen zur Durchsetzung von Pfändungen vorsieht, bei Nichterscheinen eine Geldstrafe androht und ausdrücklich verbietet, einen „Knaben"[328] als Ersatzmann zu schicken. Hier hatte sich also zumindest der Anspruch des Gerichts erhalten, zur Exekution seiner Urteile auch neben den Bürgerfahnen und Stadtsoldaten auf die bewaffnete Unterstützung der (Teil-)Gemeinde zurückgreifen zu können.

327 Schützenmeister hatten deshalb zu schwören, dass sie sich mit ihren Männern im Falle von Unruhen zur Verfügung der Obrigkeit am Rathaus einzufinden hatten. Der Eid wurde allerdings zwar im 17. Jh. niedergeschrieben, entspricht aber der Sache nach eher spätmittelalterlichen Verhältnissen. Es sei daher dahingestellt, ob er noch praktische Bedeutung hatte. HAStK-RBA Best. 30C A 639, Bl. 81v–82r (Eide der Wachmeister und Schützenmeister, 17. Jh.).
328 HAStK-RBA Best. 30G A 371, Bl. 7v (Statuten der Eigelsteiner Bauernbank, 1765).

Die Kölner Stadtsoldaten und die Stadtgesellschaft

Stadtsoldaten als Einwohner Kölns

Während des 16. Jahrhunderts wurden zwar immer wieder Soldtruppen in mehr oder weniger großem Umfang angeworben, jedoch war eine dauerhafte Stationierung in Köln nicht vorgesehen. Obgleich sie bisweilen für mehrere Jahre unter Waffen gehalten wurden, fand mangels Kontinuität keine echte Integration in die Stadtgesellschaft statt (zumal sich die Einsatzorte manchmal auch weit jenseits der Stadtmauer befanden). Es ist zwar durchaus davon auszugehen, dass auch Männer aus alteingesessenen Kölner Familien angeworben wurden, jedoch blieben sie offenbar entweder nur für relativ kurze Zeit unter den Fahnen, um danach wieder ihr gewohntes Zivilleben aufzunehmen. Oder sie schlugen eine Militärkarriere ein, die sie in andere Armeen führte. Insgesamt dürfte es sich bei ihnen aber um eine zu kleine Gruppe gehandelt haben, um sie zu einem sozialgeschichtlich relevanten Faktor zu machen. Die überlieferten Musterungslisten des 16. Jahrhunderts (wie auch die aus späteren Jahrhunderten) sind allerdings lückenhaft, und sie erfassen die Herkunft der Männer nicht systematisch. Bei einigen Zusätzen zu Vor- und Beiname wie „von Mentz" (Mainz), „von Rhiga" (Riga) oder „von Arnsbergh" (Arnsberg) dürfte aber auswärtige Herkunft relativ sicher sein.[1] Bei einem Mann wird hier seltsamerweise ausdrücklich „von Colln"[2] (Bl. 7r) angegeben. Zumindest auf diesen beiden Seiten finden sich vermehrt Ortsangaben aus der näheren Umgebung wie Düsseldorf, Sinzig, Brenig, Hersel, Dünnwald usw. Das spricht zumindest für eine zunehmende Regionalisierung der Truppe. Jedoch können sie auch auf eine Kölner Herkunft hindeuten, weil die entsprechenden Namen durch normale Zuwanderung in der Kölner Einwohnerschaft stark verbreitet sind, so dass es sich hier ohne weiteres um Männer handeln kann, deren Vorfahren nach Köln gekommen sind. Eine statistische Auswertung der Musterungslisten im Hinblick auf die Herkunft der Männer ist daher nicht sinnvoll.

---

1 HAStK-RBA Best. 33 A 295, Bl. 30r (Musterungsliste, 1582). Auch lässt sich nicht erweisen, ob die Männer zwar von auswärts kamen, vor ihrer Anwerbung aber schon eine mehr oder minder lange Zeit in Köln verbracht hatten.

2 HAStK-RBA Best. 33 A 310, Bl. 6v–7r (Musterungsliste, 1603).

Noch im Dreißigjährigen Krieg war die Stadt Köln zunächst bestrebt, Soldaten von auswärts anzuwerben. So lehnte man beispielsweise 1631 die Bitte des Kölners Herman Aldenrhatt um Aufnahme in den Solddienst explizit ab und verband diesen Einzelfall mit dem Grundsatzbeschluss, „nur außwendige Knecht und Soldaten"[3] anzunehmen. Nur wenige Wochen später wurden vier inhaftierte Männer vor die Wahl gestellt, entweder in den städtischen Kriegsdienst zu treten oder als Müßiggänger aus der Stadt gewiesen zu werden.[4] Beides entspricht einem traditionellen Bild von den Soldaten des Dreißigjährigen Krieges, bei denen es sich um Fremde und in fließendem Übergang dazu den kriminellen Bodensatz der Gesellschaft gehandelt habe.[5] Aus Sicht der Stadt Köln war diese Anwerbungsstrategie damals folgerichtig: Es handelte sich ja noch nicht um eine stehende Truppe, die auch im Frieden in die Stadtgesellschaft zu integrieren war. Vielmehr bestand damals noch die Perspektive, die Soldaten nach Kriegsende schnell wieder loszuwerden, wobei man sicherlich nicht auf Versorgungsfällen etwa in Form von Invaliden sitzen bleiben wollte, um die man sich kümmern musste, wenn es etablierte Kölner Bürger gewesen wären. Außerdem wurden die Soldtruppen in diesem Krieg noch teilweise außerhalb der Stadt eingesetzt, was die Angelegenheit gefährlicher als einen reinen Garnisonsdienst machte.[6] Diesem Risiko wollte man offensichtlich eher Fremde oder solche Männer aussetzen, die man ohnehin nicht in der Stadt haben wollte. Die früher gern gepflegte Abqualifizierung frühneuzeitlicher Heere als Sammelbecken gescheiterter Randexistenzen und Krimineller hat die Forschung der letzten Jahrzehnte indes korrigiert. Neben diesen problematischen Fällen – die es v. a. in Kriegszeiten mit ihrem vermehrten Rekrutenbedarf selbstverständlich gab – dienten stets auch solche Männer in den Armeen, die im Zivilleben eine geachtete und etablierte Stellung hätten einnehmen können und die nach ihrem Dienst wieder in eine solche zurückkehrten.[7]

Es hatte zudem durchaus rein praktische Vorteile, wenn auf das rasch und kostengünstig zu erreichende Mannschaftspotential unter den eigenen Einwohnern zurückgegriffen wurde, zumal auch immer wieder aus der Bürgerschaft der Wunsch vorgetragen wurde, in den Solddienst zu treten.[8] In der Praxis waren daher entgegen aller Grundsatzbeschlüsse doch bereits damals viele Stadtsoldaten geborene und etablierte

3   HAStK-RBA Best. 10B A 77, Bl. 363r (Ratsprotokoll, 5.11.1631). 1632 erhielten die Kriegskommissare den expliziten Auftrag, bei der Anwerbung zugegen zu sein und zu verhindern, dass Bürger in den Solddienst traten. HAStK-RBA Best. 10B A 78, Bl. 37r (Ratsprotokoll, 19.1.1632).
4   HAStK-RBA Best. 10B A 77, Bl. 411r (Ratsprotokoll, 15.12.1631).
5   Vgl. z. B. PARKER, Soldat, S. 49–51; FREY/FREY, Krieg, S. 27.
6   Vgl. BERGERHAUSEN, Köln, S. 131 f.
7   Vgl. KROLL, Soldaten, S. 235; NOWOSADTKO, Ordnungselement, S. 10 f.
8   Neben dem genannten Herman Aldenrhatt bat z. B. 1633 der Bürger Stoffels Franß um die Wiederaufnahme in den Solddienst, womit er Erfolg hatte. HAStK-RBA Best. 10B A 79, Bl. 213r (Ratsprotokoll, 23.6.1633).

Kölner.[9] Mit dem „Stehenbleiben"[10] der ursprünglich nur auf Kriegszeit geworbenen Stadtsoldaten nach 1648 wandelte sich das Bild dann vollends. Die Kölner Stadtsoldaten wurden nun, soweit erkennbar, vornehmlich innerhalb der Stadt angeworben.[11] Das war insofern sinnvoll und wirtschaftlich, als das Potential möglicher Rekruten hier ausreichend stark war, so dass eine mit Aufwand und Zeitverzug verbundene auswärtige Werbung unterbleiben konnte. Die Vermutung, dass die meisten – jedenfalls der unteren Chargen[12] – Stadtsoldaten aus Köln selbst stammten, liegt daher nahe. Es ist jedoch in Rechnung zu stellen, dass die Stadt auch voll von Fremden war, für die ein Dienst bei den Stadtsoldaten attraktiv sein konnte.[13] In kriegerischen Zeiten mit einem erhöhten Truppenbedarf dürften Männer gezielt nach Köln gekommen sein, um sich hier anwerben zu lassen.[14] Doch auch, wer von außerhalb kam, dürfte nach Jahren und Jahrzehnten

---

9 1633 ließ der Rat daher durch die Bürgerhauptleute feststellen, wer aus ihren Fahnenbezirken im städtischen Solddienst stand. Das spricht zum einen für den Umfang dieser Dienste, zum anderen dafür, dass der Rat nicht auf in dieser Hinsicht aussagekräftige Musterungslisten zurückgreifen, also die Herkunft der Männer bei ihrer Anwerbung auch nicht systematisch kontrollieren konnte. HAStK-RBA Best. 10B A 79, Bl. 433v (Ratsprotokoll, 5.10.1633). Dieser Eindruck bestätigt sich durch die Musterungslisten in HAStK-RBA Best. 70 A 1316 (unfoliiert) zur Werbung von 1631. Hier wird die Herkunft der Männer nicht ausdrücklich erfasst. Nur in vergleichsweise seltenen Fällen ist ausdrücklich von „außwendig geworbenen Knecht[n]" die Rede.

10 Nach BURKHARDT, Dreißigjährige Krieg, S. 213–224.

11 Die Einschätzung ergibt sich aus dem indes noch einer hier nicht zu leistenden systematischen Überprüfung zu unterziehenden Gesamteindruck der Quellen. Vgl. zudem SCHWARZ, Werbung, S. 267; DERS., Kreiskontingent, S. 66; HIERONYMI, Haltung, S. 132. Ein ähnlicher Befund gilt für Frankfurt a. M., vgl. EIBACH, Frankfurter Verhöre, S. 53.

12 Höhere Offiziere konnten als Spezialisten auch von auswärts kommen wie etwa der 1604 ernannte Obristwachtmeister Hippolitus Fraggia von Bassignana aus dem Herzogtum Mailand. HAStK-RBA Best. 33 A 277 (Bestallungsurkunde, 1604). 1552 wurde der Büchsenmeister Jacob Block aus Nürnberg eingestellt. HAStK-RBA Best. 33 A 386, Bl. 319r. 1610 wurden sechs „welsche" (wohl französische) Miniere für den Festungsbau angestellt, HAStK-RBA Best. 33 A 413 Bl. 107r. Hier handelte es sich aber noch nicht um die spätere stehende Truppe, bei der anscheinend Offiziere auf ihre Väter folgten und daher vermehrt aus Köln stammten.

13 In jedem Fall war man sich des in der Stadt vorhandenen Potentials sehr bewusst. 1684 schloss die Stadt beispielsweise mit zwei Hauptleuten einen Vertrag, nach dem diese jeweils binnen vier Wochen 100 Mann (und zwar ledig, gesund, jung, deutsch – also nach den damaligen Maßstäben von hoher Qualität) anwerben sollten. Man war sich also einigermaßen sicher, binnen kurzer Zeit 200 Mann zu finden, die sich gegen ein Handgeld von drei Reichstalern zum Dienst bereitfanden. HAStK-RBA Best. 33 A 68, Bl. 24r (Ratsregistratur, 27.3.1684).

14 Im Zuge der Truppenvermehrung zu Beginn des Holländischen Krieges ließ Köln beispielsweise 100 Uniformröcke für Männer anfertigen, die ohne Uniform von außerhalb in die Stadt gekommen waren, um in den Dienst der Stadtsoldaten zu treten. HAStK-RBA Best. 10B A 120, Bl. 54v (Ratsprotokoll, 6.2.1673). Im Zuge der Anwerbung eines Reichskontingents wurde 1664 berichtet, dass sich in Essen 20 bis 30 Mann gesammelt hatten, die stadtkölnische Dienste antreten wollten. Der Vermittler, ein gewisser Jan Müller, strich allerdings in der Folge das ihm mitgegebene Werbegeld ein und verschwand, ohne die Männer nach Köln zu bringen. Solche Erfahrungen dürften davon abgeschreckt haben, das Abenteuer auswärtiger Werbungen zu suchen. HAStK-RBA Best. 70 A 1315, Bl. 31v (Rechnung, 6.2.-31.3.1664).

des Dienstes bei den Stadtsoldaten nicht mehr als Fremder anzusehen sein.[15] Zwischen den Polen fremd und einheimisch dürfte es in der Praxis eine breite Überschneidungszone gegeben haben.

Insgesamt ist gerade bei einem überschaubaren Militär in einem überschaubaren Umfeld – wie es die Kölner Stadtsoldaten im Vergleich zu den großen Armeen der Zeit zweifellos darstellten – davon auszugehen, dass die Männer mit der Entstehung einer stehenden Truppe mehr oder weniger etablierte und geachtete Teile der Stadtgesellschaft waren, mit der sie wenigstens außerhalb des Dienstes durch ein Netz verwandtschaftlicher, freundschaftlicher, nachbarschaftlicher und wirtschaftlicher Beziehungen verbunden waren. Es steht zu vermuten, wäre aber noch eigens zu untersuchen, dass sie seelsorgerisch von der jeweils örtlich zuständigen Pfarrei betreut wurden. Nur selten wurden die Kölner Stadtsoldaten nach 1648 in nennenswerter Anzahl außerhalb der Stadt eingesetzt, weil ihre Hauptaufgabe der Schutz der Stadt selbst in Krieg und Frieden war.[16] Daher konnten sie – selbst wenn sie ursprünglich von außen in die Stadt gekommen waren – wesentlich stabilere Verbindungen zur zivilen Welt knüpfen, als dies bei größeren Armeen der Fall war, die in kriegerischen Zeiten über die Schlachtfelder Europas zogen und auch im Frieden innerhalb des Territoriums verlegt wurden.[17] Man kann dazu auch die Gegenprobe machen: Die Vermehrung der Kölner Soldtruppen in Kriegs- und Krisenzeiten zielte aus naheliegenden Gründen häufig auf den „ungeweibten"[18] Teil der jungen Männer, also auf solche, deren Einsatzbereitschaft auch außerhalb von Köln nicht durch die Erwägung getrübt wurde, Frau und Kinder versorgen zu müssen – und deren Frauen und Kinder umgekehrt der Stadt im Fall von Tod oder Verwundung des Soldaten als Versorgungsfälle zur Last fielen.[19] Wenn aber v. a. in Kriegszeiten die Werbung ausdrücklich auf Junggesellen abzielte, dann lässt sich mit einer gewissen Wahrscheinlichkeit vermuten, dass in normalen Zeiten verheiratete Männer in verhältnismäßig großer Zahl unter Waffen standen. Das hatte auch funktionale Vorteile, denn ein stabiler fami-

---

15 Falls er nicht rasch wieder aus dem Dienst entlassen wurde, wenn die Gefahr abklang. So wurden viele Männer nach dem Holländischen Krieg entlassen oder an fremde Werber abgegeben. HAStK-RBA Best. 33 A 445.

16 Vgl. PLASSMANN, Stadt, S. 239–251.

17 Vgl. NOWOSADTKO, Stehendes Heer, S. 56.

18 Zitiert nach HIERONYMI, Haltung, S. 132 (zu 1688). Siehe auch HAStK-RBA Best. 10B A 120, Bl. 25r (Ratsprotokoll, 14.1.1673).

19 Das war auch der Grund dafür, dass bei der Aufstellung von Truppen für auswärtige Einsätze etwa in den Türkenkriegen in einem noch näher zu bestimmenden Umfang doch auch auswärts von Köln geworben wurde, so etwa 1685 in Aachen. Die von dort kommenden Männer waren aus Kölner Sicht eher verzichtbar und würden bei Invalidität in ihre Heimat zurückkehren. HAStK-RBA Best. 33 A 387, Bl. 115 und 194–195.

liärer Hintergrund erleichterte die Versorgung und Unterbringung der Männer (die nach Dienst bei ihren Familien lebten) und trug insofern zu ihrer Disziplinierung bei, als Bestrafungen auch auf die Partnerinnen und Kinder zurückgefallen wären und Desertionen diese mittellos zurückgelassen hätten.[20]

Dass in Not geratene Soldaten letztlich die zivilen Kassen belasteten, ergibt sich schon aus dem Umstand, dass in Köln neben dem zahlenmäßig beschränkten Invalidenkorps keine spezialisierten Einrichtungen für Soldaten und ihre Familien existierten, die eventuelle Kosten aus eigenem Etat hätten auffangen können.[21] So beantragten 1673 zwei erkrankte Soldaten – Jorsten Dirtzhaußen aus Köln und Lucas Becker aus Blatzheim (heute Stadt Kerpen) – die Aufnahme in ein Hospital, was der Rat durch die Provisoren zweier Einrichtungen prüfen ließ.[22] Dieses Vorgehen unterschied sich in nichts von dem z. B. für einen erkrankten Handwerker. Je fester aber das Band war, das Soldaten in ihrer aktiven Dienstzeit in die Stadtgesellschaft geknüpft hatten, umso wahrscheinlicher war eine Versorgung im Alter aus dem Kreis der Familie.

Eine Bestätigung der Vermutung, bei den Stadtsoldaten[23] habe es sich nach 1648 zu weiten Teilen um geborene oder naturalisierte Kölner gehandelt, die neben dem Dienst fest in die zivile Stadtgesellschaft eingebunden waren, ist aus Quellenmangel nicht systematisch möglich. Weder geben die überlieferten Musterungslisten entsprechende Informationen im notwendigen Umfang her, noch lässt sich die Kölner Stadtgesellschaft der Frühen Neuzeit insgesamt durch serielle Quellen sozialstatistisch erforschen (weil z. B. die anderenorts verfügbaren Häuser- oder Steuerlisten fehlen). Wie bei anderen Bevölkerungsgruppen auch können zu den Stadtsoldaten daher nur Indizien zusammengetragen werden, um die These von ihrer engen Einbindung in die Stadtgesellschaft zu untermauern.[24]

---

20 So klagte 1770 die Ehefrau des Deserteurs Lejeune darüber, dass dieser zu Spießrutenlauf mit anschließendem Stadtverweis verurteilt worden war. Letzteres ließ die Frau und vier Kinder „blosgestellet" zurück, was sich sowohl auf die finanzielle Lage als auch die geschmälerte Ehre bezog. HAStK-RBA Best. 33 A 423, Bl. 1714r (Supplik Lejeune, 1770).

21 Es wurden aber Ärzte dazu eingestellt, sich, wenn möglich präventiv, der Gesundheit auch der einfachen Stadtsoldaten anzunehmen, damit sie nicht in jungen Jahren „erstürben oder leben länglich Invalid blieben", HAStK-RBA Best. 33 A 351, Bl. 446r ([Dienstanweisung an Mediziner, 18. Jh.]).

22 HAStK-RBA Best. 10B A 120, Bl. 15v (Ratsprotokoll, 9.1.1673).

23 Sie und ihre Familienangehörigen sind überdies in vielen Quellen nicht als Militärangehörige zu identifizieren, da sie etwa in Ratsprotokollen wie andere Gruppen von Bürgern und Einwohnern auch häufig nur mit ihrem Namen ohne Angabe ihrer Profession verzeichnet sind.

24 Beispielsweise wurde anlässlich der Desertion des Henrich Plister 1780 aktenkundig, dass seine Mutter eine mit sieben Kindern in Köln lebende Witwe war. HAStK-RBA Best. 33 A 110, Bl. 77r (Supplik Witwe Plister, 1780). 1792 bürgten für die Kaution des neu ernannten Musterschreibers Rabanus Vachsen seine beiden Brüder, HAStK-RBA Best. 33 A 122.

Die stadtkölnischen Soldaten wurden zwar bisweilen bei Bedarf[25], aber offenbar nicht im großen Stil dauerhaft bei Bürgerinnen und Bürgern einquartiert. Abgesehen von ihrer im Frieden vergleichsweise geringen Anzahl, dürfte das v. a. daran gelegen haben, dass sie zu einem großen Teil mit ihren Familien über eigene Behausungen verfügten.[26] Für sie war also kein Bau einer Kaserne oder kasernenähnlichen Einrichtung erforderlich (die es im vormodernen Köln folglich nicht gab). Die Folge war, dass die Militärbevölkerung über die gesamte Stadt verteilt wohnte und damit in zahlreiche unterschiedliche Nachbarschaften eingebunden war.

Ein besonderes Schlaglicht wirft eine Quelle aus dem Jahr 1784 auf die Militärbevölkerung. Damals wurden alle Bürger und Einwohner (oder jedenfalls alle Haushaltsvorstände) nach Bürgerfahnen durch die Bürgerhauptleute namentlich erfasst, um die Wachgeldzahlungen mehr oder minder systematisch in die Bewältigung der Folgen der damaligen Flutkatastrophe leiten zu können. Die so entstandenen Listen gewähren unter verschiedenen genealogischen wie sozialtopographischen Gesichtspunkten eine mehr oder minder[27] umfassende Momentaufnahme der Stadtgesellschaft zu diesem Zeitpunkt, und zwar inklusive der Soldaten, die zwar von der Wachgeldzahlung ausgenommen blieben (im Gegensatz zu bürgerlichen Wachleuten, die zuvor durch persönlichen Dienst die Wachgeldzahlung umgangen hatten), und Einwohnern ohne Bürgerrecht.[28] Unter den Soldaten finden sich allerdings auch einzelne Witwen, womit Soldatenwitwen gemeint sein dürften. Sie zählten also auch nach dem Tod des Mannes weiterhin zur Militärbevölkerung, mussten aber – weil sie keinen Soldatendienst leisteten – Wachgeld zahlen.[29] In wenigen Fällen ist verzeichnet, dass ein Soldat zusammen mit seinen Schwestern oder seiner Mutter lebte. Hier könnte es sich um gebürtige Kölner handeln, die den elterlichen Haushalt nie verlassen hatten.[30] Dies allein aus der Liste zu beweisen, ist jedoch nicht

---

25 Siehe z. B. für den Siebenjährigen Krieg HAStK-RBA Best. 33 A 141, Bl. 213v–214v, 215v, 216v, 219v–220r, 229r–v, 230r, 231r, 244v, 254r, 249v–250v, 256v–257r, 258r, 259r, 260r–v, 272v, 275r, 276v (Nr. 152, 156, 158, 159, 160, 161, 164, 165, 171, 173, 185, 192, 196, 208, 210, 217, 621, 630–631, 633–634, 638, 642–644, 646, 648, 654, 657, 662.663, 666, 668, 674, 757, 760, 782, 792, 800, 802, 804, 807, 809, 815, 884, 904, 915, 920, 921, 924, 928): Inmitten der großen Einquartierung kaiserlicher Truppen 1762/63 waren 51 Häuser (soweit es die Quellen hergeben) mit jeweils einem stadtkölnischen Soldaten belegt, was sie aber offenbar davor schützte, auch noch kaiserliche Soldaten aufnehmen zu müssen.

26 Vgl. EBELING, Bürgertum, S. 102 (wonach die Wohnverhältnisse der Soldaten mit eigener Behausung in etwa denen von Tagelöhnern oder Gärtnern glichen). Allgemein lässt sich die Einkünftesituation einfacher Soldaten mit der von Tagelöhnern vergleichen. Vgl. KROLL, Soldaten, S. 281; PRÖVE, Stehendes Heer, S. 137 f.

27 Die Listen wurden nicht nach einheitlichen Grundsätzen geführt, können also nur teilweise miteinander in Beziehung gesetzt werden. Hinzu kommen sicher je nach Bürgerhauptmann Ungenauigkeiten und Fehler oder nicht getroffene Differenzierungen (so führen zwar viele die Soldaten in einer eigenen Tabellenspalte auf, andere bieten aber nur eine reine Namensliste, aus der im Zweifel nicht zu erkennen ist, ob sich hinter einem Namen ein Soldat verbirgt).

28 HAStK-RBA Best. 33 A 60 (Wachgeld-Listen, 1784).

29 So direkt an erster Stelle der ersten Liste die Witwe Weingarten, HAStK-RBA Best. 33 A 60, Bl. 282v, Nr. 41, und Bl. 283r, Nr. 78.

30 Beispielsweise HAStK-RBA Best. 33 A 60, Bl. 292v (Nr. 144 und 147).

möglich und umgekehrt ist auch bei anderen Männern nicht ausgeschlossen, dass sie im Kontext ihrer Familie lebten, ohne dass dieser Umstand erfasst wurde. Die Namen der Männer sind wiederum kein sicherer Anhaltspunkt für eine Herkunft aus Köln oder von außerhalb. Bei Dupres, Piero oder Majo ist eine auswärtige Herkunft zumindest einer früheren Generation anzunehmen (aber nicht sicher: 1789 wird für einen Jacob Vianden ausdrücklich eine Kölner und eben keine Luxemburger Herkunft festgestellt[31]), bei Will oder Schauff lässt sich aber noch nicht einmal eine solche Spekulation anstellen.[32]

Die Offiziere der Stadtsoldaten wurden je nach Wohnort ohne Berücksichtigung ihrer Stellung in die Listen eingereiht, was ein weiterer Beleg dafür ist, dass ihnen in der Stadtgesellschaft kein besonderer Rang zukam. Bezeichnend ist es auch, dass nicht selten bei den Soldaten eine namentliche Nennung zugunsten des bloßen Eintrags „Soldat" unterblieb. Hier war der Name also in der Nachbarschaft entweder unbekannt oder man hielt ihn für unwichtig. Beides spräche zwar nicht für eine große Integration in die zivile Gesellschaft. Da jedoch umgekehrt die meisten Soldaten namentlich angeführt werden, sollte dieser Überlegung kein übermäßiges Gewicht eingeräumt werden. Vermutlich ist das Ausbleiben einer namentlichen Nennung eher als Beleg dafür zu werten, dass diese Männer wie Tagelöhner und andere in prekären Verhältnissen lebende Gruppen am unteren Ende der sozialen Skala angesiedelt wurden.

Insgesamt sind in den Listen von 1784 408 Soldaten bzw. Soldatenfamilien genannt. Bei dieser Zahl handelt es sich einerseits wegen Ungenauigkeiten und Unvollständigkeit um eine Minimalangabe. Auf der anderen Seite ist durch die Aufnahme von Soldatenwitwen belegt, dass sich nicht alle Aufgeführten im aktiven Dienst befanden. Eine Gesamtzahl von ca. 500 Stadtsoldaten ist also eine realistische Annahme. Geht es allerdings um die Militärbevölkerung, also die Soldaten inklusive ihrer Frauen und Kinder und inklusive der nicht mehr Aktiven, so sind die Listen nicht weiter aussagekräftig, weil nur die Haushaltsvorstände gezählt wurden. Ob sich der Anteil verheirateter Soldaten etwa in derselben Höhe wie etwa gleichzeitig in der kursächsischen Armee bewegt hat, ist zwar nicht festzustellen. Wenn es so war, dann wären etwa 25 %[33] der Stadtsoldaten verheiratet gewesen, also ca. 125. Liegt die Militärbevölkerung also inklusive der Frauen bei mindestens – es spricht ja einiges für einen relativ zu fürstlichen Armeen möglicherweise sogar deutlich höheren Anteil von Verheirateten[34] – 625, so sind noch die Kinder hinzuzurechnen. Nimmt man hier ebenfalls die gleichzeitigen Verhältnisse bei der kursächsischen Armee zum Maßstab, wäre bei jeder Ehe von 1,5 Kindern auszugehen.[35] Es wären also mindestens 187 legitime Soldatenkinder hinzuzurechnen, womit man auf 812 Personen käme. Diese Zahl dürfte aber nur ein Minimum darstellen, weil die Köl-

---

31 HAStK-RBA Best. 33 A 119, Bl. 10r (Pass für Vianden, 1789).
32 Alle Namen HAStK-RBA Best. 33 A 60, Bl. 454v–455r.
33 Vgl. Kroll, Soldaten, S. 225.
34 Vgl. Brumshagen, Bremer Stadtmilitär, S. 220.
35 Vgl. Kroll, Soldaten, S. 253.

ner Stadtsoldaten viel ortsgebundener[36] waren als die eines größeren Territoriums. Die nicht quantifizierbare Zahl unehelicher Partnerschaften käme ohnehin hinzu. Die Militärbevölkerung insgesamt auf mindestens 1.000 Personen zu schätzen, dürfte daher nicht abwegig sein.[37]

Besondere Schwerpunkte der Ansiedlung von Soldaten finden sich in den Bürgerfahnen Claren (50), Bließen (34), Herman (28), Maas (28) oder Stern (32). Dem gegenüber stehen andere Fahnenbezirke, in denen wenige oder keine Soldaten wohnten, etwa in den Fahnen Coppenhagen (7), Engstenberg (6), Gobbels (8), Hoedt (3), Meyer (0) oder Müller (0). Soldaten bzw. Soldatenfamilien wohnten letztlich über die ganze Stadt verteilt und kamen daher im Alltag mit zahlreichen zivilen Nachbarn in Kontakt.[38] Dort, wo sie in einer größeren Anzahl wohnten, dürften sie die Nachbarschaft auch mitgeprägt haben.[39] Dabei gab es Soldaten, die „Miether von ganzem Hauseren"[40] waren, die also mit ihrer Familie ein eigenes Haus bewohnten. Andere, vermutlich eher die alleinstehenden, wohnten in welcher Rechtsform auch immer zur Untermiete. Eine zufällig überlieferte Serie der Aufstellung von Hauszinsrückständen von vier Soldaten von 1758/59, die alle beim Pastor von St. Kunibert angefallen waren, dürfte auf so etwas wie eine Soldatenwohngemeinschaft hindeuten, indem die Männer gemeinsam in einem zur Pfarrei gehörenden Haus untergebracht waren.[41]

Das von 1776 bis 1790 geführte Rechnungsbuch über Militärausgaben verzeichnet auch Abgänge von Stadtsoldaten, sofern sie finanzielle Folgen hatten. Das war jedoch regelmäßig der Fall, weil Guthaben oder Forderungen z. B. wegen Uniformen und Ausrüstungsteilen oder auch Soldrückständen zu regulieren waren (sowohl beim regulären Abschied als auch bei Deserteuren) oder weil die Stadt die Kosten der Beerdigung trug – was sie häufig tat und gerade für Männer aus unteren sozialen Schichten ein gutes Argument für den Eintritt in das Bataillon der Stadtsoldaten gewesen sein mag. Wenn also

---

36 Vgl. HAGEMANN, Militär, S. 75.

37 Dabei handelte es sich im Verhältnis zur Gesamtbevölkerung im Vergleich zu vielen landesherrlichen Festungsstädten um eine relativ geringe Quote. So kamen in Stralsund 1720 auf ca. 8.500 Einwohner etwas mehr als 3.000 Angehörige der Militärbevölkerung, die folglich das Zusammenleben viel nachhaltiger prägten als die Kölner Militärbevölkerung. Vgl. OLDACH, Einquartierungswesen, S. 218.

38 Das beispielsweise im Unterschied zur Residenzstadt Bonn, wo die Mehrheit der Soldaten gegen Ende des 18. Jahrhunderts in Kasernen lebte. Vgl. SCHLÖDER, Bonn, S. 56. In Frankfurt a. M. wiederum scheinen zahlreiche Stadtsoldaten ähnlich wie in Köln zur Miete gewohnt zu haben. Vgl. EIBACH, Frankfurter Verhöre, S. 43.

39 Die Verteilung der Stadtsoldaten einzeln oder in kleinen Gruppen auf zahlreiche Nachbarschaften ist kein Phänomen des ausgehenden 18. Jahrhunderts, sondern lässt sich z. B. bereits 1690 nachweisen, HAStK-RBA Best. 33 A 57, Bl. 44–60 (Namenslisten von Fahnenbezirken, 1690).

40 HAStK-RBA Best. 10B A 202, Bl. 272r (Ratsprotokoll, 7.11.1755). Es ging darum, dass eine Bürgerfahne von solchen Soldaten eine Teilhabe an den bürgerlichen Wachpflichten forderte, weil diese nach den Häusern und nicht nach der Qualität der Einwohner berechnet werden sollten. Soldaten wurden also in diesem Sinne als Nachbarn wie andere auch begriffen. Als wenig später eine ähnliche Forderung einer anderen Bürgerfahne einging, sollten die Wachmeister gütlich vermitteln, so dass wir nichts über den Ausgang des Streits erfahren. Ebd., Bl. 295v (Ratsprotokoll, 26.11.1755).

41 HAStk-RBA Best. 33 A 392, Bl. 71–74.

vielleicht nicht alle Todesfälle, Desertionen und freiwillige wie unfreiwillige Abschiede in dem Rechnungsbuch verzeichnet sind und die Zahlen für diese Abgänge daher nicht absolut gesetzt werden können (zumal es einige unklare Einträge gibt, die möglicherweise zu einer fehlerhaften Zuordnung führen), so dürften Größenordnung und Verhältnisse doch in etwa den realen Gegebenheiten entsprechen. Insgesamt wurden 105 Todesfälle, 31 Desertionen und 45 Verabschiedungen oder strafweise Entfernungen aus dem Dienst registriert, insgesamt also 181 Abgänge in 15 Jahren oder ca. zwölf pro Jahr. Bei 400 Stadtsoldaten liegt die jährliche Abgangsquote im Frieden also bei etwas über 3 %. Die jährliche Desertionsrate liegt dabei bei ca. zwei Männern pro Jahr (oder 0,5 %, wobei einige der Deserteure alsbald wieder zurückkehrten, so dass die Quote für dauerhaft Fahnenflüchtige noch geringer liegt). Den Abschied erhielten ca. 3,75 Männer pro Jahr (0,94 %). Der Tod war also die bei weitem häufigste Art, aus dem Dienst der Stadtsoldaten auszuscheiden. Es starben an Unfällen oder Krankheiten durchschnittliche sieben Männer im Jahr (1,75 %). Das spricht erneut für einen ziemlich stabilen Personalbestand langdienender Männer.[42] Inwieweit diese Daten auch auf frühere Zeiträume zu übertragen sind, muss allerdings dahingestellt bleiben. Möglicherweise stieg z. B. in Kriegszeiten die Desertionsquote an.

Die Ehefrauen und Kinder von Soldaten (bzw. die Witwen und Waisen) erscheinen immer wieder beiläufig vor allem dann in den Quellen, wenn es zu einem Problem oder einem Streit kam, die obrigkeitliches Eingreifen erforderten.[43] Das verzerrt natürlich die Sicht auf die Soldatenfamilien, die in ihrer Mehrzahl ein Leben in den für Köln üblichen Bahnen geführt haben dürften – denn sonst wären sie in die Überlieferung wesentlich präsenter. Die dokumentierten Problemfälle werfen gleichwohl Schlaglichter auf die Militärbevölkerung insgesamt, denen im Folgenden anhand einiger Beispiele nachgegangen werden soll.[44]

---

42 HAStK-RBA Best. 33 A 348 (Rechnungsbuch Militärausgaben, 1776–1790). Aufgrund unterschiedlicher Quellenlagen und Forschungsansätze ist es nicht einfach, diese Zahlen direkt mit denen anderer Armeen zu vergleichen, soweit sie überhaupt vorliegen. Für Kursachsen hat Kroll eine jährliche Desertionsquote von 3,6 % bis 4,2 % in den Jahren nach Ende des Siebenjährigen Krieges ermittelt, während für 1782 bis 1792 nur die Quote für die Infanterie ermittelt werden konnte. Sie schwankt zwischen 0,9 % und 2,2 % (Kroll, Soldaten, S. 512–513). Sie liegt also in jedem Fall deutlich über den Kölner Werten. Hier kam sogar der reguläre Abschied weniger häufig vor als die Desertion in Kursachsen. Vgl. auch die höhere Desertionsquote bei Linde, Leibregiment, S. 343.

43 Beispielsweise im Umfeld von Straftaten, siehe etwa HAStK-RBA Best. 10B A 63, Bl. 4v (Ratsprotokoll, 25.5.1612). Vgl. auch Schwerhoff, Kriminalität, S. 73 f. Dass viele Soldaten Ehefrauen und Kinder hatten, steht außer Frage. Es liegen jedoch nur zudem undatierte Fragmente von Stammrollen einzelner Kompanien aus dem 17. oder 18. Jahrhundert vor, die neben den Männern auch Letztere summarisch verzeichnen. Sie sind jedoch mangels Datierung und Kontext nicht sinnvoll auszuwerten. Sie unterstützen jedoch den Eindruck einer hohen Zahl von Verheirateten. HAStK-RBA Best. 33 A 394.

44 Dass umgekehrt der Musketier Kilian Postenée dafür sorgte, dass die beiden unmündigen Kinder der verstorbenen Witwe Wildens im Waisenhaus Aufnahme fanden, zeigt ihn in der Rolle eines Mannes, der sich um die Probleme seiner Nachbarschaft kümmert. HAStK-RBA Best. 10B A 204, Bl. 238v (Ratsprotokoll, 2.11.1757).

Im Jahr 1634 war eine Soldatenfrau gemeinsam mit ihrem Mann in einen Diebstahl eines Fasses Wein aus einem leerstehenden Haus verwickelt.[45] Der Musketier Peter Bergwaldt hatte 1727 Ehefrau und drei Kinder.[46] Für Wilhelm Schlicher richtete die offenbar in Köln ansässige Ehefrau eine Supplik an den Rat.[47] Obgleich der Versuch eines Paderborner Soldaten zu Beginn des 18. Jahrhunderts letztlich scheiterte, eine Kölnerin zu heiraten, belegt auch dieser Fall, dass Eheverbindungen mit Soldaten keineswegs außerhalb des Denkbaren lagen.[48] Der Stadtsoldat Wolter Leyder bat 1789 um Begnadigung nach einer Verurteilung, weil sonst seine Ehefrau und seine beiden Kinder unversorgt blieben.[49] Der Musketier N. Wickerath bat 1757 mit Unterstützung des Pastors von St. Christoph um Einweisung seiner „schwachsinnigen" Ehefrau Elisabeth Rommerskirchen in das Hospital zu den vielen Heiligen – was aussichtslos gewesen wäre, wenn man in Köln die beiden als Auswärtige angesehen hätte.[50] Etwa gleichzeitig versuchte der Musketier Franciscus Inger, seine elternlosen Enkel im Großen Armenhaus unterzubringen. Das zeigt zum einen, dass seine Familie mit mehreren Generationen in Köln vertreten war. Zum anderen belegt die Ablehnung seiner Supplik durch den Rat, dass er wie jeder andere Kölner auch behandelt wurde (denen auch zugemutet werden konnte, sich zunächst selbst um ihre Enkel zu kümmern).[51] 1764 bat für den wegen eines Wachvergehens verurteilten Gefreiten Michael Breuer seine Tochter Anna Catharina Brewers um Gnade – wohl, weil die Ehefrau bereits gestorben war.[52] 1770 entstand ein Streit zwischen dem Musketier Riecassel und Maria Elisabetha Ollmans, der Betreiberin einer Wirkschule. Der Soldat hatte dort zwei Töchter ausbilden lassen, war aber das Schulgeld schuldig geblieben.[53]

Da die Ehefrauen der Soldaten wohl zumeist nicht von außerhalb stammten, ist von einer festen Einbindung der Familien in die Beziehungs- und v. a. Verwandtschaftsnetze der Stadtgesellschaft auszugehen, was einmal mehr die Trennlinie zwischen ziviler und militärischer Sphäre verwischt. Wenn etwa die Witwe eines Offiziers mit Namen Printz beim Stadtrat um Plätze für zwei ihrer mittellosen minderjährigen Enkel im Armen-Waisenhaus bat und der Rat die Supplik nicht gleich ablehnte, sondern zur Prüfung an die Provisoren des Hauses gab, ist damit nicht nur eine generationenübergreifende Sol-

---

45 HAStK-RBA Best. 70 A 1324, Bl. 7v–8r (Protokollbuch Militärgericht, 6.3.1634). Zu einem anderen verheirateten Söldner vgl. ebd., Bl. 39 ([Sommer 1634]). Am anderen Ende des Untersuchungszeitraums gibt der ehemalige Stadtsoldat Körver die Geburt eines ehelichen Sohnes zu Protokoll. HAStK-RBA Best. 350 A 219, Bl. 3r (Geburtsregister, 24.8.1798).

46 HAStK-RBA Best. 33 A 243, Bl. 24r (Supplik Bergwaldt, 1727).

47 HAStK-RBA Best. 10B A 210, Bl. 22r (Ratsprotokoll, 2.2.1763).

48 Vgl. Maurer, „… daß wir in Ungeren", S. 265.

49 HAStK-RBA Best. 33 A 119, Bl. 1r (Supplik Leyder, 1789).

50 HAStK-RBA Best. 10B A 204, Bl. 132v–133r (Ratsprotokoll, 4.7.1757).

51 HAStK-RBA Best. 10B A 204, Bl. 131v (Ratsprotokoll, 1.7.1757).

52 HAStK-RBA Best. 33 A 332, Bl. 7 (Supplik Brewers, 1764).

53 HAStK-RBA Best. 33 A 40, Bl. 5–6 (Supplik Ollmans, 1770).

datenfamilie belegt, sondern auch deren Wahrnehmung als zu Köln gehörig, denn fremde Waisenkinder wären sicherlich abgewiesen worden.[54]

Insgesamt waren verheiratete Soldaten bei den Kölner Soldtruppen genauso wenig eine Seltenheit wie bei den anderen Armeen der Zeit, auch wenn sich die Zahl der Soldatenehen mangels Quellen nicht genau bestimmen lässt.[55] Wie viele Soldaten genau verheiratet waren, lässt sich daher nicht feststellen. Es hat aber den Anschein, dass die städtische Obrigkeit im Unterschied zu den Armeen großer Territorien im 18. Jahrhundert[56] keinen besonderen Wert darauf legte, der Verheiratung ihrer Soldaten Grenzen zu setzen. Sie hatten damit mehr Chancen und Gelegenheiten zur Verheiratung vor Ort, zumal von grundsätzlichen[57] Heiratsverboten für Stadtsoldaten nichts bekannt ist. Im Gegenteil[58]: Da die Stadtsoldaten in aller Regel auch im Kriegsfall in Köln blieben, hatte ihre Verheiratung funktionelle Vorteile. Sie verfügten so über ein stabiles Band in die zivile Stadtgesellschaft, das durchaus disziplinierend und konfliktvermeidend wirken konnte (weil man sich nicht mit irgendwelchen anonymen Bürgern, sondern mit Nachbarn, Freunden und Verwandten anlegte), ein sonst häufiger Desertionsgrund fiel weg (nämlich Heimweh[59] oder sich um die ferne Familie kümmern zu müssen[60]) bzw.

---

54 HAStK-RBA Best. 10B A 120, Bl. 14r (Ratsprotokoll, 6.1.1673). Dabei spielt es nur eine geringe Rolle, ob dieser Offizier bei den Stadtsoldaten oder bei einer anderen Armee gedient hatte, was noch zu prüfen wäre.

55 Vgl. KROLL, Soldaten, S. 220–251 (zur kursächsischen Armee); NIMWEGEN, Pitfalls, S. 147 (zur niederländischen Armee); ENGELEN, Warum heiratet (zur preußischen Armee).

56 Vgl. WILSON, German Women, S. 136 und S. 140 (hier auch mit dem auf Köln übertragbaren Hinweis darauf, dass Garnisonstruppen einen höheren Anteil an verheirateten Soldaten aufwiesen als mobile Feldeinheiten). Vgl. auch NOWOSADTKO, Stehendes Heer; S. 243 und 250; CREVELD, Frauen, S. 104 f.

57 Im Einzelfall kann es aber doch zu Schwierigkeiten gekommen sein. 1756 bat Susanna Webers um Strafbefreiung für ihren Ehemann, der wegen eines Heiratsverbots von den Stadtsoldaten desertiert sei. HAStK-RBA Best. 33 A 316, Bl. 93 (Supplik Webers, 1756). Etwa zeitgleich bat der Musketier Henrich Paulus Martin um Entlassung von den Stadtsoldaten, weil er mit seiner Ehefrau nach Solingen ziehen wolle. Diese habe er mit obrigkeitlicher Genehmigung geheiratet, nachdem sie als ehemalige Lutheranerin zum katholischen Bekenntnis gewechselt sei. Ebd., Bl. 107–108 (Supplik Martin, 1756). Die Kölner Obrigkeit hatte also zwar sehr wohl ein Auge auf das Heiratsverhalten ihrer Soldaten, handelte aber situativ und hätte der Ehe des Martin sicher nicht zugestimmt, wenn die Frau Protestantin geblieben wäre. Probleme um Heiraten sind aber so selten dokumentiert, dass es nur selten zu durchgesetzten Verboten gekommen sein kann.

58 1760 supplizierte die Witwe Puppinghausen, weil ein Kölner Artillerist ihrer Tochter ein Heiratsversprechen gemacht habe, das dieser nun anscheinend auf Betreiben seines ebenfalls bei der Artillerie dienenden Vaters unter dem Vorwand brechen wolle, die Tochter weise keinen anständigen Lebenswandel auf. Puppinghausen bat den Rat deshalb, den Vollzug der Ehe anzuweisen. Dieser delegierte den Fall an das Kriegskommissariat, so dass der Ausgang unbekannt ist. Dennoch belegt der Fall, dass Soldaten Eheversprechen ohne vorherige Genehmigung des Rats geben konnten. HAStK-RBA Best. 33 A 350, Bl. 68–69 (Supplik Witwe Puppinghausen, 1760); HAStK-RBA Best. 10B A 207, Bl. 239r (Ratsprotokoll, 12.12.1760).

59 Vgl. EICHBERG, Desertion, S. 236 f.

60 Der kurpfälzische Oberst von Baden vermutete z. B. 1784 den Deserteur Christian Schnock in Köln, weil dort seine Eltern lebten. HAStK-RBA Best. 33 A 270, Bl. 2158–2159 (Baden an Köln, 1784).

wurde im Gegenteil durch ein Desertionshindernis ersetzt (die Familie mittellos zurückzulassen).[61]

Der Soldat Martin Keil klagte 1745 gegen seinen Vormund wegen der Abrechnung der von diesem verwalteten Gelder. Keil war also ein Kölner Waisenkind, das bei den Stadtsoldaten ein Auskommen gefunden hatte. Anlass der Klage war der Plan seiner Ehefrau, eine Wirkschule[62] einzurichten, wofür er die offenbar ererbten Mittel einsetzen wollte. Keil stammte also nicht nur aus Köln, sondern verfügte auch von Haus aus über eine wenn auch vermutlich bescheidene Finanzausstattung, bewegte sich also keineswegs am unteren Rand der Gesellschaft. Der biographische Zufall der Verwaisung hatte ihn in die Abhängigkeit des Vormunds gebracht und ihn vielleicht auch in jungen Jahren (er war laut beiliegender Bestätigung des Pfarrers im Jahr 1721 geboren worden und war nach eigener Angabe seit vier Jahren Soldat) unter die Fahnen der Stadtsoldaten getrieben, was ihm eine gewisse Unabhängigkeit und Absicherung verschaffte (und ihn nicht an der Begründung einer Familie hinderte). Dass er seine Supplik, wenn auch ungelenk, eigenhändig zu unterschreiben vermochte, belegt auch eine rudimentäre Bildung.[63]

Im Jahr 1746 versicherte die Ehefrau des Stadtsoldaten Hans Görge Symons dem Stadtrat, dass der Verdacht, er habe gemeinsam mit ihr desertieren und aus der Stadt fliehen wollen, aus der Luft gegriffen sei. Sie wolle dazu jeden Eid leisten und bat darum, ihren Mann unbestraft im Dienst zu belassen.[64] 1762 bat die Schwester des vor acht Jahren desertierten Musketiers Henrich Heuscheiber um Gnade für ihn. Er sei nur wegen eines Streits mit seiner Ehefrau unter Zurücklassung zweier Kinder geflohen und habe keine fremden Kriegsdienste angenommen, sondern sich um Umland Kölns wohl als Tagelöhner verdingt.[65]

Tragische Umstände enthüllt die Supplik der Anna Schutz genannt Lintzenich an den Rat aus dem September 1729: Ihr Ehemann Johan Lintzenich, Musketier bei den Stadtsoldaten, hatte sie auf Anstiftung „bößhaffter mißgünstiger Leüthe"[66] auf den Kopf geschlagen und war dabei unbeabsichtigt „auff den schwachesten Theil meines Haupts gerathen". Die Folge war eine stark blutende Wunde, was den Ehemann und andere Umstehende zur Vermutung brachte, dass sie sehr rasch sterben werde. Das war nicht der Fall, aber Johan hatte diese Erkenntnis nicht abgewartet, sondern sogleich die Flucht ergriffen, um sich an der holländischen Grenze als Sticker zu verdingen. Dort erfuhr er

---

61 Gleichwohl kamen Desertionen bei den Stadtsoldaten vor. Siehe etwa den Nachweis von vier Mann in HAStK-RBA Best. 70 A 1336, Bl. 2r (Abrechnung Monatsgeld für Deserteure, 1707).

62 Wohl zur Ausbildung von Strumpfstrickern, was möglicherweise im Zusammenhang mit einem üblichen soldatischen Nebenerwerb stand.

63 HAStK-RBA Best. 120 A 3315 (Klage Keil, 1745).

64 HAStK-RBA Best. 33 A 86, Bl. 51–52 (Supplik Symons, 1746).

65 HAStK-RBA Best. 33 A 331, Bl. 45–46 (Supplik Heuschreiber, 1762).

66 HAStK-RBA Best. 33 A 76, Bl. 70r (Supplik der Anna Schutz, 1729). Die ganze Supplik ebd., Bl. 70–71. Laut Rückaufschrift hat der Rat die Angelegenheit am 29.9.1729 behandelt, jedoch fand an diesem Tag keine Sitzung statt (HAStK-RBA Best. 10B A 176). Die Sache wurde also vermutlich unprotokolliert in einem kleineren Kreis entschieden.

von der Genesung seiner Frau und wollte zurückkehren, fürchtete aber nun eine Bestrafung als Deserteur. Anna Schutz versicherte dem Rat nun eindringlich, dass er niemals die Absicht der Desertion gehabt habe (sondern sich nur der Strafe wegen eines
Totschlags entziehen wollte). Auch habe er die Stadt nicht geschädigt, weil er seine Uniform zurückgelassen habe. Daher bat sie darum, ihm eine straffreie Rückkehr zu ermöglichen.

Der Fall lässt nun viele, hier nicht zu führende Betrachtungen zur Allgegenwart von
Gewalt und zu Geschlechterverhältnissen in der Frühen Neuzeit zu. Er wirft aber auch
ein Schlaglicht auf die Lebensverhältnisse der Stadtsoldaten. Lintzenich war verheiratet
und auf diese Weise auch als Soldat fest in einen zivilen Lebenskreis eingebunden. Dabei
trug er offensichtlich wenigstens teilweise zivile Kleidung, sonst hätte er die Uniform
nicht zurücklassen können. Und mit der Stickerei beherrschte er ein Handwerk, das ihn
auch außerhalb des Militärs ernähren konnte. Seine Ehefrau unterschrieb die im Übrigen von einem Profi – der bezahlt werden wollte – geschriebene Supplik eigenhändig
und konnte mit dem fernen Ehemann Kontakt halten. Das spricht zwar nicht für ein
übermäßiges, aber für ein gewisses Bildungsniveau und Ein- bzw. Auskommen. Sozial
marginalisiert scheint sie in Köln also nicht gewesen zu sein – und damit der Musketier
der Stadtsoldaten ebenfalls nicht.

Ähnlich gelagert ist der Fall des Joann Rosée, für den 1740 seine Ehefrau supplizierte.
Er sei nach einem auf einem Missverständnis beruhenden Streit mit ihr nach 14 Dienstjahren bei den Stadtsoldaten heimlich fortgegangen, jedoch ohne die Stadt durch die
Mitnahme von Uniformteilen o. Ä. zu schädigen. Danach habe er – offenbar für eine
ganze Zeit, in welcher der Kontakt zur Frau nicht abriss – in seiner Heimat Böhmen
ehrlich gelebt. Nun machte man sich aber Hoffnung auf einen stadtkölnischen General-
pardon für Deserteure, der ihm eine Rückkehr zu Frau und Kindern ermöglichen könne.[67] In diesem Fall ist zwar eine auswärtige Herkunft des Stadtsoldaten belegt; er hatte
sich im Verlaufe seiner Dienstzeit aber nachhaltig in Köln integriert und eine Familie
gegründet, die hier offenbar fest genug verankert war, um ihm nicht in die Desertion zu
folgen, und sich berechtigte Hoffnung darauf machen konnte, bei Rat Gehör zu finden.
Rosée also immer noch als Fremden anzusehen, dürfte nicht der Lebenswirklichkeit entsprochen haben.[68] Umgekehrt wollte 1758 der Deserteur Joannes Weber nach Köln zurückkehren, nachdem er sechs Jahre bei der niederländischen Armee gedient hatte – was
für bestehende und nie abgerissene Verbindungen nach Köln spricht.[69]

---

67 HAStK-RBA Best. 33 A 83, Bl. 41–42 (Supplik Gross genannt Rosée, 1740). Wegen der vielen fremden
   Deserteure hier wurden auch Generalpardons anderer Mächte in Köln publiziert, siehe etwa HAStK-RBA
   X-Best. 6100 A 491 (1792/93). Zum Instrument des Generalpardons vgl. z. B. KROLL, Soldaten, S. 87 f.

68 Vermutlich war dies bei dem 1704 erwähnten Gefreiten Johannes Beson nicht anders, der ursprünglich
   aus Paris stammte. HAStK-RBA Best. 33 A 258, Bl. 90–95 (Verhör Beson, 1704).

69 HAStK-RBA Best. 33 A 315, Bl. 5 (Supplik Weber, 1758). Er wies übrigens darauf hin, dass er bei seiner
   Desertion nur die alte Uniform mitgenommen, seine neue aber zurückgelassen habe. Er ging also davon
   aus, dass der finanzielle Schaden der Stadt überschaubar geblieben war.

Nachdem der Korporal Christoffel Lohausen seinen regulären Abschied nach zwölf Jahren im Dienst des Kölner Stadtmilitärs genommen hatte, ließ er sich von der dänischen Armee anwerben. In Köln ließ er dabei seine Ehefrau Anna Gertrud Prums und zwei Kinder zurück. Erst etwa zwei bis drei Jahre später bat Prums den Rat um einen Zuschuss, damit sie zu ihrem Mann ziehen konnte – um dort ihren Lebensunterhalt zu finden, aber auch um ihm „durch meine lengere abwesenheit zu keiner außschweifung anlaß zu geben"[70]. Prums stammte nach eigenen Angaben aus einer alteingesessenen Familie Kölner Bürger, in die der fremde Soldat also eingeheiratet hatte. Die Beziehung blieb in welcher Form auch immer über seinen Weggang hinaus noch fast drei Jahre erhalten, was für eine gewisse Stabilität spricht. Wir erfahren von dem Vorgang aber nur, weil die zurückgelassene Ehefrau wirtschaftlich so schlecht gestellt war, dass sie alleine (oder auch mit Unterstützung des Mannes) nicht dazu in der Lage war, das Reisegeld aufzubringen.

Der Soldat Jacob Vianden erhielt 1789 gegen Zahlung einer Ablöse von 40 Reichstalern nach einer Dienstzeit von 20 Jahren seinen Abschied, allerdings mit dem Vorbehalt, nicht in möglicherweise gegen die Stadt gerichtete Kriegsdienste einzutreten. Da er aber im Militär des Kurfürsten von Köln (vermutlich in Bonn) anheuerte, wurde er als Deserteur betrachtet. Das konnte ihm schon deshalb nicht egal sein, weil seine „anverwandten in hiesiger stadt seßhaft"[71] waren, er sie also im besten Fall nicht mehr besuchen konnte, im schlechtesten sie aber unter Repressalien würden leiden müssen.

Eine Integration in die Stadtgesellschaft durch Dienst und Heirat belegt auch ein weiterer Fall. 1729 bat Philipp Ludwig Gottfried Gernand um Einstellung als „Civil bedienung, oder unter die Militairs"[72]. Er sei in Armut geraten, weil er durch seine Konversion zum Katholizismus von seinen protestantischen Eltern verstoßen worden sei. Und seine Ehefrau stamme zwar aus einer Kölner Bürgerfamilie, sei aber durch den frühen Tod ihrer Eltern ebenfalls ohne Vermögen. Hier bot der Militärdienst also einen Ausweg aus einer prekären wirtschaftlichen Lage, was Gernand und seine Frau am unteren Rand der Gesellschaft verortet. Marginalisiert waren sie jedoch nicht, zumal sie vielleicht im Zusammenhang mit der Konversion noch von einer Bruderschaft bei den Kapuzinern unterstützt wurden. Den Dienst bei den Stadtsoldaten sah der Supplikant offensichtlich als gleichrangig mit einer zivilen Stelle an. Getrieben wurde er also nicht von Abenteuerlust oder Beutegier, sondern von der Aussicht auf eine regelmäßige Besoldung in Köln. Und auf eine Stabilisierung seiner Position in der Bürgerschaft.

Diese Funktion des Militärdienstes hatte aus Sicht von Bürgermeistern und Rat auch eine Kehrseite: Wenn man Soldaten etwa wegen Verfehlungen aus dem Dienst entfernen wollte, schuf man ein soziales Problem in der eigenen Stadt. So wiesen drei Soldatenfrauen 1730 darauf hin, dass die Entlassung ihrer seit 18, 22 und 23 Jahren als Stadt-

---

70 HAStK-RBA Best. 33 A 77, Bl. 132r (Supplik Prums, 1732). Siehe ebd., Bl. 132–133.
71 HAStK-RBA Best. 33 A 119, Bl. 7r (Supplik Vianden, 1789). Der ganze Vorgang ebd., Bl. 7–10).
72 HAStK-RBA Best. 33 A 76, Bl. 82r (Supplik Gernand, 1729).

soldaten dienenden Ehemänner ihre Familien in die Armut stürzen werde. Sie forderten daher die Umwandlung der Strafe wegen eines Wachvergehens (es ging um Branntweinschmuggel) in eine begrenzte Haft bei Wasser und Brot. Der Rat gab dem nicht statt, ließ den Soldaten aber immerhin bei ihrer Entlassung eine Zahlung zum Abschied zukommen, die ihnen den Start in ein ziviles Berufsleben ermöglicht haben könnte.[73]

Hinweise darauf, dass Kölner Stadtsoldaten zumindest teilweise auf lange Dienstzeiten und damit ein entsprechend hohes Lebensalter zurückblicken konnten, finden sich immer wieder. Sie könnten bis zu einem gewissen Grad durch die hier nicht zu leistende systematische Auszählung von Musterungslisten und verwandten Quellen vermutlich erhärtet werden. Vorerst genügen aber einige Beispiele. Aus dem Jahr 1770 liegt eine namentliche Auflistung von Konstablern, also Artilleristen, mit Dienstzeiten und Lebensalter vor. Bei ihnen handelte es sich zwar um eine besondere Truppe, so dass die Befunde für sie nicht unmittelbar auf die normalen Stadtsoldaten zu übertragen sind. Dennoch lohnt sich ein Blick in die Liste, die Daten zu 33 Männern erfasst. Ihre Dienstjahre bei der Kölner Artillerie schwanken zwischen zwei und 36, der Durchschnitt liegt bei 15 Jahren. Die Lebensalter liegen zwischen 25 und 71 Jahren (wobei mit gewissen Ungenauigkeiten zu rechnen ist), im Durchschnitt liegt es bei fast 50 Jahren. Die Männer waren rechnerisch fast 35 Jahre alt, als sie in den Dienst eintraten. Nicht wenige von ihnen hatten zuvor einen handwerklichen Beruf erlernt – was bei Artilleristen aber auch nicht unbedingt überraschend ist. Vermerkt sind ein Steinhauer, ein Schreiner, ein Goldschläger, drei Zimmermänner, ein Seifensieder, ein „Cartenmacher“, ein Maurer, ein Uhrmacher, ein Schlosser, ein Bleigießer, ein Schneider und ein Hufschmied. Vielleicht hatten die übrigen zumindest teilweise vorher auch einen Beruf erlernt, ohne dass das hier verzeichnet wurde. Sonst hat es sich bei ihnen um Tagelöhner gehandelt. Aber nur elf Männer, darunter auch gelernte Handwerker, konnten weder lesen noch schreiben, so dass auch bei vermutlichen Tagelöhnern das Bildungsniveau nicht ganz schlecht gewesen zu sein scheint. Das hohe Durchschnittsalter senkte aber die praktische Einsatzfähigkeit: Bei zehn Männern – zumeist die ältesten – ist irgendeine Form von Gebrechen bzw. körperlicher oder geistiger Einschränkung notiert. Hier ging also der aktive Dienst in eine Altersversorgung über. Ein Mann bezog eine von seinem Vater ererbte Leibrente. Insgesamt wirft die Liste ein Schlaglicht auf eine Truppe langjährig bzw. über die Dienstunfähigkeit hinaus dienender Männer, die offenbar vielfach ehemalige Handwerkergesellen waren und unhinterfragt ein so fester Teil der Stadtgesellschaft waren, dass man sie auch bei schwerer Krankheit nicht einfach mit dem Ziel der Reduzierung der Kosten entfernen konnte. So ist bei einem Mann ausdrücklich vermerkt, dass er bereits seit etwa

---

73 HAStK-RBA Best. 33 A 76, Bl. 93–94 (Supplik Ernst, Urbach und Gilles, 1730); HAStK-RBA Best. 10B A 177, Bl. 96v (Ratsprotokoll 27.3.1730). Das Problem stellte sich immer wieder. So hatte bereits 1652 der nach 17 Dienstjahren abgedankte Stadtsoldat Georg Cramer um Wiedereinstellung gebeten, vermutlich weil er keinem anderen Broterwerb nachgehen konnte. Die Stadt erwog daher, ihn als ein Pfortenwächter einzustellen. HAStK-RBA Best. 10B A 99, Bl. 29r–v (Ratsprotokoll, 22.1.1652).

sechs Jahren aufgrund eines Schlaganfalls mehr oder minder bewegungsunfähig sei, ihm aber mit seiner Mutter eine freie Wohnung gestellt wurde.[74]

Die feste Einbindung in die Kölner Gesellschaft, die durch langjährige Dienste und verwandtschaftliche Netze begründet wurde, stellte immer wieder ein Argument für Soldaten dar, um ihre Interessen gegenüber dem Rat zu vertreten. Der Sergeant der Stadtsoldaten Peter Anton Goeth bewarb sich beispielsweise 1748 um eine Fähnrichstelle, für die er durch acht Jahre Dienst in Köln und durch vorige Dienste in anderen Armeen qualifiziert sei. Außerdem seien seine Eltern Kölner.[75] Gleichzeitig bewarb sich der Sergeant Bernardus Hartz um die freie Stelle. Er hatte von der sprichwörtlichen Pike auf bei den Stadtsoldaten gedient: Zwei Jahre als Gemeiner, vier als Korporal und zehn als „Fuhrer" (wohl: Fourier) und Sergeant.[76]

Der Artillerist Matthias Uhlenkamp hinterließ bei seinem Tod nach vielen Jahren Dienst bei den Kölner Stadtsoldaten eine Witwe und drei Kinder, aber keine Reichtümer. Als diesen 1773 eine Erbschaft im Hochstift Osnabrück zufiel (von wo der Vater stammte), hatten sie jedenfalls nicht genug Geld, um den ältesten Sohn zur Beanspruchung der Erbschaft dorthin zu schicken. Die Stadt Köln sprang in diesem Fall ein, indem sie sich schriftlich bei der dortigen Obrigkeit meldete und den Anspruch vertrat.[77] Auch der Musketier Johann Moll hinterließ nach 14 Dienstjahren neben drei unmündigen Kindern eine Witwe in Köln, die nun um seine rückständigen Ansprüche auf Montierungsgeld stritt. Dazu forderte sie nach eigener Aussage den Auditor dazu auf, ihr Einblick in das Rechnungsbuch der Kleiderkammer zu gewähren. Da sie mit dem Ansinnen gescheitert war, forderte sie eine „unparteyische"[78] Untersuchung durch das Kriegskommissariat, die der Rat aber durch eine Zahlung gnadenhalber umging.

Maria Barbara Müllers klagte 1748 darüber, dass sie schon vor Jahren dem gemeinen Stadtsoldaten Lambert Romerskirchen und seiner Ehefrau nahezu 80 Taler geliehen habe (weil er durch eine Verletzung am Bein in Not geraten war), dieser aber keine Anstalten zur Rückzahlung mache.[79] Abgesehen davon, dass dieser Fall am Ende also negativ ausgegangen war, zeigt er doch, dass ein Stadtsoldat durchaus so weit in das städtische Umfeld integriert gewesen sein konnte, dass ihm derartig geholfen wurde.

Der Feldwebel Andreas Andernach bat 1725 um eine freie Fähnrichstelle bei den Stadtsoldaten. Dabei konnte er nicht nur auf seine eigenen 20 Dienstjahre beim Kölner Stadtmilitär verweisen, sondern auch auf 50 Jahre, die sein Vater im Kölner Sold gestanden hatte.[80] Hier handelte es sich also um einen Ansatz zu einer regelrechten Stadt-

---

74   HAStK-RBA Best. 1149 A 126, Nr. 27.
75   HAStK-RBA Best. 33 A 87, Bl. 26 (Supplik Goeth, 1748).
76   HAStK-RBA Best. 33 A 87, Bl. 28 (Supplik Hartz, 1748).
77   HAStK-RBA Best. 33 A 105, Bl. 87–89 (Supplik und Vorschreiben in Sachen Uhlenkamp, 1773).
78   HAStK-RBA Best. 33 A 74, Bl. 58v (Supplik Witwe Moll, 1727). Die gesamte Supplik ebd., Bl. 58–60.
79   HAStK-RBA Best. 33 A 87, Bl. 78 (Supplik Müllers, 1748).
80   HAStK-RBA Best. 33 A 74, Bl. 28r (Supplik Andernach, 1725). Vater und Sohn (Zulfs) standen 1760 im Dienst der Kölner Artillerie, HAStK-RBA Best. 33 A 350, Bl. 68r (Supplik Witwe Puppinghausen, 1760). Weitere Beispiele dürften sich ermitteln lassen.

soldatendynastie mit entsprechender langlebiger Zugehörigkeit zur Stadtgesellschaft. Der verstorbene Fähnrich mit dem sprechenden Namen Cornet hinterließ übrigens nach 20 (oder 29 – die Supplik ist hier schwer lesbar) Dienstjahren im Kölner Stadtmilitär eine Witwe, die sich in Not sah und beim Stadtrat die Überlassung „einiger monaths ga-gen"[81] beantragte.

Als der Unteroffizier Dominicus Abels 1721 nach – seinen Angaben zufolge – 47 Dienst-jahren[82] bei den Stadtsoldaten altersbedingt aus dem Dienst entlassen wurde, wehrte er sich wegen der nunmehr drohenden Armut dagegen. Dabei konnte er auf seine lang-jährigen treuen Dienste innerhalb und außerhalb der Stadt hinweisen, v. a. auf den Ein-satz in den Stollhofener Linien am Oberrhein im Rahmen der Reichsarmee während des Spanischen Erbfolgekriegs.[83] Diese habe er erst unter den Letzten verlassen, wobei er die Fahne geschützt und dann noch sicher nach Köln geliefert habe. Für diese Tat sei er da-mals geehrt worden, u. a. durch die Zusage eines lebenslänglichen Gnadenbrots, das er nun einforderte.[84] Der gleichzeitig entlassene 67-jährige Musketier Abraham Chermcij verwies auf 33 Dienstjahre und ebenfalls auf den Einsatz in den Stollhofener Linien. Auch er sei bei der Fahne geblieben, habe sie – mit Abels – nach Köln gebracht und sei mit der Zusage eines Gnadensolds geehrt worden.[85] Beide Suppliken wurden erst einmal abge-wiesen, offenbar, weil zu den angeblichen Zusagen recherchiert werden musste.[86] Aus einem undatierten Rückvermerk „pro amore Dei" auf der zweiten Supplik lässt sich aber schließen, dass ihnen schließlich ein Gnadenbrot gewährt wurde.

Der Korporal Joannes Bülsingh bat 1725 um die Entlassung aus dem Dienst. Er habe der Stadt über 30 Jahre als Sergeant, Fourier und dann Korporal gedient, dabei auch an den auswärtigen Feldzügen des Spanischen Erbfolgekrieges teilgenommen, sei nun aber durch Alter und Krankheit geschlagen. Vor allem sei er an einer Hand gelähmt, so dass er seine Waffe nicht mehr führen könne. Damit aber er und seine Ehefrau nicht an den Bettel kamen, bat er zugleich um Zuweisung einer freien Gefreitenstelle bei seiner Kom-panie.[87] Hier hätte es sich um ein „gnaden gehalt"[88] um den Preis der Aufgabe einer Stelle im aktiven Dienst gehandelt, die angesichts der geringen Stärke der Stadtsoldaten benötigt wurde. Wohl deshalb wurde die Supplik abgelehnt, was wiederum dazu führte, das Ehepaar der Armut und daher anderen wohltätigen Kassen zu überlassen. Die An-werbung auswärtiger Männer in den städtischen Sold wäre unter diesem Aspekt also auf lange Sicht die kostengünstigere Variante gewesen. Gleichwohl gab es eine Invaliden-

81 HAStK-RBA Best. 33 A 74, Bl. 30 (Supplik Cornet, 1725).
82 Derartig lange Dienstzeiten finden sich auch in anderen Armeen, vgl. z. B. KROLL, Soldaten, S. 165.
83 Vgl. PLASSMANN, Bühl-Stollhofener Linien.
84 HAStK-RBA Best. 33 A 253, Bl. 67 (Supplik Abels, 1721).
85 HAStK-RBA Best. 33 A 253, Bl. 69 (Supplik Chermcij, 1721).
86 HAStK-RBA Best. 10B A 168, Bl. 385r (Ratsprotokoll, 20.12.1721).
87 HAStK-RBA Best. 33 A 74, Bl. 61–62 (Supplik Bülsingh, 1725).
88 HAStK-RBA Best. 10B A 172, Bl. 263r (Ratsprotokoll, 15.8.1725).

versorgung für Stadtsoldaten.[89] 1707 wurde beispielsweise ein Joannes Unglaub „wegen seiner blessur unter die invaliden abgeben"[90]. Für 1749 ist belegt, dass eine Anzahl von Invaliden[91] einen Dienst auf dem Bayen-Bollwerk versah. Sie konnten bei hohem Krankenstand der aktiven Soldaten zu Wachdiensten herangezogen werden, so dass es sich nicht um Vollinvaliden handelte.[92] Diese Truppe ist also vergleichbar den Invalidenkompanien fürstlicher Armeen, die im Garnisonsdienst eingesetzt wurden.[93]

Die langen Dienstzeiten der Stadtsoldaten – für die noch mehr Beispiele angeführt werden könnten – kamen, jedenfalls nach einer 1784 geäußerten Einschätzung, auch dadurch zustande, dass sie grundsätzlich auf unbestimmte Zeit eingestellt wurden und sich nicht wie in anderen Armeen nur für eine bestimmte Dienstzeit verpflichteten. Ob der gleichzeitig geäußerte Vorschlag, den Männern nach 25 oder 30 Dienstjahren auf Wunsch einen kostenfreien Abschied zu gewähren, so umgesetzt worden wäre, wenn er sich nicht alsbald durch die Revolutionskriege und das Ende des Stadtmilitärs erledigt hätte, sei dahingestellt.[94]

Nicht alle Soldaten drohten bei einer Entlassung aus dem Dienst durch das soziale Netz zu fallen. Stadtsoldaten erscheinen beispielsweise unter den Einwohnern, die zu Anfang des 18. Jahrhunderts zur Zahlung des 100. Pfennigs herangezogen wurden. Sie mussten also gleich anderen eine in Notzeiten erhobene Sondersteuer bezahlen, die sich am Vermögen orientierte. Eine tiefgreifende Auswertung der Abrechnung dieser Steuer nicht nur unter fiskalischen, sondern auch unter sozialen Aspekten wäre wünschenswert, ist hier aber nicht zu leisten. So mag es bei wenigen Hinweisen bleiben, etwa auf den Soldaten Philipp Becker, der wegen seines Hauses zahlungspflichtig war und knapp über zwei Gulden entrichtete. Das entspricht in der Höhe ungefähr den Zahlungen anderer Bürger auf derselben Seite der Rechnung (nämlich der Witwe Sertorius, des Engelbert Wesselingh, des Johan Henrich Christ usw.).[95] Derselbe Befund ergibt sich für den Soldaten Joahnnes Kirsch.[96] Die Soldaten Dietrich Keip und Henrich Kohler wurden zwar getrennt, aber in derselben Tabellenzeile veranlagt – sie könnten zusammengewohnt haben. Auch bei ihnen und dem auf derselben Seite verzeichneten Soldaten

---

89 Wenigstens in einem Fall ist es belegt, dass den Invaliden testamentarisch ein Legat vermacht wurde, das von der Mittwochsrentkammer verwaltet wurde. Vielleicht handelte es sich um eine aufgeklärte Form der mildtätigen Zuwendung an Arme, die auf die Mitwirkung der Kirche verzichtete. HAStK-RBA Best. 33 A 112, Bl. 3r (Legat des Apothekers Heimbach, 1782). In Hamburg gab es – wohl im Unterschied zu Köln – eine Invalidenkasse, vgl. EHLERS, Wehrverfassung, S. 70–78.

90 HAStK-RBA Best. 70 A 1336, Bl. 13r ([Musterungsliste] 3. Corporalschaft [1707]).

91 Hierbei könnte es sich neben invaliden Stadtsoldaten auch um andere ehemalige städtische Bedienstete gehandelt haben, die ihren eigentlichen Dienst aus Gesundheits- oder Altersgründen nicht mehr versehen konnten und daher gnadenhalber einer Aufnahme bei den Stadtsoldaten fanden. Ein Beispiel dazu aus dem Jahr 1652 in HAStK-RBA Best. 10B A 99, Bl. 213r.

92 HAStK-RBA Best. 14 A 20 (Ratsedikt, 16.9.1749).

93 Vgl. KROLL, Soldaten, S. 169 f.; ANDERSON, War, S. 108 f.

94 HAStK-RBA Best. 33 A 398, Bl. 664r („Entwurf", 1784).

95 HAStK-RBA Best. 70 A 967, Bl. 184v (23.9.1702).

96 HAStK-RBA Best. 70 A 967, Bl. 185v (30.9.1702).

Peter Schiefer ergibt sich ein ähnliches Bild der Vergleichbarkeit mit den übrigen benachbarten Steuerzahlern.[97] Weitere Beispiele könnten ermittelt werden, jedoch mag
das an dieser Stelle unterbleiben. Da bei der Steuerveranlagung der Wert des jeweiligen
Hauses und nicht das sonst vorhandene Gesamtvermögen zählte, lässt sich aus den Zahlen wenig zur konkreten Finanzlage der einzelnen Personen aussagen (zumal sie nicht
der Eigentümer sein mussten, sondern es im Zweifel nur bewohnten).[98] Da aber auf der
einen Seite ausdrücklich als „pauper" bezeichnete Personen vorkommen (und zwar auf
denselben Seiten wie die Soldaten), auf der anderen Seite insbesondere dort, wo im selben Haus auch einem Gewerbe nachgegangen wurde, auch höhere Summen aufgerufen
wurden, lässt sich in aller Vorsicht erneut der Schluss ziehen, dass sich wenigstens die
hausbesitzenden[99] Stadtsoldaten, wenn auch im unteren Bereich, in einer sozial und
wirtschaftlich in gesicherten Verhältnissen lebenden Einwohnerschaft verorten lassen,
die von den Armen bzw. Zahlungsunfähigen abzugrenzen ist. Und sie bildeten keine
rechtlich vom Rest der Bevölkerung strikt getrennte Gruppe.

Für den ehemaligen stadtkölnische Tambour Peter Fontaine wurde 1775 seine Schwägerin A. M. Theresia Aldenbruck beim Rat vorstellig.[100] Ihre Supplik zeigt nicht nur, dass
er durch Heirat ganz allgemein in die Gesellschaft der Bürger eingebunden war. Alden-
brucks Schriftsatz ist sehr selbstbewusst formuliert, etwa wenn sie dem Oberstleutnant
der städtischen Truppen „ohnfug" vorwirft und nahelegt, dass er „vorher beßer überle-
get" hätte. Das passt nicht wirklich zum demütigen Stil, der sonst in Suppliken an den
Rat anzulegen war. Der Name Aldenbruck ist mit seinen Schreibvarianten zu unspezifisch und zu häufig, um diese Aldenbruck sicher zu identifizieren. Jedoch liegt es nahe,
dass sich eine solche Supplik nur eine Frau leisten konnte, die sich eher am oberen denn
am unteren Ende der sozialen Skala bewegte. Ihr Schwager verfügte also zumindest über
ein in diese Kreise reichendes Netzwerk und ist daher seinerseits kaum im Bereich der
Armen und Ausgestoßenen zu verorten. Ähnliches dürfte für den Tambour Johannes de
Bercheimb gelten, für den 1684 sein Vater supplizierte, weil die Stadtsoldaten seine ver-
sprochene Entlassung nach Ablauf seiner Kapitulation herauszögerten.[101]

Besser als die Lebenswege und -umstände von Gemeinen und Unteroffizieren lassen
sich die von manchen Offizieren verfolgen.[102] Wie der des Hauptmanns Johan[103] de Lunick-

---

 97 HAStK-RBA Best. 70 A 967, Bl. 417v (6.11.1703).
 98 Vgl. Looz-Corswarem, Finanzwesen, S. 130. Die Bewohner konnten die Steuer dann aber vom Pacht-
     zins abziehen und so die Eigentümer belasten, weshalb auch die „pauperes" veranlagt werden konnten.
 99 Selbst wenn sie nicht Eigentümer waren, so kann es sich doch nicht um ärmliche Hütten gehandelt
     haben, wenn der Wert der von ihnen bewohnten Häuser mit denen ihrer Nachbarn vergleichbar war.
     Dementsprechend mussten sie auch einen vergleichbaren Hauszins zahlen können.
100 HAStK-RBA Best. 33 A 106, Bl. 94r (Supplik der A. M. Theresia Aldenbruck, 1775).
101 HAStK-RBA Best. 33 A 68, Bl. 13r (Supplik Beißgen, 1684).
102 Zum Artilleriehauptmann Johann Valentin Reinhardt vgl. Kroeffges, Des Kölner Artilleriehaupt-
     manns.
103 Vielleicht identisch, sonst verwandt mit dem 1732 erwähnten Hauptmann Johan Ernest von Lunick-
     hausen. HAStK-RBA Best. 125 A 38, Bl. 24r (Verhör Kochius, 1732).

hausen, der 1740 um eine Aufstockung seiner Bezüge bat. Er war bei der letzten Verklei-
nerung des Stadtmilitärs in den sogenannten Reformiertenstand versetzt worden, also
statt einer vollständigen Entlassung auf geringere Bezüge mit der Exspektanz auf vollen
Sold bei frei werdenden Stellen oder einem erneuten Aufwuchs des Stadtmilitärs. Der
Zeitpunkt dieser Reformierung wird hier nicht genannt, er dürfte jedoch mit dem Ende
des Polnischen Thronfolgekrieges 1738 in Verbindung zu bringen sein. Lunickhausen
konnte nun auf bereits 20 Dienstjahre in Köln[104] zurückblicken und dachte offenbar weder
daran, sich besser bezahlt bei einem anderen Dienstherrn zu verdingen, noch an eine zivile Beschäftigung – vielleicht fehlten ihm aber auch für beides die Möglichkeiten und
Voraussetzungen. In jedem Fall war er offensichtlich mehr oder minder auf Gedeih und
Verderb an die Stadt Köln gebunden.[105] Seine finanzielle Lage tendierte 1743/44 in Richtung Verzweiflung, war er doch in einen an anderer Stelle näher zu betrachtenden Prozess um Schulden in Höhe von 2.500 Reichstalern verwickelt, die er nicht zurückzahlen
konnte. Sein Haus am Neumarkt scheint damals zusätzlich mit Hypotheken belastet gewesen zu sein. Sein Mobiliar scheint aber teilweise von Wert gewesen zu sein, was auf
einen gehobenen Lebensstil hindeutet, den er schließlich nur noch über Schulden finanzieren konnte. Unter anderem verfügte er anscheinend über Gemälde, die er an seinem
Gläubiger vorbei zu versilbern versuchte.[106] Man könnte ihn also als einen gescheiterten
Aufsteiger sehen, der sich vergeblich darum bemüht hatte, als Offizier auch im Hinblick
auf den Lebensstil Anschluss an die Kölner Elite zu finden – oder als Absteiger, der seinen früheren Status nicht hatte halten können.

Wahrscheinlicher ist indes die erste Variante, scheint er doch zu einer verwandtschaft-
lich verbundenen Gruppe von Offizieren gehört zu haben, die in der ersten Hälfte und
Mitte des 18. Jahrhunderts Führungsstellen im Stadtmilitär besetzte und offensichtlich
insgesamt nicht auf einen reichen, ererbten Familienbesitz zurückgreifen konnte.[107] Jedenfalls trug der damalige Oberst der Stadtsoldaten Ernst Ludwig von Lünickhausen[108] denselben Namen (und auch er litt unter Geldmangel, weil seiner Beförderung zum Oberst
1734 offenbar keine Solderhöhung gefolgt war, die einen der neuen Würde angemessenen

---

104   Bereits 1734 hatte er – wenn nicht eine zufällige Namensgleichheit mit einem ebenfalls als Hauptmann
        dienenden Verwandten vorliegt – gemeinsam mit seiner Ehefrau Maria Brigitta von Hartzheim ein Tes-
        tament errichtet, das sich nicht von anderen Bürgertestamenten unterscheidet. HAStK-RBA Best. 110L
        U 2/430 (Testament, 4.7.1734).
105   HAStK-RBA Best. 33 A 83, Bl. 8–9 (Supplik Hauptmann Luninckhausen, 1740). Nur wenig später starb
        der Hauptmann Fostier, so dass Luninckhausen nun Anspruch auf dessen Kompanie erheben konnte.
        Ebd., Bl. 130 (dass., 1741). Fostier könnte ein angeheirateter Verwandter gewesen sein, und zwar über
        Wilhelmina, Ehefrau des Leutnants Fridericus Joannes Jacobus von Lunnighausen. Siehe HAStK-RBA
        Best. 110L U 2/431 und U 2/432 (Testamente Wilhelmina 1738 und 1742).
106   HAStK-RBA Best. 56 A 225, Bl. 66–102 (Extractus Jurium, 1743–1744).
107   Ein Leutnant dieses Namens ist 1785 belegt. HAStK-RBA Best. 10B A 232, Bl. 174v (Ratsprotokoll,
        1.8.1785).
108   Er ist bereits 1707 als Oberstleutnant und Inhaber einer Kompanie der Stadtsoldaten belegt, HAStK-
        RBA Best. 70 A 1336, Bl. 11r (Musterungsliste seiner Kompanie, 1707). Ebenso HAStK-RBA Best. 33 A
        23, Bl. 207r (Musterungsliste, 1718).

Lebensstil ermöglicht hätte[109]). Das Problem des reduzierten Offizierssoldes zog aber weitere Kreise, denn ebenfalls 1740 baten zehn auf geringeren Sold gesetzte Offiziere um eine Erhöhung der Zahlung, darunter auch ein Leutnant Friedrich von Luninckhausen, was auf eine regelrechte Offiziersdynastie hindeutet.[110] Bei Letzterem könnte es sich um Fridericus Joannes Jacobus von Lunnighausen gehandelt haben, den als Leutnant bezeichneten zweiten Ehemann der Wilhelmina, geborene Möhlers oder Mählers. Sie stammte offenbar aus reicher Familie mit umfassendem Besitz, den sie in ihrem Testament von 1738 hauptsächlich ihren Kindern aus erster Ehe hinterlassen wollte.[111] Lunnighausen sollte nur auf Lebenszeit eine Rente von 50 Reichstalern erhalten, sofern sonst genug für die Kinder da war. 1742 gab es dann Kinder aus der zweiten Ehe. Deren Vater wurde nunmehr statt mit einer Rente mit einer Einmalzahlung von 1.000 Reichstalern abgefunden, während die Kinder aus erster Ehe zurückgesetzt und die aus zweiter Universalerben wurden.[112] Was auf den ersten Blick als Affront gegen einen kurz gehaltenen Ehemann erscheint, könnte bei näherem Hinsehen auf einen sozialen Aufstieg durch günstige Heirat hindeuten. Der Leutnant verdiente nicht viel und konnte sicher nicht erwarten, im Dienst der Stadt Köln ein Vermögen anzuhäufen. Die Heirat mit einer reichen Witwe sicherte ihm aber einen Lebensstil[113], der dem der Kölner Führungsschicht entsprach – auf dem Land würde man von einem adeligen Lebensstil sprechen können. Voll zahlte sich das aber erst in der Folgegeneration aus, denn seine Kinder erhielten ein Vermögen, mit dessen Hilfe sie sich aus eigener Kraft in der Oberschicht würden behaupten können.[114]

Mit Ludwig von Lüninckhausen erscheint 1789 ein weiterer Leutnant der Stadtsoldaten in den Quellen, der zu dieser Familie gehört haben dürfte. Er sah sich durch das „Unglück meines blöden gesichts und beschwernus der Aussprache"[115] geschlagen – ver-

---

109 HAStK-RBA Best. 33 A 83, Bl. 10–11 (Supplik Oberst Lüninckhausen, 1740). Bereits 1736 ging es bei ihm um die Abtragung einer Schuld von 300 Reichstalern bei der Mittwochsrentkammer, HAStK-RBA Best. 33 A 401 (Entwurf Ratsprotokoll, 23.2.1736).

110 HAStK-RBA Best. 33 A 83, Bl. 61–62 (Supplik von zehn Offizieren, 1740). Das Anliegen wurde vom Kriegskommissariat geprüft.

111 Das vermutlich auch, weil ihr Mann bereits damals in juristische Schwierigkeiten um einen Hauskauf verstrickt war und sie daher ihr ererbtes Vermögen davor absichern wollte, für die Kompensation der Schulden des Ehemanns eingesetzt zu werden. Siehe HAStK-RBA Best. 33 A 82, Bl. 1–4 (Supplik Lunickhausen, 1738).

112 HAStK-RBA Best. 110L U 2/431 und U 2/432 (Testamente, 1738 und 1742).

113 Zu dem auch zählte, dass er die Interessen seiner Frau in Rechtsstreitigkeiten vertrat, so 1738/39 gegen einen Weinhändler. HAStK-RBA Best. 120 A 3153.

114 Jedenfalls theoretisch. 1785 klagte ein Ehepaar Esser gegen einen Leutnant Lünickhausen, der seit 1775 eine Schuld von 30 Reichstalern nicht beglichen habe. HAStK-RBA Best. 120 A 4801, Bl. 21–22 (Supplik Esser, 1785). 1760 ist ein Hauptmann Lunickhausen nachgewiesen, bei dem es sich um eine weitere Person oder um den mittlerweile beförderten Leutnant handeln könnte. HAStK-RBA Best. 33 A 301. Bl. 354r (Status Militaris, 1760).

115 HAStK-RBA Best. 33 A 199, Bl. 13r (Supplik Lüninckhausen, 1789). Der ganze Vorgang ebd., Bl. 13–18. HAStK-RBA Best. 10B A 236, Bl. 172r–v (Ratsprotokoll, 10.8.1789. Vermutlich ist er auch im Adressbuch von 1798 verzeichnet. Hier wird ein Ludwig Lünninghausen als (gewesener) „Stadt-Officier" geführt, siehe Verzeichnus der stadt-kölnischen Einwohner, S. 214, Nr. 5673.

mutlich also durch einen Schlaganfall, der die Gesichtszüge und das Sprachvermögen beeinträchtigte. Damit sei er nicht mehr dazu in der Lage, den Leutnantsdienst angemessen zu versehen. Nach dem durchaus üblichen Herkommen bei zivilen städtischen Beschäftigten[116] beantragte er daher eine Altersversorgung auf Kosten seines Nachfolgers im Amt, konkret seines Vetters Franz Carl, der Fähnrich war und nun die Leutnantsstelle übernehmen sollte, während er selbst als Hauptmann in den Ruhestand treten wollte. Dafür sollte durch den Vetter eine Altersversorgung von 100 Gulden jährlich für den Leutnant und seine sieben Kinder finanziert werden. Auch wenn Franz Carl das zu Lebzeiten seines Vetters hart treffen würde, konnte so die gesamte Offiziersfamilie von dem Arrangement profitieren.

Etwas anders scheint der Fall beim Leutnant und Adjutanten bei den Stadtsoldaten Joann Henrich Kayser gelegen zu haben, der 1720 mit seiner Ehefrau Elisabeth Linck ein Testament errichtete.[117] Von einem besonderen Vermögen ist hier nicht die Rede, jedoch waren beide gemeinsam offenbar ausreichend gut situiert, um überhaupt ein notariell beglaubigtes Testament in Auftrag geben zu können. Erwähnung finden ein Sohn, dem die Eltern ein Studium und dann den Eintritt in das Kloster St. Pantaleon in Köln hatten ermöglichen können, und eine Tochter, die nach Abzug einiger Legate Universalerbin war. Ein gewisser, nicht durch ein karges Leutnantsgehalt[118] alleine zu erreichender Wohlstand auf einem wenigstens mittleren bürgerlichen Niveau ist insgesamt anzunehmen, auch wenn in der Urkunde keine Summen genannt werden. Vermutlich stammten aber die Ehepartner aus dem etablierten Kölner Bürgertum[119] und konnten auf ein selbst ererbtes Kapital zurückgreifen.[120] Und vielleicht markierte auch hier das Studium des Sohnes einen weiteren sozialen Aufstieg.

---

116 Siehe nur als ein Beispiel: HAStK-RBA Best. 30N A 987 (ein städtischer Eichmeister zahlt eine Rente an seine Mutter in Erfüllung der Bedingungen für seine Anstellung, 1765).

117 HAStK-RBA Best. 110K U 1/9 (Testament Kayser/Linck, 16.3.1720).

118 Vgl. allgemein zu den finanziellen Möglichkeiten niederer Offizierschargen NOWOSADTKO, Stehendes Heer, S. 68; LINDE, Leibregiment, S. 220–223; SCHÖNFUSS, Mars, S. 39–41; KROENER, „Des Königs Rock", S. 82; OPITZ-BELAKHAL, Militärreformen, S. 40 f.

119 Das war bei dem vor 1561 verstorbenen Hauptmann Gerart van Oelp offenbar nicht der Fall, denn seine Witwe erhielt aus der Versorgungskasse für arme, aber ehelich geborene und katholische Bürgertöchter einen Heiratszuschuss von 40 Gulden. Es war also kein Vermögen da, das für die Stellung einer Mitgift ausgereicht hätte. Immerhin zeigt dieses frühe Schlaglicht aber die feste Einbindung einer Offiziersfamilie in die Gesellschaft der Bürger. HAStK-RBA Best. 1 U 1/17575 (Arme-Töchter-Quittung der Witwe Maria, 1561). Genauso quittierte 1562 der städtische Söldner Gerhardt von Widdich einen Zuschuss für die Verheiratung seiner Tochter mit einem Schröder, also mit einem in Köln ansässigen Handwerker. HAStK-RBA Best. 1 U 1/17605 und U 1/17606.

120 Mittelbar zur Kölner Militärbevölkerung zählte auch der kaiserliche Oberstleutnant Johan Syriack zu Syriack, der seinen Lebensabend offenbar mit einer Kölner Ehefrau in Köln verbrachte. Das Paar wurde in St. Aposteln begraben und stiftete 1643 eine gut ausgestattete Memorie. Hier könnte ebenfalls ein Fall eines wenn auch externen Offiziers vorliegen, der mit einer Kölner Ehepartnerin einen gewissen Wohlstand genoss. HAStK-RBA Best. 203 U 1/165A (Memorienstiftung, 1643).

Der Leutnant und Adjutant Gabriel Bartscherer blickte nach eigenen Angaben 1780 auf 48 Jahre treue Dienste bei den Stadtsoldaten zurück. Da ihn nunmehr Alter und Krankheit plagten, bat er erfolgreich um die Stellung eines Adjunkten zu seiner Unterstützung bei Beibehaltung seines Gehalts. Hier hätte anderenfalls wohl Armut gedroht, der Rat ließ ihn aber vermutlich tatsächlich wegen seiner langjährigen Bewährung nicht im Stich. Ihm wurde der Sergeant Major Tobias Zoller als Gehilfe zugeteilt, der bis zum Tod des weiterhin besoldeten Bartscherer seine Unteroffizierslöhnung beziehen, diesem dann aber offenbar bei Bewährung nachfolgen sollte. Beide waren bürgerlicher Herkunft, was die Durchlässigkeit von einem Unteroffiziers- zu einem Offiziersposten gegenüber von adeligen Offizierskorps geprägten fürstlichen Armeen offenbar sehr erleichterte.[121] Wenige Jahre später musste der langjährige Leutnant Kisselbachs aus Altersgründen den Dienst quittieren. Auch er entstammte nicht dem Adel und hatte mit dem Leutnantssold kein Vermögen ansammeln können. Bei der Besetzung seiner Nachfolge war daher ein wesentliches Argument, dass der neue Leutnant „ohne gage zu leben"[122] in der Lage war, damit Kisselbachs nicht der Armut anheimfiel, sondern ohne Mehrkosten für die Stadt weiterbezahlt werden konnte. Das Offizierskorps der Roten Funken lebte jedenfalls an seinem unteren, durch den wegen der geringen Größe der Truppe verursachten Beförderungsstau am Fortkommen mehr oder minder gehinderten Rand an der Grenze zum Existenzminimum, wurde aber in Not und Alter auch nicht fallengelassen.

Es ist insgesamt nicht leicht, die Offiziere der regulären Stadtsoldaten sozial innerhalb der Stadtgesellschaft zu verorten. Als diese 1697 im Zuge der Aufstellung einer Kleiderordnung in vier Klassen eingeteilt wurden, wurden zwar die Bürgerhauptleute auf der zweithöchsten Stufe angeordnet, die Offiziere aber nicht erwähnt. Es ist daher zweifelhaft, ob sie auch zu dieser zweiten Klasse gezählt werden konnten oder ob sie sich mit einfachen Ratsherren und den vornehmsten Ratsbediensteten in der dritten Klasse einsortieren mussten. Letzteres läge in der Logik der Sache, standen die Offiziere doch unter der Kontrolle des Rates. Auf der anderen Seite gehörte das Tragen eines Degens zu ihrer Uniform und damit zu den Notwendigkeiten ihres Dienstbetriebs, und das Degentragen war ein Privileg der ersten Klasse.[123] An die konnte sich immerhin nach einer wohl aus dem späten 17. Jahrhundert stammenden Liste von Zuwendungen an städtische Amtsträger der „Statt Obrister", also der Oberst der Stadtsoldaten, durchaus annähern, erhielt er doch ebenso wie die Rentmeister und vor allen anderen Ratsämtern eine Zuwendung von 800 Reichstalern.[124] Die Offiziere der Stadtsoldaten standen dennoch in gewisser

---

121 HAStK-RBA Best. 33 A 110, Bl. 42r (Supplik Bartscherer, 1780); HAStK-RBA Bets. 10B A 227, Bl. 84v (Ratsprotokoll, 1.5.1780).

122 HAStK-RBA Best. 33 A 115, Bl. 19r (Bericht Oberst Mylius, 1785).

123 HAStK-RBA Best. 30N A 340 und A 808 (Entwurf Kleiderordnung in 2 Teilen, 1697). In Frankfurt a. M. wurden die Bürgerhauptleute ebenfalls in die 2. Klasse der Kleiderordnung von 1731 eingereiht. Vgl. EIBACH, Frankfurter Verhöre, S. 50.

124 Nur die Bürgermeister erhielten mit 1.000 Reichstalern mehr. HAStK-RBA Best. 30N A 850, Bl. 2v (Pro Memoria, 17. Jh.).

Hinsicht neben den üblichen Hierarchien. Das zeigt sich bereits an einer weiteren Liste über Zuwendungen an Amtsträger, die weder den Oberst noch andere Offiziere beinhaltet.[125] Sie zählten im Bewusstsein der Ratselite nicht zum engeren Kreis.

Der Leutnant Erasmus Böcher wies bei seiner Bewerbung um den Adjutantenposten 1725 darauf hin, dass er auf 17 Jahre Militärerfahrung zurückblicke, davon zwei in der kaiserlichen, zwei in der dänischen und sechs in der hessischen Armee, bevor er dann nach Köln kam.[126] Dieser Karriereverlauf belegt nebenbei, dass konfessionelle Orientierungen offenbar weder für Soldaten noch für ihre Dienstherren eine wirklich nachhaltige Rolle spielten.[127] Der Gefreite Godlieb Eller, der nach eigener Aussage bereits 14 Jahre bei den Stadtsoldaten diente, hatte 1771 als Torwache eine notleidende Frau mit zwei Broten passieren lassen, für die also keine Akzise gezahlt worden war. Für dieses Vergehen sollte er entlassen werden. Dagegen bat er um Gnade, weil er dadurch mit Ehefrau und Kind dem Elend anheimfallen werde. Denn er sei, um Stadtsoldat werden zu können, zum katholischen Glauben konvertiert. Daher könne er keine Unterstützung von seinen „lutherischen Anverwandten in Sachßen"[128] erwarten. Der Rat milderte das militärgerichtliche Urteil tatsächlich auf Degradierung zum Gemeinen.[129] Auch der ursprünglich aus Dänemark stammende Stadtsoldat Christoffel Lohausen war vom Luthertum zum Katholizismus übergegangen, bevor er bei den Kölnern angenommen wurde. Er hatte zwölf Jahre zuletzt als Korporal gedient und dann unter Beibehaltung der katholischen Konfession dänische Dienste angenommen.[130]

Ob der Rat bewusst den Militärdienst als Anreiz zur Konversion im Rahmen einer offensiv gedachten Gegenreformation einsetzte, sei dahingestellt.[131] Wer aber in Köln ein öffentliches Amt bekleiden wollte, musste zumindest nach außen hin Katholik sein. Am altgläubigen Charakter der Stadtsoldaten kann also kein Zweifel bestehen. Da es keine eigene Militärpfarrei gab, bestand über die Zugehörigkeit zu den Kirchspielen ihres Wohnorts innerhalb der Stadt eine weitere Verbindung zu ihren Nachbarn.

Der Dienst bei den Kölner Stadtsoldaten schloss überdies den Erwerb des Bürgerrechts nicht aus. Der Leutnant Robertus von Karpffen qualifizierte sich beispielsweise 1763 für das Bürgerrecht, und zwar als in Köln geboren.[132] Dieser Fall muss allerdings nicht repräsentativ sein, weil es sich erstens um einen Offizier und zweitens um einen

---

125 HAStK-RBA Best. 30N A 850, Bl. 12r (Specificatio, 17./18. Jh.).

126 HAStK-RBA Best. 33 A 74, Bl. 11r (Supplik Böcher, 1725). Der Fähnrich Johann Georg von Bedtorff, der sich um denselben Posten bewarb, verwies nur summarisch auf 22 Dienstjahre in anderen Armeen, ebd., Bl. 13r (Supplik Bedtorff, 1725).

127 Vgl. auch Pröve, Stehendes Heer, S. 97 f.; Allmayer-Beck, Hubertusburg, S. 126.

128 HAStK-RBA Best. 33 A 241, Bl. 16r (Supplik Eller, 1771).

129 HAStK-RBA Best. 10B A 218, Bl. 48v (Ratsprotokoll, 26.4.1771).

130 HAStK-RBA Best. 33 A 77, Bl. 132–133 (Supplik Prums, 1732).

131 In einem Fall ist der Dienst eines getauften Juden bei der Artillerie belegt, HAStK-RBA Best. 33 A 397, Bl. 326r (Supplik Schweinheim, 1721).

132 HAStK-RBA Best. 10B A 210, Bl. 14v (Ratsprotokoll, 17.1.1763).

Kölner handelt.[133] Auch der Konstabler Nicolaus Schlebusch wurde 1683 „bey seinem burgerlichen Eid"[134] wegen Vorgängen im Rahmen des Gülich-Aufstandes verhört. Einfache Soldaten, die als Fremde geworben worden waren, dürften es hier schwerer gehabt haben. Jedoch unterscheidet sie das nicht von großen Teilen der Bevölkerung aus den mittleren und unteren sozialen und wirtschaftlichen Schichten, die das mit Kosten und Pflichten verbundene volle Bürgerrecht ebenfalls nie erwarben.[135]

Über Bürgerrecht, Nachbarschaft oder (angeheiratete) Verwandtschaft Teil der Stadtgesellschaft zu sein, ist allerdings nur ein Teil der Lebenswirklichkeit zivil-militärischen Zusammenlebens. Aus Quellenmangel noch schwieriger zu klären sind die alltäglichen Verbindungen und Reibereien, weil auch hier v. a. negative Beispiele zu den Akten genommen wurden, während auf die Feststellung, dass es keine Probleme gab, verzichtet wurde. So bleibt zunächst nur die Vermutung, dass ein per se spannungsgeladenes Gegeneinander Anlass zu deutlich mehr als zu dem überlieferten obrigkeitlichen Eingreifen geführt hätte. Daher dürften sich im Alltag die Konflikte zumeist – eine Ausnahme scheint der gesondert zu behandelnde Dauerkonflikt zwischen Soldaten und Studenten gewesen zu sein – in den Grenzen bewegt haben, die ganz allgemein üblich waren, wenngleich vielleicht auch mit einigen militärspezifischen Besonderheiten.

Zu diesen zählt die Annahme, dass sich unter den Soldaten verhältnismäßig viele junge Männer aus einem Milieu befanden, dass irgendwo zwischen dem der Tagelöhner und der Handwerksgesellen angesiedelt war.[136] Prekäre finanzielle Verhältnisse dürften daher genauso vorgekommen sein wie unangepasste Formen der Freizeitgestaltung. 1731 versuchte der Rat beispielsweise die Gewohnheit der Stadtsoldaten zu unterbinden, an Abenden nach neun Uhr und damit nach dem Zapfenstreich in Brauhäuser zu gehen, wo sie das ihnen für den Unterhalt von Frauen und Kindern gezahlte Geld „durchmach[t]en"[137]. Anstatt von den eigenen Soldaten Disziplin zu fordern, richtete sich die Obrigkeit aber an die Wirte der Brauhäuser, denen Ausschank an die Männer nach neun Uhr untersagt wurde. Auch das 1720 erlassene Verbot, Soldaten etwas zu borgen bzw. sie bei Käufen anschreiben zu lassen, wurde der Stadtbevölkerung verkündet, anstatt es innermilitärisch per Befehl durchzusetzen.[138]

Ein Problem, das in ähnlicher Form auch in vielen anderen Garnisonsstädten auftrat[139], waren außerdienstliche gewerbliche Nebentätigkeiten der Stadtsoldaten, mit denen

---

133 1561 wird der damals bereits verstorbene Gerart van Oelp als Bürger und Hauptmann der Stadt Köln bezeichnet. Er war also offenbar Offizier bei den Soldtruppen und zugleich Inhaber des Bürgerrechts. HAStK-RBA Best. 1 U 1/17575 (Arme-Töchter-Quittung der Witwe Maria, 1561).

134 HAStK-RBA Best. 33 A 272, Bl. 21r (Verhör Schlebusch, 1683).

135 Vgl. KÜNTZEL, Fremde, S. 26–27.

136 Vgl. NOWOSADTKO, Stehendes Heer, S. 191 (für Münster); SIKORA, Söldner, S. 218 f.

137 HAStK-RBA Best. 10B A 178, Bl. 204r-v (Ratsprotokoll, 13.7.1731).

138 HAStK-RBA Best. 33 A 253, Bl. 43r (Supplik Backamt, 1721).

139 Vgl. PRÖVE, Stehendes Heer, S. 253–265; MANN, Soldatenstande, S. 518 f. u. 523; SCHWARK, Lübecks Stadtmilitär, S 288–295; LINDE, Leibregiment, S. 322 f.; KROLL, Soldaten, S. 283–289; BRUMSHAGEN, Bremer Stadtmilitär, S. 232–237.

sie ihren Sold aufbesserten bzw. auch aus Not aufzubessern gezwungen waren. Aus dem Jahr 1750 liegt dazu beispielsweise eine Beschwerde der Köln Holzspleißer vor, also aus einem Dienstleistungsgewerbe außerhalb des Zunftzwangs. Sie sahen sich der Konkurrenz sowohl von Stadtsoldaten als auch von Auswärtigen ohne Bürgerrecht ausgesetzt, was den „zum lebensunterhalt nöthigen Verdienst"[140] der etablierten Kölner Holzspleißer gefährde. Der Rat möge daher für eine ausreichende Besoldung der Soldaten sorgen (und die Fremden verdrängen). Dieser wies die Supplikanten allerdings nur an, nach der Ordnung zu arbeiten, und wurde vermutlich deshalb nicht weiter tätig, weil eine Solderhöhung nicht in Frage kam.[141]

1755 beschwerte sich der stadtkölnische Musketier Johann Balthasar Simon beim Rat über den Ratsverwandten Pingen[142], bei dem er einige Tage als Maurergeselle gearbeitet hatte. Den Lohn von insgesamt einem Taler hatte er jedoch nicht erhalten. Im Gegenteil, Pingen habe ihn mit Schlägen bedroht, als er ihn zur Zahlung aufgefordert habe.[143] Nun muss dieser Streit hier nicht weiterverfolgt werden. Er zeigt aber erneut, wie eng im Alltag das Zusammenleben von Bürgern und Militär in Köln – wie andernorts auch – war. Die Soldaten verdienten sich durch zivile Beschäftigungen etwas zum Sold hinzu und gerieten durch ihre zivile Nebentätigkeit in ganz alltägliche Konflikte mit ihren Auftraggebern. Zu deren Lösung wurde auch kein Unterschied zwischen regulärer und Militärgerichtsbarkeit gemacht, wurde dieser Fall doch an die Klageherren verwiesen, die grundsätzlich für derartige Streitigkeiten zuständig waren.

Wenngleich Soldaten also in Konkurrenz zu einigen zünftig organisierten Gewerben[144] traten, konnten auf der anderen Seite auch Gewerbe davon profitieren, mit den Soldaten und ihren Familien auf ein vergleichsweise kostengünstiges Arbeitskräftereservoir zurückgreifen und so die Produktion ausweiten zu können. Im 18. Jahrhundert wurden sie beispielsweise vielfach von Kaufleuten für Strickerei eingesetzt, womit sie ihren Profit durch Ausschaltung der zünftigen Strickmeister steigerten.[145] Auch im Schneiderhandwerk waren Soldaten außerzünftig tätig.[146] Welcher Art die Malerei war, die 1673 auf Intervention des Maleramts einem Soldaten wegen der unliebsamen Konkurrenz untersagt wurde, ist unklar.[147] Die Musiker der Stadtsoldaten dürften wie Militärmusiker in anderen Territorien auch im Zuge von Feierlichkeiten aller Art aufgespielt und so zum Verdruss ziviler Musikanten die Feiern und Feste ihrer Nachbarn bereichert haben.[148] Konflikte um Nebenbeschäftigungen von Soldaten wird man jedoch nicht ein-

---

140 HAStK-RBA Best. 33 A 88, Bl. 106r (Supplik der Holzspleißer, 1750).
141 HAStK-RBA Best. 10B A 197, Bl. 198r-v (Ratsprotokoll, 7.8.1750).
142 Wohl Johann Philipp Pingen, vgl. Deeters, Rat, S. 333 (Nr. 2862).
143 HAStK-RBA Best. 120 A 3519 (Supplik Simons, 1755). Der Rat ließ die Klageherren die Angelegenheit untersuchen, HAStK-RBA Best. 10B A 202, Bl. 304r (Ratsprotokoll 10.12.1755).
144 Vgl. Lenerz-de Wilde, Zunft, S. 64.
145 Vgl. Ebeling, Bürgertum, S. 40.
146 Vgl. Ebeling, Bürgertum, S. 51.
147 HAStK-RBA Best. 10B A 120, Bl. 122v (Ratsprotokoll, 17.4.1673).
148 Vgl. Bergholz, Kein anderer Spiel, S. 240f.

seitig aus Sicht derer betrachten dürfen, die davon geschädigt wurden.[149] Es gab immer auch Profiteure neben den Soldaten (unter denen sich im Übrigen auch eine indes nicht genau bestimmbare Anzahl gelernter und damit qualifizierter Handwerker befand[150]). Dabei ist nicht zuletzt auch an die Kölnerinnen und Kölner zu denken, denen die Soldaten Produkte und Dienstleistungen für geringere Preise boten, als sie vom etablierten Gewerbe aufgerufen wurden.[151]

Der Rat sah jedenfalls keinen grundsätzlichen Anlass dazu, das soldatische Nebengewerbe einzuschränken und so die finanzielle und soziale Lage der Militärbevölkerung zu verschlechtern (was dann Folgekosten etwa bei Solderhöhungen oder der Armenversorgung nach sich gezogen hätte). Sehr wohl ging es ihm aber darum, die eigenen Interessen zu schützen. In einem Reglement über die Uniform der Stadtsoldaten aus dem 18. Jahrhundert findet sich daher eine Regelung zum Nebenverdienst. Der Magistrat könne demnach zwar „erleyden", dass Soldaten nach und neben dem Dienst als „Maurer-Gesellen / Zimmer-Leuth / und sonsten als Handlanger" arbeiteten „und ihr Brod gewinnen"[152], jedoch durften sie dabei mit Ausnahme eines alten Karmisols (eines ärmellosen Oberkleids) oder Kittels keine Uniformteile tragen und verschleißen.

In normalen Zeiten versorgten die Soldaten sich und ihre Familien mit Lebensmitteln auf dem allgemeinen Markt, wozu ihnen ihr Sold, ihr Zuverdienst und der eventuelle Verdienst weiterer Familienangehöriger diente. Das ersparte der Stadt den Aufbau eines eigenen Versorgungswesens und ließ militärische Subsistenzprobleme in denen der allgemeinen Bevölkerung aufgehen – gab den Männern aber auch Geld in die Hand, das ihnen ein unabhängigeres, dem Zivilleben angenähertes Leben als ihren teilweise naturalversorgten Kameraden in fürstlichen Armeen ermöglichte.[153] Der Verzicht auf die Ausgabe von Kommissbrot dürfte daher auch als ein Faktor der Integration der Stadtsoldaten in die Stadtgesellschaft anzusehen sein. Nur in Krisenzeiten wurde geprüft, ob eine direkte Ausgabe von Brot an die Männer sinnvoll sein konnte, so etwa im Januar 1673 zu Beginn des Holländischen Krieges. Der Nutzen dieser Maßnahme wäre gewesen, dass ein dem Wert des Kommissbrots entsprechender Soldabschlag hätte eingeführt werden können, die Stadt also Geld durch Naturalien ersetzt hätte. Nach ausführlicher Beratung nahm man von dem Vorhaben jedoch Abstand, um die eingelagerten Getreidevorräte zu schonen.[154] Diese wurden in der Regel dafür eingesetzt, Teuerungen abzumildern und so die Brotpreise für die gesamte Bevölkerung möglichst gering zu halten. Die Soldaten und ihre Angehörigen wurden damit nicht anders als die zivile Einwoh-

---

149 Vgl. zur Abwehrhaltung der Zünfte gegen fremde Gesellen und ungelernte Arbeitskräfte Küntzel, Fremde, S. 52–60. Vgl. auch Nowosadtko, Stehendes Heer, S. 234–241.

150 Vgl. Soénius, Kölner Stadtsoldaten, S. 105.

151 Kroll, Soldaten, S. 287.

152 Alle Zitate HAStK-RBA Best. 14 A 20 (Ratsedikt [18. Jh.]).

153 Vgl. Burschel, Krieg, S. 651 (der die Naturalversorgung als Faktor der Entfremdung von Soldaten von der Zivilgesellschaft interpretiert).

154 HAStK-RBA Best. 10B A 120, Bl. 18v–20r (Ratsprotokoll, 11.1.1673).

nerschaft behandelt und ihre Versorgung und Bezahlung in eine Gesamtstrategie eingefügt.[155] Im Regelfall erschienen Erstere genauso auf dem Markt wie ihre Nachbarn, um sich mit Lebensmitteln einzudecken. Damit könnte für Kölner Stadtsoldaten der Vorteil einer sicheren Versorgung in Krisenzeiten, der anderenorts für den Eintritt in die Armee gesprochen haben könnte[156], entfallen.[157] Das zumindest phasenweise, weil es sich für andere Zeiten doch belegen lässt, dass Brote in natura ausgegeben wurden.[158]

Insgesamt handelte es sich bei den Stadtsoldaten und ihren Familien – also der Militärbevölkerung – wenigstens ab etwa 1648 um eine zahlenmäßig relevante Bevölkerungsgruppe von sicher mehr als 1.000 Menschen, die zwar mit einem besonderen Aufgabenkreis betraut waren und in einem besonderen Dienstverhältnis zur Obrigkeit standen, aber ansonsten normale Einwohner der Stadt waren, vergleichbar jedenfalls mit den unteren sozialen Schichten. Sie waren in der gesamten Stadt, in jeder Nachbarschaft und jeder Pfarrei anzutreffen und je länger, je mehr über unterschiedlichste verwandtschaftliche, wirtschaftliche oder auch religiöse Beziehungsnetze mit dem Rest der Bevölkerung verbunden, so dass sie vielleicht eher noch als integrierte Teile der Stadtgesellschaft anzusehen sind als Nonnen oder Mönche hinter ihren Klostermauern.

Militärverwaltung

Dieses Kapitel kann für Köln relativ kurz gehalten werden. Zur Ausbildung einer Militärverwaltung im engeren Sinne, also spezifisch militärischer Institutionen mit eigenen Verwaltungsverfahren, die allein der Versorgung und Unterstützung der stehenden Truppen gedient hätten, ist es – im Unterschied zu anderen Reichsstädten[159] – nicht oder nur in bescheidenen Ansätzen gekommen.[160] Ursächlich dafür war nicht etwa eine völlige Vernachlässigung der Bedürfnisse der Stadtsoldaten. Vielmehr konnte man in Köln auf bereits im Spätmittelalter ausgebildete Ämter, Institutionen und Verfahren zurück-

---

155 Weshalb 1757 angesichts einer Teuerung über die Brotversorgung der Soldaten „gleichs denen bedürfftigen bürgeren" beraten wurde. HAStK-RBA Best. 10B A 204, Bl. 92v (Ratsprotokoll, 13.5.1757). Vgl. allgemein SCHANBACHER, Natur, S. 95–105.

156 KROLL, Soldaten, S. 289. Vgl. auch BURSCHEL, Sozialgeschichte, S. 976.

157 Daher auch die bitte um eine Zulage 1784, die u.a. mit der damaligen Teuerung begründet wurde. HAStK-RBA Best. 33 A 269, Bl. 2167r (Supplik Oberst Mylius, 1784).

158 HAStK-RBA Best. 33 A 118, Bl. 14–17 (Brotquittungen, 1788). HAStK-RBA Best. 33 A 119, Bl. 11–12 (Brotquittungen, 1789). HAStK-RBA Best. 33 A 268, Bl. 2243–2246 (Brotquittungen, 1792). Unregelmäßigkeiten in der Abrechnung führten 1760 zu einer Untersuchung gegen einen Musterschreiber, HAStK-RBA Best. 33 A 305. Überlegungen zu einem Übergang zur Naturalverpflegung aus dem 18. Jahrhundert führen das sicher nicht von der Hand zu weisende Argument an, dass sich Soldaten bei den Bäckern verschulden mussten, was im Rahmen einer Teuerungskrise für beide Seiten zum Problem werden konnte. Siehe HAStK-RBA Best. 1149 A 126, Bl. 28–29.

159 Vgl. BRUMSHAGEN, Bremer Stadtmilitär, S. 87 f.

160 Vgl. PLASSMANN, Stadt, S. 89–91. Das Gerichtswesen würde an sich hier abzuhandeln sein, was jedoch unterbleibt, weil es dazu ein eigenes Kapitel gibt.

greifen, mit deren Hilfe man den militärischen Verwaltungsbedarf quasi nebenbei befriedigen und zugleich die engmaschige Kontrolle des Militärs durch Bürgermeister und Rat sicherstellen konnte.[161] Das galt bereits für das Oberkommando, das Bürgermeister und Rat kollektiv ausübten.[162] So etwas wie ein Generalstab oder ein Kriegsministerium konnte daher gar nicht erst entstehen.[163] Nur phasenweise wurde ein Gremium eingerichtet, das Kriegsrat genannt wurde. Seine Protokolle sind ähnlich wie die anderer aus dem Rat heraus gebildeter Ausschüsse (bzw. der sogenannten Schickung) nur schwach und eher zufällig überliefert – vermutlich, weil es sich hier um geheime Materien großer Tragweite handelte, die man nicht unbedingt der Feder anvertrauen wollte. Überdies bereitete er letztlich nur die Entscheidungen des Rats vor, der zwar häufig die in der Vorberatung ausgehandelten Beschlüsse übernahm, sie dann aber ohnehin im Ratsprotokoll niederlegte. Der Kriegsrat ist also als ein Untergremium des Rats für militärische Fragen im weitesten Sinne zu verstehen, das aber – soweit es denn überhaupt gebildet wurde – Einfluss, aber keine eigenständigen Kompetenzen hatte.[164]

Zentral für die administrativen Fragen waren die beiden Rentkammern, die Mittwochs- und die Freitagsrentkammer (die nach den ursprünglichen Tagen ihrer regelmäßigen Sitzungen benannt waren), sowie die Rentmeister, die als zumeist gewesene (und in einem gewissen Turnus künftige) Bürgermeister eher die strategischen Fragen der Stadtfinanzen als ihre praktische Steuerung übernahmen. Die beiden Rentkammern waren sowohl für die Verwaltung des vorhandenen Kapitals als auch für Schuldenaufnahme und -tilgung zuständig. Letzteres war zwar meist eine Domäne der Freitagsrentkammer, jedoch waren die Kompetenzen beider Kammern in der Praxis nicht ganz klar fixiert und voneinander geschieden. In der Not suchte der Rat auch dort Geld, wo es noch vorhanden war, und entschied pragmatisch, aus welcher der beiden Rentkammern (oder einer anderen Kasse) eine bestimmte Zahlung zu leisten war. In der Regel war es jedoch die Mittwochsrentkammer, die mit dem praktischen Teil städtischer Auszahlungen befasst war, worunter auch Militärausgaben fielen.[165] Sie war überdies zuständig für Bau und Unterhalt von städtischen Gebäuden, was ebenfalls auch militärische Infrastruktur wie v. a. die Befestigung umfasste, aber auch den Ankauf von Waffen, Uni-

---

161 Mangels großangelegter auswärtiger Feldzüge konnte auf den Aufbau einer Verwaltung, welche die Truppen auf dem Marsch und an fernen Kriegsschauplätzen begleiteten, verzichtet werden. Zu den damit verbundenen Fragen vgl. zuletzt SCHRÖDER, Stehende Heere.

162 Vgl. PLASSMANN, Stadt, S. 32–39 und S. 50–57.

163 Da für die Stadtsoldaten auch keine neue Steuer eingeführt wurde, entfiel ein weiterer Grund für die Etablierung einer neuen Behörde, im Unterschied zum Beispiel zu Bremen. Vgl. BRUMSHAGEN, Bremer Stadtmilitär, S. 11.

164 Entwürfe zu Kriegsratsprotokollen aus den Jahren 1610 bis 1621 finden sich in HAStK-RBA 33 A 355.

165 Vgl. LUGER-HESSE, Rechnungsbücher, S. 186. Dass es spätestens ab den 1680er Jahren die Bezeichnung „Kriegs Cassa" (HAStK-RBA Best. 70 A 1328, Titelblatt) gab, diente der Übersicht bzw. Abrechnung der durch die Kriegskommissare getätigten Ausgaben, führte aber nicht zur Etablierung einer eigenen Militärfinanzverwaltung.

formen, Munition usw.[166] Auch die Soldzahlungen an die Stadtsoldaten wurde meist über
sie abgewickelt (nicht anders als bei Handwerkern und Tagelöhnern, die städtische Aufträge erfüllten). Militärfinanzen und -verwaltung wurden daher ohne die Schaffung
neuer Institutionen zu einem Großteil von den etablierten zivilen Verwaltungsstrukturen mitbetreut.[167] In die praktische Umsetzung der Versorgung der Truppen wurden bisweilen auch die Ämter, also die Zünfte, einbezogen. So versorgte das Backamt die städtischen Soldtruppen wenigstens in Zeiten eines hohen Bedarfs direkt mit Broten, so dass
für das Backen und für die Vorratshaltung keine eigene öffentliche Infrastruktur aufge-
baut werden musste.[168] Nur auf der untersten Ebene des alltäglichen Vollzugs gab es ge-
nuin militärisches Personal, das Verwaltungsaufgaben wahrnahm, ohne sich von dem
zivilen administrativen Überbau lösen zu können.[169]

In den größeren Territorien entwickelte sich ab dem 17. Jahrhundert das Amt des
Kriegskommissars, das die neuen zusätzlichen Bedürfnisse der wachsenden Heere zu
befriedigen hatte. Kommissare dienten dabei ganz allgemein den im militärischen Bereich anfallenden Verwaltungsaufgaben, waren aber auch ein Instrument der Kontrolle
der Armeen durch ihre Fürsten. In größeren Territorien bildeten sich dazu eigene Hierarchien und Institutionen heraus – der Kern der Militärverwaltung, die häufig zu einer
Konkurrenz der allgemeinen Zivilverwaltung avancierte.[170] Auch in Köln gab es Kriegskommissare, die sich denjenigen Aufgaben widmeten, die spezifisch militärisch waren
und die nicht von den bestehenden Strukturen aufgefangen werden konnten. Bereits im
16. Jahrhundert begleiteten beispielsweise ein Zahlmeister und ein Musterschreiber städtische Soldtruppen, die als Reichskontingente auf ferne Kriegsschauplätze zogen und
daher eine eigene, wenn auch rudimentäre Verwaltung benötigten.[171] Blieben geworbene
Landsknechte zu ihrer Verteidigung in der Stadt, wurden ihnen ebenfalls Kommissare
zugeordnet, die aber von deutlich höherem Rang waren. So führte eine Musterliste von

---

166   Für 1597 ist folgerichtig belegt, dass ein Rentmeister zugleich den Titel „Obrister der 7 Tyrmen" (Tir-
      me) führte, was wohl seine Befehlsgewalt über die Stadtmauer und dort eingesetztes Personal zum Aus-
      druck bringen sollte. HAStK-RBA Best. 30N A 853, Bl. 8r.
167   Zu den Rentkammern vgl. LOOZ-CORSWAREM, Finanzwesen, S. 44–58.
168   Siehe z. B. HAStK-RBA Best. 33 A 268, Bl. 2243–2246 (Brotquittungen, 1792).
169   Zu nennen sind hier etwa die Musterschreiber der Stadtsoldaten. Ihre enge Kontrolle durch zivile Instan-
      zen wie die Rentkammern und verschiedene Kassen zeigt aber beispielsweise die Untersuchung gegen den
      der Unterschlagung verdächtigten Musterschreiber Gerard Steitz 1759/60, HAStK-RBA Best. 33 A 305.
170   Zu Kriegskommissaren allgemein vgl. BÄCKSTRÖM, Military Revolution, S. 165–241; SAITO, Kriegskom-
      missariat; NEUGEBAUER, Staatsverfassung, S. 30 f.; THEWES, Stände, S. 156–167; SCHRÖDER, Stehende
      Heere, S. 71–79.
171   Vgl. PLASSMANN, Stadt, S. 183. In einer Zusammenstellung der Eide städtischer Bediensteter aus dem
      17. Jh. erscheint noch der Eid der „Soldner Botten", die den städtischen Söldnern beritten Befehle des
      Rats zu überbringen hatten. Das entspricht den Verhältnissen des 15. Jh., als kleine Söldnertrupps
      im Umland Fehden ausfochten, hatte aber in der Frühen Neuzeit keine praktische Bedeutung mehr.
      Man wird jedoch nicht fehlgehen, in diesem Amt eine der Wurzeln des Kriegskommissariats zu sehen.
      HAStK-RBA Best. 30C A 639, Bl. 82v (Eid der Söldnerboten, 17. Jh.). Der ebd., Bl. 83r, überlieferte Eid
      der Söldner entspricht ebenfalls der Praxis des Spätmittelalters und dürfte im 17. Jh. in der hier nieder-
      geschriebenen Form keine praktische Relevanz mehr gehabt haben.

1582 vier „Commissarij"[172] an, nämlich einen aktuellen Rentmeister, einen alten Bürgermeister und die beiden Stimmmeister, alles Angehörige der Ratselite, die als Kommissare im Nebenamt die enge politische Kontrolle über die Truppe garantierten – jedoch naturgemäß nur so lange, wie die Männer tatsächlich engagiert waren.

Mit der Etablierung stehender Soldtruppen wandelte sich das Bild ein wenig, weil sich nun auch gleichsam stehende Kommissare ausbildeten. Dieser Prozess lässt sich für Köln u. a. anhand einer im 17. Jahrhundert erfolgten Zusammenstellung von Eiden städtischer Bediensteter ablesen. Die Eide wie die Ämter wurzelten vielfach noch in den spätmittelalterlichen Verhältnissen. Nur dort, wo eine Aktualisierung unumgänglich war, kam es zu frühneuzeitlichen Nachträgen. Das war u. a. beim Eid der gemeinen Knechte, also der Söldner, der Fall. Hier erscheinen nun Kriegsräte und Kommissare, deren Anordnungen zu befolgen waren, die aber im hergebrachten Ämterkanon gar nicht auftauchten.[173] Dem wurde auch später nicht systematisch abgeholfen. 1659 wurde beispielsweise festgestellt, dass es für die Kriegskommissare keine Rolle gab, also keine grundlegende Aufstellung der Rechte und Pflichten.[174]

Eine solche wurde aber offenbar auch gar nicht für notwendig gehalten. Die Kölner Kriegskommissare wurden gleich anderen Verwaltungskräften eng vom Rat geführt und arbeiteten auf Anweisung.[175] Je nach Problemstellung wurden sie in den allgemeinen zivilen Instanzenzug eingebunden – was symbolisch wie praktisch dadurch unterstrichen wurde, dass einer der beiden regierenden Bürgermeister zugleich als oberster Kriegskommissar fungierte.[176] Tätig wurden die Bürgermeister jedoch erst ab einer bestimmten politischen oder finanziellen Fallhöhe, während im Alltag die Kriegskommissare im Rahmen ihrer Zuständigkeiten eigenständiger agieren konnten. Als beispielsweise 1777 mit der kurpfälzischen Regierung über einen ehemaligen Kölner Stadtsoldaten korrespondiert wurde, verfügte der Rat den Vorgang an das Kriegskommissariat „und demnach zur Beantwortung"[177] an das Syndikat. Ersteres war kompetent, zunächst einmal Informationen zu dem Mann einzuholen, die für den weiteren Schriftverkehr erforderlich waren. Der wurde aber selbstverständlich vom Syndikat übernommen, das zugleich als Rechtsberatung von Bürgermeistern und Rat und als außenpolitische Kanzlei fungierte.[178] In diesem Fall ging es um beides, weil die Antwort an einen Reichsfürsten sowohl juristisch als auch diplomatisch gut bedacht sein musste. Die Kommissare erschei-

---

172 HAStK-RBA Best. 33 A 295, Bl. 30r (Musterliste, 1582).

173 HAStK-RBA Best. 30C A 639, Bl. 101v–102r (Eid der Gemeinen Knechte, 17. Jh.).

174 HAStK-RBA Best. 30N A 1025, Bl. 1r („Officia, 1659).

175 Was z. B. auch daran zu erkennen ist, dass ab 1658 die Rentmeister ein Pulverbuch führten, um die Übersicht und Kontrolle über diese strategische Ressource auszuüben, obwohl die bloße Verwaltung von Pulvervorräten leicht auch als Routinegeschäft eines Kriegskommissars hätte angesehen werden können. HAStK-RBA Best. 30N A 1041 (Pulverbuch der Rentmeister, 1652–1668).

176 Diese Stellung wurde auch durchaus ernst genommen, siehe etwa HAStK-RBA Best. 10B A 221, Bl. 86r (Ratsprotokoll, 6.6.1774). Vgl. SCHWERHOFF, Köln, S. 135 f.

177 HAStK-RBA Best. 33 A 271, Bl. 2110v (Verfügung aus dem Rat, 1777).

178 Vgl. TAKATSU, Kölner Syndici.

nen hier wie in zahlreichen anderen vergleichbaren Fällen nur als nachgeordnete
Verwaltungsebene, die solche Aufgaben zu übernehmen bzw. solche Informationen bei-
zubringen hatte, die nicht von bestehenden Institutionen übernommen bzw. beigebracht
werden konnten.

Zum laufenden Geschäft der Kommissare gehörte – soweit erforderlich – die Anwerbung neuer Stadtsoldaten[179] und die Organisation der Besoldung der im Dienst der Stadt
stehenden Männer. Beispielhaft sei die Anwerbung des stadtkölnischen Reichs-Kontin-
gents 1664 gegen die Osmanen herausgegriffen. Dazu wurde ein Vertrag mit einem Hauptmann abgeschlossen, der die Männer anführen sollte. Auf der zivilen Seite unterschrieben die beiden Bürgermeister als Inhaber der höchsten Gewalt in der Stadt und „die
herren Commissary"[180], die sich um die praktischen Fragen zu kümmern hatten. Dazu
zählten v. a. die Auszahlung der Werbegelder, aber auch weiterer Posten, die mit der Anwerbung in Verbindung standen (wie etwa die Entlohnung von zwei Tambours aus der
vorhandenen Truppe, welche die Trommel geschlagen hatten, sowie die offenbar notwendige Anbringung einer neuen Schnur an einer der Trommeln). Aus Anlass der Vereidigung der neuen Rekruten organisierten die Kommissare einen Festschmaus in zwei
Wirtshäusern. Insgesamt kam man am Ende auf eine Summe von 9.225 Gulden, die von
ihnen verausgabt und abgerechnet wurde. Diese Zahlungen waren binnen zwei Monaten erfolgt, was leicht erklärt, warum für solche Zwecke mit den Kommissaren eigenes
Verwaltungspersonal bereitstehen musste. Das vorhandene Personal wäre von dem in
kurzer Zeit zu erbringenden Mehraufwand schlicht überfordert gewesen.

Die Kommissare unterstützten Bürgermeister und Rat auch im Rahmen von kriegsgerichtlichen Verfahren, und zwar offenbar sowohl mit ihrem Fachwissen als auch rein
praktisch, indem sie sich um den Gang der Dinge außerhalb etablierter ziviler Gerichte
kümmerten und als Verbindungsleute zu den Soldtruppen fungierten.[181] Als solche übten
sie deren verlängerte Autorität auch gegenüber den höchsten Offizieren aus, denen sie
also wenigstens formal und in bestimmten Fragen vorgesetzt waren. Unterstützt wurden
sie dort von weiterem Militärverwaltungspersonal, wo es eine klare und ausschließlich
militärische Tätigkeit gab, die auch den Arbeitsalltag eines Mannes dauerhaft bestimmen konnte. So war für die Kontrolle des Zeughauses und die Verwaltung sowie Pflege
der dort gelagerten Waffen und Munition ein Zeugwart verantwortlich.[182] Dass den
Kriegskommissaren 1673 aufgetragen wurde, anlässlich der Gottestracht den Einsatz der
Bürgerfahnen zur Absicherung und repräsentativen Begleitung der Prozession zu über-

---

179 Siehe etwa HAStK-RBA Best. 10B A 78, Bl. 37r (Ratsprotokoll, 19.1.1632).

180 HAStK-RBA Best. 70 A 1315, Bl. 22r (Rechnung, 6.2.-31.3.1664). Zum Folgenden ebd., Bl. 22r–34r. Hier
      finden sich im Übrigen die Namen der angeworbenen Soldaten (also in einer Rechnung und nicht in
      einer eigenständigen Musterungsliste).

181 So erging bereits 1634 ein Urteil gegen Deserteure zwar durch ein innermilitärisches Kriegsgericht, aber
      ausdrücklich mit der Genehmigung der Bürgermeister und Kriegskommissare. HAStK-RBA Best. 33 A
      272, Bl. 9r (Urteil, 1634).

182 HAStK-RBA Best. 33 A 380 (Eid des Zeugwarts [17. Jh.]).

wachen und zu ordnen (insbesondere im Hinblick auf den befürchteten Alkoholkonsum der Männer), zeigt schließlich, wie wenig normiert ihr Zuständigkeitsbereich war – aber auch wie fließend die Grenzen zwischen Stadtmilitär und Bürgerfahnen ausfallen konnten, weil letztlich Bürgermeister und Rat die Kontrolle über beide so eng ausübten, dass sie Aufträge nach Belieben erteilen konnten.[183]

Dabei handelte es sich um kein spezifisch militärisches Phänomen. Die gesamte Stadtverwaltung unterlag einer Detailsteuerung durch den Rat, der häufig mit Einzelfallentscheidungen agierte.[184] Im Spätmittelalter waren Verwaltungsaufgaben vielfach von aktuellen oder ehemaligen Ratsherren ausgeübt worden, die aus der Mitte des Rats aufgrund ihrer Qualifikationen oder sozialen Stellung dazu bestimmt wurden. Die so entstandenen Ratsämter existierten zwar noch während der Frühen Neuzeit, jedoch sank vielfach ihre praktische Bedeutung für die Verwaltung, so dass ihnen zumeist eher eine Beaufsichtigung des jeweiligen Verwaltungszweiges zukam, als dass sie tatsächlich die alltäglichen Geschäfte führten. Zu reinen Ehrenpositionen wurden die Ratsämter jedoch nicht. Gerade im Problem- und Konfliktfall konnten sie dazu genutzt werden, die Autorität von Bürgermeistern und Rat bis in die hinteren Winkel der Verwaltung und Rechtsprechung zu tragen, so auch in den Bereich von Bürgerwehr, Militär und Sicherheitsapparat.

Das Ratsamt der Wachmeister ist seit Mitte des 15. Jahrhunderts nachgewiesen. Ihre Zuständigkeit umfasste alle Fragen der praktischen Organisation der Bürgerwache und in diesem Zusammenhang auch der inneren Sicherheit, weshalb sich Kompetenzüberschneidungen mit den Gewaltrichtern ergaben.[185] Die Wachmeister übten jedoch – wenigstens in der Frühen Neuzeit – nicht das Kommando über die zur Wache eingesetzten Männer aus. Sie traten vielmehr kontrollierend und organisierend in Erscheinung, aber auch vermittelnd im Zuge von Konflikten.[186] Damit kann das Amt zu den Verwaltungsstrukturen zur Organisation von Sicherheit gezählt werden.

Die Wachmeister wurden in der Regel dann tätig, wenn der Rat vor ein Problem im Zusammenhang mit den Bürgerfahnen oder sonstigen Wachen gestellt wurde, dessen Lösung nicht direkt möglich war und daher eine genaue, aber nicht durch bestehende Strukturen durchführbare Prüfung erforderte. So wurden z. B. 1673 die Wachmeister damit beauftragt, einen Streit zwischen zwei Bürgerhauptleuten um die Grenzziehung zwischen ihren Fahnenbezirken zu untersuchen.[187] Anscheinend wollte man die Frage nicht dem zuständigen Bürgeroberst überlassen, vielleicht weil man ihn nicht dazu zwingen wollte, wenigstens einen der Hauptleute vor den Kopf zu stoßen. Mit den Wachmeistern standen aber Männer zur Verfügung, die sich direkt vor Ort ein Bild von der Situation machen

---

183 HAStK-RBA Best. 10B A 120, Bl. 118r–v (Ratsprotokoll, 12.4.1673).

184 Eine Kölner Verwaltungsgeschichte der Frühen Neuzeit ist ein Desiderat. Die Detailsteuerung durch den Rat wird aber in jeder Ratssitzung greifbar, siehe dazu die Protokolle in HAStK-RBA Best. 10B.

185 Vgl. HEINZEN, Zunftkämpfe, S. 53 f.

186 Beispielsweise HAStK-RBA Best. 33 A 112, Bl. 15–16 ([Ratsregistratur] 8.3.1782).

187 HAStK-RBA Best. 10B A 120, Bl. 59v (Ratsprotokoll, 10.2.1673).

und dann ihren Ratskollegen einen Vorschlag für eine Entscheidung machen konnten. Einen ähnlichen Hintergrund mag die in derselben Sitzung beschlossene Entsendung der Wachmeister in die Bürgerfahne unter Hauptmann Peter von Sechten gehabt haben, wo ein Streit um die Ernennung des Leutnants eskalierte.[188] Zuständig waren sie nach einer Aufstellung von 1784 auch für die Inspektion der Brunnen, für eingebaute Häuser (aus denen dann kein Wachgeld mehr bezogen werden konnte), für Brände, für ungebührliches Schießen und Feuerwerk und für die Entscheidung über – so ist es wohl zu lesen – die Zulassung von kaiserlichen Trompetern vermutlich im Rahmen von Werbekommandos. Das Tätigkeitsfeld hatte sich also zum Teil auf den Brandschutz verlagert, zum Teil ging es um besondere Fragen in Zusammenhang mit der inneren Sicherheit, die aber wie im Fall der Brunnen und der eingebauten Häuser in der Praxis meist primär von den Bürgerhauptleuten bearbeitet wurden. Dennoch machten die Wachmeister 1784 ihre Überlastung geltend und forderten einen finanziellen Ausgleich für ihre nebenamtliche Tätigkeit.[189] Das zeigt deutlich, dass das Ratsamt nicht zu einer festen Verwaltungsstruktur fortgebildet worden war, sondern situativ zum Einsatz kam.

Bei den Stimmmeistern handelte es sich ebenfalls um Inhaber eines bereits im Spätmittelalter entstandenen Ratsamts. Sie waren – um hier eine Präzisierung ihrer Aufgaben aus dem Jahr 1691 zu zitieren – für „Erhaltung Rechter Policey und guthen Sittlichen Weßens" in der Stadt zuständig, weshalb sie „von alters her" als „Generalinquisitioren und auffseher in Religions[-,] Politisch- und Bürgerlichen Sachen" fungierten (und zwar ausdrücklich auch gegen eventuelle Verstöße ihrer Mitratsherren). Die Stimmmeister hatten sowohl gegen innere Unruhen als auch gegen Gotteslästerungen und ehrabschneidende Injurien innerhalb der Stadtgesellschaft oder auch gegen (hochgestellte) Fremde vorzugehen. Sie übten überdies eine Zensur über Druckerzeugnisse aus. Ihre Kompetenz war also denkbar weit gefasst, aber aufgrund mangelnder Präzision ihrer Definition im Zweifel nur dann etwas wert, wenn sie breite Unterstützung oder persönliche Autorität genossen. Eine militärische Funktion hatten sie insoweit, als sich ihre Zuständigkeit über alle Kölnerinnen und Kölner erstreckte, also auch auf die Stadtsoldaten und die Bürgerwache sowie (theoretisch) über fremdes Militär in der Stadt. Aufrührerische Reden oder Gotteslästerung konnten die Stimmmeister also in diesen Kreisen verfolgen. Ausdrücklich zählte es aber auch zu ihren Aufgaben, die Umsetzung des Verbots ungenehmigter Werbung für fremde Armeen v. a. gegen Wirte durchzusetzen, die daran mitverdienten.[190] In der Praxis spielten sie jedoch eine deutlich geringere Rolle für den militärischen Bereich, als es ihre theoretische Zuständigkeit hätte erwarten lassen. Das dürfte auch an dem Problem mangelnder Durchsetzungsfähigkeit insbesondere gegen fremde Truppen gelegen haben. Doch auch die Kölner Formationen dürften ein Interesse daran gehabt haben, Verfehlungen ihrer Männer selbst zu bekämpfen anstatt den

---

188   HAStK-RBA Best. 10B A 120, Bl. 60v–61r (Ratsprotokoll, 10.2.1673).
189   HAStK-RBA Best. 33 A 114, Bl. 8–9 (Supplik der Wachmeister, 1784).
190   HAStK-RBA Best. 30N A 668 (Erneuerte Stimmmeister-Rolle, 1691). Die Zitate ebd.

Stimmmeistern allzu weitgehende Eingriffe zu ermöglichen. Dass diese aber theoretisch möglich waren, könnte durchaus zumindest indirekt dazu beigetragen haben, die Kontrolle des Rats über die Bewaffneten in der Stadt zu festigen.

Die Wallherren – ebenfalls Inhaber eines Ratsamts – waren ursprünglich für die Stadtmauer zuständig, in der Frühen Neuzeit dann für alle Festungsanlagen und ihre bauliche Unterhaltung, aber auch darüber hinaus für Angelegenheiten etwa des reibungslosen Verkehrs bzw. von Kutschen und Pferden in der Stadt[191], der Kohlenversorgung[192] und der Wasserwirtschaft[193] in der Stadt, was eine gewisse Überschneidung zum Portfolio der Rentmeister darstellte und in der Praxis recht flexibel gehandhabt wurde.[194] Der Zusammenhang solcher Tätigkeiten mit der Verteidigung der Stadt dürfte darin zu sehen sein, dass im Alarmfall Truppen ungehindert verlegt werden können mussten, dass Pferde auch für Transporte im Rahmen der Erhaltung der Wälle erforderlich waren, dass unsachgemäß gelagerte Kohlen eine Feuergefahr darstellten und dass Brunnen zum Feuerlöschen erforderlich waren. Dass die Wallherren 1785 die Teilnehmer an einer Schlägerei verhören sollten (die ausdrücklich nicht Soldaten waren)[195], zeigt aber gleich anderen Ratsämtern auch ihren Einsatz nach Bedarf und persönlichen Fähigkeiten, ohne dass es bei ihnen zu einer festen Geschäftsverteilung gekommen wäre. Ähnlich verhält es sich mit den Tirmmeistern, deren ursprüngliche Aufgabe mit den Tirmen, den zu bewachenden Abschnitten der Stadtmauer und den zugeordneten Bezirken der Stadt, zusammenhing, die aber im Laufe der Zeit auch zu weiteren, verwandten Aufgaben herangezogen wurden, z. B. für die Überwachung der Bevorratung von Wasser für den Brandfall – womit sie wiederum in Überschneidung zu den Wallherren kamen. Zudem sank ihre Bedeutung mit der Einführung der Bürgerfahnen 1583, die ja ein alternatives Modell des territorialen Zugriffs boten, ohne dass das nun konkurrierende Ratsamt der Tirmmeister verloren ging.[196]

Insgesamt blieb in Köln das aus, was anderenorts als Modernisierung und Professionalisierung angesehen wurde: die Loslösung einer eigenen Militärverwaltung von der allgemeinen Verwaltung.[197] Dies sollte jedoch nicht unbedingt als Defizit einer ausge-

---

191 So mussten sie 1704 einen neuen Abstellplatz für Kutschen suchen, die einen Nachbarschaftsstreit verursacht hatten. HAStK-RBA Best. 10B A 151, Bl. 105v (Ratsprotokoll, 14.4.1704). Siehe auch HAStK-RBA Best. 30N A 868 (erneuerte Wallherren-Rolle, 1735).

192 HAStK-RBA Best. 10B A 232, Bl. 211v–212v (Ratsprotokoll, 7.9.1785).

193 So mussten sie sich 1647 um einen neuen Brunnen im Kirchspiel Maria Ablass kümmern. HAStK-RBA Best. 10B A 95, Bl. 1v–2r (Ratsprotokoll, 25.12.1647).

194 Eine Wallherrenordnung von 1558 verpflichtet sie auch dazu, gegen Unrat, Abfall, Schweine, Leprose und Bettler auf den Straßen vorzugehen. HAStK-RBA Best. 30N A 866, Bl. 4–8.

195 HAStK-RBA Best. 10B A 232, Bl. 32v (Ratsprotokoll, 18.2.1785).

196 Die Tirme selbst als Wachbezirke blieben ohnehin erhalten. HAStK-RBA Best. 30N A 854 (Neueinteilung der Tirme, 1585). Siehe auch HAStK-RBA Best. 30N A 853 (Visitation der Verteidigungsbereitschaft der Stadt durch Tirmmeister, um 1583) und A 852 (Tirmmeister- und Hauptleutebuch, vor 1583) und A 856 (Tirmmeister- und Hauptleutebuch, 1740–1801). Für die spätmittelalterlichen Ursprünge vgl. Stein, Akten, Bd. 2, S. 84, 128, 191 f., 345 und 349.

197 Vgl. z. B. Neugebauer, Staatsverfassung, S. 33; Schröder, Stehende Heere, S. 327.

bliebenen Modernisierung verstanden werden. Im Gegenteil: Auch wenn es im Alltag immer wieder zu Problemen führen konnte und die Effizienz der Kölner Militärverwaltung vielleicht hinter der des Musterknaben Preußen zurückblieb (was indes erst in einer vergleichenden Studie nachzuweisen wäre), so wurden solche Nachteile doch von dem Vorteil einer festen zivilen Kontrolle über das Militär aufgehoben, die eine Armee als Staat im Staate gar nicht erst entstehen ließ und damit bereits in der Frühen Neuzeit für Verhältnisse sorgte, die in der Moderne auf gesamtstaatlicher Ebene erst nach 1945 mühsam wieder erreicht werden mussten.

Justizwesen und Militärgerichtsbarkeit

Injurien und Schmähungen gegen Bürger oder auch hochgestellte Persönlichkeiten[198] gehörten im frühneuzeitlichen Köln wie anderswo genauso zum Repertoire soldatischen Alltags wie Schlägereien. Auch von Eigentumsdelikten wird immer wieder berichtet, wobei es neben Diebstahl bei sich bietender Gelegenheit auch zu regelrechten Einbrüchen in Häuser kam.[199] 1762 wurde ein Stadtsoldat mit dem Strang hingerichtet, weil er sich an einer Diebesbande beteiligt hatte.[200] Auch wenn es schwer zu ermessen ist, welchen Umfang diese Vergehen im Verhältnis zur Gesamtstärke der Truppen tatsächlich einnahmen, war es auf jeden Fall notwendig, für Straftaten auch jenseits innermilitärischer Verstöße eine Gerichtsbarkeit bereitzuhalten.

Allgemein waren Soldaten in der Frühen Neuzeit einem eigenen Militärgericht unterworfen, das andere Interessen und Logiken als die jeweilige zivile Gerichtsbarkeit im Blick hatte. Bei Konflikten zwischen Zivilisten und Soldaten war es daher nicht von vornherein ausgemacht, dass Erstere auch tatsächlich Recht finden konnten. Zwar stand jede reguläre Armee letztlich unter der Herrschaft eines Kriegsherrn, der etwa als König oder Fürst auch auf die Militärgerichtsbarkeit Einfluss nehmen konnte – aber eine solche Staatsspitze war im Zweifel zu weit entfernt, um unmittelbar eingreifen zu können.[201] In Köln wie vermutlich in den meisten anderen Reichsstädten[202] auch lagen diese Verhältnisse etwas anders, denn eine wirklich unabhängige Militärjustiz konnte sich bei den städtischen Soldtruppen wegen der Nähe von Bürgermeistern und Rat nicht ausbilden.[203] Zwar wurden auch hier kriegsgerichtliche Verfahren durchgeführt, die den bekannten

---

198 Siehe z. B. HAStK-RBA Best. 70 A 1324, Bl. 56r (Protokoll Militärgericht, 1.9.1634).

199 Beispielsweise HAStK-RBA Best. 70 A 1324, Bl. 93–94 (Protokoll Militärgericht, 25.6.1635): Einbruch eines Soldaten in das Haus eines Juden außerhalb der Stadt Köln.

200 HAStK-RBA Best. 56 A 226.

201 Vgl. Kraus, Johannes, Tradition, S. 329–332; Hochedlinger, Adlige Abstinenz, S. 289; Linde, Leibregiment, S. 149 f.; Kroll, Soldaten, S. 76 f.; Schennach, Tiroler Landesverteidigung, S. 358–363; Nowosadtko, Stehendes Heer, S. 108–112; Burschel, Krieg, S. 646–648.

202 Vgl. z. B. Eibach, Frankfurter Verhöre, S. 69; Brumshagen, Bremer Stadtmilitär, S. 116 f.

203 Zur Kölner Gerichtslandschaft vgl. Strauch, Kölnisches Gerichtswesen. Ebd., S. 8, wird das Kriegsgericht in einem Satz erwähnt.

Mustern größerer Armeen folgten.[204] Aber Bürgermeister und Rat hatten die in der Praxis häufig genutzte Möglichkeit, bei Einleitung und Durchführung von Verfahren unmittelbar Einfluss zu nehmen und dazu juristisch qualifiziertes Personal einzusetzen.[205] Die kollektiv verfasste zivile Obrigkeit nahm daher in kriegsgerichtlichen Verfahren die Stellung ein, die etwa in Preußen dem König zukam, nämlich das Recht zur Milderung bzw. Verschärfung von Urteilen der Regimenter bzw. zur Begnadigung mit den entsprechenden Eingriffsmöglichkeiten in den Verlauf von Prozessen.[206] Kriegsgerichtliche Verfahren wurden daher häufig erst auf ihre Anweisung hin begonnen, Urteile wurden ihnen routinemäßig vorgelegt und erst auf ihren Beschluss bzw. „Auß Vorwißen unnd Belieben, [der] Herren Bürgermeisteren unnd Kriegs-Commissarien"[207]vollzogen.[208] In anderen Armeen waren der König oder der Fürst weit weg vom Geschehen und konnten daher im Interesse einer raschen Bestrafung von Verfehlungen nicht so schnell und unmittelbar in das Verfahren einbezogen werden wie im überschaubaren Köln der Rat.[209] Dieser hatte allein deshalb in der Praxis[210] mehr Eingriffsmöglichkeiten als etwa der sächsische Kurfürst, der im 18. Jahrhundert die Entscheidung über mildere Formen des Spießrutenlaufens in die Hand der Obristen legte.[211]

Bei den Kölner Soldtruppen war es zwar zunächst ebenfalls der Oberst bzw. Oberstleutnant, der wie in anderen Armeen auch die Gerichtsbarkeit über seine Männer verantwortete. Aber sie konnten insbesondere bei schweren Bestrafungen nur im Ausnahmefall unabhängig von ihrer zivilen Obrigkeit agieren.[212] So z. B. im Februar 1634, als der Oberst ein förmliches Kriegsgerichtsverfahren gegen den Gefreiten Caspar von Gulch

---

204 Für den Dreißigjährigen Krieg siehe HAStK-RBA Best. 70 A 1324 (Protokollbuch Militärgericht).

205 So bat etwa 1673 Dr. jur. Joachim Burgers um eine Zulage zu seinem Lohn für seinen Einsatz beim „vorhin gehaltenen Kriegsrecht". HAStK-RBA Best. 10B A 120, Bl. 53r (Ratsprotokoll, 6.2.1673).

206 Vgl. Rischke-Ness, Subjektivierungen, S. 123–129; Nowosadtko, Stehendes Heer, S. 117.

207 HAStK-RBA Best. 33 A 272, Bl. 9r (Urteil, 1634).

208 Beispiele finden sich zahlreich in den Ratsprotokollen HAStK-RBA Best. 10B. Siehe z. B. HAStK-RBA Best. 10B A 221, Bl. 63r (Ratsprotokoll, 6.5.1774: Urteil gegen vier Musketiere in zwei separaten Verfahren). Vgl. Bartz, Köln, S. 52. Auch in Lübeck griff der Rat in die kriegsgerichtliche Sphäre ein. Vgl. Schwark, Lübecks Stadtmilitär, S. 135–144.

209 Ähnlich hatte etwa in Kursachsen das landeherrliche Gouvernement in Dresden eine kontrollierende Stellung gegenüber den Disziplinarmaßnahmen der dort stationierten Hauptleute, während bei über das Land verteilten Regimentern eine solche nahe Oberinstanz fehlte. Vgl. Kroll, Soldaten, S. 310.

210 Außer bei der Entsendung von Truppen zum entfernten Kriegseinsatz v. a. im Rahmen der Reichsarmee. So begleitete 1735 der Auditor das Kölner Kontingent an den Oberrhein. HAStK-RBA Best. 33 A 369, Bl. 251 (Eid des Auditors, 1735).

211 Vgl. Kroll, Soldaten, S. 203. Den (adeligen) Offizieren im Gegenzug zu grundsätzlicher Unterordnung Freiräume bei der Truppenführung und Rechtsprechung einzuräumen, wie es in größeren Territorien der Fall war (vgl. Nowosadtko, Stehendes Heer, S. 119 und 125), war in Köln aufgrund direkterer Einwirkungsmöglichkeiten und dem weitgehenden Fehlen von Adel nicht notwendig.

212 Bereits aus dem Jahr 1586 ist ein Urteil gegen den Söldner Hanß Herman von Gülich überliefert, der wegen einer nicht genannten Verfehlung zu einem Jahr Dienst im Türkenkrieg in Ungarn verurteilt wurde, und zwar von einem innermilitärischen Gericht, jedoch „mit Consent der Hohen Obrigkeit". HAStK-RBA Best. 33 A 292, Bl. 8r.

und den Korporal Johann Praden wegen unerlaubten Entfernens von der Truppe ver-
anlasste. Sie waren zu dem Zeitpunkt mit der Kompanie des Hauptmanns Richardt Pistor in Bonn stationiert, von wo aus sie sich unerlaubt nach Köln entfernt hatten (aus
Hunger, wie sie angaben – dies wurde ihnen jedoch nicht geglaubt). Das Kriegsgericht
setzte sich aus einer Anzahl von Hauptmännern und „vornemste[r] kriegsleidt"[213] zusammen und verurteilte sie zu einer Ehrenstrafe. In diesem Fall waren Bürgermeister
und Rat nicht involviert, was sich daraus erklärt, dass es sich um ein recht alltägliches
Delikt handelte, bei dem von vornherein mit keiner schweren Strafe zu rechnen war.
Überdies befanden sich die Soldaten in Bonn und damit nicht im direkten Einfluss-
bereich der stadtkölnischen Obrigkeit.

Doch bereits wenige Tage später wurde dem Rat über eine Untersuchung gegen den
Gemeinen Weibel Johann Steinheuser berichtet, der im Bergischen Land während einer
dortigen Operation Kölner Truppen Karren (vermutlich mit Handelsgut) angehalten
hatte. Der Rat ließ sich hier wahrscheinlich deshalb berichten, weil eine unangenehme
Auseinandersetzung mit dem Landesherrn, dem Herzog von Berg, drohten, der Fall also
politische Konsequenzen haben konnte. In der Sache überließ der Rat dann aber dem
Oberst Merode die Entscheidung, der eine Umfrage unter den Offizieren des Regiments
durchführte (also kein förmliches Kriegsgericht abhielt, an dem auch Soldaten anderer
Rangstufen hätten beteiligt werden müssen). Sie plädierten für einen Freispruch, weil
Steinheuser offenbar glaubhaft machen konnte, auf Befehl gehandelt zu haben. Außerdem sei er durch die Untersuchungshaft bereits ausreichend gestraft. Es wird ausdrücklich vermerkt, dass er freigelassen wurde, bevor die Genehmigung des Rats dazu eingetroffen war.[214] Dieser Fall zeigt, dass der Rat sehr wohl dort, wo es ihm angebracht
erschien, die Kontrolle über die Militärjustiz an sich zog bzw. ziehen konnte, dass es
dabei aber offenbar jedenfalls in Bagatellsachen weniger um das konkrete Strafmaß ging
als um mögliche politische und strategische Weiterungen – stand hier doch nicht nur
eine Verstimmung eines mächtigen benachbarten Fürsten im Raum, sondern auch die
Möglichkeit von Repressalien gegen Kölner Handelsgüter.

Eine umfangreiche Untersuchung gegen den Musterschreiber Gerard Steitz wurde
1759/60 von einer aus Offizieren und zivilen Amtsträgern gemischt zusammengesetzten
Kommission im Stil eines Kriegsgerichtsverfahrens durchgeführt – weil Steitz zwar Mi-
litärangehöriger war, die in Rede stehenden Unterschlagungen aber zivile Kassen betra-
fen.[215] Der Rat griff aber auch dort ein, wo die Interessen von Kölner Bürgern betroffen
waren. So verglich sich im März 1634 der Korporal Peter von Zundorff mit dem Barbier

---

213	HAStK-RBA Best. 70 A 1324, Bl. 5r (Protokollbuch Militärgericht, 9.2.1634). Die Entschuldigung, we-
	gen Hunger oder mangelnder Versorgung desertiert zu sein, findet sich noch häufig in den Verhören
	im Protokollbuch des Militärgerichts von 1634 (das einer näheren Auswertung wert wäre). Ob sie im-
	mer wörtlich zu nehmen ist, mag bezweifelt werden, weil frühneuzeitlich Soldaten ihre Aussagen häu-
	fig einer erfolgversprechenden Verteidigungsstrategie anpassten. Vgl. etwa Kroll, Soldaten, S. 42.
214	HAStK-RBA Best. 70 A 1324, Bl. 5v–6r (Protokollbuch Militärgericht, 15.2.1634, 17.2.1634).
215	HAStK-RBA Best. 33 A 305.

Meister Huparten wegen der Behandlung einer Stichverletzung, die ihm von zwei anderen Soldaten, nämlich Frantz Connet und Peter de Pari, zugefügt worden war. Demnach sollte Huparten acht Reichstaler erhalten, die den beiden Schuldigen vom Sold abzuziehen waren. Die Bürgermeister, die diesen Vergleich ausdrücklich genehmigten, garantierten also die Zahlung an den Barbier durch eine Soldpfändung. Dies war offenbar auch deshalb notwendig, weil sich de Pari dem Vergleich verweigerte.[216]

Auch bei schwerwiegenden Verbrechen mit zu erwartenden harten Strafen gegen Soldaten traten Bürgermeister und Rat als letztendlich entscheidende Instanz in Erscheinung, die das durch ein reguläres Kriegsgericht innerhalb des Regiments gefällte Urteil bestätigte oder nicht bestätigte. So ebenfalls 1634 im Fall eines Deserteurs, des Musketiers Jacob de Laplatze. Dieser gehörte bereits ab etwa 1632 zu den Stadtsoldaten. Als nun seine Kompanie (die des Hauptmanns Pistor) aus der Stadt ausrücken sollte, blieb er zunächst in Köln zurück, um sich dann auf ein Rheinschiff Richtung Holland zu begeben. Er gab an, als Schuster (also in seiner erlernten Profession) in Gent in den Dienst seines früheren Herrn treten zu wollen, der ihn deshalb einen Brief geschrieben habe. Die Reise endete aber in Kaiserswerth, wo er festgenommen wurde. Zurück in Köln bekannte er die Desertion und bat um Gnade. Oberst Merode leitete nun mit Vorwissen von Bürgermeistern und Rat sowie der städtischen Kriegskommissare ein standrechtliches Verfahren ein. Der in dessen Verlauf auftretende Fürsprecher des Angeklagten konnte außer dem Geständnis keine weiteren entlastenden Umstände anführen. Das Gericht verurteilte Laplatze daher zum Tod. Das Urteil wurde am 1. April 1634 durch den Rat der Stadt Köln bestätigt. Die Exekution erfolgte am 4. April 1634.[217] Das Verfahren hatte insgesamt nur fünf Tage beansprucht, war also weder durch die Genehmigung seiner Einleitung noch durch die Bestätigung des Spruches durch den Rat aufgehalten worden. Diese hohe Geschwindigkeit unterscheidet die Kölner Verhältnisse von einem größeren Territorium, wo für das Eingreifen des Fürsten deutlich mehr Zeit einzukalkulieren war.

Ein kriegsgerichtliches Verfahren gegen mehrere Deserteure kurze Zeit später wurde ebenso formal auf Anordnung des Rats eingeleitet. Es endete mit Todesurteilen, jedoch wurden Kranke und Verwundete dem Rat zur Begnadigung anempfohlen.[218] Dieser folgte dem insofern, als er nur die „ahm meisten schuldigste[n]"[219] hinrichten ließ. In einem anderen Fall milderte der Rat aus eigenem Antrieb heraus ein Urteil, das ihm „etwa fouriabilis gewesen"[220] war. Der Rat entschied hier tatsächlich differenziert, nahm seine Position als Gerichtsherr also im vollen Umfang wahr. Zwei der Deserteure ließ er mit dem Strang hinrichten. Eine Gruppe weiterer Soldaten musste unter dem Galgen um

216 HAStK-RBA Best. 70 A 1324, Bl. 8v (Protokollbuch Militärgericht, 18.3.1634).
217 HAStK-RBA Best. 70 A 1324, Bl. 10r–11v (Protokoll Militärgericht, 30.3.–4.4.[1634]).
218 HAStK-RBA Best. 70 A 1324, Bl. 20v–24r (Protokoll Militärgericht, 20.5.1634).
219 HAStK-RBA Best. 10B A 80, Bl. 277r (Ratsprotokoll, 22.5.1634). Die Auswahl der zu Exekutierenden wurde wieder dem Oberst überlassen.
220 HAStK-RBA Best. 70 A 1324, Bl. 45r (Protokoll Militärgericht, 29.7.1634). Das Wort „fouriabilis" dürfte sich von „furor" ableiten und hier mit „zu heftig", „zu hart" zu übersetzen sein.

ihr Leben losen (was auch aus anderen Armeen bekannt ist), woraufhin einer von ihnen gehängt wurde, während die anderen – insgesamt 25 Mann[221] – Gnade fanden.[222] Auch die Kranken bzw. Verletzten wurden entlassen, aber erst, nachdem zwei Kommissare ihren Zustand geprüft hatten.[223]

Was die Strafen angeht, unterschieden sich die Kölner Stadtsoldaten nicht grundsätzlich von Armeen ihrer Zeit. Als symbolische oder Ehrenstrafe wurden in Köln wie anderswo auch die Namen von in Abwesenheit verurteilten Soldaten durch den Scharfrichter am Galgen angeschlagen.[224] Etwas milder fiel das ebenfalls die Ehre beeinträchtigende Sitzen auf einem hölzernen Esel aus.[225] Belegt ist auch die Arbeitsstrafe des Schanzdienstes.[226] Bisweilen wurden auch Männer zur Strafe aus dem Dienst entfernt, was man mit einer unehrenhaften Entlassung umschreiben kann.[227] Das Gassenlaufen[228] gehörte ebenfalls zum Repertoire der Kölner Militärjustiz. So wurde der Musketier Tillmann Hilden 1777 zum acht- bis zehnmaligen Spießrutenlauf verurteilt, weil er betrunken im Dienst erschienen war. Seine Ehefrau bat den Rat daraufhin um Gnade: ihr Mann habe nur ein Glas Branntwein getrunken, weil er zuvor schwer erkrankt gewesen sei und den Alkohol zu Stärkung benötigt habe. Dem folgte der Rat dahin, dass der Soldat vor dem angetretenen Bataillon nur dreimal die Gasse hin und zurück zu durchqueren hatte.[229] Der Deserteur Mathias Gilsen wurde 1787 in Ansehung seiner Jugend zu achtmaligem Gassenlaufen durch allerdings nur zwei Kompanien begnadigt.[230] 1755 wurde der Deserteur Francisus Esser hingegen insoweit bei seiner Wiederaufnahme straffrei, als er nur den entstandenen Schaden mit einem Gulden pro Monat in Raten abzuzahlen hatte.[231] Bei

---

221 Namensliste in HAStK-RBA Best. 70 A 1324, Bl. 26v–27r (Protokoll Militärgericht, um den 22.5.1634). Die Menge der betroffenen Soldaten zeigt, dass die Begnadigung auch einen funktionalen Sinn hatte, nämlich die Kampfkraft zu erhalten.

222 HAStK-RBA Best. 70 A 1324, Bl. 24r (Protokoll Militärgericht, 24.5.1634).

223 HAStK-RBA Best. 70 A 1324, Bl. 25v (Protokoll Militärgericht, 22.5.1634). Ein weiteres Beispiel für das Losen um Begnadigung: HAStK-RBA Best. 70 A 1324, Bl. 13r–17r (Protokoll Militärgericht, 12.4./21.4.1634).

224 HAStK-RBA Best. 70 A 1324, Bl. 71r (Protokoll Militärgericht, 12.10.1634). Vgl. zur preußischen Praxis WINTER, Desertionsprozesse, S. 190–193; SIKORA, Disziplin, S. 141–144.

225 Nach einem Plan von 1702 scheint ein hölzerner Esel vor dem Wachhaus auf dem Neumarkt zu stehen, was für einen regelmäßigen Einsatz spricht. Vgl. Meynen/Schäfke, Köln, S. 77 (oben rechts). Ein praktisches Beispiel: Im Januar 1660 musste ein Soldat auf dem Esel sitzen, der Rat entschied aber, es bei diesem einmaligen Sitzen bewenden zu lassen, weil große Kälte herrsche. HAStK-RBA Best. 10B A 107, Bl. 22v (Ratsprotokoll, 28.1.1660).

226 Siehe z. B. HAStK-RBA Best. 33 A 348, Bl. 556v (Rechnungsbuch Militärausgaben, 1777).

227 Siehe z. B. HAStK-RBA Best. 33 A 348, Bl. 558v (Rechnungsbuch Militärausgaben, 1777).

228 Vgl. RISCHKE-NESS, Subjektivierungen, S. 377–380; FIEDLER, Kriegswesen-Kabinettskriege, S. 121 f.

229 HAStK-RBA Best. 10B A 224, Bl. 90v–91r (Ratsprotokoll, 25.6.1777); HAStK-RBA Best. 33 A 107, Bl. 130–131 (Supplik Ehefrau Hilden, 1777). 1763 wurde das Urteil des Kriegsgerichts gegen Henrich Thannemeyer auf viermaliges Gassenlaufen abgemildert. HAStK-RBA Best. 10B A 210, Bl. 14r (Ratsprotokoll, 14.1.1763). Eine weitere Abmilderung eines Urteils in HAStK-RBA Best. 10B A 221, Bl. 82r (Ratsprotokoll, 30.5.1774).

230 HAStK-RBA Best. 10B A 234, Bl. 37v–28r (Ratsprotokoll, 5.2.1787).

231 HAStK-RBA Best. 33 A 386, Bl. 111r (Entwurf Ratsprotokoll, 2.4.1755).

Wilhelm Schlicher wurde 1763 die vom Kriegsgericht verhängte Strafe des Gassenlaufens vom Rat auf Bitten der Ehefrau des Soldaten auf acht Tage Arrest gemildert.[232] Der Fähnrich Henricus Weitz war 1750 nach einem Desertionsversuch zu Gassenlaufen begnadigt worden, klagte in Folge dieser Bestrafung jedoch über eine langandauernde „Maladie"[233], weshalb er die weiteren vorgesehenen Strafen nicht antreten könne. Der Rat scheint dem Argument gefolgt zu sein und ihn vollständig begnadigt zu haben. Auch der Musketier Joist Engel scheint im selben Monat begnadigt worden zu sein. Er war nach eigener Angabe „auß bloßer unbesonnenheit" desertiert und hatte in der Folge acht Tage „unter dem blawen Himmel [...] auff [...] bloßer Erden"[234] zugebracht. Nun wolle er reumütig zurückkehren, wenn ihm nur die drohende Todesstrafe erlassen werde. Dieser zu entrinnen, gelang nicht allen. Wenn es einen funktionalen oder politischen Sinn hatte, wurden auch Todesurteile gegen Stadtsoldaten vollstreckt, allerdings mit Augenmaß: 1735 wurde der Deserteur Frantz Kumper vom Tod durch den Strang zu Erschießen begnadigt, um seine Ehefrau und Kinder nicht durch die Verminderung der Ehre mitzubestrafen.[235]

Die Gerichtshoheit über die Stadtsoldaten hatte für Köln eine Bedeutung, die deutlich über den Einzelfall hinauswies. Das zeigte sich u. a. 1744, als ein an sich routinemäßig abzuwickelnder Streit zu einer weitreichenden Grundsatzfrage eskalierte. Jacob Wellust hatte den Hauptmann der Stadtsoldaten (Johann) von Lunickhausen (auch in der Schreibweise Luninghausen u. ä.) vor dem kurfürstlichen Hohen Weltlichen Gericht wegen einer Schuldforderung in Höhe von 2.500 Reichstalern verklagt.[236] Bei diesem handelte es sich um eines der letzten Einfallstore des Erzbischofs als ehemaligen Stadtherrn, der trotz der Reichsstadterhebung von Köln im Jahr 1475 noch immer die Hohe Gerichtsbarkeit in den Händen hielt und diesen Umstand immer wieder dazu nutzte, seinen nie erloschenen Herrschaftsanspruch wieder geltend zu machen. Bürgermeister und Rat hatten mangels eigener Gerichtshoheit in der Regel keine Möglichkeit, das nachhaltig zu unterbinden, und so schwelte und eskalierte der Streit um das Gericht während der gesamten Frühen Neuzeit mit wechselnder Intensität.[237] 1744 ergab sich aber eine Chance, ein Zeichen zu setzen. Lunickhausen scheint zwar, soweit ersichtlich, die Zahlung der 2.500 Reichstaler schuldig geblieben zu sein. Er versuchte daher gar nicht erst,

---

232 HAStK-RBA Best. 10B A 210, Bl. 22r (Ratsprotokoll, 2.2.1763).

233 HAStK-RBA Best. 33 A 88, Bl. 149r (Supplik Weitz, 1750). Auf der Supplik vermerkt ist eine Verlesung im Rat am 16.9.1750, jedoch ist diese im Ratsprotokoll (HAStK-RBA Best. 10B A 197, Bl. 223v) nicht verzeichnet. Auf der Supplik ist jedoch als Ergebnis der Verlesung „Pro amore Dei" eingetragen, was in der Regel mit einer Bewilligung gleichzusetzen ist.

234 Beide Zitate HAStK-RBA Best. 33 A 88, Bl. 161r (Supplik Engel, 1750). Auf der Supplik vermerkt ist eine Verlesung im Rat am 16.9.1750, jedoch ist auch diese im Ratsprotokoll (HAStK-RBA Best. 10B A 197, Bl. 224r–225v) nicht verzeichnet. Auf der Supplik ist jedoch ebenfalls vermerkt „Pro amore Dei".

235 HAStK-RBA Best. 33 A 404 (Ratsregistratur, 19.12.1735).

236 Bereits 1737 konnte ein Prozess zwischen Leutnant von Lünickhausen und dem Weinhändler Schwinnen bzw. dessen Tochter um 1.400 Gulden und Schmuck nur durch vermittelndes Eingreifen der Bürgermeister gütlich durch Zahlung des Leutnants beigelegt werden. HAStK-RBA Best. 10B A 184, Bl. 236r–237r (Ratsprotokoll, 16.10.1737).

237 Vgl. PLASSMANN, Abgrenzung.

den Anspruch Wellusts zu bestreiten, sondern wählte eine andere Strategie. Er erschien nicht zur Ladung und ließ seinen Rechtsbeistand die Zuständigkeit des Hohen Weltlichen Gerichts bestreiten, weil er „ein stattcöllnischer Kriegsofficier, und folglich denen bürgerlichen Gerichteren keines weegs unterworfen"[238] sei. Für ihn als Soldat sei allein das Kriegsgericht zuständig, womit er ähnlich der Geistlichkeit ein *privilegium fori* für seinen Stand reklamierte, das unabhängig von der örtlichen oder sachlichen Zuständigkeit eines zivilen Gerichts galt. Dieser Anspruch befand sich durchaus im Einklang mit dem Rechtsverständnis der Zeit und bot dem Hauptmann daher gute Chancen, einer Verurteilung wenigstens durch das Hohe Weltliche Gericht zu entgehen. Da Wellust sich davon aus naheliegenden Gründen nicht abschrecken ließ, seine durchaus berechtigte Klage weiterzuverfolgen, schaltete sich alsbald der Rat der Stadt Köln in den Fall ein, der – je nach Sichtweise – entweder seine Privilegien verteidigen musste oder eine gute Chance dazu nutzen konnte, sie gegen den Kurfürsten durch einen Präzedenzfall auszuweiten. Wellust wurde in das Rathaus geladen, offenbar mit dem Ziel, den Fall an das Fiskalgericht zu ziehen, also an ein Gericht unter rein städtischer Kontrolle.[239] Das hätte die Möglichkeit eröffnet, in der Sache korrekt zu entscheiden, ohne dem Hohen Weltlichen Gericht Einfluss zu gewähren. Wellust scheint dem aber nicht getraut zu haben oder ihm ging es nun ums Prinzip. Er wehrte sich jedenfalls dagegen, seine Klage vom Hohen Weltlichen Gericht abzuziehen, und ließ seinerseits den Anspruch Lunickhausens auf das *privilegium fori* jedenfalls für diesen unstreitig – modern gesprochen – zivilrechtlichen Fall anfechten. Ziel war offenbar eine Pfändung auf Mobilien Lunickhausens in dessen Haus am Neumarkt (das selbst wohl u. a. deshalb nicht Gegenstand einer Pfändung werden konnte, weil es mit hohen Schulden belastet war). Das Hohe Weltliche Gericht folgte dem insofern, als es den Hauptmann „in contumaciam"[240] (also im Hinblick auf dessen Nichterscheinen) zur alsbaldigen Begleichung der Schuld verpflichtete. Wellust drängte nun zur Eile, weil er befürchtete, dass sein Schuldner „die besten Stucker"[241] seiner Mobilien beiseiteschaffen und sich so der Pfändung entziehen könne. Deshalb wollte er mit Erfolg auch keine Appellation gegen das Urteil zulassen, die nur Zeitverlust bringen werde. Ganz unrecht hatte er nicht, denn Anfang März 1744 wurde davon berichtet, dass Lunickhausen „drey Schildereyen"[242], also anscheinend werthaltige Gemälde, verkauft habe, ohne den Gewinn an Wellust abzuführen.

Eine Pfändung ohne Unterstützung der Stadt war dem Hohen Weltlichen Gericht mangels Exekutivorganen nicht möglich und die Stadt dachte offenbar nicht daran, gegen ihren Hauptmann vorzugehen, zumal sie an der rechtspolitischen Weiterung interessiert war, die Gerichtshoheit des Kurfürsten über das Stadtmilitär grundsätzlich zu bestrei-

---

238 HAStK-RBA Best. 56 A 225, Bl. 71r (Extractus Juricum, 1743–1744). Der gesamte Schriftsatz ebd., Bl. 66–102.
239 HAStK-RBA Best. 56 A 225, Bl. 75r (Extractus Juricum, 1743–1744).
240 HAStK-RBA Best. 56 A 225, Bl. 92r (Extractus Juricum, 1743–1744).
241 HAStK-RBA Best. 56 A 225, Bl. 94r (Extractus Juricum, 1743–1744).
242 HAStK-RBA Best. 56 A 225, Bl. 98v (Extractus Juricum, 1743–1744).

ten. Der Fall gelangte daher als Auseinandersetzung zwischen Stadt und Kurfürst an das Reichskammergericht. Dieses folgte schließlich der stadtkölnischen Argumentation und erließ am 24. November 1744 ein Mandat *de non arrogando* gegen den Erzbischof, dem zufolge der Stadt allein die Gerichtsbarkeit über ihr Militär zustand (weil dessen Anwerbung ein Ausfluss der Territorialhoheit, „territorial macht"[243], sei).[244] Obwohl also der Kurfürst nach wie vor grundsätzlich Inhaber der Blutgerichtsbarkeit in Köln war, konnten die Kölner auch ohne Mitwirkung des kurfürstlichen Hohen Weltlichen Gerichts Soldaten sogar hinrichten lassen und damit ihre Unabhängigkeit vom ehemaligen Stadtherrn auch symbolisch demonstrieren. Das wurde tatsächlich so praktiziert, etwa bei der schon erwähnten öffentlichen Hinrichtung eines Stadtsoldaten auf dem Neumarkt 1762, der sich einer Diebesbande angeschlossen hatte.[245] Unabhängig davon, ob das Hohe Weltliche Gericht zum selben Urteil gekommen oder ob ohne den politischen Hintergrund eine mildere Strafe ausgesprochen worden wäre, waren Behauptung und praktische Wahrnehmung der Blutgerichtsbarkeit über Soldaten ein wichtiges Mittel der Reichsstadt Köln zur Abwehr von Mediatisierungsbestrebungen. Unter umgekehrten Vorzeichen protestierte deshalb der Kurfürst, wenn auch erfolglos, gegen die Hinrichtung, weil er sie als einen Eingriff in seine Blutsgerichtsbarkeit ansah.

Verhältnismäßig gut dokumentiert ist ein Fall aus dem Jahr 1732. Dem Gewaltgericht – also einem zivilen städtischen Gericht, das primär für leichtere Straftaten zuständig war – wurde damals angezeigt, dass der Stadtsoldat Niclas Becker im Großen Armenhaus zu Tode gekommen sei. Ursache war eine schwere Stichverletzung am Oberkörper, durch welche die Lunge beeinträchtigt worden war. Es handelte sich also eindeutig um eine Straftat, die eine Untersuchung nach sich zog.[246] Der Täter war rasch gefunden, es handelte sich um einen gewissen August Friedrich Kochius (auch Cochius) aus Berlin, der den preußischen Militärdienst „wegen ein und anderen malheur quittirt"[247] und danach keine geregelte Beschäftigung aufgenommen hatte. Er war anscheinend ein Deserteur, den es mittellos nach Köln verschlagen hatte. Hier sei er jedenfalls auf Betreiben seines Vaters – ob sich dieser in Berlin oder Köln aufhielt, wird nicht angegeben – aufgrund von Schulden in das Armenhaus eingewiesen worden. Aus nicht ganz klaren Gründen sollte er dort verhaftet werden, wozu anscheinend ein Kommando von drei Stadtsoldaten geschickt wurde, unter ihnen Becker. Ihn streckte Kochius mit einem Degen (bzw. einer Degenklinge ohne Handgefäß) nieder, den er angeblich gefunden hatte. Der Täter wurde zunächst als Zivilperson behandelt, was durchaus Auswirkungen auf die Härte der Strafe haben konnte (und zugleich belegt, dass der Rat nicht automatisch ein Kriegsgericht mit der Sache befasste, weil das Opfer ein Soldat war). Daher äußerte er im wei-

---

243 So das stadtkölnische Syndikat 1763, siehe HAStK-RBA Best. 56 A 226, Bl. 3v (Gutachten Syndikat, 7.2.1763).
244 Stadtkölnische Unterlagen zu diesem Prozess in HAStK-RBA Best. 56 A 225, Bl. 1–65.
245 HAStK-RBA Best. 10B A 210, Bl. 26r–28r (Ratsprotokoll, 7.2.1763).
246 Untersuchungsakten in HAStK-RBA Best. 125 A 32, Bl. 6–72.
247 HAStK-RBA Best. 125 A 38, Bl. 7v (Befragung Kochius, 1732).

teren Verlauf des Verfahrens die Bitte, ihn als Militärperson vor das Militärgericht zu bringen. Er habe den Dienst zwar quittiert, der ihm aber „annoch nicht erlaßen wehre"[248] – eine schöne Umschreibung für eine Desertion. Er mag auf eine Rückkehr zu seinem Regiment und eine dortige milde Strafe spekuliert haben.[249] Wie auch immer, der Rat folgte seinem Argument und ließ nun weiter nach Kriegsrecht verfahren, so dass es nun auch Offiziere waren, die ihn weiterverhörten. Dabei könnte die Auseinandersetzung mit dem Erzbischof um die Blutgerichtsbarkeit eine Rolle gespielt haben, denn auf diese Weise war Kochius nicht an das kurfürstliche Hohe Weltliche Gericht auszuliefern.

Das kriegsgerichtliche Verhör bestätigte einerseits schon Bekanntes, fügt dem Bild aber weitere Facetten hinzu. Kochius gab nun an, bei den Preußen Leutnant in der Leibkompanie im Regiment des Generalleutnants Wudenau[250] gewesen zu sein. Den Aufenthalt im Armenhaus sah er wohl nicht ganz zu Unrecht als eine Art von Inhaftierung an, die vermutlich auch seiner Offiziersehre nicht eben zuträglich war. Jedenfalls habe er bereits vor seiner Tat einigen Insassinnen des Armenhauses seine Degenklinge gezeigt und ihnen wohl im Zusammenhang mit der ausstehenden Begleichung seiner Schulden und der fehlenden Aussicht auf Entlassung gesagt, dass „wan es aufs eußerste kommen wurde, er alßdan biß auf den letz[t]en bluthstropfen sich wehren wurde"[251]. Offiziersehre und Aufschneiderei vor den Frauen mischten sich also vermutlich zu einer aggressiven Grundhaltung, auf die dann ein darauf nicht vorbereitetes Soldatenkommando traf. Kochius erwies sich letztlich als wenig einsichtig und scheint aus dem Gereonsturm, wo er zwischenzeitlich festgesetzt worden war, mit der Tochter des dortigen Burggreven entflohen zu sein. Die Untersuchung der genauen Umstände, die aus dem naheliegenden Grund der Sicherung der städtischen Gefängnisse durchgeführt wurde, muss hier nicht weiter interessieren. Der Rat war den unbequemen Fall auf relativ elegante Weise losgeworden. Er belegt aber erneut die enge Verbindung von obrigkeitlichem Eingreifen in den Verlauf von Untersuchungen und Prozessen auch aus der militärischen Sphäre sowie – vermutlich – den Einsatz des Kriegsgerichts zur Umgehung der erzbischöflichen Blutgerichtsbarkeit.

Das zeigt auch ein Fall aus dem Jahr 1634. Die Tochter des Soldaten Junckbludt wurde damals bei einem Wirtshausbesuch in Deutz – also unter der Jurisdiktion des Erzbischofs – von einem Zivilisten vergewaltigt. Die Untersuchung wurde in diesem Fall durch den Hauptmann des Söldners geführt, der also eine Gerichtsgewalt auch im Hinblick auf Familienangehörige von Soldaten ausübte.[252] Das war hier aus Kölner Sicht sinnvoll, weil man sonst nur vermittelt über den Erzbischof auf dessen Deutzer Untertan hätte zugreifen können, während man die militärische Sondergerichtsbarkeit auch durch die damalige kriegsbedingte Präsenz der eigenen Truppen im rechtsrheinischen Vorort leich-

---

248 HAStK-RBA Best. 125 A 38, Bl. 13v (Anlage zur Befragung Kochius, 1732).

249 Vgl. Rischke-Ness, Subjektivierungen, S. 236–239.

250 Gemeint sein könnte Heinrich Jordan von Wuthenau.

251 HAStK-RBA Best. 125 A 38, Bl. 25r (Vernehmung Kochius, 1732).

252 HAStK-RBA Best. 33 A 272, Bl. 5–8 (Kriegsgerichtliche Untersuchung, 1634).

ter durchsetzen konnte. Die Untersuchung derselben Vergewaltigung in Köln durch
einen Kölner Bürger wäre aber sicherlich an zivile Instanzen wie etwa die Gewaltrichter
gezogen worden. Hier waren im Zweifel auch die Soldaten darauf angewiesen, ihr Recht
außermilitärisch vor dem Rat zu suchen.[253] So etwa 1732 der Sergeant Johann Conrad
Altroggen, der von der Ehefrau des Feldwebels Korner öffentlich als „schelm ohne seyten-
gewehr"[254] beschimpft worden war. Es gab keinen innermilitärischen Rechtszug, der zur
Klärung dieses Problems hätte herangezogen werden können – sofern die Vorgesetzten
so einen Streit nicht außergerichtlich disziplinarisch lösten.

Wie sehr es den Kölnern in diesen Fragen darum ging, ihre Rechtsposition gegenüber dem Erzbischof und anderen auswärtigen Fürsten zu wahren, zeigt die Gegenprobe:
Waren Stadtsoldaten in Streitigkeiten mit Bürgern und Einwohnern verwickelt, die auch
vor städtischen Gerichten und Gremien entschieden werden konnten, wurde keineswegs durchgehend eine eigene Militärgerichtsbarkeit gepflegt, das *privilegium fori* der
Soldaten also weithin missachtet.[255] Das galt auch für Angehörige der Offiziersfamilie
Luninghausen, beispielsweise als 1785 ein Streit zwischen einem Leutnant dieses Namens und den Eheleuten Esser an die Klageherren zur Vermittlung verwiesen wurde,
ansonsten aber das Bürgermeistergericht entscheiden sollte.[256] Das bewegte sich ganz im
Rahmen des üblichen Umgangs mit bürgerlichen Konflikten.

Sobald auswärtige Soldaten in Streitigkeiten mit Kölnerinnen oder Kölnern verwickelt wurden (und man ihrer habhaft werden konnte), bestritt die Stadt Köln, wenn
möglich und sinnvoll, ganz dezidiert eine militärgerichtliche Zuständigkeit. Dadurch
konnten Soldaten vor die zivilen eigenen Gerichte gestellt werden, sofern nicht eine Zuständigkeit des erzbischöflichen Hohen Weltlichen Gerichts diese Überlegung wieder
konterkarierte. Ging es aber um Geld oder Entschädigungen aller Art, bot die Verhand-
lung vor einem stadtkölnischen Gericht eine höhere Chance, dem Einheimischen zum
Recht zu verhelfen. Das zeigt ein Fall aus dem Jahr 1741, als der kurpfälzische Fähnrich
Joseph Bernard von Klehen wegen der Verwundung einer Catharina Engels in Köln in
Haft genommen wurde. Sein in Jülich stationiertes Regiment forderte seine Auslieferung,
um ihn der Militärjustiz zu übergeben. Die Kölner verweigerten dies jedoch mit der aus-
drücklichen Begründung, dass auf Engels hohe Behandlungskosten durch einen Chirur-

---

253 Siehe dazu beispielsweise den Vormundschaftsstreit in HAStK-RBA Best. 120 A 3315 (Klage Keil, 1745).
254 HAStK-RBA Best. 33 A 77, Bl. 143r (Supplik Altroggen, 1732). Das „ohne Seitengewehr" sprach ihm die
      Eignung als Unteroffizier ab.
255 So reagierte man in Köln 1769 verschnupft auf das Ansinnen der kurpfälzischen Armee, sich in der
      Stadt aufhaltende Deserteure auszuliefern, und zwar nicht nur bezüglich der Söhne von Bürgern und
      Einwohnern, sondern ausdrücklich auch fremder Männer. Letzteres zeigt, dass es nicht nur um den
      Schutz von Kölnern ging, sondern ganz grundsätzlich darum, niemanden an eine fremde Gerichtsbar-
      keit abgeben zu müssen. HAStK-RBA Best. 33 A 282, Bl. 1997r-v (Köln an Aachen, 25.3.1769). Siehe
      auch HAStK-RBA Best. 33 A 434 (kurpfälzische Deserteure 1737).
256 HAStK-RBA Best. 10B A 232, Bl. 174v und 183r (Ratsprotokoll, 1.8.1785 und 10.8.1785).

gen zukamen und sie wegen ihres „gantz verschändeten angesichts"[257] auch nicht mehr
als Dienstmagd ihren Lebensunterhalt verdienen könne. Ihre Schadloshaltung müsse
daher sichergestellt werden. Und: der Fall gehöre nicht vor ein Militärgericht, weil Klehen mehr als drei Meilen von seinem Regimentsstab entfernt und auch nicht im Rahmen eines dienstlichen Auftrags unterwegs gewesen sei. Sein Verbrechen sei auch nicht
als militärischen Delikt zu betrachten. Die Argumentation wies allerdings eine Achilles-
verse auf. Denn der Vorfall hatte sich in einem Wirtshaus in Rodenkirchen zugetragen,
also auf dem Gebiet des Herzogtums Berg. Aufgrund des Orts der Tat hätte Kurpfalz also
sogar mit einem gewissen Recht eine zivile Zuständigkeit reklamieren können. Da Engels aber zur Behandlung nach Köln gebracht wurde und Klehen ihr anscheinend gefolgt war, konnte er in der Stadt verhaftet werden. Die Kölner hatten also die Macht des
Faktischen für sich, wenn sie die Auslieferung ablehnten. Die Ablehnung wurde wiederum
mit Zitaten aus der rechtswissenschaftlichen Literatur untermauert. Sie sind jedoch eher
als schmückendes Beiwerk denn als tragfähiges juristisches Gutachten zu sehen. Dass
die Kurpfälzer wiederum auf der Auslieferung beharrten, ging letztlich zum Schaden
des Fähnrichs aus. Er verblieb nämlich über Monate in einer von ihm wohl nicht zu
Unrecht als quälend empfundenen Haft, die überdies durch die auflaufenden Verpfle-
gungskosten die Streitsumme erhöhte. Schließlich gaben die Kurpfälzer insofern nach,
als Klehen von ihrer Seite aus begnadigt und aus dem Militär entlassen wurde. Damit
entfiel auch ihr Anspruch auf Auslieferung in einer für sie gesichtswahrenden Art und
Weise. Der Ex-Fähnrich konnte nun jedoch durchaus glaubhaft versichern, dass er gar
nicht über die Mittel verfüge, den geforderten Schadensersatz zu zahlen. Wohl mit fi-
nanziellem Schaden beschlagnahmte die Stadt daraufhin sein Gepäck, in dem sich immerhin einige werthaltige Kleidungsstücke befanden, und entließ ihn schließlich aus der
Haft. Der Fall muss hier nicht vertieft werden, belegt jedoch ein weiteres Mal die argu-
mentative Virtuosität des Kölner Syndikats, das je nach Interessenlage die Militärjustiz
für zuständig oder unzuständig erklären konnte.

Wo zivile Interessen berührt wurden und sich der Auditor der Stadtsoldaten (also
ein innermilitärischer Beauftragter für Strafverfolgung) unsicher über Schuld oder Un-
schuld war, verwies er auch von sich aus einen Fall an den Rat zur Entscheidung, ohne
eine eigene Zuständigkeit zu reklamieren. So etwa 1764, als ein Peter Dumond einigen
Stadtsoldaten vorwarf, ihn misshandelt zu haben. Obgleich sich Dumond direkt an ihn
gewandt hatte, leitete der Auditor den Fall nach einigen Voruntersuchungen ohne klares
Ergebnis an den Rat weiter, der wiederum das Syndikat einschaltete.[258] Dass Soldaten
auch in den Turmbüchern[259] auftauchen, also in den Verhörprotokollen der zivilen Strafverfolgung, belegt ebenfalls, dass ihnen im Zweifel kein eigener Militärgerichtsstand zu-

---

257 HAStK-RBA Best. 33 A 5, Bl. 1681r. Interessant ist, dass eine im Gesicht entstellte Dienstmagd als arbeits-
     unfähig betrachtet wurde. Der ganze Vorgang ebd.
258 HAStK-RBA Best. 33 A 432, Bl. 1707–1708 (Bericht Auditor, 1764).
259 Vgl. SCHWERHOFF, Kriminalität, S. 80.

gestanden wurde, sie vielmehr auch juristisch als ganz normaler Teil der Stadtgesellschaft betrachtet wurden. Was blieb an Kompetenzen für das Kriegsgericht? Es wurde v. a. dort ohne weitere Diskussion eingesetzt, wo es sich um rein innermilitärische Fragen oder die Disziplinierung der eigenen Soldaten handelte. Hier überließ der Rat Untersuchung und Urteilsfindung in der Regel den Offizieren und trat nur bestätigend oder begnadigend auf. So etwa 1785 ohne Gnade gegenüber dem Soldaten Henrich Eiffeler, den das Militärgericht zu der schweren Bestrafung von achtmaligem Gassenlaufen durch das gesamte Bataillon verurteilt hatte, weil er während einer nächtlichen Schildwache seinen Posten verlassen, „mit liederlichen Weibsleuten herumvagiert, und in Unzucht gelebt"[260] hatte. Milde verfuhr man hingegen wenig später gegen den Deserteur Henrich Bachem, der nur der Stadt verwiesen wurde. Hier bestätigte der Rat ein Urteil des Kriegsgerichts.[261] Im Fall des 1780 zu Spießrutenlaufen verurteilten Deserteurs Henrich Plister/Pliester war es dessen Mutter, die beim Rat um eine Minderung der Strafe auf dem Gnadenweg bat. Sie sei Witwe mit sieben Kindern, und falls Henrich das Gassenlaufen nicht überleben sollte, werde sie mittellos zurückbleiben. Tatsächlich wurde ihm daraufhin die Strafe erlassen, wodurch sich der Rat als milde und fürsorgende Obrigkeit[262] zu inszenieren wusste und zugleich die Armenkassen schonte.[263]

Da es den grundsätzlichen Konflikt zwischen der zivilen und der militärischen Gerichtsbarkeit, der in größeren Territorien etwa in den mit Garnisonen belegten Städten aufkommen konnte[264], aufgrund der engen Verzahnung beider Bereiche über den nahen Rat nicht gab, konnte man bei inneren Konflikten und Problemlagen in Köln pragmatischer und flexibler als in den Territorien vorgehen. Der Rechtsgeschichte mit ihrem an einer modernen Gerichtsverfassung geschulten Blick galt daher das das frühneuzeitliche Gerichtswesen Kölns und anderer Städte häufig als Gegenbild geordneter Verhältnisse, als Restbestände mittelalterlicher Unübersichtlichkeit und Beliebigkeit, die erst mit dem Staat und seinen Systematisierungen von Zuständigkeiten und Instanzenzügen überwunden werden konnten.[265] In der Tat ist es zwar nicht zu bestreiten, dass die Köl-

260   HAStK-RBA Best. 10B A 232, Bl. 240r (Ratsprotokoll, 1.8.1785).

261   HAStK-RBA Best. 10B A 232, Bl. 266v–267r (Ratsprotokoll, 21.11.1785).

262   Eine Rolle, auf welche die Kölner durchaus zu rekurrieren wussten, etwa 1762, als die Familie des zum Tode verurteilten Stadtsoldaten Peter Cöllen zunächst darauf hinwies, dass Gott selbst Sündern verzeihe, um dann darauf hinzuweisen, dass die „Milde und Clementz" der Ratsjustiz genauso bekannt sei. HAStK-RBA Best. 33 A 331, Bl. 37v (Supplik Verwandtschaft Cöllen, 1762).

263   HAStK-RBA Best. 33 A 110, Bl. 77r (Supplik Witwe Plister, 1780); HAStK-RBA Best. 10B A 227, Bl. 183r (Ratsprotokoll, 16.10.1780). Ob den Soldaten dabei im Vergleich zu Zivilisten eine bessere Behandlung zuteilwurde, wie dies Boes, Rechtsprechung, S. 167 f., für Frankfurt ermittelt hat, lässt sich beim derzeitigen rechtshistorischen Forschungsstand schwer beurteilen, zumal ja die Blutgerichtsbarkeit nach wie vor eine Domäne des Erzbischofs und daher dem städtischen Zugriff im Hinblick auf Zivilisten entzogen war. Eine direkte Vergleichbarkeit zur militärgerichtlichen Praxis ist also nicht gegeben.

264   Vgl. Nowosadtko, Stehendes Heer, S. 139; Sikora, Militarisierung, S. 168 f. Vgl. aber auch Busch, Absolutismus, S. 205 f.

265   Vgl. Amend-Traut u. a., Gerichtsvielfalt, S. 14.

ner Verhältnisse allgemein wie im Militärgerichtswesen weit von einer Verlässlichkeit und Klarheit entfernt waren, die der heutige Rechtsstaat selbstverständlich bietet. Das sollte – wie sich am Beispiel der Militärgerichtsbarkeit gut demonstrieren lässt – jedoch nicht allein als Defizit oder gar Unfähigkeit der maßgeblichen Akteure angesehen werden. Vielmehr handelte es sich (auch) um eine mehr oder weniger bewusst und teilweise recht virtuos eingesetzte Strategie einer flexiblen Justizpraxis, die letztlich höheren Zielen als einer Entscheidung des Einzelfalls diente – aber in ihren Auswirkungen an diesen Zielen und nicht am Ideal einer modernen Rechtspflege gemessen werden muss. Nach innen ging es darum, die Autorität von Bürgermeistern und Rat zu demonstrieren und zu festigen. Sie übten sehr sichtbar die Kontrolle über die Gerichtsbarkeit im militärischen Bereich aus, den sie folglich auch beherrschten. Einem irgendwie eigenmächtigen Agieren des Obersts bzw. Oberstleutnants der Soldtruppen war so von vornherein ein Riegel vorgeschoben. Und wegen der im Vergleich zu größeren Territorien recht übersichtlichen Kölner Verhältnisse konnten Bürgermeister und Rat tatsächlich die Fäden in der Hand behalten und dem selbstgestellten Anspruch auf Kontrolle des militärischen Bereichs gerecht werden.[266]

Nach außen ging es um die Verteidigung oder sogar Erweiterung der Rechte und Privilegien der Stadt insbesondere gegen den Erzbischof.[267] Hier wurde – wo es sinnvoll erschien – die Militärgerichtsbarkeit als Mittel eingesetzt oder auch nicht eingesetzt. Jedenfalls handelte es sich bei ihr um einen gern und teilweise recht erfolgreich eingesetzten Hebel gegen die Erzbischöfe und ihre juristischen Ansprüche. In gewisser Hinsicht mag die Militärgerichtsbarkeit sogar als Gegengewicht gegen die geistliche Gerichtsbarkeit des Offizials genutzt worden sein, welche die Erzbischöfe unter umgekehrten Vorzeichen dazu nutzen konnten, in die Freiheit der Stadt einzugreifen.[268] Dieses Gegengewicht sorgfältig und unter politischen Gesichtspunkten zu nutzen, war häufig primäres Ziel der vom Syndikat gut beratenen Obrigkeit – während das eigentliche Rechtsproblem und seine Lösung zweitrangig blieben.

---

266 Weshalb sie z. B. 1791 einen zivilrechtlichen Streit um die Schulden eines Soldaten an das Gewaltgericht verwiesen, nicht anders, als es bei jeder vergleichbaren Auseinandersetzung zwischen Zivilisten der Fall gewesen wäre. HAStK-RBA Best. 120 A 4837, Bl. 19–21.

267 Aber im Zweifel auch gegenüber den vielen Klosterimmunitäten in der Stadt. So hatte sich 1755 der Deserteur Franciscus Esser „in die Capuciner freyheit begeben", genoss also Klosterasyl. Von diesem sicheren Standort innerhalb der Stadt aus bat er um Pardon und Wiederaufnahme in den Dienst der Stadtsoldaten (aus dem er nur wegen Trunkenheit entflohen sei). Es liegt auf der Hand, dass die Stadt die Rolle der Kapuziner bei diesem Vorgang nur kritisch betrachten konnte. HAStK-RBA Best. 33 A 316, Bl. 17r (Supplik Esser, 1755). Vielleicht behandelte ihn der Rat vergleichsweise mild, um das Klosterasyl ohne große Weiterungen beenden zu können. HAStK-RBA Best. 33 A 386, Bl. 111r (Entwurf Ratsprotokoll, 2.4.1755).

268 Vgl. Plassmann, Abgrenzung. Siehe auch am Beispiel von Worms Battenberg, Gerichtsbarkeit, S. 41.

Der „Rote Funk" als Büttel: Einsatz von Stadtsoldaten im Innern

Bisweilen wird in der Literatur verwundert festgestellt, dass die mit Polizei- bzw. Sicherheitsaufgaben betrauten Gewaltrichter nur wenige Gewaltrichterdiener unter sich hatten – so wenige, dass man es kaum für möglich hielt, eine unüberschaubare Großstadt wie Köln auch nur halbwegs unter Kontrolle zu halten.[269] Dieses anscheinende Defizit bestand in der Praxis aber nicht in dem Umfang, den es auf den ersten Blick zu haben scheint.[270] In Krisenzeiten wurden den Gewaltrichtern Kontingente der Bürgerwache zur Unterstützung zugewiesen. Doch auch unabhängig davon hatten sie die Möglichkeit, ihre Kräfte rasch zu verstärken. Dazu griffen sie auf das reguläre Stadtmilitär (das im 19. Jahrhundert als eher gemütliche „Rote Funken" durch das Karnevalsbrauchtum vereinnahmt wurde und erst dadurch den Anstrich von Harmlosigkeit erhielt) zurück, dem also auch innere Ordnungs- und Sicherheitsaufgaben[271] zukamen und das je nach der Sicherheitslage zumindest am Tag die Bürger auch weitgehend im Wachdienst ersetzen konnte. Dazu besetzten sie Posten an den offenen Toren und an bestimmten Punkten innerhalb der Stadt. Zentral war das Wachhaus auf dem Neumarkt, von dem es einen Plan aus der Mitte des 18. Jahrhunderts gibt. Es war ein einfaches eingeschossiges Haus mit einem laubenartigen offenen Vorbau, der sicherlich davor schützte, dass das Publikum direkten Zutritt zur Wachstube hatte. Diese lag zentral in der Mitte des Gebäudes, flankiert von einer Stube für den Aufenthalt der wachfreien Soldaten links und einer für Offiziere rechts, die auch über einen gesonderten Ausgang zum Vorbau verfügte. Insgesamt scheint das Gebäude eher funktional als repräsentativ angelegt gewesen zu sein.[272]

---

269 Vgl. Eibach, Burghers, S. 20; Schwerhoff, Köln im Kreuzverhör, S. 56–61.

270 Mit Robert Giel ist auch darauf hinzuweisen, dass es zahlreiche Mechanismen der Streitbeilegung zwischen Bürgern gab, die unabhängig von den Gewaltrichtern funktionierten. Giel, Politische Öffentlichkeit, S. 402–406.

271 Vgl. grundsätzlich dazu Nowosadtko, Militärpolizei; Eibach, Frankfurter Verhöre, S. 12; Brumshagen, Bremer Stadtmilitär, S. 150–153. Vgl. auch beiläufig Schwarz, Kölner Stadt-Soldaten, S. 151.

272 HAStK-RBA Best. Best. 7101 P 262. Es lag im südöstlichen Teil des Neumarkts, siehe die Abbildung des Stadtplans von 1702 bei Meynen/Schäfke, Köln, S. 77 (rechts oben).

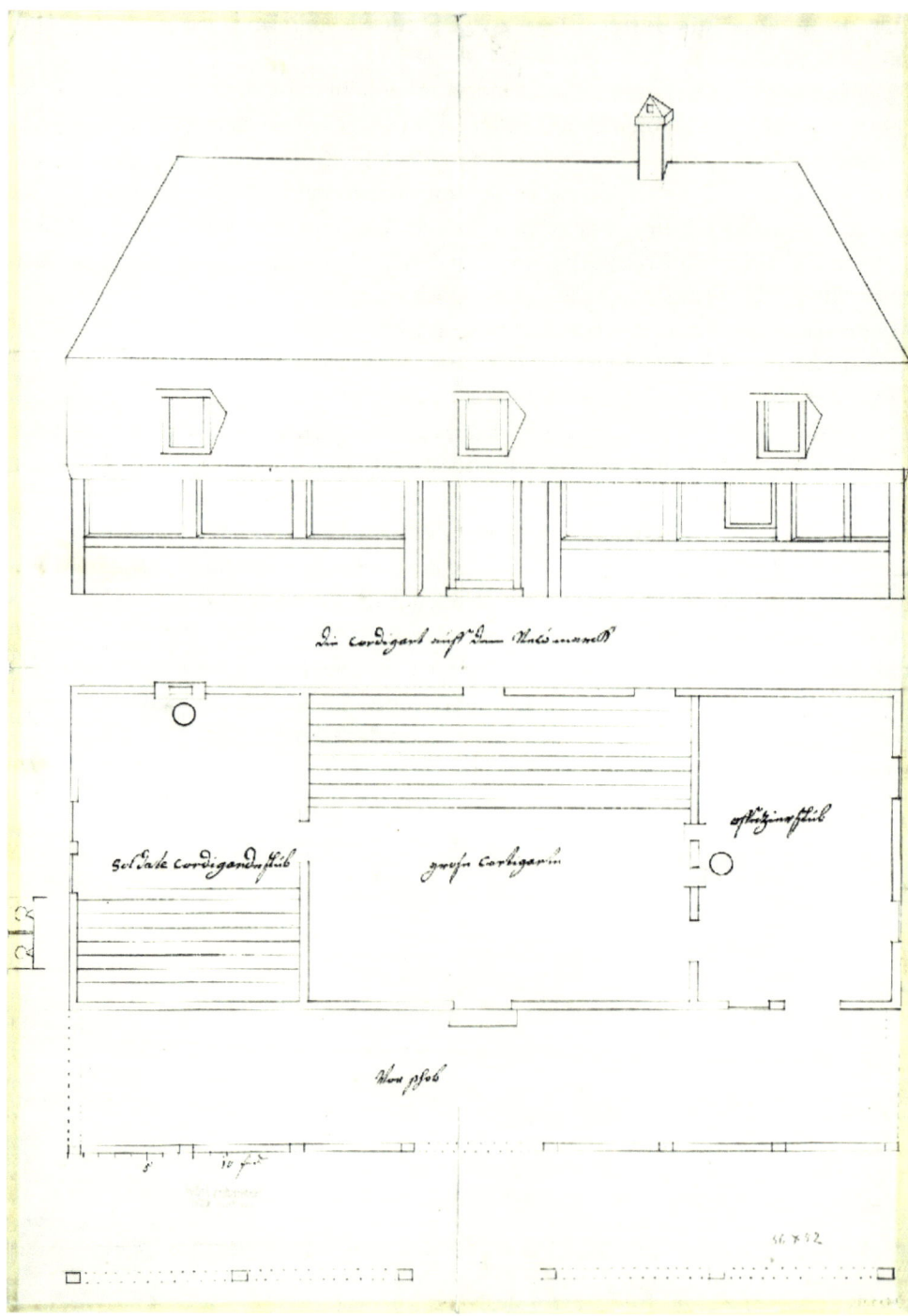

Abb. 13: Ansicht und Plan des Wachgebäudes auf dem Neumarkt, um 1750 (HAStK-RBA Best. 7101 P 262)

Die Praxis sah die Stadtsoldaten vielfach in ihrer inneren und obrigkeitsstabilisierenden Funktion.[273] 1611 verhafteten beispielsweise Gewaltrichterdiener und Soldaten gemeinsam vermutlich protestantische Studenten bei der Rückkehr von der Mülheimer Predigt am Stadttor.[274] 1627 wurden einige Soldaten für die Absicherung der Hinrichtung der Katharina Henoth als „Hexe" in Bereitschaft gehalten.[275] 1673 unterstützten Soldaten Gewaltrichterdiener bei der an sich rechtswidrigen Verhaftung eines Verwandten eines Ratsherren, der zuvor in eine Schlägerei mit Studenten verwickelt gewesen war.[276] 1725 begleiteten drei Soldaten den Gewaltrichter bei einer dann allerdings gescheiterten Verhaftung.[277] An einem Septemberabend 1739 erschienen die Gewaltrichter an der Severinspforte und zogen kurzerhand vier Soldaten von der dortigen Wache für eine „execution in der Nähe"[278] ab. Diese Unterstützung war weder vorher beantragt noch organisiert worden, sondern konnte spontan generiert werden. Erkennbar ist das an den Folgen des Abzugs der vier Mann. Weil die Pforte nun nicht mehr ordnungsgemäß bewacht werden konnte, wurde das innere Tor von der dortigen Bürgerwache verschlossen. Das wiederum hinderte eine Feldwache daran, ihren Posten außerhalb des Tors zu beziehen. Nur wegen des daraus entstehenden Streits ist dieser Routinevorgang überliefert. Nicht anders als in Fürstenstaaten diente in Köln die (gewaltsame) Einquartierung von Stadtsoldaten zur Erzwingung von Zahlungen durch die jeweiligen zivilen Hausbewohner oder auch zur Korrektur ihres Verhaltens.[279] Das scheint insbesondere bei geschuldetem Wachgeld der Fall gewesen zu sein.[280] Die Exekution scheint dabei zumeist von den Bürgerhauptleuten initiiert worden zu sein. Das heißt, sie hatten Zugriff auf das reguläre Militär, um es als Instrument der Erzwingung von Gehorsam einzusetzen. Aber auch unabhängig davon kam das Einlegen von Soldaten zur Durchsetzung von Urteilen in Zivilprozessen vor.[281]

Dem Einsatz von Stadtsoldaten im Innern waren durch die Bürgerfreiheiten in der Praxis aber häufig genauso enge Grenzen gesetzt wie dem der Gewaltrichter und anderen städtischen Personals. Das zeigt ein Beispiel aus dem Jahr 1755. Damals erschien der ehemalige Eremit oder Waldbruder Johannes Esch[282] in Köln, der zuvor offenbar bereits mehrfach wegen Bettelei aus der Stadt und wohl auch durch ein Urteil des Offizials aus seinem Orden verwiesen worden war. Die Soldatenwache erfuhr nun davon, dass er sich

---

273 Vgl. auch Plassmann, Geburt, S. 199–200.

274 HAStK-RBA Best. 150 A 187, Bl. 1–2 (Beschwerde Pfalzgraf Wolfgang Wilhelm bei Rhein, 1611).

275 HAStK-RBA Best. 10B A 73, Bl. 162r (Ratsprotokoll, 19.5.1627).

276 HAStK-RBA Best. 33 A 120, Bl. 67v (Ratsprotokoll, 17.2.1673).

277 HAStK-RBA Best. 30N A 68, Bl. 1r (Verhör Hover, 6.7.1725).

278 HAStK-RBA Best. 33 A 237, Bl. 188r (Ratsregistratur, 14.9.1739). Mit Exekution ist hier das Vollstrecken eines Urteils gemeint, nicht eine Hinrichtung im Sinne des heutigen Sprachgebrauchs.

279 Vgl. zur allgemeinen Praxis Kraus, Johannes, Tradition, S. 108; Meier, Landesherrliche Einquartierungspolitik, S. 310–319.

280 Siehe z. B. HAStK-RBA Best. 33 A 77, Bl. 1–2 (Supplik von sechs Rundengängern, 1731); HAStK-RBA Best. 33 A 241, Bl. 19–20 (Pro Memoria Rüttgers, 1771); HAStK-RBA Best. 30N A 445, Bl. 16r (Ratsregistratur, 18.12.1767).

281 Zum Beispiel: HAStK-RBA Best. 120 A 2857 (Bezahlung eines Hauskaufs, 1729).

282 Zu ihm siehe auch HAStK-RBA Best. 33 A 291, Bl. 309–316.

in einer Branntweinschänke am Neumarkt aufhielt (offenbar im Auftrag kaiserlicher Werber, um dort an Rekruten zu kommen). Die Wache wurde nun in Abstimmung mit dem Gewaltgericht tätig und entsandte einen Gefreiten und einen gemeinen Soldaten, „jedoch ohne gewehr". Sie sollten Esch im Branntweinhaus beobachten und melden, sobald er es verließ. Grund für dieses umständliche Verfahren war der Schutz des bürgerlichen Hauses in Köln, der sich auch auf die Schenke erstreckte. Es war demnach nicht erlaubt, „so schlechter dingen und ohne noth" (also ohne Gefahr im Verzug) dort „einzufallen und jemand zu arrestieren". Auf „offener Straßen"[283] konnte die Obrigkeit jedoch handeln. Allerdings war auch dort die Soldatenwache nicht ermächtigt, Esch ohne Beisein eines Vertreters des zivilen Gewaltgerichts zu verhaften. Das hätte nach der Meldung seines Aufbruchs routinemäßig durchgezogen werden können. Der Fall nahm aber einen anderen Verlauf und wurde deshalb aktenkundig, weil der Gewaltrichter nicht rasch genug herbeikommen konnte und die kaiserlichen Werber ihren Mann vor der Nase der handlungsunfähigen Stadtsoldaten aus der Branntweinschenke in ihr Werbequartier mitnahmen.[284]

Im Zweifel dürfte ohnehin in Köln das gleiche Problem wie anderswo[285] bestanden haben: Bürgermeister und Rat konnten Soldaten zwar als Drohkulisse gegenüber renitenten Bürgern und Einwohnern aufmarschieren lassen. Ob sie dann aber wirklich auf Befehl gewaltsam oder gar mit Schusswaffen gegen diese vorgehen würden, stand insbesondere deshalb nicht fest, weil es sich ja vielfach um Nachbarn und Verwandte handelte. Die Obrigkeit war daher gut beraten, das Stadtmilitär nur sehr dosiert zur Durchsetzung von Herrschaft einzusetzen.

Auf der anderen Seite waren die Stadtsoldaten einer strikteren Disziplin und einem höheren Gehorsamsanspruch gegenüber dem Rat verpflichtet als die Bürger unter Waffen, deren politische Vertretung der Rat ja bildete. Aus diesem Grund wurde bisweilen ausdrücklich und vielleicht auch im Hinblick auf eine symbolische Unterstreichung des Herrschaftsanspruchs und eines Eskalationswillens angedroht, Verhaftungen durch Soldaten durchführen zu lassen. So im November 1689, als während einer Nacht und des folgenden Tages zahlreiche Schüsse in der Stadt gefallen waren. Diese wurden anscheinend dem Übermut der Bürgerwache zugeschrieben, weshalb der Rat dieser nicht die Umsetzung des Verbots unnötigen Schießens übertragen konnte oder wollte. Zwar hatten die Bürgerhauptleute für die Verkündung des entsprechenden Edikts und für die

---

283 Alle Zitate HAStK-RBA Best. 33 A 137, Bl. 6r (Köln an Prinz Karl von Lothringen, 12.12.1755). Das ganze Schreiben ebd., Bl. 5–6. Ein Fall des Eindringens von Soldaten in ein Haus für eine Verhaftung, der ein Nachspiel vor dem Rat hatte: HAStK-RBA Best. 33 A 120, Bl. 67v (Ratsprotokoll, 17.2.1673). Eine Beschwerde über acht Stadtsoldaten, die mit einem Gewaltrichterdiener ein Haus eines kaiserlichen Leutnants durchsuchten: HAStK-RBA Best. 33 A 283, Bl. 149–150 (Supplik Anna Sybille Bergs [1741]). Die Beschwerde des Bannerherrn Caspar von Cronenberg über seine Verhaftung „auß meinem Hauß mit Soldaten" 1681: HAStK-RBA X-Best. 6100 A 497, Bl. 1r.

284 Etwas später reklamierte ein kaiserliches Werbekommando einen anderen Eremiten mit Namen Joan Rörig, weil er sich schon vor seiner Ankunft in Köln als Soldat verpflichtet habe. HAStK-RBA Best. 33 A 136, Bl. 441–443 (Bericht des Gewaltgerichts [1756–1763]).

285 Vgl. HEYN, Militär, S. 86.

Untersuchung der Vorfälle zu sorgen. Verhaftungen in dieser Sache sollten aber explizit von Stadtsoldaten durchgeführt werden.[286] Vermutlich sollte damit der Gefahr einer Solidarisierung innerhalb der Bürgerfahnen vorgebeugt werden, welche die Autorität des Rats hätte unterlaufen können.

Während hier ja noch die Bürgerfahnen direkt betroffen waren, die sich schlecht selbst verhaften konnten, dürften andere Einsätze der Stadtsoldaten ganz unstreitig dazu gedient haben, Herrschaft auch unter Gewaltandrohung durchzusetzen und die Bürger auf den Untertanenstatus zu verweisen. So wurden 1789 die Gewaltrichter von Stadtsoldaten unterstützt, als sie am ersten Weihnachtstag u. a. mit Hausdurchsuchungen gegen die in der Bürgerlichen Deputatschaft versammelte Opposition vorgingen.[287] Immer wieder waren es aber auch die Stadtsoldaten, die im Sinne von guter Policey die Ordnung in der Stadt garantieren sollen. 1657, 1681, 1683, 1686 und 1759 wurde beispielsweise der Einsatz von Stadtsoldaten gegen die Mummengänger der Fastnachtszeit angedroht, die anscheinend unter dem Schutz der Masken und wohl bewaffnet auch allerhand Straftaten begingen.[288] Doch ein solcher Einsatz traf nicht nur Verfehlungen im weltlichen Bereich. 1697 wurden die Stadtsoldaten auch gegen das Kreuzschleifen während der Karwoche außerhalb genehmigter Prozessionen eingesetzt, also gegen eine offenbar überhand nehmende Bußübung in Form einer durch Gläubige selbst organisierten Christus-Imitation.[289] Als 1685 den Pfortenschreibern verboten wurde, auf den Bollwerken Ziegen oder Schafe weiden zu lassen, erhielten die an denselben Pforten eingesetzten Stadtsoldaten den Befehl, dieses Verbot zu überwachen und durchzusetzen.[290] Sie wurden also gegen zivile städtische Bedienstete eingesetzt und ausgespielt, was einer (unausgesprochenen) Strategie des Teilens und Herrschens entsprochen haben mag, jedenfalls einer Verhinderung von Solidarisierung beider Gruppen gegen die gemeinsame Obrigkeit. Dass das aber im Alltag Spannungen erzeugen konnte, wurde wohl billigend in Kauf genommen.

Nachdem sich 1731 offenbar nächtliche Fischdiebstähle aus am Fischmarkt stehenden Heringstonnen gehäuft hatten, wurde nicht nur beschlossen, dort bei Dunkelheit Laternen brennen zu lassen. Zugleich drohte man verdächtigen Gestalten an, durch die Schildwache verhaftet und auf die Hauptwache geführt zu werden.[291] Ähnlich 1793: Menschen, die nach 22 Uhr ohne Licht auf der Straße angetroffen wurden, mussten nun mit einer Verhaftung durch die „Patrouille"[292] sowie Abführung auf die Hauptwache rechnen. Das regelmäßig erfolglos ausgesprochene Verbot des nächtlichen Schießens an Silvester verband man 1761 mit der Drohung, durch städtische oder in der Stadt als Ver-

---

286 HAStK-RBA Best. 14 A 2, Nr. 7b (Ratsedikt, 7.11.1689). Vgl. auch EIBACH, Frankfurter Verhöre, S. 86.
287 Siehe HANSEN, Quellen, Bd. 1, S. 517 (Nr. 225).
288 HAStK-RBA Best. 14 A 17, Nr. 174 (Ratsedikt, 7.2.1657); ebd., Nr. 175 (Ratsedikt, 29.1.1681); ebd., Nr. 176 (Ratsedikt, 9.2.1683); ebd., Nr. 177 (Ratsedikt, 21.2.1686). HAStK-RBA Best. 30N A 798, Bl. 5 (Ratsedikt, 23.2.1759).
289 HAStK-RBA Best. 14 A 16, Nr. 53 (Ratsedikt, 25.2.1697).
290 HAStK-RBA Best. 14 A 2, Nr. 101–1 (Ratsedikt, 14.5.1685). Vgl. KORSCH, Strafrecht, S. 35.
291 HAStK-RBA Best. 30N A 795, Bl. 2r (Ratsedikt, 19.1.1731).
292 HAStK-RBA Best. 30N A 797, Bl. 1r (Ratsedikt, 1.11.1793).

bündete anwesende französische Soldaten festgenommen zu werden.[293] Das alles war
insofern heikel, als Bürgern eine Arrestierung durch Soldaten drohte. Das konnte durchaus spätestens dann als Eingriff in die hergebrachten Bürgerfreiheiten gewertet werden,
wenn es durch fremde Truppen geschah. Doch schon der Einsatz von Stadtsoldaten war
mangels ihrer damaligen Existenz nicht in die einschlägigen Regelungen der Stadtverfassung bis 1513 aufgenommen worden (die von einer Verhaftung durch Gewaltrich-
terboten ausgingen). Wenn Gefahr in Verzug war, dürfte niemand bezweifelt haben, dass
auch die Stadtsoldaten eingriffen. Sie aber auch für die Durchsetzung von Policey-
Bestimmungen einzusetzen, konnte im Fall eines Verfassungskonflikts durchaus als
Überschreitung der Rechte des Rats angesehen werden.[294] Wenn dennoch Soldaten tätig
wurden, zeigt das deutlich, dass sie mittlerweile zu einem Herrschaftsinstrument geworden waren, das Bürgermeistern und Rat zur Festigung einer theoretisch gar nicht vorgesehenen obrigkeitlichen Stellung innerhalb einer Bürgergesellschaft diente, deren Basis
an sich die Vorstellung von der politischen Gleichheit aller (Voll-) Bürger gewesen war.

Die Besetzung des Klevischen Hofes durch Stadtsoldaten 1616 stellte sicherlich einen
Sonderfall eines inneren Einsatzes dar.[295] Diese Dependance des Herzogtums Kleve
drohte in den Jülich-Klevischen Erbstreit zwischen Pfalz-Neuburg und Brandenburg
hereingezogen zu werden, der dann auch in Köln gewaltsam ausgetragen worden wäre.
Dem kamen die Kölner mit dem Einsatz der eigenen Soldaten zuvor, um – ohne in der
Sache des Erbstreits ein Präjudiz zu schaffen – „Unruhe"[296] zu verhindern. Als 1632 ein
kurmainzischer Bediensteter einen kaiserlichen Rittmeister im Zuge eines Duells getö-
tet hatte, entsandte der Rat Stadtsoldaten zum Haus der in Köln verbliebenen Ehefrau
des Täters, der sich abgesetzt hatte.[297] Das ist in mehrfacher Hinsicht als Sicherungsmaß-
nahme zu verstehen. Zum einen konnte so vielleicht der Täter doch noch verhaftet werden, ihm zumindest aber Zugriff auf sein Eigentum verwehrt werden, was neben der
Festsetzung der Ehefrau in Köln ein Druckmittel dazu darstellte, sich gegebenenfalls der
Justiz zu stellen. Zugleich sicherte man sie aber vor eventuellen Rachebestrebungen der
Kameraden des Toten, von denen zumindest ein Leutnant ebenfalls in Köln war. Wie
auch immer: Die Stadtsoldaten waren eine rasch einsetzbare Hilfspolizei, die zur unmittelbaren Disposition von Bürgermeistern und Rat stand – was wiederum für diese
bereits im Dreißigjährigen Krieg eine positive Erkenntnis gewesen sein mag, die auch
unabhängig von Erwägungen zur äußeren Sicherheit die Bildung einer stehenden Truppe
von Stadtsoldaten attraktiv erscheinen ließ.

---

293 HAStK-RBA Best. 30N A 798, Bl. 10r ([Ratsedikt] 31.12.1761).
294 Zum Antastrecht, also dem Recht zur Verhaftung von Bürgern, vgl. HEPPEKAUSEN, Kölner; SCHWER-
     HOFF, Köln im Kreuzverhör, S. 94 f.
295 Vgl. LEIBETSEDER, Umstrittener sozialer Raum.
296 HAStK-RBA Best. 30N A 1298, Bl. 13v (Köln an Pfalz-Neuburg [1616]). Zu den Hintergründen vgl. die
     Beiträge in GROTEN/LOOZ-CORSWAREM/REININGHAUS, Erbstreit.
297 HAStK-RBA Best. 125 A 22, Bl. 26r (Supplik der Ehefrau an den Kurfürsten von Mainz, 1632). Der
     ganze Fall ebd., Bl. 23–33.

Eine wirklich durchgreifende Lösung der Sicherheitsprobleme stellten sie indes im Zweifel auch nicht dar. 1729 beklagten sich die Gewaltrichter darüber, dass sie nur unzureichend mit der Möglichkeit ausgestattet waren, Straftäter – und sei es nur zu Untersuchungszwecken – sicher in Haft zu nehmen. Namentlich wiesen sie auf Missstände bei der Festsetzung in der militärischen Hauptwache hin, denn dort sei die Überwachung lax und Verdächtige könnten leicht in Kontakt mit der Außenwelt treten und sich so auf Befragungen vorbereiten. Teilweise würden sie dort oder in anderen von Soldaten besetzten Häusern auch nicht oder schlecht bewacht, so dass sie fliehen könnten.[298]

1730 wurde ein neues Reglement für die „Visitatores"[299] an den Stadttoren erlassen, also für diejenigen Soldaten, welche die Kontrollen der ein- und ausgehenden Menschen und Waren durchzusetzen hatten. Jeden Morgen sollte mit einem Losverfahren darüber entschieden werden, welcher der zur Wache aufziehenden Stadtsoldaten ihn zu besetzen hatte – vermutlich, weil eine durchgehende personelle Kontinuität bei der Besetzung des Postens stabile Beziehungen zwischen Visitator und Schmugglern hätten herausbilden können.[300] Der Visitator hatte sich nämlich im Bereich der Pforte zu bewegen und v. a. sicherzustellen, dass die Akzise gezahlt wurde. Die Schildwache unterstützte ihn dabei insbesondere dadurch, dass sie bei hohem Andrang die Passanten so lange aufhielt, bis sich der Visitator um alle hatte kümmern können. Er hatte sie zunächst zur Deklaration von steuerpflichtigen Waren aufzufordern, im Zweifel aber auch die Ladung bis hin zu Körben oder möglichen Verstecken unter der Kleidung zu kontrollieren. Hier trat der Stadtsoldat also ganz unmittelbar als Agent der Obrigkeit auf. Der Posten war mit Gefahren für seinen Inhaber verbunden. Da die Einnahmen Kölns zu einem großen Teil auf der Akzise beruhten, konnten Nachlässigkeiten oder Verfehlungen leicht schwere Strafen nach sich ziehen.[301]

Die Praxis der Kontrollen an den Toren beleuchtet auch ein weiteres Reglement aus dem Jahr 1738. Es zählt ausführlich alle möglichen Arten von Verkehr vom Fußgänger bis zum Fuhrwerk in die Stadt auf, der unbedingt zu kontrollieren war. Die Soldaten wiederum hatten dazu Disziplin zu halten, Alkohol während der Wache zu vermeiden und insgesamt „mit Vernunfft und aller Höfflichkeit"[302] zu agieren, um die in einer Kontrollsituation vorhersehbaren Konflikte gar nicht erst entstehen zu lassen.

Der Kölner Gelehrte und Sammler Ferdinand Franz Wallraf (1748–1824) tat sich u. a. bei der Organisation von Prozessionen und Umzügen hervor. Dabei griff er auch auf das Stadtmilitär zurück, das den Veranstaltungen sowohl Sicherheit als auch einen reprä-

---

298 HAStK-RBA Best. 33 A 76, Bl. 38–39 (Memorial der Gewaltrichter, 1729).

299 HAStK-RBA Best. 33 A 76, Bl. 92 (Reglement der Visitatores, 24.3.1730).

300 Ein wohl zufällig überlieferter Postenzettel auf gedrucktem Formular weist die Namen der Visitatoren an zehn Stadttoren für den 3.7.1771 aus, das heißt: Sie wurden noch immer täglich bestimmt. HAStK-RBA Best. 33 A 371, Bl. 213r.

301 Siehe z. B. HAStK-RBA Best. 33 A 76, Bl. 93–94 (Supplik Ernst, Urbach und Gilles, 1730). Die Bemühungen um eine Ordnung der Torwache scheinen jedoch nicht wirklich gefruchtet zu haben. Bereits 1733 beschloss der Rat erneut, gegen Nachlässigkeiten der Torwache bei der Akziseerhebung vorzugehen. HAStK-RBA Best. 10B A 180, Bl. 106v–107r (Ratsprotokoll, 8.5.1733).

302 HAStK-RBA X-Best. 6100 A 445 (Reglement, 1738).

sentativen Rahmen bieten sollte. So in einem undatierten Manuskript zur Planung einer
Prozession, das aber wohl aus der Zeit vor der französischen Besetzung stammt. Denn
er empfahl darin einer nicht näher benannten Bruderschaft, die den geistlichen Umgang
veranstalten wollte, sich der Dienste von „8 oder 10 Soldaten von dem Thurm"[303] zu bedienen – was nur unter der Voraussetzung denkbar ist, dass es sich um Stadtsoldaten
der Reichsstadt handelte, weil weder die Franzosen noch die Preußen ihre Männer so
einfach für diesen Zweck hergegeben hätten. In preußischer Zeit wurden sie deshalb
durch die Bürgerwehr ersetzt, solange es sie gab. Mit dem „Thurm" dürfte das nächstgelegene Stadttor gemeint sein, dessen Wache kurzerhand abgezogen werden sollte (vermutlich: unter Schließung des Tors). Die Männer sollten dann vor und neben den Geistlichen herziehen, sie schützen bzw. ihnen Platz machen. Zugleich wurde der Umzug
durch die militärische Begleitung mit höherem Prestige und vermutlich damit einher-
gehend mit einer höheren religiösen Wirksamkeit ausgestattet, weil die Stadt das Sakra-
ment mit militärischen Ehren empfing.

Der Einsatz von Stadtsoldaten in kontrollierenden Funktionen und als innere Ordnungskräfte blieb indes nicht bei einer harmlosen Prozessionsbegleitung stehen, sondern
führte letztlich fast zwangsläufig auch zur Ausübung von Gewalt – hier von obrigkeitlich
legitimierter Gewalt zur Durchsetzung von Herrschaft sowohl gegen Kriminelle als auch
gegen Widerstand gegen den Herrschaftsanspruch an sich. Einen Einsatz vom Stadtmilitär
im Innern schildert beispielsweise ein ausführlicher, dem Rat vorgelegter Bericht zu einem
Vorfall am 22. November 1731. Damals stand der Korporal Caspar Brewer mit vier Muske-
tieren auf Nachtwache, als Schiffer sie zur Hilfe riefen, deren Weinladung im Hafen gerade gewaltsam geplündert wurde. Die Soldaten eilten herbei und wurden von den Die-
ben mit eisernen Stangen und Hölzern sowie schließlich auch einem Messer angegriffen.
Schusswaffen wurden von der Wache nicht zum Einsatz gebracht, weil die Diebe direkt
zum Nahkampf übergegangen waren und zwei Musketen sowie drei Degen zerschlagen
hatten. Die Wache wurde schließlich der Lage nur dadurch Herr, dass sie in der Nähe
wohnende Bürger mit Licht unterstützten. Einer der Diebe konnte verhaftet werden, und
zwar der, der mit dem Messer auf die Soldaten zugekommen war.[304] Insgesamt scheint
die Wache hart an der Grenze zur Niederlage gestanden zu haben.

Häufig reichte aber auch schon das Erscheinen der Stadtsoldaten, um eine weitere
Eskalation zu verhindern. 1756 entstand beispielsweise ein Nachbarschaftsstreit um
einen Schuppenbau auf einem freien Grundstück an der Kotzgasse. Gewaltausbrüche
standen kurz bevor, schon wurde von einem der Beteiligten eine Pistole gezückt. Um
den Tumult zu unterdrücken, erschien schließlich der Gewaltrichter Bianco mit 24 Stadtsoldaten. Ihnen gelang es, den Streit wieder auf ein gerichtliches Verfahren zurückzuführen.[305]

---

303 HAStK-RBA Best. 1105 A 118, Bl. 26r (Konzept einer Prozessionsordnung).
304 HAStK-RBA Best. 33 A 77, Bl. 100–101 (Untersuchung des Vorfalls, 24.11.1731).
305 Vgl. Willkommen im alten Köln [Ausstellungskatalog], S. 47.

Anfang 1727 kam es zu einem offenbar spektakulären Vorfall an der Kunibertspforte. Der hier auf Schildwache stehende Musketier Peter Bergwaldt tötete den fliehenden Kirchenräuber Wilhelm Berchem „mehr durch Göttliche Schickung" als durch das mit den damaligen Musketen ohnehin schwierige gezielte Schießen, nachdem er ihn dreimal vergeblich angerufen hatte. Da auf diese Weise der Raub nachhaltig vereitelt worden war, hatte sich Bergwaldt keineswegs einer Untersuchung wegen fahrlässiger Tötung oder übermäßiger Gewaltanwendung zu stellen. Vielmehr wurde er anscheinend von der Öffentlichkeit als Held gefeiert, jedenfalls berichtet er selbst in einer Supplik an den Rat davon, dass es „durch die gantze Statt den nahmen gehabt [habe], alß wann Er eine große Recompence und avancement"[306] erhalten solle. Der Volksmund habe also eine großzügige Belohnung verlangt, z. B. die lebenslängliche (kostenfreie) Versorgung der Familie des Musketiers. Von der Kirche hatte er nun schon etwas Geld erhalten, aber von der Stadt selbst war noch nichts eingegangen. Das war der Anlass für eine selbstbewusste Supplik, die auch insofern erfolgreich war, als das Kriegskommissariat die Anweisung erhielt, Bergwaldt bei nächster Gelegenheit zu befördern. Der Kirchenräuber hatte sich offenbar selbst so nachhaltig aus der Gemeinschaft der Christenmenschen ausgeschlossen, dass sein Tod nicht ernsthaft bedauert wurde. Stattdessen erscheint der Musketier als Held, auf dessen Schutz sich die Stadtgesellschaft verlassen kann.

Aus Sicht von Bürgermeistern und Rat dürfte der wichtigste innere Einsatz der Stadtsoldaten die Bekämpfung oder Erstickung von Aufständen gewesen sein, die – weil sie eine breite Basis in der Einwohnerschaft hatten – nicht zuverlässig von den Bürgerfahnen unterdrückt werden konnten. Entweder waren die Angehörigen der Bürgerfahnen selbst an dem Aufruhr beteiligt[307] oder sie schreckten vor dem Waffengebrauch gegen ihre Mitbürger zurück. So konnte etwa im Februar 1642 nicht verhindert werden, dass aus einer „hochverpottene[n] Rottirung"[308] vor dem Rathaus heraus der Kunibertsturm gestürmt wurde, um einen Gefangenen zu befreien. Vor solchen Ereignissen konnte im Zweifel das besoldete Stadtmilitär schützen, wenn es denn rechtzeitig und in ausreichender Zahl zur Hand war.

Nun standen zwar auch die Stadtsoldaten der Stadtgesellschaft nicht so fern, dass sie in jedem Fall völlig unbeeinflusst von sozialen Beziehungen als mechanisch einsetzbare Agenten der Obrigkeit auf ihre Mitbürger geschossen hätten.[309] Aber nach

---

306 Beide Zitate HAStK-RBA Best. 33 A 243, Bl. 24r (Supplik Bergwaldt, 1727). Siehe auch HAStK-RBA Best. 10B A 174, Bl. 74r (Ratsprotokoll, 26.2.1727).

307 Vgl. etwa zur Situation in Frankfurt a. M. EIBACH, Frankfurter Verhöre, S. 115 und S. 126.

308 HAStK-RBA Best. 14 A 2, Nr. 28 (Ratsedikt, 15.4.1643). Da man die Rädelsführer dieser Aktion nicht mehr ermitteln konnte, wurden im April 1643 hohe Belohnungen für Denunzianten ausgelobt.

309 Als 1660 ein Fuhrmann am Weyertor durch die Schuld eines dort Wache haltenden Stadtsoldaten tödlich verletzt wurde, fanden sich zivile Zeugen, die mit viel Aufwand ausdrücklich betonten, dass der Soldat den Sterbenden um Verzeihung gebeten und dieser ihm auch vergeben habe. Das spricht dafür, dass die Zeugen bemüht waren, den Soldaten vor Strafe zu schützen – offenbar weil sie ihn als einen Kölner wie jeden anderen auch ansahen und nicht als einen außenstehenden Agenten der Obrigkeit. Ein dahinterliegendes Netz von Nahbeziehungen und nachbarschaftlichen Loyalitäten kann allerdings nur vermutet, nicht bewiesen werden. HAStK-RBA Best. 125 A 25, Bl. 172–177.

Selbstverständnis und rechtlicher Situation waren sie das Instrument, das in Extremfällen noch am ehesten in der Hand der Obrigkeit bleiben würde. 1684 beispielsweise, also während des Gülich-Umsturzes[310], kam es zu einer „Violation der Thürmen", also zu einer explosiven Situation. Stadtsoldaten wurden dabei auf dem Neumarkt in Bereitschaft gehalten. Der Major Andreas Zinck hatte den Auftrag, etwa 30 Mann dieser Bereitstellung zuzuführen, als er nach eigenem Bericht „nicht allein unzimblich angegriffen" wurde. In „furia"[311] habe der Mob ihm auch noch seinen Mantel entrissen. Am von weiteren Soldaten bewachten Bayenturm erschienen zudem mit Schusswaffen ausgerüstete Bürger, die den dort einsitzenden Arnold Judendunck befreien wollten.[312] Bereits 1683 waren zwei Geschütze gegen protestierende Bürger aufgefahren worden, eines davon mit Kartätschen geladen, die ein Blutbad unter einer Menschenmenge hätten anrichten können. Der Konstabler, der hierzu später befragt wurde, berief sich dabei auf die erhaltene „rechtschaffene ordre"[313] des Stückhauptmanns, also letztlich auf seine Gehorsamspflicht. Auch wenn es letztlich zu keinen ernsthaften Kämpfen kam, sehen wir hier doch die Stadtsoldaten als Verteidiger der Obrigkeit und Ziel von Attacken aufgebrachter Bürger.

Im Jahr 1744 waren Stadtsoldaten gegen einen studentischen Mob im Einsatz, der die Taufe einer Jüdin erzwingen wollte. Sie hatten dabei zunächst die Ruhe und Ordnung wiederherzustellen, wurden aber auch im Nachgang eindringlich als Zeugen befragt, insbesondere um beteiligte Studenten namentlich zu identifizieren. Das gelang zwar nur unvollkommen, führte aber doch zu Ermittlungen gegen einige der Beteiligten. Die Befragungen lassen auf ein Stadtmilitär schließen, das zunächst von der Wucht des Tumults überrascht war und Kräfte zusammenziehen musste. Nachdem die Schwächephase überwunden war, reichte jedoch eine Wache von acht Mann dazu aus, um das zunächst bestürmte Haus zuverlässig zu schützen. Das Vorgehen dürfte daher als routiniert und professionell zu bezeichnen sein und selbst die studentischen Heißköpfe erkannten schließlich die Autorität von nur acht Uniformierten an, die einen ernst gemeinten Angriff einer Menschenmenge sicher nicht mit Gewalt hätten zurückschlagen können. Das zeigt, dass die Stadtsoldaten auch aus der Sicht der Stadtbevölkerung ein Faktor waren, der im Notfall die Autorität des Rats in die Straßen projizieren konnte.[314]

---

310 Vgl. Bergerhausen, Köln, S. 349–371.
311 Alle Zitate HAStK-RBA Best. 33 A 68, Bl. 20r (Supplik Zinck, 1684).
312 Siehe das Verhör des Johannes Apotheker darüber in HAStK-RBA Best. 38 A 300, Bl. 96–99.
313 HAStK-RBA Best. 33 A 272, Bl. 21r (Verhör Schlebusch, 1683). Ein anderer Konstabler verwies zusätzlich darauf, dass er bei Nichtbefolgen des Befehls mit Arrest hätte rechnen müssen. Ebd., Bl. 31v (Verhör Bourscheidt, 1683). Stadtsoldaten wurden 1683 am Rathaus auch mit Handgranaten ausgerüstet, um es gegen Aufruhr zu schützen. Vgl. Mering/Reischert, Geschichte, Bd. 3, S. 385.
314 Verhöre der Soldaten in HAStK-RBA Best.150 A 186, Bl. 10–17. Vgl. Finsterwalder, Studentenunruhen.

Kosten und Nutzen

Den finanziellen und sonstigen[315] Belastungen, die Stadtmilitär und Bürgerwache sowie v. a. in Kriegszeiten auch fremdes Militär in Köln für die Allgemeinheit mit sich brachten, standen auch Verdienst- und Gewinnmöglichkeiten gegenüber, die wenigstens einzelne Kölner für sich nutzen konnten.[316] Unmittelbar einsichtig ist dies für Kaufleute und Handwerker, die Waffen oder Uniformteile handelten[317], produzierten[318] oder instand setzten – etwa für zwei Schwertfeger, die im Sommer 1734 zusammen ca. 1.500 Gulden für die Reparatur von Degen und Bajonetten der Stadtsoldaten in Rechnung stellten.[319] Auch der Schneidermeister Wirtz scheint 1761 gut an Aufträgen der in der Stadt anwesenden Franzosen verdient zu haben. Das wurde allerdings deshalb aktenkundig, weil es zu einem Konflikt kam: Während er noch „newe Kleider" für den Chirurgen des Regiments La Marck herstellte, erschien ein Hauptmann desselben Regiments und forderte ultimativ das sofortige Wenden eines blauen Rocks. Seinen Anspruch auf Vorzugsbehandlung setzte er mit einem Hieb auf die Brust des Schneiders durch. In seinem Namen forderte der Syndikus beim Oberst „Satisfaction"[320] – die als gewährt angesehen wurde, weil der Oberst eine Bestrafung zusagte. Die auswärtige und bewaffnete Kundschaft brachte also zwar potentiell Geld in die Kassen, hielt sich aber nicht unbedingt an die erprobten Spielregeln von Angebot und Nachfrage.

---

315 Zum Beispiel für Garten- und Ackerland, das dem Festungsbau geopfert wurde. Die Aufstellung der von Fortifikationsarbeiten betroffenen Grundstücke in den Jahren 1670 bis 1672 füllt allein acht Blatt, obwohl es hier nur um geringe Verbesserungen ging. HAStK-RBA Best. 33 A 413, Bl. 229–237.

316 Dazu zählte auch die indes verbotene Verpfändung von Waffen und Uniformteilen durch Soldaten, siehe z. B. HAStK-RBA Best. 10B A 120, Bl. 189r–v (Ratsprotokoll, 9.6.1673).

317 Etwa Säbel aus Solingen für kaiserliche Husaren 1762/63, siehe HAStK-RBA Best. 33 A 142, Bl. 478 (Abrechnung Säbellieferung Dulman, 19.5.1763). Vgl. auch KAISER, Waffen, sowie TALLETT, War, S. 181–189; THEIBAULT, German Villages, S. 174. Auch am Druck der Formulare für Einquartierungszettel ließ sich verdienen, HAStK-RBA Best. 70 A 1336, Bl. 322r (Rechnung Drucker Gussen für 10 Bücher Einquartierungszettel, 1761). Rechnungsbuch für Uniformlieferungen 1727 HAStK-RBA Best. 70 A 1338. Schuhlieferungen durch Meister Ohrein 1763 in HAStK-RBA Best. 33 A 301, Bl. 374r. HAStK-RBA Best. 33 A 23 (Vertrag mit dem Ratsverwandten Wiertz über Uniformlieferungen, 1755). Übersicht über Uniformherstellung 1737/38 in HAStK-RBA Best. 1149 A 126, Nr. 30.

318 Teilweise wurden die Monturen der Stadtsoldaten im Zucht- und Arbeitshaus gefertigt, z. B. HAStK-RBA Best. 33 A 347, Bl. 1r (Abrechnung, 1781). Eine umfangreiche Lieferung von Schuhen im Jahr zuvor war auf eine Reihe von Schuhmachermeistern verteilt worden, ebd., Bl. 2–10. Siehe auch das Rechnungsbuch der Militärausgaben 1776–1790, HAStK-RBA Best. 33 A 348.

319 HAStK-RBA Best. 10B A 181, Bl. 161r (Ratsprotokoll, 2.7.1734).

320 Beide Zitate HAStK-RBA Best. 33 A 182, Bl. 44r–v ([Bericht des Syndikats], 1761).

Bau, Modernisierung und Unterhaltung der Festungsmauern Kölns erforderten große Mengen an Holz, Steinen und Ziegeln.[321] Diese schlugen als Passiva beim städtischen Haushalt zu Buche, mussten auf der anderen Seite aber auch von jemandem hergestellt bzw. geliefert werden. Ebenso die Kerzen für die Wachlokale, von denen nach einer Angabe aus dem Jahr 1788 täglich 98 an die Soldaten- und Konstablerwachen ausgegeben wurden.[322] Auch Wirtshäuser, die im Rahmen von Einquartierungen größere Zahlen von Soldaten und Pferden aufnahmen, konnten auf einen guten Verdienst zumindest hoffen – gleichgültig, ob das eingelegte Militär oder die Stadt die Kosten übernahm. Allerdings blieben sie auch immer wieder auf ihren Kosten (zumindest teilweise) sitzen, so dass es sich um ein Hochrisikogeschäft handeln konnte.[323] Erfolgreich nutzte aber die Familie Farina die Anwesenheit französischer Soldaten im Siebenjährigen Krieg zur Ankurbelung ihres Geschäfts mit Eau de Cologne.[324] Einen Handel mit dem absehbaren Feind Frankreich machte 1673 ein gewisser Johann Schönenbroich, der die Genehmigung erwirkte, 200 französische Armeepferde in die Stadt zu lassen, um 50 leere Karren hier abzuholen, die offenbar auf Bestellung der Franzosen in Köln hergestellt worden waren.[325] Dieses Beispiel zeigt, dass durchaus auch im großen Stil an in und um Köln operierenden Truppen zu verdienen war – jedenfalls für Einzelne, die ihre Chancen zu nutzen wussten und vielleicht auch etwas Glück hatten.[326]

Zu diesen gehörten auch solche Privatpersonen wie Institutionen, die just in dem Moment über liquide Barmittel verfügten, in dem ein Krieg drohte oder geführt werden musste. Regelmäßig befriedigte die Stadt Köln dann ihren stark anwachsenden Finanzbedarf durch die Aufnahme von Krediten meist in der Form von Rentenverkäufen. Um nur wenige Beispiele zu nennen: Allein das Hospital Ipperwald kaufte in der Frühphase des Holländischen Krieges zwischen 1671[327] und 1674 stadtkölnische Renten in einem Umfang von 2.000 Reichstalern (verzinst zu 3,34 %), 1.500 Reichstalern (verzinst zu 4 %),

---

321 Vgl. am Beispiel Wiens Opll/Krause/Sonnlechner, Wien, S. 203–220. Vgl. auch Plassmann, 1632, S. 38. Nicht zu übersehen ist aber auch, dass jede Erweiterung der Festungsanlagen Land einer anderen Nutzung entzog und so in Konkurrenz zu zivilen Wirtschaftsinteressen stand. Vgl. Schanbacher, Natur, S. 180–184.

322 HAStK-RBA X-Best. 6100 A 489, Bl. 1184 (Kerzenabrechnung, 1788).

323 Siehe z. B. HAStK-RBA Best. 33 A 142, Bl. 447–449 (Abrechnung Weisheim, nach März 1763); HAStK-RBA Best. 33 A 277, Bl. 140 (Abrechnung Aldenkirchen, 1611). Vgl. auch Kroll, Soldaten, S. 287.

324 Vgl. Küntzel, Fremde, S. 85.

325 HAStK-RBA Best. 10B A 120, Bl. 38r–v (Ratsprotokoll, 25.1.1673).

326 Eher mittelbar, aber vielleicht doch bei näherer Betrachtung nicht zu vernachlässigen, konnte auch Gewinn aus dem Tod hoher Offiziere im Umland gezogen werden, in dessen Folge ihre Familien eine Memorie in Köln stifteten. Die Kölner Minderbrüder konnten jedenfalls noch 1623 500 Taler in eine stadtkölnische Erbrente investieren, die aus einer Stiftung nach dem 1588 vor Bonn gefallenen und in ihrer Kirche beigesetzten spanischen Oberst Johann Baptista von Taxis stammten. HAStK-RBA Best. 256 U 1/85.

327 Der Krieg brach dann zwar erst 1672 aus, aber bereits die Besetzung Lothringens durch Frankreich zeigte den Zeitgenossen gemeinsam mit anderen Krisen, dass man sich auf einen Krieg würde vorbereiten müssen. Vgl. z. B. Whaley, Das Heilige Römische Reich. Bd. 2, S. 47. Zu Köln vgl. Bergerhausen, Köln, S. 323–325; ders., Der Holländische Krieg.

1.000 Reichstalern (verzinst zu 4 %) und 1.000 Reichstalern (verzinst zu 3,34 %), womit es sicherlich ein gutes Geschäft gemacht hat.[328] Dergleichen Beispiele ließen sich auch für Privatpersonen[329] und für andere Zeiträume leicht vermehren und wären im Rahmen einer noch zu schreibenden Geschichte des stadtkölnischen Rentenverkaufs näher zu untersuchen.[330] Vieles deutet jedoch darauf hin, dass der Not des öffentlichen Haushalts nicht selten ein Gewinn der Rentenkäufer gegenüberstand, der den Krieg zu einem lukrativen Geschäft machte.

Soldaten gegen Bürgerfahnen

Auseinandersetzungen aller Art zwischen Bürgern und professionellen Kriegern bzw. Söldnern hatte es seit jeher aus den unterschiedlichsten Gründen gegeben. Mit der in etwa gleichzeitig verlaufenden Etablierung sowohl eines stehenden oder quasistehenden regulären Stadtmilitärs und der Bürgerfahnen als parallele oder auch konkurrierende militärische Einrichtungen mit je eigenen Offizieren und Hierarchien war aber zugleich ein wachsendes Konfliktpotential verbunden. Es gab nun schlicht mehr Reibungspunkte, Zonen sich überschneidender Kompetenzen und konkurrierende Ehrvorstellungen bzw. Selbst- und Fremdbilder als zuvor. Die kriegerischen Zeiten des 17. und 18. Jahrhunderts mit ihrem vermehrten Bedarf an Sicherheitsvorkehrungen, aber auch an stadtkölnischen wie verbündeten Soldtruppen taten dann ein Übriges dazu, dieses Konfliktpotential immer wieder eskalieren zu lassen. Die theoretisch naheliegende Lösung, die Herstellung von Sicherheit ganz in professionelle Hände zu geben und die Bürgerfahnen gar nicht mehr in Erscheinung treten zu lassen, wurde aus verschiedenen Gründen nicht

---

328 HAStK-RBA Best. 160 U 1/1154, U 1/1155, U 1/1156 und U 1/1157. Die Kirchmeister von St. Severin kauften 1671 für lediglich 150 Taler eine Erbrente. Ebd., U 1/1848. Das Hospital zur Weiten Tür legte ebenfalls 1671 250 und 400 Reichstaler an. Ebd., U 1/2088 und U 1/2089. Die Armen-Spende an Groß St. Martin erwarb 1671 eine Erbrente für 575 Reichstaler. Ebd., U 1/1361. Das Hospital Wevelkoven legte 1676 1.250 Taler an. Ebd., U 1/1810. Die Stiftung nach Kaspar Kannengießer legte 1671 1.300 Reichstaler an. Ebd., U 1/1808. Der Karmeliterinnenkonvent in der Kupfergasse erwarb 1672 zwei Erbrenten, eine für 300 Taler und eine weitere für 850 Taler. 1674 kam eine weitere Erbrente für 300 Taler hinzu. HAStK-RBA Best. 231 U 1/8 und U 1/9 und U 2/10. Das Kloster Sion erwarb im Januar 1672 eine Erbrente für 3.000 Reichstaler zu 4 % Verzinsung, HAStK-RBA Best. 265 U 1/126.

329 Das Ehepaar Hermannus Volckhoven und Maria Kräwinckel erwarb 1671 eine Erbrente für 1.000 Reichstaler. HAStK-RBA Best. 160 U 1/1809. Der Ratsherr und Weinmeister Ferdinand von Cöllen kaufte 1673 mit seiner Ehefrau Richmuth von Mulheimb eine Erbrente für 1.000 Taler zu 3,5 %, profitierte also von seinen eigenen Beschlüssen. HAStK-RBA Best. 205 U 1/63. Ebenfalls 1671 legte das Ehepaar Simon Bourel und Adelheidt Mylius 1.000 Reichstaler in einer städtischen Erbrente an. HAStK-RBA Best. 231 U 1/7. Im selben Jahr legte Gottfried Bertram von Herresdorff ebenfalls 1.000 Taler in einer Erbrente an. HAStK-RBA Best. 265 U 1/125. Aus der Erbschaft nach Johannes Cramer und Hermanna up dem Camp wurden 1671 1.000 Taler in einer Erbrente angelegt (die 1690, im nächsten Krieg, zur Hälfte auf die Minderbrüder überging), HAStK-RBA Best. 256 U 1/97.

330 Zumal Kriegsgefahr keineswegs der einzige Grund dafür war, Renten der Stadt zu kaufen. Vgl. z. B. Rosen, Ökonomie, S. 802–803.

gegangen – zu teuer, zu riskant im Hinblick auf die Stadtverfassung, nicht praktikabel. So musste man damit leben, dass die im Folgenden zu untersuchenden Auseinandersetzungen zwischen den Bürgerfahnen und regulärem Militär zu den Strukturmerkmalen der Kölner Geschichte der letzten beiden Jahrhunderte der reichsstädtischen Zeit gehörten.

In der Nacht auf den 19. September 1702 kam es zwischen dem Bürgerhauptmann Godfrid Hecks und einem Fähnrich der Paderbornischen Kreistruppen (die im beginnenden Spanischen Erbfolgekrieg Teil der Garnison Kölns waren[331]) mit Namen Candel (in einer weiteren Quelle auch „von Kann"[332]) zum Konflikt. Hecks versah die Bürgerwacht an der Severinspforte, Candel die Soldatenwache an der benachbarten Bayenpforte. Aus welchem Grund auch immer weigerte er sich, diese Pforte für die Nacht zu verschließen. Dem dortigen Burggraf Mattheis Albrecht und seinem Pfortenschließer Benedict drohte er sogar Gewalt an, um sie davon abzuhalten, die Schließung durchzuführen – jedenfalls nach dem Bericht der Stadt Köln, der im Folgenden referiert wird.[333] Sie wussten sich nicht anders zu helfen, als diesen Umstand Hecks zu melden, welcher der höchstrangige Vertreter der städtischen Obrigkeit in der Nähe war. Der nahm sein Amt auch ernst und begab sich mit einem Offizier und 15 Bürgersoldaten zur Bayenpforte. Dort traf er einen einzelnen Soldaten an, der mit gezogenem Säbel das offene Tor bewachte. Hecks wurde mit seiner Frage nach dem Grund dafür auf Candel verwiesen, zu dem er dreimal vergeblich einen Soldaten schickte. Denn der Fähnrich verlangte vom Bürgerhauptmann, dass dieser zu ihm ins Wachhaus komme (und nicht umgekehrt). Hecks verwies im Gegenzug darauf, dass der Posten der Wache bei Nacht in der Stadt und nicht im Wachhaus vor den Mauern läge. Als er Miene machte, die Pforte nun zu schließen und den Fähnrich auszusperren, eilte dieser doch mit einigen seiner Soldaten herbei. Nun erklärte er das Offenstehen der Pforte damit, dass er einen Soldaten in die Severinstraße (innerhalb der Stadtmauern) geschickt habe, um Bier zu holen. Bis zu seiner Rückkehr müsse das Tor offen bleiben. Diese Einlassung dürfte so zu verstehen sein, dass er mit seinen Männern das Bier in Ruhe im Wachhaus vor der Stadt trinken und sich dazu aussperren lassen wollte. Wie auch immer, nun sollte nach dem Bierholer geschickt werden, er möge sich beeilen. Er traf jedoch in diesem Moment ein. Jetzt kam noch ein weiterer Soldat ins Spiel, der angeblich zum Weinholen geschickt worden war, weswegen man das Tor immer noch nicht schließen könne. Anscheinend war es zum Streit zwischen dem Soldaten und dem Wirt gekommen, bei dem er den Wein beschaffen sollte. Dieser hatte offenbar seinen Betrieb bereits eingestellt und wollte nicht zapfen, verlangte aber eine Bezahlung für eine frühere Weinlieferung. Candel drohte nun damit, die ganze Nacht die Pforte offen stehen zu lassen, wenn Hecks nicht für das Herbeischaffen von Wein sorge. Das lehnte der Bürgerhauptmann ab: Er habe einem Wirt

---

331   Vgl. Plassmann, Zwischen Neutralität, S. 39 f.; Stephan, Tinte, S. 260–277.

332   HAStK-RBA Best. 33 A 237, Bl. 56r.

333   HAStK-RBA Best. 33 A 2347, Bl. 52–55 (Bericht über die Auseinandersetzung mit Fähnrich Candel, 1702). Zitate ebd. Ein Verhör Hecks dazu findet sich ebd., Bl. 64–72 (19.10.1702).

nichts zu befehlen, müsse sich aber darum kümmern, dass das Tor geschlossen werde. Candel sah sich nun herausgefordert, entgegnete Hecks, dass er ihm gar nichts zu befehlen habe, und gab an, er wolle die Pforte nun „zu seinem plaisir offen" lassen. Hecks wies auf seine von Bürgermeister und Rat abgeleitete Kommandogewalt hin, die Candel aber nicht zu akzeptieren bereit war.[334] Im Gegenteil: Er verhöhnte Hecks mit „unzimblich undt respectlosen reden". Dieser habe ihm nichts zu befehlen und möge, wenn er ein Kommando suche, „uber die filtzläuse commandiren". Die Sache eskalierte nun weiter, weil Hecks mit seinen Bürgersoldaten Miene dazu machte, das Tor zu verschließen. Candel trat dem mit seinen Männern „mit ihren geladenen gewehr" entgegen. Es kam zu einem Patt, das Hecks auf kölsche Weise löste: Er zog sich scheinbar zurück, was Candel in seinem Siegesgefühl unvorsichtig machte. So gelang es einem dazu bestimmten Mann, praktisch im Handstreich dem Fähnrich das Tor „vor der nasen" zu verschließen. Daraufhin zogen die Bürgersoldaten zur Hauptwache und zu ihren Posten ab. Candel ließ im Gegenzug bis in die Nacht hinein mit Trommeln und Trompeten Lärm veranstalten, der erst beendet werden konnte, als Hecks auf einer regulären Bürgerpatrouille zum Bayenturm kam.

Der Rat wollte oder konnte dieses Verhalten daher nicht auf sich beruhen lassen. Er übergab den Fall dem Syndikat, dem es tatsächlich gelang, den Fähnrich zum Verhör einzubestellen.[335] Er gab an, die Schließung der Pforte durch den zivilen Pfortenschließer unterbunden zu haben, weil dieser sich weder bei ihm noch bei der Schildwache mit seinem Ansinnen angemeldet habe. Bereits hier ging es also um symbolische Kommunikation, weil der Fähnrich sich durch selbständiges Handeln des Schließers in seinem Kommandobereich in seinen Kompetenzen verletzt sah. Erschwerend kam hinzu, dass es bald zu einem Wortgefecht kam und der Schließer herausfordernd gesagt habe, er wolle Candel „den Stecken zwischen die Ohren legen, weil Er Fähndrich es zu verantworten hätte". Es drohte also fast von Beginn an eine Bloßstellung, mithin Entehrung Candels durch einen nicht satisfaktionsfähigen Torschließer. Candel gab gegenüber dem Syndikat an, er habe nun trotzdem freundlich zum Schließer geredet, der ihm aber dennoch nicht erlauben wollte, Bier holen zu lassen (was er anderen Offizieren aber schon häufig gestattet habe). Stattdessen sei er „gleich hingelaufen und [habe] die burger gerufen". Ob das genau so stimmt, sei dahingestellt. Denn auf die Frage, ob er dem Schließer Prügel angedroht habe, gab er an, eine Schildwache mit blankem Bajonett (und nicht wie bei Hecks angegeben mit einem Säbel) und dem Befehl am offenen Tor postiert zu haben, dieses nicht eher zu schließen, bis das Bier eingetroffen sei – sonst „wollte Er Ihn [den Schließer] mit den stecken hinter die Ohren schlagen". Beide hätten sich demnach gegenseitig Prügel mit dem Stecken (aber nicht mit einer blanken Waffe) angedroht, beider Ehre war also gefährdet. Das Bier wurde in diesem Fall zum Anker der Gesichts-

---

334 Was anscheinend ein allgemeines Problem mit den Kreistruppen in der Stadt war. Vgl. PLASSMANN, Zwischen Neutralität, S. 51, Anm. 79.

335 Zum Folgenden HAStK-RBA Best. 33 A 237, Bl. 56–60 (Verhör des Fähnrichs, 30.9.1702).

wahrung des Fähnrichs und hätte zugleich den Weg zum Kompromiss ebnen können, nämlich wenn die Pforte alsbald nach Rückkehr des Bierholers geschlossen worden wäre: Candel hätte damit sein (vorgebliches) Ziel erreicht und der Schließer seine Pflicht, wenn auch mit Verzögerung, erfüllt.

Das Auftreten Hecks mit seiner Truppe von Bürgersoldaten machte diese Möglichkeit indes zunichte. Candel bestritt, trotz mehrmaliger Aufforderung nicht aus dem Wachhaus herausgekommen zu sein. Vielmehr habe er umgehend Hecks gegenüber geäußert, das Tor „soll auch zugeschloßen werden. Ich werde das wohl bei den Herren Burgermeistern und Rath verantworten können, daß Ich einen Trunck Bier holen laße." Damit war man beim Kern des Konflikts angekommen: Wer hatte hier wem etwas zu sagen und standen Bürgermeister und Rat über, neben oder unter dem Kommando der fremden Truppen in der Stadt?[336] Candel zufolge reagierte Hecks mit dem Versuch, demonstrativ seine Autorität zu unterstreichen. Er habe dem Fähnrich „woll 4 mahl und vor die brust geklopfet [und gesagt]: Ich habe Sie zu befehlen". Das führte zur Zuspitzung der Lage. Candel gab zu, die Befehlsgewalt Hecks in Frage gestellt zu haben (und zwar mit dem Verweis auf Filzläuse wie in Hecks Bericht angegeben). Er habe auf seinem Bier bestanden und seine Männer gefragt, ob ihre Gewehre geladen seien. Der Bürgerhauptmann habe nun seinen Trupp antreten lassen, weshalb er im Gegenzug seine „Burschen gleichfals ins gewehr tretten und in die pforte rucken" ließ, und zwar mit den an Hecks gerichteten Worten: „Wen Sie da [r]an wollten, so wollten Sie darum spielen und sehen ob Er Ihn von Seinem posten jagen wollte." Beide Seiten standen sich also kampfbereit gegenüber, wie es auch Hecks angegeben hatte. Es folgt auch in Candels Verhör die etwas wirre Geschichte um den allzu lange ausgebliebenen Bierholer und den ersatzweise zu einem Wirt um Wein geschickten Tambour, der wegen der Nachtzeit abgewiesen wurde. Da Bier und Wein unterdessen eine symbolische Qualität gewonnen hatten, bestand der Fähnrich auf dem Offenhalten der Pforte bis zur Ankunft von einem von beiden. Es entspann sich ein Wortgefecht, in dessen Verlauf die Bürger Candel zufolge drohend auf ihn – der vor seinen Männern stand – zugekommen seien. Er habe von ihnen vergeblich Abstandhalten als Bedingung für ein Schließen der Pforte gefordert. Erst als Hecks „ein wenig abgewichen" sei, habe ein Bürger das Tor geschlossen (das heißt, Candel wies die Vorstellung von sich, durch den Scheinrückzug Hecks getäuscht worden zu sein). Das folgende Lärmen erklärte er mit dem Nachholen von während des Streits ausgebliebenen Trommelsignalen und dem Schlagen des Zapfenstreichs. Davon, dass er das Musizieren erst später auf Intervention Hecks eingestellt habe, könne keine Rede sein.

Es folgt das Nachspiel, das nicht mehr in Hecks Bericht zu finden ist: Demnach wurde am nächsten Tag ein Korporal des regulären stadtkölnischen Militärs mit einigen Sol-

---

336 Siehe auch PRAK, Citizens, S. 139: Die Bürgermiliz in 's-Hertogenbosch wie in anderen niederländischen Städten trat als „embodiment of the civic communities" gegenüber dem generalstaatischen Militär auf – weshalb beide Seiten genau wie die Paderborner und die Kölner am Stadttor auch auf die symbolische Ebene ihres Verhältnisses zu achten hatten.

daten zu Candel geschickt, um ihn ins Corps de Garde (die Hauptwache) zu holen. Auch
mit diesem entspann sich ein Wortgefecht, bei dem es offenbar auch darum ging, ob
dieser Korporal (den Candel nur als „Kerl" bezeichnet) dem Fähnrich etwas zu sagen
hatte. Ersterer habe „trotzig" geredet, weshalb Letzterer ihm Prügel angedroht habe.
Candel stritt aber ab, in diesem Zusammenhang auch Reden gegen Bürgermeister und
Rat geführt zu haben.

Das Ganze wirkt wie eine Posse, bei der möglicherweise wenigstens bei Candel auch
ein gewisser Alkoholkonsum vorangegangen sein könnte. Die Episode verweist dennoch
auf grundsätzliche Probleme des Zusammenlebens von Bürgern und auswärtigem Militär in einer Stadt, die durchaus in Gefahr schwebte, angegriffen zu werden. Ein offenes
Tor bei Dunkelheit lud dabei geradezu zu einem Handstreich ein und stellte eine ernsthafte Bedrohung dar. Sie im Sinne aller Verteidiger rasch zu schließen, erwies sich nicht
zuletzt deshalb als unmöglich, weil die Kommando- und Unterordnungsverhältnisse
unklar waren. Auch wenn Bürgersoldaten und reguläres Militär Seite an Seite die Stadt
sichern sollten, handelte sich nicht um eine einheitlich geführte Truppe. Während es
ein Kölner Bürgerhauptmann gewohnt war, seine von Bürgermeistern und Rat abgeleitete Autorität auszuspielen, und es in diesem Fall wohl auch als seine Pflicht ansah, ein
schwerwiegendes Problem zu lösen, nahm der auf dem untersten Rang einer Offiziers-
laufbahn stehende Fähnrich einen Bürgerhauptmann offenbar nicht als vollwertigen
Offizier wahr.[337] Diesen Standpunkt unterstrich er mit Beleidigungen und Schmähreden.
Vermutlich wirkte aber auch der provozierende Auftritt Hecks mit 15 Mann nicht eben
deeskalierend. Bald ging es offenbar nicht mehr um das Tor an sich, sondern um den
symbolischen Austrag von Rangkämpfen – die gewaltsam zu eskalieren drohten, weil
schließlich auch die beiderseitige Ehre betroffen war. Die lärmende Musik nach der Niederlage Candels dürfte daher als trotzige Demonstration von Unabhängigkeit und Hand-
lungsfähigkeit anzusehen sein.

Unübersehbar ist dabei, wie unbequem die Einquartierung fremden Militärs in der
Stadt werden konnte, selbst wenn man verbündet war. Es ging dabei nicht nur um Kosten und Aufwände, sondern auch um die Gefährdung der bürgerlichen Ordnung und
damit letztlich der Stadtverfassung, die sich durch die Herausforderung durch Fremde
ergab, die sich dieser Ordnung nicht verpflichtet fühlten, Kölner Amtsträger in ihrem
Ansehen beschädigten und damit über den Moment hinaus ihre Stellung in der Bürgerschaft zu unterminieren drohten.

Wo eine Pfortenwache von bürgerlichen Wachmännern und regulärem Militär gemeinsam versehen wurde, kam es jedoch auch dort zu Reibungen, wo es sich um stadtkölnische Soldaten handelte. Immer wieder wurde darüber diskutiert, wer wem etwas

---

337 Was Barbara Stollberg-Rilinger als „kollektive Integrationsprobleme" bei der Aufnahme einer neuen
    Garnison in einer Stadt bezeichnet hat: Die Rang- und Präzedenzverhältnisse mussten erst geklärt
    werden, bevor ein gedeihliches Miteinander möglich war. Siehe STOLLBERG-RILINGER, Rang, S. 398.
    Vgl. auch WINKEL, Zwischen adliger Reputation, S. 120; DIES., Adliger Stand; NOWOSADTKO, Stehendes
    Heer, S. 71 und 89; SIKORA, Disziplin, S. 326.

zu befehlen hatte bzw. wer sich wie weit auf die Autorität von Bürgermeistern und Rat berufen konnte. Als etwa 1739 die innen stehenden Bürgerwachen die Severinspforte an einem Abend verschlossen, obwohl noch eine reguläre Feldwache passieren wollte, scheinen ausweislich der sich daran anschließenden gerichtlichen Befragung der Bürger die Diskussionen weniger um eine praktische Lösung des Problems gedreht zu haben als um die Frage, ob der Offizier der Feldwache „ordres darzu von [...] Burgermeistern"[338] anzunehmen habe. Hier wurde offensichtlich wie in anderen Fällen auch mehr die Rangordnung zwischen Bürgern und Soldaten verhandelt, als die Sicherheit der Stadt in den Mittelpunkt gestellt.

Die Probleme konnten aber auch durchaus profaner sein. 1769 nahmen „Streit und Gezank"[339] zwischen Bürgerwachen und regulärem Militär so sehr zu, dass der Rat sich zum regelnden Eingreifen genötigt sah. Es ging um die Verteilung von Trinkgeldern, die Menschen zahlten, die trotz der abendlichen Torschließung mit Sondergenehmigung die Stadttore passieren durften.[340] Offenbar entstand in diesen Fällen[341] ein Wettlauf zwischen Bürgerwache und Stadtsoldaten, die jeweils versuchten, den Einlass als Erste zu öffnen und dabei die Hand aufzuhalten. Die dabei entstehenden Szenen der „Unordnung" gereichten der Stadt zur „Unehr". Daher wurde das Verfahren in geregelte Bahnen gelenkt: Die Bürgerwache erhielt zunächst darüber Mitteilung, dass jemand einzulassen war. Sie schickte daraufhin „einige Commandirte", also mindestens zwei Mann, zum Tor, wo sich zwei Stadtsoldaten zu ihnen gesellten. Gemeinsam ging man dann zur äußeren Barriere (also wohl zum Schlagbaum vor dem Tor) und regelte den Einlass, ohne hier ein Trinkgeld zu verlangen. Erst zwischen dem äußeren und dem inneren Tor forderte der älteste anwesende Befehlshaber der Bürgerwache „in Beystand des Commandanten der Soldaten Wacht" das Trinkgeld. Sie behielten es aber, bis der Eingelassene das innere Tor passiert hatte, um es dann jeweils zur Hälfte an die Bürger und an die Soldaten zu verteilen.

Konflikte dieser und anderer Arten strahlten immer wieder in den Alltag des Zusammenlebens zwischen Bürgern und Militär aus, ohne dass es immer möglich ist, sauber zwischen individuell begründeten und strukturell angelegten Auseinandersetzungen zu unterscheiden. Ein Fall aus dem Jahr 1731 zeigt, dass Offiziere des regulären Stadtmilitärs – wenn sie in Konflikte mit Zivilisten verwickelt waren – ihre Stellung durchaus auszunutzen wussten. Frantz Henrich Dolph beklagte sich nämlich darüber, dass ihn der Rittmeister von Cran bereits seit 14 Tagen in der Hauptwache in Arrest gehalten

---

338 HAStK-RBA Best. 33 A 238, Bl. 120r (Befragung der Bürgerwachleute, 16.9.1739).
339 HAStK-RBA Best. 14 A 20 (Ratsedikt, 2.6.1769). Die folgenden Zitate ebd.
340 Streit um eine ungenehmigte Einnahme solcher Gelder durch eine Bürgerwache ist für 1762 dokumentiert in HAStK-RBA Best. 33 A 331, Bl. 21–22 (Supplik Hauptmann Blomenberg, 1762).
341 Möglicherweise auch je nach Situation in anders gelagerten. 1673 wurde z. B. die offenbar eingerissene Praxis der Bürgerwache untersagt, von französischen Soldaten ein Trinkgeld einzufordern. HAStK-RBA Best. 10B A 120, Bl. 31v (Ratsprotokoll, 18.1.1673). 1733 wollte der Rat gegen die Praxis der nächtlichen Trinkgeldeinnahme vorgehen, nachdem es zu einem offenbar peinlichen Vorfall mit dem Fürsten von Nassau-Siegen gekommen war, den die Bürgerwache bedrängt hatte. HAStK-RBA Best. 10B A 180, Bl. 255r (Ratsprotokoll, 19.10.1733).

habe. Es ging dabei um einen Diamantring, den Dolph Cran angeblich gestohlen hatte.[342] Für einen solchen Streit unter zwei Einwohnern Kölns wäre an sich das Gewaltgericht oder ein anderes ziviles Gericht zuständig gewesen. Hier hatte der Offizier also eindeutig seine Kompetenzen überschritten.

1683 kam es auf dem Bischofsweg vor der Kölner Stadtmauer zu einem Zusammenstoß zwischen dem Bürger und Schmied Jacob Rodenkirchen und dem in dieser Quelle nicht namentlich genannten Oberst der Stadtsoldaten. Ersterer war mit einem Karren voll Möhren in Richtung Stadt unterwegs, als Letzterer (jedenfalls nach Aussage Rodenkirchens) von hinten „ihme jagendt gekommen, die Pistole auff Ihnen gezuckt" (vermutlich) angeritten sei. Der Oberst habe ihn beschimpft und bedroht. Ein weiterer hinzukommender Bürger soll dann auf den Offizier eingeredet haben, der schließlich mit der Bemerkung abgelassen habe, er kenne Rodenkirchen vom gemeinsamen Schildwachestehen als „einen redlichen Kerll". Er könne daher ungehindert passieren. Protokolliert wurde diese alltägliche Begebenheit deshalb, weil der Oberst im Nachsatz von den Bürgern gefordert hatte, sie sollten „den Gülich umbs leben bringen"[343], also den Anführer der damaligen Opposition gegen Bürgermeister und Rat. Falls nicht, dürften sie nicht mehr ins Feld vor die Stadt kommen, wo dann ihr angebautes Gemüse verkommen werde. Der Offizier erscheint hier zum einen als Antagonist der Bürger: Er droht mit Gewalt, zückt gar seine Waffe, beschimpft sie und stellt zuletzt noch eine sehr weitreichende Forderung, um es gelinde auszudrücken. Zugleich hatte aber auch der gemeinsame Dienst als Wache an den Pforten so etwas wie ein Kameradschaftsgefühl entstehen lassen, das als Anknüpfungspunkt zur Deeskalation dienen konnte. Bedrohung sowie Beschimpfung und ein kameradschaftliches Miteinander sind also die Pole, zwischen denen sich im Alltag das Verhältnis zwischen zivilen Einwohnern und Stadtsoldaten abspielen konnte.

Soldaten gegen Studenten

Sowohl Soldaten als auch die Studenten gehörten zwar zur Einwohnerschaft Kölns, bewegten sich aber auch zumindest rechtlich etwas abseits von ihr und bildeten zum Teil eigene soziale Gruppen mit eigener Logik.[344] Und sie standen sich offenbar zumindest phasenweise bis aufs Blut antagonistisch gegenüber.[345] Die Studenten (die ohnehin eine

---

342 HAStK-RBA Best. 33 A 77, Bl. 13–14 (Supplik Dolph, 1731).

343 Alle drei Zitate HAStK-RBA Best. 30V A 120, Bl. 20r (Aussage Rodenkirchen, 1.11.1683). Ein weiterer Fall um den Oberst ebd., Bl. 20r–v.

344 Zumal es sich bei ihnen wenigstens teilweise um Fremde handelte, deren Loyalität nicht immer gesichert schien. PLASSMANN, Zwischen Neutralität, S. 55 (mit Blick auf „welsche" Studenten, denen man 1704 ein Paktieren mit dem französischen Feind zutraute). Vgl. allgemein FÜSSEL, Akademischer Sittenverfall, S. 127–133.

345 Was indes kein Kölner Spezifikum ist, vgl. etwa für Halle RISCHKE-NESS, Subjektivierungen, S. 157; ZAUNSTÖCK, Konstellationen, S. 171.

gewisse Gewaltbereitschaft pflegten[346] und teilweise bewaffnet waren[347]) scheinen diese Feindschaft bisweilen geradezu gepflegt zu haben, denn nur so ist die literarische Über-höhung „eines unter Studenten und Soldaten in Köln gehaltenen Kriegs"[348] im Juni 1774 in 1.000 lateinischen Versen mit deutscher Übersetzung in einem studentischen Notiz-buch zu erklären. Es handelte sich um eine gewaltsame Befreiung eines von einem kur-pfälzischen Werber – vermutlich nach Ansicht seiner Kommilitonen gegen seinen Wil-len – rekrutierten Studenten. Die Stadt Köln wiederum sah die Anwerbung als rechtmäßig an. Jedenfalls wurden Stadtsoldaten eingesetzt, um ihn den Kurpfälzern zuzuführen. Im Zuge der Auseinandersetzung darüber wurde ein Student erschossen.[349]

Bei diesem tragischen Ausgang handelte es sich um keinen Einzelfall. Bereits im Jahr 1737 kam es zu einer „action" zwischen wachhabenden Stadtsoldaten sowie einer „Stu-denten rotte", unter die sich auch „Kappesbauern"[350] gemischt hatten. An diesem Abend trafen Pilger von der Kevelaer-Prozession am Eigelsteintor ein, wo sich eine größere Men-schenmenge offenbar zu ihrer Begrüßung versammelte. Darunter befanden sich einige Studenten, die aus nicht ersichtlichen Gründen damit begannen, die Schildwache am Ei-gelsteintor nicht nur zu beschimpfen, sondern auch mit Dreck und Steinen zu bewerfen. Ein Unteroffizier versuchte, die Täter entweder zu vertreiben oder zu verhaften. Letzteres gelang nur bei einem Studenten, der auf die Wache geführt wurde. Dabei wurde das Kom-mando von etwa 200 Studenten verfolgt und weiter beschimpft, wobei es anscheinend eine besondere Rolle spielte, dass die Verhaftung durch einen Soldaten gegen die studen-tische Ehre ging.[351] Die Soldaten kamen schließlich kaum noch durch die Menschen-menge und fühlten sich sicher nicht zu Unrecht direkt bedroht. Der Unteroffizier ließ deshalb in die Luft schießen. Das führte aber nur zu noch mehr Wut auf Seiten der Stu-denten, weshalb sich der Unteroffizier letztlich dazu getrieben sah, in die Menge zu schie-ßen. Dabei wurde ein Gärtner, also einer der erwähnten Kappesbauern, tödlich getroffen.

---

346   Vgl. Schwerhoff, Early Modern Violence, S. 38; ders., Kriminalität, S. 77; Saito/Schwerhoff, Waf-fengebrauch, S. 69; Mährle, Student, S. 181 f.

347   Siehe z. B. HAStK-RBA Best. 14 A 2, Nr. 133 (Ratsedikt, 7.1.1697).

348   HAStK-RBA Best. 7030 A 195A, Bl. 11r. Besitzer des Notizbuchs und vermutlich Verfasser des Texts war Hermann Josef Bartman aus einer Kölner Familie. Er hat sich 1766 als Student im Gymnasium Tricoro-natum eingeschrieben. Siehe Keussen, Matrikel, Bd. 5, S. 595, Nr. 798, 1234. Ein ähnliches literarisches Produkt ist anlässlich der Studentenunruhen von 1744 entstanden, vgl. Finsterwalder, Studentenun-ruhen, Anhang I.

349   HAStK-RBA Best. 10B A 221, Bl. 93v (Ratsprotokoll, 10.6.1774). Siehe auch HAStK-RBA Best. 150 A 193. Vgl. auch Braubach, Beiträge, S. 110.

350   Alle Zitate HAStK-RBA Best. 150 A 184, Bl. 1r (Bericht über die „Action", 1737). Zum Folgenden vgl. ebd., Bl. 1–53.

351   Dafür spricht auch die starke Betonung des Umstands einer Arrestierung und Bewachung von mut-maßlich protestantischen Studenten durch Soldaten 1611 in einer Beschwerde über die Verhaftung des Pfalzgrafen Wolfgang Wilhelm: Offenbar stellte der Einsatz von Soldaten eine besondere Beeinträch-tigung der studentischen Ehre dar. HAStK-RBA Best. 150 A 187, Bl. 1–2. 1633 machten wohl deshalb Studenten, die sich für eine Freifahne freiwillig gemeldet hatten, den Verbleib unter der Universitäts-jurisdiktion zur Vorbedingung für ihren Einsatz. Keinesfalls wollten sie sich vor einem Kriegsgericht verantworten müssen. HAStK-RBA Best. 150 A 188, Bl. 4r (Supplik der freiwilligen Studenten, 1633).

Zwei weitere Männer wurden verletzt. Dieser blutige Ausgang führte zu einer umfangreichen Untersuchung, die hier jedoch nicht weiterverfolgt werden muss. Der Anlass für diesen Tumult war offensichtlich mehr Übermut als ein geplanter Angriff. Zur Eskalation kam es vor allem durch die Verhaftung des Studenten und die dadurch ausgelösten Solidarisierungseffekte und vielleicht auch durch die Überforderung des Kommandos der Stadtsoldaten.[352] Dass aber ein grundlegender Konflikt zwischen Studenten und Soldaten bestand, der solche Vorfälle zumindest erleichterte, dürfte außer Frage stehen.

Die Beispiele zu alltäglicher Gewalt zwischen Soldaten und Studenten auch unterhalb der Schwelle eines spektakulären Tumults lassen sich leicht vermehren. 1628 kam es zu einer Auseinandersetzung zwischen eine Gruppe von Studenten und einer Anzahl von Soldaten, wobei anscheinend die Anwesenheit junger Frauen eine Rolle gespielt hat.[353] 1697 kam es zu einer Massenschlägerei innerhalb der Studentenschaft, die mit „Steinen / Degen und Pistohlen auff offenen Gassen und Strassen auff einander loß gegangen"[354] waren. Der Vorgang belegt nicht nur die Gewaltaffinität von Studenten, sondern auch ihre verhältnismäßig gute Bewaffnung.[355] In dieser Hinsicht war der Promovend Caspar Hertmann 1722 offenbar unterlegen, denn er wurde von einem Soldaten mit Schrot und einer ganzen Kugel in die Beine geschossen und schwer verwundet.[356] 1729 gingen – jedenfalls nach dem sicher nicht unparteiischen Bericht des Vaters Johannes Routh – drei Studenten unschuldig über eine Kölner Straße, wobei sie „ex Philosophia discursirte[n]"[357] und intellektuellen „scherz trieben". Dabei kamen sie an einem Trupp Stadtsoldaten vorbei, die gerade ihren Sold empfangen und diesen umgehend in Alkohol umgesetzt hatten. Sie bezogen das Lachen der Schüler auf sich und fühlten sich davon offenbar provoziert. Einer von ihnen rief „mit gewaltigem trutz": „Was lachet ihr Hundtsfulder [Hundsfotte]"? Einer der Studenten ging darauf ein: „Wir lachet euch aus, gehet euren weg voran." Daraufhin ging der Soldat Mattheiß Schmitz auf die drei los und schlug mit dem Kolben seiner Muskete zu. Rouths Sohn traf er auf der Brust und zugleich drohte er, ihn zu erschießen. Der Sohn habe ihn zurückgewiesen, um dann „im frieden" zu gehen. Schmitz schoss aber von hinten eine Ladung Schrot auf ihn ab, die ihn tödlich am Hals traf. Im unmittelbaren zeitlichen Zusammenhang mit dem Vorfall steht ein zunächst er-

---

352 Nebenbei lässt sich anhand dieses Beispiels erneut festhalten, dass die Unteroffiziere und Mannschaften des 18. Jahrhunderts keineswegs allein auf mechanischen Gehorsam gedrillte menschliche Maschinen waren, sondern durchaus eigenständig und situationsbedingt zu handeln wussten.

353 HAStK-RBA Best. 30G A 249, Bl. 95r–96v (Turmbuch, März 1628). Der Vorfall ist im Umfeld der Fastnacht verortet.

354 HAStK-RBA Best. 14 A 17, Nr. 28 (Ratsedikt, 7.1.1697).

355 Die ihnen allerdings grundsätzlich verboten war. HAStK-RBA Best. 30N A 340 und A 808 (Entwurf Kleiderordnung in 2 Teilen, 1697).

356 HAStK-RBA Best. 33 A 253, Bl. 107r (Supplik der Mutter, 1722).

357 HAStK-RBA Best. 33 A 76, Bl. 16r. Zum Folgenden ebd., Bl. 16–17 (Supplik Routh, Mai 1729). Der Rat überließ die Bestrafung des Soldaten dem Kriegskommissariat, HAStK-RBA Best. 10B A 176, Bl. 99v (Ratsprotokoll, 2.5.1729).

lassenes, dann aber wegen daraus entstandener „allerhand unordnung"[358] aufgehobenes
Verbot für Studenten, die Stadt zu verlassen. Dieses Verbot musste von den Soldaten an
den Pforten umgesetzt werden, so dass sich ausreichend Anlässe für Zusammenstöße
und Reibereien ergeben hatten. Gut möglich also, dass hier bereits eine Lunte geschwelt
hatte – und dass die Studenten in Wahrheit nicht nur philosophiert hatten.

Schmitz wurde rasch vor ein Kriegsgericht gestellt und dazu verurteilt, zunächst bei
öffentlichem Trommelschlag aus der Haft entlassen zu werden (was eine entehrende
Komponente hatte, denn nun wusste jeder, dass er inhaftiert gewesen war), um sich dann
für eine Zeit in das Kloster zu Deutz zurückzuziehen (wohl um dort Bußübungen zu
unternehmen). Im Anschluss sollte er mit einem Gassenlaufen durch spitze Ruten bestraft werden. Zudem sollte er sich mit dem Vater über die Erstattung der Arztkosten für
dessen sterbenden Sohn in Höhe von sieben bis acht Pistolen einigen. Schmitz scheint
aber bereits Verhandlungen darüber verweigert zu haben – was nicht dafür spricht, dass
er durch die Bestrafung geläutert war.[359] Der Rat löste das Problem, indem er ein Drittel
seines Monatssolds pfändete.[360] Da damit aber nur 69 Albus vier Heller gezahlt werden
konnten, blieb Routh viele Monate auf dem Großteil seiner Kosten sitzen. Der Rat ließ
daher prüfen, ob ihm aus der Kriegskasse ein Vorschuss gezahlt werden konnte.[361]

Dieser Fall war keineswegs vollkommen singulär.[362] 1693 geriet ein Soldat der pfalz-
neuburgischen Truppen in Köln wegen eines bei seinem Hauptmann als Knecht arbei-
tenden Jungen mit einem Studenten in Streit, an dessen Ende der Soldat tot war.[363] Im
August 1730 ist von einem „frewden fewr"[364] die Rede, von einem Freudenfeuer vermutlich im Rahmen eines Fests, wobei erneut Alkoholkonsum zu vermuten steht. Dabei
kam es „zwischen dahiesigen soldaten undt studenten" zu einem „rencontre", was hier
wohl mit Schlägerei zu übersetzen ist. Ein Zivilist, der zu keiner der beiden Gruppen
gehörte, wurde dabei durch Stadtsoldaten durch Schläge auf den Kopf und durch Stiche
in den Leib und in die Arme schwer verwundet. Zudem wurde der Mann „gröblich in-
jurijrt", mit auf die Wache genommen und weiter misshandelt. Seine Ehefrau, deren
Darstellung hier gefolgt wird, bat den Rat um Einziehung des Solds der Täter, bis ihre
Kosten (also die Aufwendungen für die Behandlung des Mannes) gedeckt seien. Der
Rat ließ den Vorfall vom Kriegskommissariat untersuchen.

---

358 HAStK-RBA Best. 10B A 176, Bl. 96v (Ratsprotokoll, 27.4.1729).

359 HAStK-RBA Best. 33 A 76, Bl. 48–49 (Supplik Routh und Urteil gegen Schmitz, 1729).

360 HAStK-RBA Best. 10B A 176, Bl. 203r (Ratsprotokoll, 27.7.1729).

361 HAStK-RBA Best. 33 A 76, Bl. 51–52 (Supplik Routh, 1729); HAStK-RBA Best. 10B A 176, Bl. 215v
     (Ratsprotokoll, 5.8.1729).

362 1721 wurden drei Studenten von Soldaten – nach eigener Darstellung: ohne Grund – angegriffen und
     verhaftet, HAStK-RBA Best. 33 A 253, Bl. 37r (Supplik dreier Studenten, 1721).

363 HAStK-RBA Best. 150 A 178 (Untersuchungsakte der Universität, 1693).

364 HAStK-RBA Best. 33 A 76, Bl. 127r (Supplik Valenfach, 1730). Die gesamte Supplik ebd., Bl. 127–
     128. HAStK-RBA Best. 10B A 177, Bl. 251v–253r (Ratsprotokoll, 14.8.1730).

Grundsätzlich neigten Studenten dazu, ihre politischen, religiösen und moralischen Vorstellungen mit Gewalt oder Gewaltandrohungen zu verwirklichen, wobei sie automatisch mit den städtischen Ordnungskräften zusammenstoßen mussten. Der Soldat Severin Neukirchen trug beispielsweise ein dauerhaft gelähmtes Bein davon, weil ihn ein von „tumultierenden studenten"[365] geworfener Stein getroffen hatte, als er mit einem Kommando Stadtsoldaten einen Auftritt von Seiltänzern auf dem Heumarkt absicherte. Der Hintergrund dieses Tumults ist unklar. In anderen Fällen ist die politische Stoßrichtung von Studentenunruhen aber nicht zu übersehen. Als etwa 1708 ein Streit darüber ausbrach, ob der preußische Resident in Köln dem katholischen Charakter der Reichsstadt zum Trotz zur Abhaltung reformierter Gottesdienste in seinem Haus berechtigt war, waren es Studenten, die die Auseinandersetzung von einer politischen oder juristischen Ebene auf die der Gewalt verschieben wollten. Eine Anzahl von ihnen rottete sich zum Teil mit Schusswaffen versehen zusammen, und der akademische Mob machte Miene, zum Haus des Residenten zu marschieren. Nach offizieller Darstellung zufällig empfingen gleichzeitig gerade Stadtsoldaten vor dem Rathaus ihren Sold. So konnte einer der Bürgermeister die Truppe einsetzen, um die Studenten zu stoppen. In der Folge wurden Stadtsoldaten zum Schutz des Hauses abgeordnet – was sicherlich auch deshalb notwendig war, weil der Preuße während des Spanischen Erbfolgekrieges auch auf eigene Truppen in der Stadt hätte zurückgreifen und damit die Kölner Obrigkeit symbolisch als handlungsunfähig hätte delegitimieren können.[366]

1744 brach eine Gruppe von Studenten gewaltsam in ein Haus ein, um einen jungen Mann zu entführen. Dieser stand im Verdacht, die bevorstehende Taufe einer jüdischen Frau verhindern zu wollen, was die strikt christkatholischen Jungakademiker unbedingt verhindern wollten. Auch hier mussten Stadtsoldaten zur Beruhigung der Lage eingesetzt werden.[367] Genauso 1713: damals stürmten Studenten gewaltsam ein Haus, in dem sie (zu Unrecht, wie der Rat meinte) einen von fremden Werbern in den Dienst gepressten Kommilitonen vermuteten. Der Rat untersagte diese Selbstjustiz selbstverständlich mit deutlichen Worten und kündigt an, im Falle weiterer Tumulte die Stadtsoldaten gegen die Studenten einzusetzen.[368] 1733 kam es erneut zu einer gewaltsamen Auseinandersetzung zwischen einem preußischen Unteroffizier auf Werbung und Studenten. Der Gewaltrichter konnte die Situation durch den Einsatz von Stadtsoldaten wieder unter Kontrolle bringen.[369] Auch 1778 griffen Studenten ein preußisches Werbekommando an, was das Kriegskommissariat mit Verkündigung per Trommelschlag und damit mit indirekter Gewaltandrohung zu unterbinden hatte.[370] Die prinzipielle Feindschaft

365 HAStK-RBA Best. 33 A 76, Bl. 133r (Supplik Neukirchen, 1730).

366 Vgl. Kober, Kölner Residentenstreit, S. 83 f.; Leibetseder, Umstrittener sozialer Raum, S. 194 f.

367 Vgl. Plassmann, Paralleluniversum, S. 48 f.

368 HAStK-RBA Best. 14 A 17, Nr. 30 (Ratsedikt, 22.2.1713).

369 HAStK-RBA Best. 14 A 2, Nr. 186 (Ratsedikt, 6.7.1733). Vgl. Heuel, Truppenwerbungen, S. 74 f.

370 HAStK-RBA Best. 150 A 189, Bl. 5–6 (Publicandum, 1778). Auseinandersetzung mit Preußen darüber in HAStK-RBA Best. 33 A 429.

zwischen Studenten und Soldaten scheint also fest in der frühneuzeitlichen Lebenswelt verankert gewesen zu sein. Es genügte ein Funken, um teils blutige Gewalt auszulösen.

Gewalt und Waffenbesitz

Spontane Gewalt und eskalierende Streitigkeiten gehörten in der Vormoderne allen gegenläufigen Bemühungen zum Trotz ganz allgemein zum Alltag auch oder vielleicht gerade einer dicht besiedelten Stadt. Jüngere Familienmitglieder, Gesinde oder Lehrlinge waren stets von der Prügelstrafe bedroht, ohne dass dies als problematisch angesehen wurde.[371] Von hier war es nicht weit zur Ausübung von Gewalt mit unterschiedlicher Intensität in Konfliktfällen aller Art, die u. a. wegen einer breiten Verfügbarkeit von Waffen leicht sehr weit eskalieren konnten.[372] Nun liegt das Thema der alltäglichen Gewaltausübung und -erfahrung in der Frühen Neuzeit außerhalb der Ziele dieser Untersuchung. Soweit Gewalt aber im Zusammenhang mit den Bürgerfahnen oder den Stadtsoldaten steht und soweit dieselben Waffen eingesetzt wurden, die auch für den Kriegsfall vorgehalten wurden, kann sie hier nicht völlig unberücksichtigt bleiben.

Dass in einer angespannten Kriegssituation leichtfertig oder mutwillig[373] abgegebene Schüsse oder sonstiges Lärmen leicht zu einer ungewollten Eskalation führen konnten, hatte bereits 1689 im Neunjährigen Krieg zum Verbot des Schießens durch die Bürger geführt.[374] 1704 explodierte sogar eine Handgranate in einem Privathaus, ohne dass die Hintergründe geklärt werden konnten.[375] Auf diese und andere Vorfälle musste die Obrigkeit immer wieder reagieren. Periodisch wiederkehrende Verbote des Waffentragens[376] bzw. der Waffennutzung[377] blieben bis zum Ende des 18. Jahrhunderts eine Alltagserfahrung, auch wenn die Zahl einschlägiger Vorfälle langsam aber sicher

---

371 Vgl. Pröve, Violentia, S. 33 f.; Eibach, Frankfurter Verhöre, S. 203–207; Lau, Unruhige Städte, S. 110; Leibetseder, Umstrittener sozialer Raum, S. 196. Ein Kölner Beispiel aus dem 16. Jh. bei Plassmann, Hermann Weinsberg, S. 13–15.

372 Zudem griffen Einwohner Kölns auch außerhalb der Organisation der Bürgerfahnen bisweilen eigenständig zu den Waffen, um im Umfeld der Stadt im Krieg oder gegen Räuber ihre Interessen zu schützen. Vgl. Plassmann, Stadt, S. 197 f.

373 HAStK-RBA Best. 10B A 120, Bl. 26r–v (Ratsprotokoll, 16.1.1673): drei Schüsse von Soldaten von einem Rheinschiff her. Vgl. auch Schwerhoff, Kriminalität, S. 79 f.

374 HAStK-RBA Best. 14 A 2, Nr. 7b (Ratsedikt, 7.11.1689). Siehe auch ebd., Nr. 73 (Ratsedikt, 31.12.1670). Vgl. auch Korsch, Strafrecht, S. 80.

375 Vgl. Plassmann, Zwischen Neutralität, S. 54. Vgl. auch Wittke, Mord, S. 40.

376 So wurde 1600 in einer Morgensprache das Herumlaufen mit geladenen und gespannten Schusswaffen ausdrücklich verboten, HAStK-RBA Best. 30V A 128/5, Bl. 2v–3r (Morgensprache, 1600). Vgl. auch Lemmer, Les civils, S. 20.

377 So wurde 1733 gegen das überhandnehmende nächtliche Schießen auf den Gassen vorgegangen. HAStK Best. 10B A 180, Bl. 17r (Ratsprotokoll, 23.1.1733).

zurückgegangen sein mag.[378] Bürgermeister und Rat sahen dabei den Zusammenhang von verfügbaren Waffen und Gewaltexzessen deutlich, weshalb sie sich immer wieder zum Einschreiten genötigt sahen. So etwa 1644, als es offenbar vermehrt zu auch blutigen Messerstechereien zwischen Kölnern und Rheinschiffern gekommen war. Da so etwas „in einer wollbestelter Republick mit nichten zu gestatten"[379] sei, wurden Messerzücken und -gebrauch mit hohen Geldstrafen belegt. Messer waren jedoch nicht das einzige Problem. 1681 wurde von Bürgern berichtet, die „an statt der Mäntel die Seitenwehr führen"[380], also vermutlich Degen offen mit sich trugen (wobei ein der bürgerlichen Tracht entsprechender Mantel eher hinderlich gewesen wäre) und so bewaffnet auch vor dem Rat erschienen. Das musste in der Zeit der mit dem Namen Nikolaus Gülich verbundenen Unruhen[381] als Drohung oder zumindest als offene Infragestellung der Autorität der Bürgermeister[382] verstanden werden und wurde daher verboten. Die Bürger sollten Blankwaffen und Pistolen ablegen und auch das Schlupfloch, sie durch einen Diener hinter sich hertragen zu lassen, wurde durch Verbot gestopft. Der Vorgang zeigt nicht nur, dass Waffen auch jenseits des kleinen Messers in der Bürgerschaft vorhanden und verbreitet waren. Er belegt auch, dass es Situationen gab, in denen die Bürger sie zumindest zu repräsentativen bzw. politischen Zwecken mit sich führten, damit aber auch indirekt mit ihrem Einsatz drohten. Voraussetzung dafür war allerdings, dass sie sich einigermaßen sicher waren, die Waffen auch bedienen und führen zu können. Damit ist nicht in jedem Fall eines degentragenden Kaufmanns zu rechnen. Ausschließen sollte man zivile Waffenfertigkeit aber auch nicht. Dass etwa 1632 ein kaiserlicher Rittmeister, der einen in Köln anwesenden kurmainzischen Bediensteten auf offener Straße zum Duell gefordert hatte, schließlich „den kurtzeren gezogen"[383] hatte und tot auf dem Platz geblieben war, belegt ebenfalls nicht nur das Gewaltpotential eskalierender Ehrkonflikte, sondern auch, dass die zivilen Kontrahenten dabei keinesfalls wehrlos waren.

---

378 Vgl. EIBACH, Burghers, S. 14; SCHWERHOFF, Early Modern Violence, v. a. S. 40; DERS., Köln im Kreuzverhör. S. 282–292; DERS., Zivilisationsprozeß; DERS., Criminalized Violence; DERS., Kriminalität, S. 66 f.; SAITO/SCHWERHOFF, Waffengebrauch, S. 58–60 u. 63–68; KORSCH, Strafrecht, S. 38 f.; TLUSTY, Martial Ethic; DITTMAR, „Gewalt", S. 194; JANSEN, Stadt, S. 88 f.

379 HAStK-RBA Best. 14 A 2, Nr. 30 (Ratsedikt, 30.3.1644). Vgl. auch KUPHAL, Polizeiwesen, S. 94.

380 HAStK-RBA Best. 14 A 2, Nr. 88–1 (Ratsedikt, 23.4.1681).

381 Vgl. BERGERHAUSEN, Köln, S. 349–371.

382 Der offen getragene Degen „nach Art des Adels" (PECHLANER, *Nun hinfüran*, S. 373) muss nicht als Gewaltandrohung gewertet werden, sondern kann auch der Darstellung von (angestrebter) Adelsnähe gedient haben. 1697 wurde für Köln präzisiert, dass nur Bürgermeister sowie die Angehörigen uralter Bürgermeisterfamilien und einige wenige andere herausgehobene Persönlichkeiten Degen tragen durften, ausdrücklich aber nicht die einfachen Ratsherren. Das unerlaubte Degentragen scheint also der symbolischen Aneignung einer höheren sozialen oder politischen Position gedient zu haben. HAStK-RBA Best. 30N A 340 und A 808 (Entwurf Kleiderordnung in 2 Teilen, 1697).

383 HAStK-RBA Best. 125 A 22, Bl. 28r (Supplik der Anna Margaretha Thönerin, 1632).

Abb. 14: Aus dem Fechtbuch des stadtkölnischen Fechtmeisters Joan Henrich Eich, 18. Jh. (HAStK-RBA Best. 7010, Nr. 289, Bl. 14r)

Es vermag dennoch nicht zu verwundern, dass Soldaten, die letztlich für die Ausübung von Gewalt ausgebildet wurden und auch im Friedensalltag mit Waffen ausgestattet waren, in einem ohnehin auch in der zivilen Sphäre nicht gerade friedlichen Umfeld immer wieder zu Gewalt griffen oder in gewaltsame Konflikte verwickelt wurden.[384] Auseinandersetzungen lagerten sich häufig an die Frage des aus ihrer Sicht bedarfsgerechten Zugangs der Soldaten zu Alkohol an. Sie forderten nicht selten – vielleicht, wenn sie sich bereits im angetrunkenen Zustand befanden – teilweise lautstark, teilweise unter Gewaltandrohung insbesondere in den späten Abendstunden nach der Schließung regulärer Wirtschaften den Ausschank von Wein oder Bier. Dieses Thema spielte im Zuge von Einquartierungen von Soldaten in Bürgerhäusern eine Rolle, nahm aber beispielsweise auch eine prominente Stellung bei einer Auseinandersetzung zwischen Bürgerwache und Soldaten des Bischofs von Paderborn während des Spanischen Erbfolgekrieges ein.[385]

---

384   Das gilt im Prinzip für alle vormodernen Armeen, vgl. z. B. KROLL, Lifeworld, S. 108; NOWOSADTKO, Stehendes Heer, S. 102; RISCHKE, „Mit dem bloßen Pallasch“, S. 310.

385   HAStK-RBA Best. 33 A 2347, Bl. 52–55 (Bericht über die Auseinandersetzung mit Fähnrich Candel, 1702).

Es lassen sich aber auch sonst zahlreiche Einzelfälle ausmachen. 1634 war es etwa der stadtkölnische Söldner Johan Bracht, dem „fast speten abens" der Wein ausgegangen war, weshalb er vor einer bereits geschlossenen Wirtschaft lautstark Nachschub verlangte.[386] Nicht immer liegen jedoch die Ursachen für eine eskalierende Auseinandersetzung klar auf der Hand. Im August 1634 wurde der Soldat Gerhardt Geckele befragt, weil er am Malzbüchel mit einem Kölner Bürgersohn in Streit geraten war und diesen auf offener Straße schwer verwundet hatte. Geckele konnte oder wollte zum Hergang nichts aussagen. Der einzige Zeuge sei ein fremder Soldat gewesen, dessen Namen er nicht kenne und der nun auch nicht mehr in der Stadt sei. Der Verletzte und sein Vater waren aber ohnehin weniger an einer Bestrafung als an einem finanziellen Schadensersatz interessiert, so dass Geckele mit dem Ersatz der Barbierkosten davonkam.[387] Ein fremder Soldat war auch 1648 an einer Schlägerei im Wirtshaus Zum weißen Pferd in der Severinstraße beteiligt. Er wurde, ohne dass sein Name im Ratsprotokoll erscheint, rasch zu seinem Regiment abgeschoben.[388] 1606 wurde Everhardt von Stamheim von zwei Soldaten auf offener Straße angegriffen und verletzt. Da er beider Namen zu nennen wusste – Mattheis und Arnoldt von Berchem –, dürfte es sich eher um eine Auseinandersetzung unter Bekannten als um einen Überfall gehandelt haben.[389] 1673 ließen sich französische Reiter am Eigelstein eine nicht näher spezifizierte „insolentz"[390] zu Schulden kommen. Ebenfalls 1673 versuchten „lose Gesellen und Mordtbrenner" eine Brandstiftung, wobei mindestens ein nicht identifizierter Soldat eine Rolle spielte.[391] 1699 wurde ein Sergeant der Stadtsoldaten Opfer einer tödlichen Attacke von Vermummten während der Fastnacht.[392] 1704 kam es zu einer Auseinandersetzung zwischen einem Gefreiten der Stadtsoldaten und einem polnischen Offizier in einem Kaffeehaus, wobei sowohl von Alkohol als auch von (Glücks-)Spiel die Rede ist.[393] Ebenfalls 1704 wurde der kurpfälzische Fourier Pilger bei Nacht angegriffen und durch einen Stich letztlich tödlich verwundet.[394] Ein dänischer Werber erschoss einen seiner

---

386 HAStK-RBA Best. 70 A 1324, Bl. 39r (Protokoll Militärgericht [Sommer 1634]).

387 HAStK-RBA Best. 70 A 1324, Bl. 46v (Protokoll Militärgericht, 8.8.1634).

388 HAStK-RBA Best. 10B A 95, Bl. 165r (Ratsprotokoll, 23.6.1648).

389 HAStK-RBA Best. 33 A 65, Bl. 30–31 (Supplik Stamheim, 1606).

390 HAStK-RBA Best. 10B A 120, Bl. 28r (Ratsprotokoll, 16.1.1673).

391 In Frage kamen damals sowohl Stadtsoldaten als auch fremde verbündete Truppen in der Stadt, letztlich aber Deserteure oder sogar Saboteure aus einer feindlichen Armee. HAStK-RBA Best. 10B A 120, Bl. 62v–63v (Ratsprotokoll, 13.2.1673).

392 Vgl. Fuchs/Schwering, Karneval, Bd. 1, S. 30.

393 Der Pole könnte in preußischen Diensten gestanden haben. HAStK-RBA Best. 33 A 258, Bl. 90–95 (Verhör Johannes Beson, 1704). Die Beobachtung von Eibach aus Frankfurt a. M., dass Kaffeehäuser im 18. Jahrhundert eine Sache feinerer Manieren und der Eliten war, dürfte sich für Köln nicht in gleicher Form bestätigen lassen. Vgl. Eibach, Frankfurter Verhöre, S. 250 f. Siehe aber auch die umfassende Abrechnung des Kaffee- und Kandiskonsums des Universitätsprofessors Johann Georg Schober aus dem Jahr 1739 in HAStK-RBA Best. 150 A 876, Bl. 4[-5B], die den Konsum der Eliten belegt.

394 HAStK-RBA Best. 33 A 258, Bl. 103r (Rechnung der Behandlungskosten, 1704).

Rekruten im Jahr 1720, weswegen er verhaftet und auf der Hauptwache verhört wurde.[395]
1743 verprügelten zwei Artilleristen Vater und Sohn Joan und Arnold Broell aufs
Schwerste.[396] 1769 verprügelten kaiserliche Werber einen gewissen Contelier so schwer,
dass sein ganzer Körper geschwollen und mit blauen Flecken übersät war und er
große Schmerzen insbesondere am „membro virili"[397] litt. 1768 schoss ein betrunkener
Stadtsoldat zunächst auf einen Hund, den er verfehlte, um dann einen zufällig anwesenden Seilermeister durch einen Schuss ins Gesicht zu töten (offenbar als dieser ihn
entwaffnen wollte).[398] 1776 kam es zu einem Duell zwischen einem preußischen Werber und einem österreichischen Korporal in Köln.[399] 1743 wurden zwei Männer auf
offener Straße von zwei Korporalen verprügelt.[400] 1786 supplizierte die Witwe Zolers
an den Rat, weil ihre Familie nach der Erschießung ihres Mannes durch einen Stadtsoldaten ins Elend gestürzt sei.[401] 1727 kam es aus nicht näher bekannten Gründen in
Deutz zum Streit zwischen dem dem regulären Militär zugehörigen Hauptmann Karpf
und dem Fähnrich Johan Mattheiß Hambloch, in dessen Verlauf nicht nur Beleidigungen ausgetauscht wurden. Karpf zückte nach der durch medizinisches Gutachten unter-
mauerten Aussage von Hambloch irgendwann einen Hirschfänger, mit dem er seinen
Kontrahenten schwer an der Hand verletzte. Zugleich wies er es weit von sich, unter
der Autorität des Rats zu stehen, und er soll sich im Gegenteil ehrabschneidend gegen
den Magistrat geäußert haben. Der Rat verwies den Fall an das Kriegskommissariat
und das Syndikat.[402] Die beiden Kontrahenten wurden daraufhin unter Hausarrest gestellt, wogegen die Ehefrau des Hauptmanns supplizierte: „niemandt mehr" als sie und
ihre sechs unmündigen Kinder litten unter dieser Strafe, denn ihr Mann könne so nicht
für sie sorgen. Überhaupt sei bei dem fraglichen „Rencontre" kein tödlicher Schaden
entstanden, weshalb das „geschrey größer gemacht worden, dan die that ist"[403]. Diese
Darstellung war natürlich interessengeleitet, kann aber auf der anderen Seite nicht allzu
weit neben der damaligen Lebensrealität gelegen haben: Ein gewisses Maß an Gewalt
war tolerabel. Von dieser Erkenntnis ist es nicht weit zu der Vermutung, dass sie eben
deshalb häufiger ausgeübt wurde, als es in den Quellen aufscheint. Verschriftlicht wurden die Vorfälle in der Regel dann, wenn sie Konsequenzen außerhalb des Üblichen
hatten.

---

395 HAStK-RBA Best. 30N A 1215, Bl. 1–6 (Verhörprotokoll, 1720).
396 HAStK-RBA Best. 33 A 423, Bl. 11–13 (Supplik Broell mit chirurgischem Gutachten, 1743).
397 HAStK-RBA Best. 33 A 282, Bl. 2017r (Protokoll der Untersuchung durch die Gewaltrichter, 1769).
398 HAStK-RBA Best. 33 A 282, Bl. 1954–1955 (Befragung des Joannes Zimmermann, 1768).
399 Vgl. Kloosterhuis, Militär, Bd. I/1, Nr. 2783.
400 HAStK-RBA Best. 125 A 40, Bl. 44–47 (Vernehmung Broel, 1743). Vgl. wohl auch Anm. 396.
401 HAStK-RBA Best. 33 A 116, Bl. 16–17 (Supplik Zolers, 1786).
402 HAStK-RBA Best. 33 A 74, Bl. 52–54 (Supplik Hambloch, 1727); HAStK-RBA Best. 10B A 174, Bl. 266r-v
     (Ratsprotokoll, 8.8.1727); HAStK-RBA Best. 33 A 243, Bl. 53–60 (Zeugenbefragung, 1727); HAStK-
     RBA Best. 33 A 243, Bl. 61–62 (Supplik Karpf, 1727).
403 Alle Zitate HASK Best. 33 A 243, Bl. 51r (Supplik Karpf, 1727).

An all diesen Vorfällen waren Soldaten beteiligt, bei denen das Tragen von Waffen zum Berufsbild gehörte. Das Problem erstreckte sich aber auch auf die zivile Sphäre. Waffenbesitz war in Köln wie andernorts noch im 18. Jahrhundert unter der Bürgerschaft nicht nur verbreitet, sondern auch gefordert, um den Dienst in den Bürgerfahnen wahrnehmen und damit letztlich das Bürgerrecht mit Leben füllen zu können.[404] Ob aber das Paar „alter schieß Pistolen"[405], die 1768 im Inventar des Besitzes des Bürgers Joannes Bourscheidt aufgeführt wurden, tatsächlich oder ausschließlich diesem Zweck gedient haben, ist schwer zu entscheiden.

Dass die breite Verfügbarkeit von Waffen nicht ohne Gefahren war, zeigt der Fall des Dr. Johan Everhard Schmall, der sich eigener Aussage zufolge 1717 durch „viele frembde Katzen" bedrängt sah, die ihm in Keller und Küche schweren Schaden durch „stehlen undt rauben zugefugt" hatten. In seiner Not griff der Jurist zum „Schießgewehr"[406], allerdings mit dem Erfolg, dass sein Bruder tot auf der Walstatt blieb. Unabhängig davon, ob es sich wirklich um einen Unfall handelte oder ob die Katzen einen Totschlag vertuschen sollten: Ein solcher Vorfall ist nur in einer Gesellschaft denkbar, in der Waffen breit verfügbar waren und auch im Alltag eingesetzt wurden. Das im Übrigen nicht nur zu dunklen Zwecken. Wenn der Rat etwa 1717 das nächtliche Schießen aus den Fenstern von Bürgerhäusern untersagte und damit auf ein überhandnehmendes Problem reagierte, scheint es sich um ein rustikales Freizeitvergnügen gehandelt zu haben.[407] 1775 wurde das Schießen auf Schwalben am Rhein untersagt, was offenbar ebenfalls ein verbreitetes Freizeitvergnügen war, das allerdings andere Passanten in Gefahr brachte.[408] An Silvester 1737, 1758 und 1761 wurde eine Patrouille Stadtsoldaten eingesetzt, um nächtliches (auch blindes) Schießen zu unterbinden.[409] Ein entsprechendes Verbot aus dem Sommer 1762 belegt, dass auf auch Hochzeiten und „anderen freudigen Begebenheiten"[410] Schüsse aus „Flinten [und] Pistohlen" abgefeuert wurden. Zudem war „gröberes Geschütz, als Bölleren und dergleichen" im Einsatz. Bei Letzteren dürfte es sich aber nur im Ausnahmefall um einsatzfähige Kriegswaffen gehandelt haben, genauso wie bei den „Raquetten"[411], deren Einsatz 1775 untersagt wurde. Die Grenzen sind hier jedoch fließend und gefährlich war der Einsatz von Explosivstoffen

---

404 Vgl. PROKOSCH/SCHEUTZ, Bürgerschuss.

405 HAStK-RBA Best. 30N A 445, Bl. 27v (Inventar Bourscheidt, 1768).

406 Alle Zitate HAStK-RBA Best. 125 A 32A, Bl. 4r–v (Verteidigungsschrift Schmall, 1717).

407 HAStK-RBA Best. 30N A 798, Bl. 1 (Ratsregistratur, 1.12.1717).

408 So jedenfalls die Begründung des Verbots. HAStK-RBA Best. 30N A 798, Bl. 18r (Konzept Ratsedikt, 23.8.1775).

409 HAStK-RBA Best. 30N A 798, Bl. 3–4 (erneuertes Ratsedikt, 29.12.1758). Ebd., Bl. 10r ([Ratsedikt] 31.12.1761). Vgl. zum Schießen als Bestandteil der Festkultur auch JAQUET, Fencing, S. 115–118.

410 HAStK-RBA Best. 30N A 798, Bl. 14r (Ratsregistratur, 16.8.1762). Die folgenden Zitate ebd. Sogar Geistliche gaben ihrer Freude z. B. anlässlich einer erfolgreichen Wahl eines neuen Komturs von St. Johann und Cordula durch Schüsse Ausdruck, obgleich der Rat grundsätzlich meinte, dass Geistliche diesbezüglich eher mit gutem Vorbild zurückhaltend agieren sollten. HAStK-RBA Best. 40 A 100 (Resolution, 5.8.1763).

411 HAStK-RBA Best. 30N A 798, Bl. 16r (Ratsedikt, 2.8.1775).

jeder Art allemal – wie etwa 1648, als Freudenraketen des niederländischen Residenten in Köln ausgerechnet zur Feier des spanisch-niederländischen Friedens Schäden an den Häusern der Nachbarn verursachten.[412]

Exkurs: Explosionsgefahren

Die Einführung von Schusswaffen ab dem 15. Jahrhundert hatte die zwingende Folge, dass die zugehörige Munition in Köln gelagert und auch hergestellt werden musste. Größere Mengen von Explosivstoffen in einer dicht besiedelten Stadt brachten jedoch Gefahren mit sich, die mittelbar zu den Belastungen der Bevölkerung durch die militärische Nachbarschaft zu zählen sind. Eine Geschichte der Munitionsherstellung in Köln wäre noch zu schreiben und sicher eine reizvolle Untersuchung, weil es sich um eine gewinnträchtige Tätigkeit außerhalb der klassischen Handwerkerzünfte handelte. Hier mag es jedoch bei einigen Beispielen bleiben, weil das Thema zu weit ab vom Fokus der Arbeit führt.

Im Jahr 1610 und 1612 ließ der Rat in der Stadt jeweils 100 Zentner Salpeter zu Pulver verarbeiten.[413] 1630 ist eine größere Lieferung von Salpeter aus einem Turm an der Weyerstraße belegt, wo sich also ein Lager für diesen Rohstoff der Munitionsherstellung befand.[414] Das gebrauchsfertige Pulver wiederum wurde dezentral in den Tortürmen, speziellen Pulvertürmen an der Stadtmauer und in kleineren Mengen an den Orten der Wache vorgehalten.[415] In der Stadt waren jedenfalls beträchtliche Mengen an Explosivstoffen und Vorprodukten vorhanden, ohne dass man sich größere Sorgen um die damit verbundenen Gefahren machte. Es war daher nur eine Frage der Zeit, bis es zu einer Katastrophe kommen musste. Anfang Juni 1640 kam es hinter dem Stift St. Ursula zu einem Unfall in einer Pulvermühle, die „mit schaden und großer gefahr [...] zersprungen"[416], also wohl explodiert war. Das Stift wollte sich daher dafür einsetzen, dass die Einrichtung nicht wieder an derselben Stelle errichtet wurde. Der Rat ließ auf Bitten v. a. der benachbarten geistlichen Einrichtungen das Problem der „auß fahrleßigkeit zerschmetterten Pulver Mullen"[417] untersuchen. Der Eigentümerin, einer Witwe mit zahlreichen Kindern, wurde der innerstädtische Wiederaufbau in der Folge nicht gestattet.

---

412 HAStK-RBA Best. 10B A 95, Bl. 226r (Ratsprotokoll, 22.8.1648).
413 HAStK-RBA Best. 33 A 362, Bl. 292r (Ratsregistratur, 14.7.1610), HAStK-RBA Best. 10B A 63, Bl. 72v (Ratsprotokoll, 1.8.1612).
414 HAStK-RBA Best. 33 A 65, Bl. 33.
415 Akten zur Visitation dieser Vorräte mit genauen Mengenangaben in HAStK-RBA Best. 30N A 1039. Siehe auch HAStK-RBA Best. 30N A 1041 (Pulverbuch der Rentmeister, 1652–1668); HAStK-RBA Best. 30N A 855 (Tirmbuch, ca. 1730).
416 HAStK-RBA Best. 266 A 9B, Bl. 85r (Kapitular-Protokoll St. Ursula, 12.6.1640). Vgl. SCHANBACHER, Natur, S. 274
417 HAStK-RBA Best. 10B A 87, Bl. 184v (Ratsprotokoll 15.6.1640).

Sie wurde stattdessen auf einen Platz außerhalb der Stadtmauern verwiesen.[418] Damit war der mit einer innerstädtischen Produktionsstätte verbundene Gefahrenherd – wenigstens in diesem Fall – buchstäblich entschärft.

Abb. 15: Gerät zur Erprobung der Qualität von Pulver aus der Mittwochsrentkammer, 17. Jh. (Kölnisches Stadtmuseum, Inv.-Nr. 1996/509, Repro: HAStK-RBA rba_d035890, Sabrina Walz)

Munition musste dennoch im Rahmen der Verteidigungsvorbereitungen weiterhin in der Festung Köln gelagert werden. Aus den Jahren 1771 bis März 1774 liegt eine Übersicht vor, der zufolge allein in diesen Jahren für Salutabgaben mehr als 2.000 Pfund Pulver verschossen wurden, die von dem wesentlich größeren Vorrat in der Stadt ausgegeben wurden.[419] 1774 kam es dann zu einer Explosion von Kartätschen und Bomben im Pulver-

418   HAStK-RBA Best. 10B A 87, Bl. 210v (Ratsprotokoll 27.6.1640). Ob die „Pulvermachersche auff Eigelstein", die 1637 erwähnt wird, mit dieser Pulverproduktion im Zusammenhang stand oder ob es in der Gegend eine weitere Produktionsstätte gab, müsste ebenso wie die Frage noch untersucht werden, welche Rolle Frauen als Pulverproduzentinnen spielten. HAStK-RBA Best. 125 A 22, Bl. 125r ([Registratur] 29.5.1637). Aus den Jahren 1704 bis 1708 ist das Rechnungsbuch einer Sibilla Christina Kleins überliefert, das ihren Handel mit Salpeter, Pulver und Schwefel belegt. HAStK-RBA Best. 7950 A 118. LENERZ-DE WILDE, Zunft, S. 37, geht indes ohne Beleg davon aus, dass Büchsenmacher zusätzlich zu ihrem Gewerbe auch Pulver herstellten. Die einschlägige Zunftakte HAStK-RBA Best. 95 A 166 weist bei grober Durchsicht keine Belege für ihre These auf, was sie jedoch auch nicht widerlegt. Anzunehmen ist immerhin, dass die Büchsenmacher über (kleine) Pulvervorräte in ihren Werkstätten verfügten, um die Büchsen testen zu können.
419   HAStK-RBA Best. 33 A 266, Bl. 2062r (Übersicht Pulverausgabe, 1771–1774).

turm an der Eigelsteinpforte, wodurch an Dächern und Fenstern umliegender Häuser
Schäden entstanden. Die betroffenen Nachbarn führten die Katastrophe auf „fahrläßigkeit
deren aldorten in arbeit gewesen ohnvorsichtigen Leuthen"[420] zurück, die offenbar in
städtischem Auftrag tätig gewesen waren. Das führte zu der Forderung, die Mittwochsrentkammer solle mit städtischen Werkleuten oder städtischem Geld für die notwendigen
Reparaturen sorgen. Das Problem der Pulvertürme innerhalb der Stadtmauern ließ sich
jedoch vorerst nicht grundsätzlich lösen. Es blieb der erheblichen Auflockerung der
Festungsanlagen im Zuge der Erweiterungen des 19. Jahrhunderts vorbehalten, einen
Sicherheitsabstand zwischen Explosivstoffen und Bevölkerung zu schaffen.

---

420 HAStK-RBA Best. 33 A 106, Bl. 11r (Supplik von sechs Nachbarn am Eigelsteintor, 1774). Der Rat ver-
     wies die Supplik zur Entscheidung an die Mittwochsrentkammer, dürfte also das Anliegen für berech-
     tigt gehalten haben. HAStK-RBA Best. 10B A 221, Bl. 64r (Ratsprotokoll, 6.5.1774).

Fremde Armeen in Köln

Einquartierung verbündeter Truppen

Die ab der zweiten Hälfte des 17. Jahrhunderts zunehmend stehenden, das heißt auch im Frieden existierenden Armeen wurden allgemein nur nach und nach, teilweise bis zum Ende des Ancien Régime (und darüber hinaus) nicht in speziellen militärischen Unterkünften wie Kasernen, Baracken usw. untergebracht.[1] Stattdessen wurden ihnen häufig sowohl temporäre (z.B. bei einem Durchzug durch eine bestimmte Region) oder dauerhafte (nämlich an ihrem Garnisonsstandort) Quartiere in den Häusern der Zivilbevölkerung zugewiesen, die je nach den Umständen einen oder mehrere Männer bei sich aufzunehmen und mitzuverpflegen bzw. Zugang zur Küche zu gewähren hatte.[2] Je nach den konkreten Umständen konnten solche Einquartierungen kurzfristiger Natur sein, nämlich wenn eine Truppe auf dem Durchmarsch zu einem entfernten Kriegsschauplatz nur einige Tage rastete. Sie konnte aber auch auf Wochen und Monate angelegt sein, wenn es sich entweder um im Kriegsfall auf Dauer in Köln stationierte Regimenter handelte oder wenn sie, dem Brauch der Zeit entsprechend, ein Winterquartier in Köln bezogen. Das konnte durch die von den Soldaten zu beanspruchende Beheizung der Räume zu einem erheblichen Kostenfaktor werden.[3] Es liegt aber auch für eine sommerliche Einquartierung auf der Hand, dass diese militärisch-zivile Kontaktzone konfliktträchtig und potentiell besonders belastend war – die im streng katholischen Köln überdies potentiell durch konfessionelle Streitigkeiten überlagert werden konnte, wenn es sich um protestantische Truppen handelte.[4]

---

1 Vgl. beispielsweise für die Verhältnisse in München HUBER, Schutz, S. 171.
2 Bisweilen wurden auch die Zunft- bzw. Gaffelhäuser mit Einquartierungen belegt, wohl weil sie aufgrund ihrer Größe kurzfristig höhere Zahlen von Männern aufnehmen konnten, so z.B. 1790/92 Windeck 68 Mann, Eisenmarkt 41 Mann, Fischmenger 100 Mann, Himmelreich 50 Mann usw. Damit ließen sich v.a. kurzfristige Spitzen abfangen. HAStK-RBA Best. 70 A 1361A, Bl. 11r (Anlage zur Einquartierungsrechnung, 1790/92).
3 Vgl. PRÖVE, Soldat; GRÄF, Militarisierung, S. 93; LOOZ-CORSWAREM, Düsseldorf, S. 37 f.
4 Dieses Problem trat jedoch nur phasenweise ein und es ließe sich nur im Rahmen einer umfassenden Betrachtung des konfessionellen Gegeneinanders in der Stadt sowie der konfessionsbezogenen Außenbeziehungen Kölns analysieren. Seine nähere Untersuchung würde daher den Rahmen der hier verfolgten Fragestellung sprengen. Vgl. z.B. LEIBETSEDER, Umstrittener sozialer Raum, S. 189 f.; STEPHAN, Tinte, S. 160.

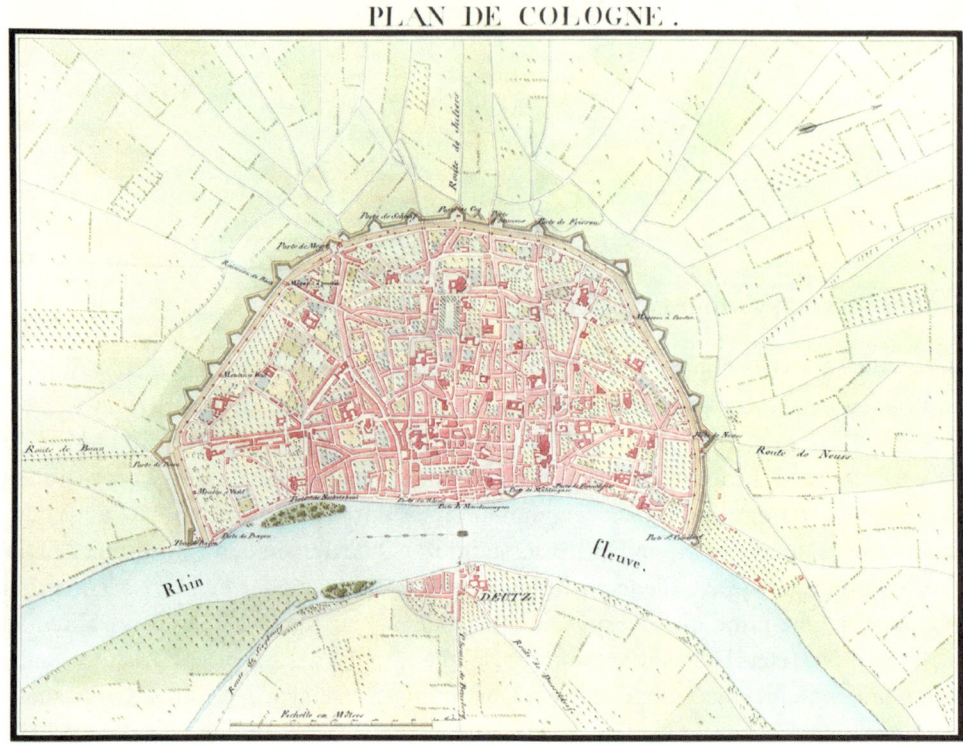

Abb. 16: Plan von Köln, 1790 (Kölnisches Stadtmuseum KSM 1964/33, Repro HAStK-RBA rba_c015972)

Bei der Einquartierung ging es je nach den jeweiligen Zeitumständen in unterschied-
lichem Ausmaß in Köln wie anderswo nicht nur um die Unterbringung der Soldaten
selbst, sondern auch um deren Frauen, Kinder, Diener[5] und sonstiges Gefolge sowie um
Tiere, insbesondere natürlich Pferde. Das Bild eines bunten, der Armee folgenden Tros-
ses ist zwar vornehmlich mit dem 17. Jahrhundert verbunden.[6] In der Praxis spielte die
Vermehrung der ungebetenen Gäste um zusätzliche Menschen und Tiere jedoch noch im
18. Jahrhundert eine nicht unbedeutende Rolle. Köln bekam das v. a. in Kriegszeiten zu
spüren, wenn fremde verbündete Truppen die Garnison verstärkten oder sich auf dem
Durchzug hier aufhielten – was sich u. a. während des Siebenjährigen Krieges zu einer
schweren Belastung auswuchs.[7] Die Frage, wie man denn mit der Mehrbelastung durch
die Aufnahme zusätzlicher Truppen in die Festung Köln umgehen sollte, spielte jedoch

---

5   Siehe etwa HAStK-RBA Best. 33 A 212, Bl. 175: Hier werden 1758 36 Dienstboten (und 51 Pferde) er-
    fasst, die allein von einer Bürgerfahne mit 33 französischen Offizieren, Unteroffizieren und Kommissa-
    ren unterzubringen waren.
6   Vgl. z. B. Kraus, Johannes, Tradition, S. 215; Kroener, „Die Soldaten", S. 289.
7   Vgl. Schwerhoff, Köln, S. 233–236. Köln war mit dieser Belastung allerdings nicht alleine, vgl. z. B.
    Schlöder, Bonn, S. 35 und S. 57.

in jedem Krieg eine Rolle. Die Einquartierung in Bürgerhäusern wurde zumeist über die Bürgerfahnen organisiert, bei denen die besten Informationen über die Möglichkeiten der Aufnahme und Verteilung der Soldaten vor Ort bestanden.[8] Vor einer breiten erzwungenen Einquartierung fremder Soldaten in den Bürgerhäusern schreckte der Rat zurück, solange es ging. Anfang 1673, als zum Schutz der Stadt im Holländischen Krieg Truppen aufgenommen wurden, setzte man beispielsweise zunächst auf bürgerschaftliche Solidarität. Die Bürgerhauptleute sollten in ihren Fahnenbezirken dafür werben, dass die Bürger doch freiwillig einen oder mehrere Soldaten aufnehmen und verpflegen sollten, weil es hier ja um die Sicherheit aller gehe.[9] Es lohnt sich, in den am 16. Januar 1673 beschlossenen Aufruf in dieser Sache zu schauen, denn er zeigt zumindest auf der Ebene des Diskurses, wie stark in der Not die zivile und die militärische Sphäre konvergieren konnten. Dieser ging von der unmittelbar drohenden Kriegsgefahr in „fast gantz Europa" aus – Köln war also von vornherein als Opfer einer nicht zu kontrollierenden allgemeinen Lage markiert. In dieser einer Naturkatastrophe vergleichbaren Situation ging es um „unß selbst, sambt unseren Weib und Kinderen, auch Haab und Guet", am Ende aber auch um die bürgerliche „freyheit", die man von den Vorfahren ererbt habe. Die öffentlichen Finanzen seien jedoch von „erschöpffung" geprägt, weshalb die Verteidigung der Freiheit gegen Unterwerfung (man denke hier mit: durch den alten Feind, den Erzbischof) nun eine Sache aller werde. Daher möge jeder, der könne „1–2–3–4 oder mehr"[10] Soldaten bei sich aufnehmen oder zu ihrer Verpflegung außerhalb seines Hauses mit Geld beitragen. Auch wenn es sauer aufstieß: Wer die Möglichkeit zu einem Beitrag hatte, dürfte in schwere Erklärungsnot geraten sein, wenn er sich dem Aufruf allzu deutlich entzog. Und auf der anderen Seite ist durchaus damit zu rechnen, dass die zwar theatralisch vorgetragene, aber in der Sache nicht ganz falsche Argumentation eine Grundstimmung verantwortungsbewusster Kölner traf, die also tatsächlich zu einem solidarischen Beitrag bereit waren. Denn dem Rat dürfte bewusst gewesen sein, dass er sich völliger Lächerlichkeit preisgegeben hätte, wenn der Aufruf nicht wenigstens zu einigen Erfolgen führte. Für das Thema der Einquartierung von Soldaten in Bürgerhäusern bedeutet dies, dass man nicht von vornherein davon ausgehen sollte, dass die Kölnerinnen und Kölner prinzipiellen Widerstand dagegen geleistet hätten. Solange es in geordneten Bahnen lief und die Lastenteilung als gerecht betrachtet werden konnte, dürften viele die Einquartierung als selbstverständlichen Teil ihrer Bürgerpflichten hingenommen und sich zumindest nicht aktiv völlig entzogen haben.

---

8 Siehe z. B. die Listen in Best. 33 A 6 und A 7 (Einquartierung kaiserlicher Truppen [1792–1794]). Eine Übersicht über die Einquartierungen in der Bürgerfahne unter Hauptmann Udesheim 1757 findet sich in HAStK-RBA Best. 33 A 312. Sie wäre eine detaillierte Auswertung wert, weil sie neben den Namen der Hauseigentümer auch knappe Angaben zu ihrer Profession (z. B. Gärtner, Brauer, Tagelöhner) bzw. ihrem Vermögen (z. B. „geringe leuth") und ihren Status (geistliches Haus, leerstehend) bietet.

9 HAStK-RBA Best. 10B A 120, Bl. 18v–20r (Ratsprotokoll, 11.1.1673).

10 Alle Zitate HAStK-RBA Best. 10B A 120, Bl. 29v–30v (Ratsprotokoll. 16.1.1673).

In Kriegszeiten ging es jedoch häufig um die zumindest auf Wochen und Monate angelegte Unterbringung von mehreren tausend Mann, so dass irgendwann selbst beim besten Willen die Grenzen der Freiwilligkeit erreicht wurden. Die Verteilung auf die Häuser der Bürger und Einwohner war dann ein heikler Vorgang, bei dem nicht nur Exemtionen und Immunitäten[11], sondern auch die Lebensverhältnisse und die wirtschaftliche Leistungskraft der Wirte zu berücksichtigen waren. Streitigkeiten aufgrund (subjektiv empfundener) Ungleichbehandlungen waren hier kaum zu vermeiden. Bürgermeister[12] und Rat verfolgten daher zumindest nach außen hin eine Linie einer gerechten Lastenverteilung, deren Grundsätze auch offen nachvollziehbar waren. Mit „Haltung möglichster parität ohne ahnsehung der persohnen"[13] sollten etwa 1701 die Listen möglicher Quartiere erstellt werden. Viel Mühe wurde daher bereits im Vorfeld in die Erhebung und Einschätzung potentieller Quartiere und Wirte investiert. 1748 wurden beispielsweise die Bürgerhauptleute auch als Kenner der lokalen Verhältnisse dazu aufgefordert, Übersichten über ihre Fahnenbezirke zu erstellen. Die einmal jährlich im Oktober zu aktualisierenden Listen sollten den Namen des aktuellen Hausbesitzers mitsamt seiner Profession, seinem Stand und der tatsächlichen Nutzung[14] des Hauses enthalten. Gesondert zu erfassen waren Stallungen, in denen Pferde untergebracht

---

11 Erst in den Revolutionskriegen wurden Klöster und Hospitäler offenbar vermehrt für die Unterbringung von kaiserlichen bzw. Reichstruppen sowie von Kriegsgefangenen genutzt, siehe HAStK-RBA Best. 33 A 273 (Abrechnungen, 1792–1793). V. a. die Kriegsgefangenen dürften das traditionelle System der Einquartierung gesprengt haben, wurden doch allein im Oktober 1793 6.500 Kriegsgefangene der Reichsarmee mit einer Bewachung von ca. 1.000 Mann und im Juli 1794 3.000 Franzosen in englischer Hand aus den Niederlanden angekündigt, die von 350 eigenen Soldaten begleitet wurden. Eine sichere dezentrale Unterbringung war daher schlicht nicht möglich. HAStK-RBA Best. 33 A 281, Bl. 2444r (Ausweis [von drei Kriegsgefangenentransporten], 1793); HAStK-RBA Best. 33 A 279, Bl. 2474r (Pro Memoria, 1794). Zugleich stellte sich übrigens ein weiteres Problem: das in Köln betriebene kaiserliche Feldhospital hatte keinen Platz mehr für die Beerdigung seiner Toten. HAStK-RBA Best. 33 A 280, Bl. 2467r (Spital an Stadt, 30.7.1794). Die Offiziere der Stadtsoldaten forderten Anfang 1794 eine Zulage, weil sie mit den Kriegsgefangenen und den Lazaretten einen erheblichen Mehraufwand gehabt hätten, HAStK-RBA Best. 30 C A 372 [unfol.] (Tagebuch eines Ratsherrn zum 5.1.1794). Insgesamt sprengten allein diese Probleme, die durch Einquartierungen und Durchmärsche von Reichstruppen noch verstärkt wurden, das traditionelle System der Einquartierung so sehr, dass sich Köln mehr noch als im Siebenjährigen Krieg als besetzte Stadt fühlen mochte. Vgl. auch PLASSMANN, Kriegsgefangene, S. 204 f. und S. 210 f.

12 Obgleich diese möglicherweise für sich selbst eine Ausnahme machten und eine Einquartierung in ihren Privathäusern zu umgehen wussten. Jedenfalls ist für das Haus des Bürgermeisters von Mulheim 1757 im Gegensatz zu seiner Nachbarschaft keine Einquartierung erfasst, obgleich er sicher nicht wie der Schuhmacher Hambloch in seiner Nähe in einem als „unbrauchbahr" klassifizierten Haus wohnte. HAStK-RBA Best. 33 A 312, Bl. 70r.

13 HAStK-RBA Best. 10 B A 148, Bl. 351r (Ratsprotokoll, 2.12.1701).

14 Bei einigen ergab die Untersuchung auch, dass sie „umgefallen", also unbewohnt und nicht mehr nutzbar, waren, Zitat HAStK-RBA Best. 33 A 287, Bl. 188r (Fahnenbezirk unter Hauptmann Reinerus Klespe [1748]).

werden konnten.[15] Bei den Unvermögenden sollten Möglichkeiten der Beherbergung von Soldaten geprüft werden, die dann aus der Stadtkasse zu versorgen waren. Die Listen orientierten sich also am Gleichheitsgrundsatz, an den lokalen und räumlichen Gegebenheiten sowie an der wirtschaftlichen Situation. Sie ermöglichten damit grundsätzlich eine differenzierte und weitgehend passgenaue Zuweisung von Soldaten und Pferden. Unnötigen Diskussionen im Vorfeld wollte man dennoch vorbeugen, indem diese Listen strikt Straße für Straße und Haus für Haus zu führen waren und eine „Classification"[16], also zum Beispiel eine Ordnung nach der Anzahl der einzulegenden Soldaten pro Haus, vermieden wurde. Denn diese Klassifikation bot wegen der in ihr angelegten Vergleichsmöglichkeit selbst dort Konfliktpotential, wo die Verpflichtung zur Übernahme von Quartierlasten grundsätzlich anerkannt war.[17] Das war jedoch ohnehin nicht überall der Fall. Fremde, die über Häuser in Köln verfügten, waren beispielsweise nicht unbedingt zur solidarischen Öffnung ihrer Besitzungen bereit. So waren kurkölnische Amtsträger im Siebenjährigen Krieg in Anbetracht der französischen Einquartierungen darüber besorgt, dass ihnen der Rat der Stadt ein übermäßiges Quantum zuschanzen oder ihnen eine Ersatzzahlung abverlangen werde.[18] Der Kurfürst trug keine Bedenken, sich kurzerhand an den französischen General de Torcy zu wenden, um über die Belastung seiner Bediensteten in „ma ville de Cologne"[19] zu verhandeln – was anzeigt, dass es hier nicht nur um die Einquartierung selbst, sondern auch ein weiteres Mal um den Versuch ging, die alte erzbischöfliche Stadtherrschaft symbolisch und mit französischer Rückendeckung wiederherzustellen. Es liegt auf der Hand, dass derartige politische Wei-

---

15 Kam zu viel Kavallerie in die Stadt, mussten Regelungen für deren Unterbringung entwickelt werden, die das zivile Wirtschaftsleben nicht erstickten. Im Sommer 1794 wurde deshalb angeordnet, Wirtshausstallungen nur zur Hälfte für militärische Zwecke zu nutzen. HAStK-RBA Best. 33 A 280, Bl. 2461r (Ratsregistratur, 14.7.1794). Ein Beispiel: Im Juli 1794 waren bei dem Brauermeister Beckers im Lämmchen neun Soldaten mit zehn Pferden einquartiert. HAStK-RBA Best. 30N A 739, Bl. 18r (Einquartierungsliste Bürgerhauptmann Goebbel, 1794).

16 HAStK-RBA Best. 14 A 2, Nr. 210 (Ratsedikt, 1.8.1748). Beispiele für solche Listen in HAStK-RBA Best. 33 A 3 und A 287 (wo gedruckte Formulare überliefert sind, die eine Einteilung der Bürger in sechs Klassen nach Leistungsfähigkeit ermöglicht hätten. Die meisten Bürgerhauptleute umgingen die damit verbundenen Probleme jedoch dadurch, dass sie diese Spalten nicht oder nur unvollständig nutzten). Ausgefüllt finden sich vergleichbare Formulare aus dem Jahr 1701 in HAStK-RBA Best. 33 430. Vgl. auch FINZSCH, Kölner Bürgerhauptmann, S. 8.

17 Sie hätten im Übrigen auch nach Ende einer Einquartierung als Argument für die Erhebung von (Sonder-)Steuern nach der wirtschaftlichen Leistungskraft dienen können – so, wie noch im 19. Jahrhundert die „Benutzung des Einquartierungs-Katasters" (nach THIELEN, Politische Partizipation, S. 285) ein bequemes Argument in Steuerdiskussionen darstellen konnte.

18 Sie wehrten sich daher dagegen, ihre in der Stadt Köln gelegenen Häuser für Einquartierungen auf Anweisung der Stadt Köln zu öffnen. Siehe etwa LAVNRW, Abt. Rheinland AA 0007, Nr. 4831. Fast selbstverständlich wehrte sich auch die Geistlichkeit dagegen wie beispielsweise ein Domvikar, der 1748 förmlich Protest erhob. HAStK-RBA Best. 70 A 1336, Bl. 103r.

19 LAVNRW, Abt. Rheinland AA 0007, Nr. 4831, Bl. 3r (Kurfürst an Torcy, 25.12.1759): Hier ging es konkret um das Haus des kurfürstlichen Rats Sierstorff. Zur Sache siehe auch ebd., Bl. 1–2.

terungen das organisatorische Geschäft vor Ort in den Fahnenbezirken nicht eben er-
leichterten.

Ein ständiges Thema war auch der Streit mit der Geistlichkeit über die Frage, ob
deren Immobilien auch Soldaten aufzunehmen hatten.[20] Sie konnten sich dem zwar
nicht immer[21], aber häufig unter Verweis auf ihre Immunität[22] entziehen. 1747 beschwerten sich die Kölner Kapuziner darüber, dass bei der letzten Einquartierung kaiserlicher
Truppen auch ein kleines Haus neben ihrem Kloster herangezogen worden war, in dem
ihre geistliche Mutter wohnte. Dieses Haus habe eine wichtige Funktion für die Allgemeinheit, weil hier Almosen eingenommen wurden, so dass sich die geistliche Immunität auch hierher erstrecken müsse.[23] Dergleichen Beschwerden von Klöstern und Stiften
lassen sich nicht exklusiv als selbstsüchtige Versuche ansehen, sich einer gerechten Lastenteilung zu entziehen. Vielmehr ging es auch darum, keine Präzedenzfälle zu schaffen,
welche die „geistliche freyheit"[24] grundsätzlich in Frage stellen konnten – wobei die
Stadt möglicherweise gerade das beabsichtigte, um später dann auch geistlichen Grundbesitz ganz allgemein ihrer Jurisdiktion oder Besteuerung zu unterwerfen. Das mag die
Schärfe der Konflikte erklären, die um an sich nachrangige Fragen wie die Einquartierung einiger französischer Soldaten in einem einzelnen zu St. Andreas gehörenden Haus
geführt wurden.[25]

Mit der Verteilung der Soldaten auf die Quartiere am grünen Tisch waren die Probleme indes noch keineswegs ausgeräumt. Da sowohl die Wirte, als auch die Gäste ein
Interesse daran haben konnten, unter der Hand für eine andere Verteilung zu sorgen,
konnte die Einquartierung in der Realität ganz anders aussehen und damit der obrigkeitlichen Kontrolle entgleiten. Sie musste daher während der gesamten Zeit administrativ
begleitet und kontrolliert werden. 1688, als zu Beginn des Neunjährigen Krieges niederrheinisch-westfälische Kreistruppen in größerer Zahl nach Köln kamen, hatten beispielsweise die Bürgerhauptleute die Zahl „würcklich [...] einlogirter Craißvölcker"[26] bzw. den
Umfang der Ablösung von Quartierlasten durch Zahlungen[27] in ihren Bezirken festzustellen. Letzteres war Anlass zu neuerlichen Streitigkeiten. Jedenfalls klagten einige Bürger darüber, dass die Bürgerhauptleute die Höhe der Quartiergelder nicht nach einem
einheitlichen Schlüssel, sondern willkürlich und individuell festlegten. Der Rat setzte

---

20 So etwa im Siebenjährigen Krieg wegen der Einquartierung französischer Truppen, HAStK-RBA
    Best. 290 A 74.
21 Vgl. Rosen, Ökonomie, S. 86 f.
22 Wofür sie auch auf Rückendeckung durch den Kölner Erzbischof rechnen konnten, siehe etwa LAVNRW,
    Abt. Rheinland AA 0007, Nr. 3786.
23 HAStK-RBA Best. 33 A 86, Bl. 121–122 (Supplik Kapuziner, 1747).
24 LAVNRW, Abt. Rheinland, AA 0007, Nr. 3786, Bl. 2v (Offizial an Kurfürst, 29.12.1757).
25 LAVNRW, Abt. Rheinland, AA 0007, Nr. 3786. Zu den Belastungen der Kölner Augustiner durch fran-
    zösische Truppen gibt es ein ganzes „Diarium" von 1758, dessen detaillierte Auswertung sicherlich loh-
    nend wäre. HAStK-RBA Best. 33 A 155.
26 HAStK-RBA Best. 14 A 29, Nr. 58 (Ratsedikt, 6.12.1688).
27 HAStK-RBA Best. 14 A 29, Nr. 59 (Ratsedikt, 24.1.1689).

deshalb schließlich eine Kommission ein, welche die Vorwürfe prüfen und einen einheitlichen Quartiergeldsatz festlegen sollte.[28]

Doch selbst, wenn die Verteilung der Männer zur Zufriedenheit aller gelöst war, blieben zahlreiche Reibungsflächen zwischen Quartiergebern und -nehmern, die den Alltag zu einer spannungsgeladenen und konfliktträchtigen Angelegenheit machen konnte. 1695 sah sich der Rat dazu genötigt, gegen übermäßiges Rauben, Plündern und Einbrechen in der Stadt vorzugehen. Als Schuldige hatte man offenbar die Soldaten des Niederrheinisch-Westfälischen Reichskreises ausgemacht, die damals die Kölner Festungsbesatzung verstärkten. Jedenfalls hatten deren Quartierwirte dem städtischen Oberst oder Oberstwachtmeister zu melden, ob die bei ihnen eingelegten Soldaten das Haus nach sieben oder acht Uhr abends verlassen hatten (womit sie dann unter dem Generalverdacht des nächtlichen Plünderns standen).[29] Als Frankreich im Siebenjährigen Krieg im Bündnis mit Kaiser und Reich gegen Preußen stand, wurde Köln auch zum Etappen- und Quartierort französischer Regimenter, die zwar verbündet waren, aber offensichtlich noch weniger Rücksicht auf ihren mindermächtigen Alliierten nahmen als im Jahrhundert zuvor kaiserliche und Reichstruppen.[30] Köln reagierte darauf mit einem „Verhaltens-Befehl zu Beobachtung guter Policey", der zugleich auch in französischer Sprache als „Ordre a observer pour la discipline & la police" publiziert wurde.[31] Die deutsche Fassung wurde vom Bürgermeister Mylius gezeichnet, die französische von einem französischen Leutnant mit Namen D'Estival. Allein diese äußere Form verweist auf das Problem: Der Bürgermeister war nicht alleiniger Herr im Haus, vielmehr war er auf die Gegenzeichnung durch einen französischen Offizier angewiesen, wenn der Befehl überhaupt eine Chance dazu haben sollte, von den französischen Soldaten befolgt zu werden (die hier zugleich mit den Stadtsoldaten direkt angesprochen werden). Und dieser Offizier war im Vergleich zum Selbstbewusstsein eines Kölner Bürgermeis-

---

28 HAStK-RBA Best. 14 A 29, Nr. 60 (Ratsedikt, 24.7.1690). Zu Quartiergeldern vgl. auch Looz-Corswarem, Finanzwesen, S. 162–164. Die Komplexität der Aufgabe der Berechnung und Einnahme der Quartiergelder wird u. a. im dazu geführten Rechnungsbuch von 1702 deutlich, das sowohl die Klassen der Zahler, als auch leere bzw. verlassene Quartiere etc. berücksichtigt. HAStK-RBA Best. 70 A 1334. Eine Quartiergeldquittung auf gedrucktem Formular aus dem Jahr 1690 ist überliefert in HAStK-RBA Best. 33 A 318, Bl. 769. Vgl. auch Stephan, Tinte, S. 386–388. Als Quartiergeld konnte im Übrigen auch der Ersatz für Kosten bezeichnet werden, die einem Wirt im Zuge einer Einquartierung entstanden waren. Siehe z. B. die Quittungen in HAStK-RBA Best. 30N A 742,

29 HAStK-RBA Best. 14 A 2, Nr. 129 (Ratsedikt, 12.12.1695).

30 Wobei auch diese nicht immer bereit waren, die örtliche Obrigkeit ernst zu nehmen. So verhafteten – was allerdings zeitlich und räumlich knapp neben dem Untersuchungsgegenstand dieser Arbeit liegt – Anfang 1795 kaiserliche Verpflegungsoffiziere zwei Juden im kurkölnischen Deutz. HAStK-RBA Best. 300 A 210 Bd. 2, Bl. 140r (Bericht über die Verhaftung, Januar 1795). Das Problem könnte ein grundsätzliches der Mindermächtigen gewesen sein.

31 HAStK-RBA Best. 14 A 2, Nr. 225 (Ratsedikt, 29.5.1758). Bereits im Spanischen Erbfolgekrieg hatte es ein vergleichbares Problem mit kaiserlichen Wachen in der Stadt gegeben, die auf eine Anrufung mit der stadtkölnischen Tages-Parole nicht reagierten (wohl auch als symbolische Kommunikation, sich nicht unterordnen zu wollen). Fortan mussten Wachmeister und Bürgeroffiziere die Kaiserlichen daher mit einem neutralen „Freundt" anrufen. HAStK-RBA Best. 33 A 428, Bl. 1210r (Ratsregistratur, 12.1.1714).

ters von erheblich niedrigerem Rang – die Franzosen drückten hiermit symbolisch aus, dass aus ihrer Sicht selbst der oberste reichsstädtische Amtsträger nicht mehr Gewicht auf die Waage brachte als der geringste Offiziersrang in ihrer Armee. Inhaltlich ging es bei dem Befehl um Maßnahmen zum Erhalt der Disziplin (die in der deutschen Fassung unter „Policey" subsummiert wird), allen voran die Beschränkung des Alkoholausschanks. Viel Aufwand wurde auch für den Fall von Streitigkeiten zwischen Franzosen und Kölner Soldaten oder Zivilisten betrieben. Der Umstand, dass beide Seiten einen eigenen Patrouillen- und Wachdienst betrieben und es daher nicht dulden wollten, dass die jeweils andere Seite ihre Männer verhaftete, erschwerte allerdings die praktische Umsetzung.[32] Und Handwerkern unter den französischen Fahnen wurde es verboten, für den Kölner Markt zu produzieren. Schon diese normative Quelle macht deutlich, mit welchen Schwierigkeiten im Alltag zu rechnen war: übermäßiger Alkoholkonsum, daran anschließend Streit oder sogar Gewalttaten sowie wirtschaftliche Konkurrenz zum heimischen Handwerk, und das mit einer Armee in der Stadt, die sich kaum von ihrem Gastgeber und Verbündeten kontrollieren ließ. Hinzu kam, wie ein weiteres Edikt zeigt, exzessives Karten- und Glücksspiel, das in Wein- und Bierwirtschaften sowie Kaffeehäusern beiden Seiten, namentlich französischen Offizieren, untersagt wurde – allerdings vom Stadtrat, der die Umsetzung des Verbots in erster Linie den Wirten überließ.[33]

Für die französischen Winterquartiere 1758/59, also für eine mehrmonatige Unterbringung, wurde zwischen der Stadt und dem französischen Kriegskommissariat ein Abkommen geschlossen, das ebenfalls auszugsweise in beiden Sprachen publiziert wurde. Hier wurde v. a. das alltägliche Zusammenleben in den Quartieren geregelt. Darunter eine Beschränkung des Holzverbrauchs, die Anmahnung der Einhaltung von Nachtruhe und das Verbot der Aufstallung von Pferden in Wohnhäusern (!). Insbesondere Offizieren wurde immer wieder eingeschärft, sich mit dem zugewiesenen Quartier zufriedenzugeben und nicht zu versuchen, ein besseres zu erhalten.[34] Auch diese Quelle lässt die vielfältigen Streitigkeiten in den Quartieren bereits auf normativer Ebene erahnen.

Doch auch ganz unabhängig von Gewalt, Kriminalität, Überforderung der Wirte und Betrug handelte es sich bei einer Einquartierung immer um eine erhebliche Belastung der Zivilbevölkerung. Zu der französischen Einquartierung während des Siebenjährigen Krieges in Köln sind umfangreiche und detaillierte Abrechnungen über die entstandenen Kosten überliefert, die entweder von der Stadt oder von den Quartierwirten gegenzufinanzieren waren.[35] Diese sollen hier nicht statistisch ausgewertet werden.

32 Was aber dennoch vorkam, etwa 1761, als Franzosen einen gewissen Adam Becker in Haft nahmen. HAStK-RBA Best. 33 A 182, Bl. 46–47 ([Bericht des Syndikats] 1761).

33 HAStK-RBA Best. 14 A 2, Nr. 226–1 (Ratsedikt, 21.4.1758). Übermäßiges Glücksspiel kaiserlicher Offiziere in Köln war noch 1793 ein schwer zu steuerndes Problem, siehe HAStK-RBA Best. 30N A 804, Bl. 3r (Ratsregistratur, 23.6.1793). Vgl. grundsätzlich NOWOSADTKO, Stehendes Heer, S. 155; HIRTZ, Kämpfen, S. 101–104.

34 HAStK-RBA Best. 14 A 2, Nr. 227 (Ratsedikt, 16.11.1758).

35 HAStK-RBA Best. 33 A 252 (Kosten der französischen Einquartierung, 1757–1762).

Denn zum einen ist mit bewusst oder unbewusst fehlerhaften Angaben zu rechnen, zum anderen lässt sich nicht erweisen, dass es sich hier tatsächlich um eine vollständige Abrechnung handelt. Über die auch durch kursorische Durchsicht zu gewinnende Erkenntnis hinaus, dass es sich um erhebliche Summen handelte, lässt sich also durch eine Statistik wenig gewinnen. Es lohnt sich aber, einige Posten exemplarisch in Augenschein zu nehmen, um dem Alltag der Einquartierung und der mit ihr verbundenen Lasten auf die Spur zu kommen.

Den Truppen waren durchaus im Einklang mit dem Kriegsrecht Brennholz bzw. Kohle und Kerzen oder Öl zu liefern, die jeweils große Posten ausmachten. Offiziers- und Generalsquartiere erscheinen dabei immer wieder als große Abnehmer von Kerzen, vermutlich wegen dort veranstalteter abendlicher und nächtlicher Gesellschaften. Hier fragt sich dann schon, ob die Grenze dessen, was das Kriegsrecht vorsah, überschritten wurde.[36] Das gilt für die Bedienung der Generalität ganz allgemein, denn ob die Stadt Köln etwa wirklich ernsthaft dazu verpflichtet gewesen wäre, einen Fuhrmann für die Lieferung von zwei Kannen Bier an General de Torcy zu entlohnen, ist schon sehr zweifelhaft.[37] Vollends außer Rahmen lief aber die Bezahlung eines Mannes, der den Hund des Generals Hauss „in den Garten geführt" hatte (er erhielt für jeden Gassigang 20 Stüber).[38] Überhaupt fallen zahlreiche Lieferungen von Bier und Wein (z. B. „200 burgunder boutteilien"[39]) ins Auge, die sicher nicht vollständig ein Teil der etatmäßig geschuldeten Verpflegung waren. Gegen übertriebene Zumutungen konnten sich die Kölner indes kaum wehren, so dass es letztlich offenbleiben kann, ob es sich um eine rechtmäßige oder unrechtmäßige Forderung der Franzosen gehandelt hatte. In eine Grauzone fallen hier ohnehin die Aufwendungen, für welche die Gäste zunächst eine Bezahlung angekündigt hatten, deren Begleichung am Ende aber unterblieb.[40]

Die Zuführung von Brennmaterial, Lebensmitteln, Bettwäsche usw. zu den Quartieren stellte grundsätzlich eine erhebliche und leicht zu übersehende Belastung dar. In einer Großstadt wie Köln standen nicht wie bei einer ländlichen Einquartierung Bauernfuhrwerke (in ausreichender Zahl) zur Verfügung, mit denen ein Transport rasch umzusetzen war. Aufgrund der hier fortgeschrittenen gewerblichen Arbeitsteilungen war dazu das differenzierte Gewerbe zu nutzen, das wiederum zu entlohnen war. Dabei gelang es nicht (oder es wurde gar nicht angestrebt), zur Kostendämpfung ein zentral organisiertes Fuhrwesen zu installieren. Vielmehr ist die Abrechnung gespickt mit Einzellieferungen auch in kleinem Maßstab, beispielsweise mit den beiden Kannen Bier für Torcy, für deren

---

36 Hohe Ansprüche von Offizieren und daraus resultierende hohe Kosten sind immer wieder ein Thema. Siehe z. B. HAStK-RBA Best. 33 A 69, Bl. 2–3: Hier handelt es sich um eine detaillierte Aufstellung der Kosten, die 1688 drei kaiserliche Offiziere mit drei Pferden sowie ihre Diener über mehrere Tage im Gasthaus Rosenkranz verursacht hatten.

37 HAStK-RBA Best. 33 A 252, Bl. 4v (Abrechnung, 9.5.1757).

38 HAStK-RBA Best. 33 A 252, Bl. 134r (Abrechnung, 10.9.1761).

39 HAStK-RBA Best. 33 A 252, Bl. 146r (Abrechnung, 29.3.1762).

40 Ausführlich erhob auch eine Frau von Schwerin 1763 Beschwerde über die Zumutungen durch die bei ihr im Quartier liegenden Offiziere. HAStK-RBA Best. 33 A 183.

Transport ein Fuhrmann vier Albus in Rechnung stellte. Oder es gingen acht Albus an eine Frau, die aus Quartieren verschmutztes Bettzeug zu den Wäscherinnen auf der Ehrenstraße getragen hatte.[41] Viele Lieferungen etwa von Holz und Kohle wurden aber mit Karren durchgeführt, die jeweils einzelne Häuser oder Straßen ansteuerten.

Das alles verursachte zwar Kosten. Die Vielzahl der zusätzlichen Esser und Trinker, die in kurzer Zeit in der Stadt mitzuversorgen waren, brachte aber auch einige Gewinnchancen für die entsprechenden Gewerbe mit sich. Ein Preisanstieg konnte jedenfalls die Folge eines verknappten Angebots sein.[42] Es würde allerdings wohl zu kurz greifen, die tatsächlich während des Siebenjährigen Krieges eingetretene Teuerung[43] allein auf diesen Effekt zurückzuführen, denn die allgemeine Beeinträchtigung der Wirtschaft durch einen Krieg, klimatische Konjunkturen, Spekulation bzw. Gewinnstreben Einzelner[44] und manches mehr trugen ihren Teil dazu bei. Verdienen konnten auch Fuhrleute und Träger sowie sonstige Tagelöhner sowie Wäscherinnen, aber auch die Kölner Stadtsoldaten, die vielfach eine besondere Entlohnung für ihre Mitwirkung an der Organisation der Einquartierung erhielten – so für das Beladen und Abladen von Karren mit Holz[45], für das Wegtragen (verschmutzter) Leinentücher[46] oder für das Führen von Franzosen in ihr Quartier.[47] All diese und weitere Handlangeraufgaben übernahmen aber auch vielfach Zivilisten, so dass eine gewisse Konkurrenzsituation mit den Stadtsoldaten entstanden sein könnte.

Manche Posten der Einquartierungsabrechnung bleiben mangels Hintergrundinformationen der Spekulation überlassen wie etwa die Aufwendung von fast 30 Albus für zwei Männer, die den großen Spiegel „von Benesis" (also aus dem Haus) auf den Platz (davor) getragen und später wieder aufgehangen hatten.[48] Es mag um eine Feier gegangen sein, genauso wie wenig später bei der Vergütung des Tragens von Leuchtern „auf Benesis".[49] Hier dürften wir es mit einem Offiziersquartier und entsprechend aufwändiger Freizeitgestaltung zu tun gehabt haben. Die Beauftragung eines Schreiners zur Reparatur zerbrochener Tische und Bänke in einem anderen Quartier dürfte hingegen eher mit rustikalen Formen der Freizeitgestaltung einfacher Soldaten zusammenhängen.[50] Überhaupt wurden immer wieder Reparaturen aller Art berechnet, oder es musste auch schon einmal das Wachhaus gereinigt und mit einem neuen Stuhl ausgestattet werden.[51]

---

41   HAStK-RBA Best. 33 A 252, Bl. 4v (Abrechnung, 5.5.1757).
42   Zu parallelen Vorgängen in Münster vgl. VEDDELER, Porträt, S. 144.
43   Vgl. EBELING, Bürgertum, S. 141 f.
44   Vgl. CARL, Okkupation, S. 166–171.
45   HAStK-RBA Best. 33 A 252, Bl. 4r (Abrechnung, 26.4.1757).
46   HAStK-RBA Best. 33 A 252, Bl. 3r (Abrechnung, 8.1.1758).
47   HAStK-RBA Best. 33 A 252, Bl. 2v (Abrechnung, 29.12.1757).
48   HAStK-RBA Best. 33 A 252, Bl. 2v (Abrechnung, 29.12.1757).
49   HAStK-RBA Best. 33 A 252, Bl. 2r (Abrechnung, 17.1.1758).
50   HAStK-RBA Best. 33 A 252, Bl. 16r (Abrechnung, 11.6.1758).
51   HAStK-RBA Best. 33 A 252, Bl. 44r (Abrechnung, 24.9.1758).

Neben der wirtschaftlichen Belastung durch die Einquartierungen spielten mehr oder minder alltägliche Konflikte immer wieder eine Rolle, die fast zwangsläufig entstehen mussten, wenn fremde Menschen in im Zweifel ohnehin schon dicht bewohnte Häuser aufgenommen werden mussten.[52] Das war etwa während eines mehrmonatigen Winterquartiers kaiserlicher Truppen 1747/48 der Fall. So zeigte sich 1748 Peter Joseph Scholtenius zwar darüber beruhigt, dass ihm finanzieller Ersatz für die Einquartierung zugesagt wurde, soweit sie im Vergleich zu anderen Bürgern und Einwohnern überproportional ausfiel. Das änderte aber nichts daran, dass der bei ihm untergebrachte kaiserliche Grenadier-Korporal unversehens seine Ehefrau mitsamt neugeborenem Sohn mitgebracht hatte. Da es Januar war, konzentrierte sich das gesamte Leben im Haus in der warmen Stube, wo die Schwiegermutter, die Ehefrau und vier eigene Kinder Zeugen von beständigem „Küßen und pullen"[53] der scheinbar wenig schambehafteten ungebetenen Gäste wurden. Diese verhielten sich offenbar auch sonst sehr rücksichtslos, breiteten sich im Haus aus und stellten wohl auch ein hygienisches Problem dar (das sich in Hautschuppen äußerte, die sich der Korporal ständig vom Kopf gekratzt haben soll). Auch führte er wohl eine mehr als rustikale Sprache, indem er häufig „säwigkeiten" von sich gab, die Scholtenius sich nicht getraute zu Papier zu bringen. Nun mag an dieser Klage manches übertrieben gewesen sein, weil es Scholtenius letztlich um finanziellen Ausgleich ging. In der Tendenz ist es jedoch glaubhaft, dass sich eine Einquartierung zu einer unangenehmen Belastung auswachsen konnte.

Noch schlimmer konnte es allerdings in Wirts- und Brauhäusern zugehen. 1762 eskalierte eine Auseinandersetzung zwischen dem Brauer Werner und einem einquartierten französischen Korporal, als dieser seine Nachbarn und jener seine in der Nähe liegenden Kameraden zu Hilfe rief.[54] 1747 seien, so Theodorus Heiligers, zusätzlich zu den ohnehin bei ihm einquartierten Soldaten etwa 150 weitere „selbstmächtig" in sein Brauhaus „zum Spadel" gekommen. Die Folgen waren „Verunreinigung des gantzen Hauses, undt sogar der Braupfannen"[55]. Zusätzlich wurden Holz und Kohlen bzw. Beleuchtung auf seine Kosten verfeuert, Pfeffer und Salz verbraucht und ganze Kornsäcke gestohlen. Als nach dem Einmarsch der Franzosen 1794 Inventar und Vermögen der Sarwörter-Zunft erhoben wurden, weil sie sich in finanzieller Schieflage befand, beinhaltete das auch „einige alte Gemälde", die jedoch teilweise durch zuvor einquartiertes „Militär [...] verdorben worden sind"[56]. Während eine französische Feldbäckerei 1758 bei der nachmaligen Witwe Cosmans einquartiert war, wurde ihr Backhaus nach ihren Angaben wegen der Unvorsichtig-

52 Vgl. Kroll, Soldaten, S. 290–298.
53 HAStK-RBA Best. 33 A 87, Bl. 3r (Supplik Scholtenius, 1748). Das folgende Zitat ebd., Bl. 4r.
54 HAStK-RBA Best. 33 A 182, Bl. 32–40.
55 Alle Zitate HAStK-RBA Best. 33 A 87, Bl. 32–33 (Supplik Heiligers, 1748).
56 HAStK-RBA Best. 1161 A 77, Bl. 7r (Vermögensstand der Sarwörter-Zunft [1795]). Dass im Siebenjährigen Krieg auch der preußische Stadthof in Köln von einquartierten Franzosen beschädigt worden war, vermag kaum zu verwundern. Vgl. Leibetseder, Umstrittener sozialer Raum, S. 199.

keit ihrer Gäste ein „raub der flammen"[57]. Das war zwar vielleicht ein reiner Unfall, vielleicht aber auch auf mangelnde Vorsicht mit fremdem Eigentum zurückzuführen. In jedem Fall zeigte auch dieser Brand, dass Einquartierungen nicht nur mit Belastungen, sondern auch mit mehr oder minder großen Schäden verbunden sein konnten.

Kein Wunder also, dass viele sich ähnlich wie beim Wachgeld mit einer Zahlung in eine zentrale Einquartierungskasse der physischen Einquartierung entziehen wollten – und auch kein Wunder, dass es über Höhe und Berechnungsweg dieses Quartiergeldes zu ähnlichen Auseinandersetzungen wie beim Wachgeld kam.[58] Und nicht jeder, der sich eine Zahlung hätte leisten können, wurde aus quellenmäßig im Einzelnen kaum nachvollziehbaren Gründen wirklich verschont. So ein Doktor J. G. de Monte, der 1748 eindringlich darüber klagte. Statt seiner angebotenen Zahlung sei ihm von der Einquartierungskommission der Generalmajor Freiherr von Elverfelt mit Ehefrau und Personal zugewiesen worden. Dessen Aufnahme habe er aber verweigert, weil er den „ruin" seines offenbar kürzlich neu gebauten Hauses mit Mobiliar befürchtet habe und außerdem mit Frau und Kindern temporär hätte ausziehen müssen. Seine Weigerung stieß aber auf wenig Gegenliebe, denn mit dem Generalmajor seien ihm nun noch fünf Grenadiere ins Haus gesetzt worden, für die mit einer Vorwarnzeit von nur einer Stunde mehrere gute Zimmer sowie die Küche, eine Gartenlaube und der Keller von wertvollem Mobiliar zu räumen gewesen seien. Das scheint aber im Streit mit der Einquartierungskommission geschehen zu sein, denn die forderte, für nicht näher spezifizierte „öffentliche assemblée[s]" (vermutlich: gesellige Zusammenkünfte) wohl von Offizieren zweimal pro Woche u. a. Stühle, Spieltische und Silberleuchter, also echte Wertgegenstände, bereitzustellen. Insgesamt bezifferte er den Schaden inklusive des Verbrauchs von Heizmaterial (sein Wintervorrat an Steinkohle sei schon am Dreikönigstag am Ende gewesen) auf 100 Gulden. Der Rat hörte die diesbezügliche Ersatzforderung zwar an, verwies die Sache aber an die Einquartierungskommission weiter, die sich gütlich mit de Monte einigen solle. Vermutlich konnte er also Ersatz für einen Teil der Schäden erhalten.[59]

Offizierseinquartierungen scheinen allgemein eine höhere Belastung gebracht zu haben, weil diese Gäste mit steigendem Rang auch steigende Ansprüche hatten.[60] Im Altenberger Hof (also dem Stadthaus des Klosters Altenberg) wurde damals entgegen der hergebrachten Befreiung dieser geistlichen Immobilie von derlei Lasten der kaiserliche Oberst Baron von Mallowitz mitsamt „Domestiquen, und pferdt [...] Maulthieren, rüstwagen"[61] sowie einigen Grenadieren untergebracht. Die Beschwerden des Abts blie-

---

57 Die Abrechnung des Schadens war noch 1777 Thema, HAStK-RBA Best. 33 A 107, Bl. 143r (Supplik Witwe Cosmans, 1777). 1758 war auch ein Teil der Backkapazitäten der Kölner Bäcker für den Kommissbrotbedarf der französischen Armee herangezogen worden. HAStK-RBA X-Best. 6100 A 533 (Supplik des Backamts, 1759).

58 Siehe z. B. HAStK-RBA Best. 33 A 87, Bl. 38–43 (Supplik Fürth, 1748).

59 Siehe mit allen Zitaten und Abschrift des Ratsbeschlusses HAStK-RBA Best. 33 A 87, Bl. 44–45 (Supplik de Monte, 1748).

60 Vgl. auch Kraus, Johannes, Tradition, S. 216.

61 HAStK-RBA Best. 33 A 87, Bl. 54–59 (Supplik Altenberger Hof, 1748).

ben dabei ungehört (die sich anscheinend auch dagegen richteten, dass sich unter dem Personal des Obristen Frauen befanden). Es ist also von einer ähnlich hohen Belastung wie im Fall des Generalmajors auszugehen. Den Altenbergern ging es nun aber vor allem darum, dass aus dieser Einquartierung kein Präjudiz für die Zukunft wurde, weshalb sie auf eine als freiwillig deklarierte Zahlung des gesamten Klerus hinwiesen, die die Quartierbefreiung eigentlich hätte sicherstellen sollen.

Theodor Reitz beklagte sich ebenfalls 1748 über eine siebenmonatige Einquartierung eines Husarenhauptmanns mitsamt Leutnant, Ehefrau, Knechten, Magd und Kindern. Diese bereiteten sich nun auf die Abreise vor, ohne dass geklärt war, wie Reitz zu seinen Kostenerstattungen kam – und schlimmer noch: Die ungebetenen Gäste verweigerten ohne „geringsten respect [...] tädlich" eine Zahlung, obgleich dies „gegen die honeur Ehrlicher officiers"[62] verstoße. Es ist anzunehmen, dass Reitz den Hauptmann nicht direkt mit diesem letzten Vorwurf konfrontierte, der ihm seine Offiziersehre absprach.

Auch der Hauptmann Baron von Horrich hatte sein Quartier mit Frau, Kindern, Mägden und Knechten bezogen. Sein Wirt, der Kaufmann Joseph Engelbert Mehsen, hatte sich eigenen Angaben zufolge unmittelbar bei Zuweisung dieses Gastes sowohl beim Kriegskommissariat als auch in seiner Bürgerfahne über diese „schwehre undt außerordentliche einquardierung"[63] beschwert – die es im Vergleich zur bloßen Aufnahme einiger Mannschaftsdienstgrade wohl auch war. Darauf sei ihm ein finanzieller Ausgleich in Aussicht gestellt worden, auf die er aber im Sommer 1748 noch warten musste.

Doch nicht allein die Einquartierung von Offizieren konnte zu einer aus dem Ruder laufenden Belastung werden: Bei der Witwe Richter war – nach ihren Angaben – 1761 ein Regimentsschuhmacher mit Ehefrau und drei Kindern einquartiert worden. Das war insofern misslich, als er täglich von bis zu 24 anderen Soldaten aufgesucht wurde, die ihre Schuhe reparieren lassen wollten. Als er nach ein paar Wochen in ein anderes Quartier verlegt wurde, wurde er durch einen Soldaten mit Ehefrau und zwei Kindern ersetzt, wobei sich die Ehefrau als Wäscherin für das Regiment betätigte. Sie nutzte zum Kochen der Wäsche den Kamin „in meiner Schlafkammer"[64], was so sicherlich nicht vom Einquartierungsrecht gedeckt war.

Ausufernde Feiern konnten genauso wie das gedrängte Zusammenleben in kleinen Häusern zur erzwungenen wie gewollten Sexualkontakten führen, die allerdings in den Quellen oft nicht deutlich zu fassen sind – vermutlich, weil sie schamhaft verschwiegen wurden, wenn es sich vermeiden ließ. Daher ist zu ihrem Umfang wenig zu sagen. Dafür, dass es sie aber gegeben hat, gibt es ausreichend Indizien. Das Taufbuch von St. Alban verzeichnet im Dezember 1762 die Taufe eines Mädchens, dessen Eltern offenbar aus Frankreich stammten (nämlich „Joseph Serre de Grace en Provence" und „Jacoba Ber-

---

62 Beide Zitate HAStK-RBA Best. 33 A 87, Bl. 60r (Supplik Reitz, 1748).

63 HAStK-RBA Best. 33 A 87, Bl. 68r (Supplik Mehsen, 1748).

64 HAStK-RBA Best. 70 A 1336, Bl. 208r (Pro Memoria Witwe Richter, 1761). Ein Soldat mit Frau und drei Kindern wurde beispielsweise auch 1714 bei dem Juraprofessor Engelbert de Monte einquartiert. HAStK-RBA Best. 150 A 5, Bl. 9r (Übersicht über Einquartierungen bei de Monte, 1715).

nabé de Narbonne en Languedoc"). Es liegt nahe, bei diesem Paar einen Zusammenhang mit der französischen Einquartierung zu vermuten, obgleich kein militärischer
Rang genannt wird, es sich also eher um Zivilisten im Gefolge der Armee gehandelt
haben dürfte.[65] Hier hatte die Frau offenbar nur zufällig in Köln entbunden, so dass die
Geburt kein ernsthaftes Problem darstellte. Nur wenig später wurde indes ein unehelich
geborener Junge getauft, dessen Mutter angab, der Vater sei ein französischer Soldat, der
sein Eheversprechen nicht gehalten habe.[66] In dieser Pfarrei war dies aber die einzige
uneheliche Geburt, die 1763/64 verzeichnet wurde, so dass die Schwängerung durch
französische Soldaten wenigstens hier kein Massenphänomen war. Der Befund bestätigt
sich bei der Durchsicht des Taufbuchs von St. Peter zum selben Zeitraum. Mit Noel
Jullien könnte hier ein Franzose als Vater angegeben sein, jedoch wird er nicht als Soldat bezeichnet und die Geburt einer Tochter war auch nicht unehelich.[67] Ein Francois
le Pilleur wurde jedoch als Vater eines unehelich geborenen Sohnes eingetragen.[68] Wenig
später vermeldet ein allerdings starken Korrekturen unterworfener Eintrag die Taufe
eines unehelichen Kindes eines französischen Soldaten, das aufgrund eines Eheverspre-
chens gezeugt worden sei.[69] Insgesamt lässt sich wohl festhalten, dass es im Zuge der
Anwesenheit fremder Truppen zu Schwangerschaften[70] kam, wobei die Konstellationen,
unter denen das geschah, nur schwer aufzuhellen sind. Das (gebrochene) Eheversprechen scheint dabei jedenfalls eine Rolle gespielt zu haben[71], ist aber nicht automatisch
vorauszusetzen. 1796 meldete sich eine Französin in Köln. Sie war Tochter eines französischen Soldaten, der im Siebenjährigen Krieg in der Pfarrei St. Lupus einquartiert
gewesen war, und einer Kölner Frau, die er offenbar nach Kriegsende als seine Ehefrau
mit nach Frankreich genommen hatte. Nun ging es um eine Erbschaft aus der Verwandtschaft der Mutter, weshalb die Behauptungen urkundlich belegt wurden.[72]

1748 hatte ein einquartierter Grenadier der Christina Rosina Flendtgens genannt
Schwiekammer die Ehe versprochen, was auf ein einvernehmliches und vielleicht auch
allzu enges Verhältnis hindeutet. Jedoch verweigerte ihm sein General den notwendigen
Ehekonsens. Vielleicht hatte er die Ehe nur versprochen, weil er damit bereits gerechnet
hatte, vielleicht war er selbst überrascht – wir werden es nicht mehr in Erfahrung brin-

65 HAEK Kirchenbücher KBN00002, S. 10 (Taufe, 16.12.1762).
66 HAEK Kirchenbücher KBN00002, S. 12 (Taufe, 26.2.1762).
67 HAEK Kirchenbücher KB00272, S. 10 (Taufe, 20.4.1760).
68 HAEK Kirchenbücher KB00272, S. 28 (Taufe, 17.12.1760).
69 HAEK Kirchenbücher KB00272, S. 32 (Taufe, 26.1.1761)
70 Wegen der engen Einbindung der Kölner Stadtsoldaten in die Stadtgesellschaft dürften entgegen der An-
    nahme der allgemeinen Forschung (die Soldatenfrauen zu den typischen Müttern von Findlingskindern
    zählt) in Köln das uneheliche Kind eher fremden Soldaten zuzuordnen sein. Vgl. FIEGENBAUM, „… ist
    ein erst gebohrnes Kind", S. 98.
71 Eine systematische Auswertung der überlieferten Kirchenbücher im Hinblick auf die Kölner Militär-
    bevölkerung wäre sicherlich ein lohnendes Unterfangen. Bei einem mit „Courcy" unterschriebenen Brief
    aus dem Feldlager von Minden aus dem Jahr 1759 könnte es sich um so etwas wie einen Liebesbrief eines
    Franzosen an eine Kölnerin handeln. HAStK-RBA Best. 33 A 443.
72 HAStK-RBA Best. 350 A 211A (Anfrage der Francoise Raffanel, 1796).

gen. Der Grenadier desertierte jedenfalls und verließ damit sowohl sein Regiment als auch seine Verlobte. Der wurde offenbar Beihilfe zur Fahnenflucht unterstellt, weshalb sie mit einer anderen jungen Frau verhaftet und in Arrest gelegt wurde.[73]

Die Schuld für Auseinandersetzungen zwischen Quartierwirten und Soldaten darf indes nicht automatisch Letzteren zugewiesen werden. Nicht umsonst verfügte die Stadt 1760, die Bürger sollten „gegen die einquartirte Soldaten sich manierlich betragen"[74]. Dass die Kölnerinnen und Kölner nicht völlig wehrlos gegenüber fremden Soldaten waren, zeigt ein Fall aus dem Jahr 1702. Caecilia Lutzenkirchen, Witwe Blatzheim, meinte damals, zu Unrecht mit der Einquartierung eines Soldaten belastet worden zu sein. Daher verwehrte sie dem Mann gewaltsam den Zutritt zu ihrem Haus, wobei sie ihm anscheinend stark blutenden Wunden am Arm und am Kopf beibrachte. Auf der Straße sollen dann noch ihre Söhne auf den Mann eingeschlagen haben.[75] Das war sicherlich eine große Ausnahme. Der alltägliche Versuch aber, an den Quartiernehmern zu sparen und ihnen ihre ihnen zustehenden Leistungen zu verweigern bzw. sie zu verringern, dürfte häufig vorgekommen sein, wenn es die Machtverhältnisse erlaubten. Da dies allerdings selten genug der Fall war, dürfte unter dem Strich die Einquartierung als vielfältige finanzielle Belastung, aber darüber hinaus auch als Zumutung und schwerwiegender – wenn auch temporärer – Eingriff in die Lebensverhältnisse der Wirtinnen und Wirte bis hin zur gewaltsamen Behandlung und Erniedrigung zu interpretieren sein.[76]

Die kaiserliche Einquartierung im Winter 1762/63

Das lässt sich beispielhaft anhand einer besonders gut dokumentierten Einquartierung belegen. Im Winter 1762/63 wurden verschiedene verbündete kaiserliche und französische Truppen in Köln einquartiert bzw. rekrutiert und übergangsweise hier untergebracht[77], u. a. ungarische Husaren, also letztlich kaiserlicher Truppen, jedoch solche, die nicht aus einem Reichsgebiet stammten. Die Frage, ob bzw. in welchem Umfang Köln dazu verpflichtet war, diesen Soldaten und ihren Pferden[78] ein kostenfreies Quartier einzuräumen, führte zu ausführlichen Diskussionen. Nachdem Offiziere zunächst davon geredet hatten, die Wirte bezahlen zu wollen, wurde später wenigstens von einigen eine

---

73 HAStK-RBA Best. 33 A 87, Bl. 15–16 (Supplik Schütz, 1748).
74 HAStK-RBA Best. 33 A 2, Nr. 240 (Ratsedikt, 20.10.1760). Zum berechtigten Interesse von Soldaten an „guten" Quartieren vgl. Hirtz, Kämpfen, S. 97–100.
75 HAStK-RBA Best. 125 A 28, Bl. 102–109 (Untersuchung des Falls, 1702).
76 Vgl. auch Lau, Unruhige Städte, S. 112.
77 HAStK-RBA Best. 33 A 142, Bl. 453–454 (Köln an Graf [Johann Karl Philipp] Cobenzl, [Staatsminister in den Österreichischen Niederlanden], 1.9.1763).
78 Pferde bzw. Kavallerieeinheiten stellten wegen des hohen Bedarfs an Futtermitteln eine besondere Belastung dar, welche die Einquartierung grundsätzlich erschwerte. Siehe auch die Verhandlungen, die 1704 um die Einquartierung lippischer Kavallerie in Köln geführt wurden, in LAVNRW, Abt. Ostwestfalen-Lippe, L 40, Nr. 99 (unfoliiert).

kostenfreie Unterbringung gefordert, wobei auch darauf hingewiesen wurde, dass die ebenfalls reichsfremden französischen Hilfstruppen eine solche erhalten hätten. Wie auch immer – die ausführlichen Debatten über diese Frage müssen hier nicht weiter nachvollzogen werden.[79] Das ist insofern müßig, als es sich am Ende weniger um eine juristische Frage als eine von Macht und Politik handelte. Und der Praxis: Bevor man Schadensersatzansprüche geltend machen konnte, waren viele der Husarenoffiziere entlassen worden, so dass nicht einmal die kaiserliche Militärverwaltung mehr Zugriff auf sie hatte.[80] Mit den Husaren, weiteren kaiserlichen Truppen sowie ihren Familien, ihrem zivilen Gefolge und ihren Tieren mussten die Kölnerinnen und Kölner in diesem Winter so oder so leben. Allein an Husaren wurden dabei am Ende von Dezember 1762 bis März 1763 1.536 Personen- und 1.736 Pferdetage gezählt, die auf ein einziges Wirtshaus entfallen waren (und zwar jeweils fünf bis 53 Männer sowie sechs bis 44 Pferde gleichzeitig).[81] In der Fahne des Hauptmanns Blumenberg wurden 1763 insgesamt 100 verschiedene Husaren an 1.935 Manntagen untergebracht – der Einzelne blieb also im Durchschnitt 19,35 Tage im Quartier.[82]

Hierbei handelte es sich weder um die erste noch um die letzte Einquartierung fremder Truppen in größerem Stil. Für ihre praktischen Auswirkungen auf die Wirte ist jedoch eine außergewöhnlich gute Quellenlage festzustellen, weshalb ein näherer Blick lohnt. Denn 1763 ließ der Rat alle Beschwerden und Probleme, die sich durch diese aktuelle Einquartierung ergeben hatten, durch die Notare Henricus Ferdinandus Orban und Franciscus Adams zusammenstellen. Sie gingen von Haus zu Haus, befragten die Bewohner (soweit sie sie antrafen) und protokollierten ihre Aussagen – die folglich nicht unbedingt deren eigene Wortwahl wiedergeben, sondern bisweilen den Eindruck standardisierter Formulierungen machen. Auch wenn die daraus entstandene Akte sicher kein vollständiges Bild ergibt und manche Begebenheit aus Sicht der Soldaten sicherlich anders erzählt worden wäre[83], bietet sie doch ein breites Panorama der Bandbreite der Erfahrungen und v. a. Probleme, die für die Einwohner Kölns mit der Einquartierung fremden Militärs verbunden gewesen waren.[84]

---

79   HAStK-RBA Best. 33 A 142, Bl. 436–442 (Facti Species, nach 18.3.1763).

80   HAStK-RBA Best. 33 A 142, Bl. 443r (Pro Memoria, 1763).

81   HAStK-RBA Best. 33 A 142 Bl. 447–449 (Abrechnung Wirt Henricus Weisheim, nach März 1763).

82   HAStK-RBA Best. 33 A 261, Bl. 420 (Aufstellung Hauptmann Blumenberg [1763]). Weitere Listen aus anderen Fahnenbezirken mit ähnlichem Befund ebd.

83   Dass Probleme der Einquartierung aus Quellen militärischer Provenienz anders beschrieben werden können als aus zivilen, zeigt z. B. RISCHKE-NESS, Subjektivierungen, S. 214–223.

84   HAStK-RBA Best. 33 A 141. Die Akte ist ein Protokoll der Befragung von Haus zu Haus. Die Nummerierung der Befragten ist nicht einheitlich gehandhabt. Sie umfasst jedoch 400 bis 500 Positionen, ist also nicht vollständig, bietet aber ein umfassendes Bild. Aufgrund der besseren Lesbarkeit wird darauf verzichtet, alle Angaben im Konjunktiv wiederzugeben. Dass es sich um subjektive und vermutlich teils selektive Darstellungen handelt, die zudem durch die Protokollierung durch einen Notar verfälscht sein können, sollte bei der Lektüre im Hinterkopf behalten werden.

In der Regel wurden ein bis zwei Männer in ein Haus gelegt. Nur in wenigen Fällen ist von einem größeren Trupp die Rede, wobei dann auch ein entsprechend größerer Haushalt betroffen war. Die Soldaten blieben selten länger als einigen Wochen im selben Quartier, so dass es die Wirte im Verlauf des Winters mit unterschiedlichen Konstellationen zu tun hatten.[85] Die Einquartierten waren jeweils mit einem Grundbestand an Lebensmitteln und Heizung auf Kosten der Wirte zu versorgen, boten allerdings teilweise für darüber hinausgehende Zuwendungen auch Bezahlung an. Diese wird nur dort erwähnt, wo diese am Ende ausblieb. Inwieweit in den übrigen Fällen sogar die Möglichkeit bestand, ein Geschäft mit den Männern zu machen, ist daher quellenmäßig nicht nachvollziehbar. Unter dem Strich dürfte jedoch in jedem Fall die Belastung der Wirte überwogen haben.

Immer wieder wird berichtet, dass die Wirte „umb friede zu haben alles thuen, was sie [die Soldaten] begehrten"[86], wobei es sich dann offenbar häufig um überzogene Forderungen nach Lebensmitteln, Bedienung, Heizung und Raum innerhalb des Hauses handelte. Engelbert Schmitz hatte es mit zwei Grenadieren zu tun, die jeden Abend ausgingen und erst um 22 oder 23 Uhr ins Haus kamen, dann aber unter Lärmen und Fluchen noch Bedienung[87] verlangten, und zwar neben einem Feuer zum Kochen auch nach „Cafeé thée"[88] in der warmen Stube. Eine diesbezügliche Beschwerde beim Unteroffizier hatte nichts erbracht. In einem anderen Fall hatte ein Soldat die Ehefrau des Wirts „von ihrem Stuhl weggerißen"[89] und den Platz für sich beansprucht, jedoch wird ausdrücklich vermerkt, dass dies der einzige Klagepunkt sei. Auch die Witwe Luckerhusen wollte über ihre Gäste keine Beschwerde führen, wies aber darauf hin, dass ihr das tägliche Kochen für zwei Soldaten zusätzlich zu ihren vier Kindern schwerfalle.[90] Überhaupt wird mehrfach erwähnt, dass die Soldaten „die gantze Kost"[91] beansprucht hätten, also eine als übermäßig wahrgenommene Versorgung mit Lebensmitteln. Damit

---

85 Warum die kaiserliche Armee nicht für mehr Kontinuität bei der Unterbringung ihrer Männer sorgte, kann an dieser Stelle nicht geklärt werden.

86 So als ein Beispiel für viele: HAStK-RBA Best. 33 A 141, Bl. 192r (Nr. 110). Vgl. auch Kraus, Johannes, Tradition, S. 273.

87 Teilweise wurde auch das für die Bürger als tendenziell entehrend wahrgenommene Ausziehen der Soldatenstiefel erzwungen, so bei Stephan Schnell, der vor Soldaten „auf die Füß fallen und die stiefel habe ausziehen müssen". HAStK-RBA Best. 33 A 141, Bl. 249r (Nr. 913).

88 HAStK-RBA Best. 33 A 141, Bl. 184v (Nr. 27). Die Forderung nach Kaffee stellten auch zwei Husaren bei Joannes Noethen, ebd., Bl. 187r (Nr. 57), und Johan Mosbach, ebd., Bl. 190r (Nr. 106), sowie ein Wachtmeister bei Paulus Hüser (neben einem Federbett), ebd., Bl. 195r (Nr. 117). Siehe auch ebd., Bl. 216v (Nr. 188); Bl. 207r (Nr. 132); ebd., Bl. 238v (Nr. 847); ebd., Bl. 207v (Nr. 133): In diesem Fall hätten schließlich die Hunde der Husaren den Kaffee getrunken, den diese vorher lautstark verlangt hatten. Siehe auch ebd., Bl. 243r-v (Nr. 875). Die Heißgetränke Kaffee und Tee scheinen insgesamt im 18. Jahrhundert einen Teil des üblichen Alkoholkonsums abgelöst zu haben. Vgl. Linde, Leibregiment, S. 317; Schanbacher, Natur, S. 60.

89 HAStK-RBA Best. 33 A 141, Bl. 185r (Nr. 29).

90 HAStK-RBA Best. 33 A 141, Bl. 185r (Nr. 30).

91 HAStK-RBA Best. 33 A 141, Bl. 186v (Nr. 53).

verbunden war ein offenbar stark erhöhter Holzverbrauch, der nicht nur der Wärme-
gewinnung, sondern auch dem Kochen „von morgen bis ahn den abend"[92] diente. Bei
Frau Neunzigs saß ein Husar die ganze Zeit am Krankenlager ihres Mannes und rauchte.
Ihre Bitte, den Kranken zu schonen, wehrte er unter Fluchen ab.[93] Immer wieder spielte
auch Alkohol eine Rolle bei der teils nächtlichen[94] Freizeitgestaltung der Männer.[95] Besonders betroffen war der Brauer Peter Huetmacher, dem die lärmenden Soldaten nicht
nur die zivilen Gäste vertrieben. Sie tranken auch eine Menge Bier, wofür sie nicht bezahlten.[96] Ein Soldat forderte von Johan Mosbach am Morgen Wasser und ein Hand-
tuch, „wan er des abends besoffen"[97] war. Als Christian Maubach den Hauptmann der
bei ihm einquartierten Grenadiere darum bat, diese für eine Zeit abzuziehen, weil seine
Frau im Kindbett[98] lag und sie nur über eine kleine warme Stube verfügten, soll dieser
das grob mit den Worten abgewiesen haben „die soldaten neben seine fraw ins bett zu
legen"[99], woraufhin die Frau für die Nacht in eine kalte Kammer umzog und am Tag
mit einem Stuhl vorliebnehmen musste. Der teilweise unter Gewaltandrohung erzwun-
gene Rückzug der Hausbewohner in kalte Zimmer (es handelte sich ja um eine winter-
liche Einquartierung[100]) wird auch darüber hinaus häufig thematisiert.[101] Immer wieder
werden auch die Ehefrauen (und einmal eine „junge hur"[102]) der Soldaten und manchmal auch ihre Kinder[103] erwähnt, die mit in das Quartier zogen und die Last vermehrten – oder sogar beim Wirt zurückgelassen wurden, während der Ehemann (vielleicht

---

92 HAStK-RBA Best. 33 A 141, Bl. 187v (Nr. 61). Häufiges Kochen beispielsweise auch ebd., Bl. 189v
    (Nr. 105). Vgl. auch Schanbacher, Natur, S. 220.
93 HAStK-RBA Best. 33 A 141, Bl. 185v (Nr. 43).
94 HAStK-RBA Best. 33 A 141, Bl. 187v (Nr. 60).
95 HAStK-RBA Best. 33 A 141, Bl. 186r (Nr. 46). Vgl. zum Alkoholkonsum von Soldaten Rischke-Ness,
    Subjektivierungen, S. 206–214; Pröve, Stehendes Heer, S. 156; Schwark, Lübecks Stadtmilitär, S. 303–
    304; Linde, Leibregiment, S. 316–319; Kroll, Lifeworld, S. 107; ders., Soldaten, S. 296; Sikora, Söld-
    ner, S. 229. 1747 ertrank ein alkoholisierter kaiserlicher Husarenleutnant (ehemals Lutheraner, jetzt Ka-
    tholik, wie eigens erwähnt wird) bei Nacht im Hochwasser. HAStK-RBA Best. 125 A 40, Bl. 180–181
    (Untersuchung, 1747).
96 HAStK-RBA Best. 33 A 141, Bl. 186v–187r (Nr. 55).
97 HAStK-RBA Best. 33 A 141, Bl. 190r (Nr. 106).
98 Auch Henrich Quaadt klagte darüber, dass keine Rücksicht auf seine im Kindbett liegende Frau genom-
    men worden sei, HAStK-RBA Best. 33 A 142, Bl. 325r (Protokoll Syndikat, 12.1.1763). In Kursachsen
    waren Häuser mit Schwangeren oder Wöchnerinnen von der regulären Einquartierung ausgenommen.
    Vgl. Kroll, Soldaten, S. 294.
99 HAStK-RBA Best. 33 A 141, Bl. 191v (Nr. 110). Mangelnde Rücksicht auf eine hochschwangere Frau
    findet sich auch in HAStK-RBA Best. 33 A 141, Bl. 201r (Nr. 128).
100 Der Winter 1762/63 nahm keineswegs einen milden Verlauf, was sich u. a. daran ablesen lässt, dass um
    die Jahreswende Eisgang auf dem Rhein die Schifffahrt behinderte. Siehe HAStK-RBA Best. 10B A 210,
    Bl. 1–10 (Ratsprotokolle 24.12.1762–7.1.1763).
101 Siehe z. B. HAStK-RBA Best. 33 A 141, Bl. 208v (Nr. 135); ebd., Bl. 231r (Nr. 814). Vgl. auch das Zitat bei
    Eichberg, Zirkel, S. 105 (mit einer vergleichbaren Klage aus Stade).
102 HAStK-RBA Best. 33 A 141, Bl. 216v (Nr. 189).
103 HAStK-RBA Best. 33 A 141, Bl. 187v (Nr. 61); ebd., Bl. 216v (Nr. 188).

als Deserteur) verschwand.[104] Wo die Männer Pferde mitbrachten, konnte auch schon einmal der Garten in Mitleidenschaft gezogen werden.[105]

Einen besonderen Streit hatte der Branntweinbrenner Henrich Finck auszufechten: Bei ihm wollte ein Wachtmeister 25 Husaren gegen Geld unterbringen. Finck lehnte das aber ab, weil er gar keine Möglichkeit habe, 25 Mann unterzubringen. Der Wachtmeister habe ihn daraufhin als „schelm, spitzbub"[106] beschimpft und damit gedroht, dann eben statt der 25 Soldaten gegen Zahlung 50 umsonst bei ihm einzuquartieren. Das konnte Finck schließlich auf acht Mann mit einer Frau herunterhandeln. Dadurch entstand eine erhebliche Belastung durch beständiges Kochen mit entsprechendem Holzverbrauch und sonstige Unannehmlichkeiten, die auch nicht geringer wurden, als sechs preußische Deserteure mit ihren Pferden hinzukamen (die vielleicht von den kaiserlichen angeworben werden sollten).

Im Bereich der ernsteren Konflikte finden sich Diebstähle[107] sowie die Androhung und Ausübung von Gewalt verschiedener Art. Offenbar war insbesondere die erste Kontaktaufnahme zwischen Gast und Wirt dafür anfällig, weil zunächst erstmal das beiderseitige Terrain abgesteckt werden musste. So zog ein Soldat bei Wilhelm Reinartz „nebst vielem schänden und fluchen"[108] (und der Aussage „Die Cöllnische mußten einmahl gelehrt werden!") das Messer gegen die Ehefrau des Quartiergebers, um seinen Forderungen nach der Ausgestaltung seines Aufenthalts Nachdruck zu verleihen. Nach diesem holprigen Auftakt sei er aber „ziemlich ruhig". Auch Wilhelm Karkirchen wusste von einem Grenadier zu berichten, der ausgiebig von Verbalinjurien Gebrauch machte („spitzbub, schelm, p. p."[109]) und bisweilen das Messer zückte. Henrich Newen wurde von zwei Husaren mit „bloßen säbelen [...] aus dem hauße gejagt"[110], als es zu Streit gekommen war. Der Sohn der Witwe Dunckels wurde von betrunkenen Husaren mit einem Hammer geschlagen, weil er sie nicht schnell genug beim Ausziehen ihrer Stiefel bediente – wozu er indes gar nicht verpflichtet gewesen wäre. Später wurde er dann wegen eines Handtuchs mit dem Säbel bedroht.[111] Bei Henrich Stadhalter zerschlugen Husaren Mo-

104 So bei Joan Albert Rommerskirchen, HAStK-RBA Best. 33 A 141, Bl. 198v–199r (Nr. 123).

105 HAStK-RBA Best. 33 A 141, Bl. 186r (Nr. 45). Siehe auch ebd., Bl. 210r (Nr. 137); Bl. 236v (Nr. 843); Bl. 242v (Nr. 868); Bl. 244r (Nr. 880).

106 HAStK-RBA Best. 33 A 141, Bl. 196rr (Nr. 121). Der Fall in aller Ausführlichkeit ebd., Bl. 195v–197v.

107 So HAStK-RBA Best. 33 A 141, Bl. 199v–200r (Nr. 125): Husaren stehlen Bargeld und einen wertvollen Hut bei ihrem Wirt. Ebd., Bl. 220r (Nr. 219): Kaiserliche Grenadiere steigen bei einem stadtkölnischen Sergeanten über den Zaun und klauen ihm sowie seiner Ehefrau insgesamt vier Oberhemden. Ebd., Bl. 237r (Nr. 844): Grenadiere stehlen zwei silberne Löffel. Ebd., Bl. 243r (Nr. 869): Diebstähle von Früchten oder Gemüse aus einem Garten. Siehe auch HAStK-RBA Best. 33 A 142, Bl. 448r (Abrechnung Weisheim, nach März 1763): Diebstahl eines Kupferkessels, dreier Zinnteller, zweier Leuchter sowie von Messern, Gabeln, Löffeln und Tongeschirr.

108 HAStK-RBA Best. 33 A 141, Bl. 185r (Nr. 31). Das folgende Zitat ebd.

109 HAStK-RBA Best. 33 A 141, Bl. 186v (Nr. 52).

110 HAStK-RBA Best. 33 A 141, Bl. 190v (Nr. 108).

111 HAStK-RBA Best. 33 A 141, Bl. 197v–198v (Nr. 122).

biliar, insbesondere Gläser und Fenster.[112] Auch Henrich Quodt berichtet von nächtlichen Schlägen, in deren Folge er die Kellertreppe heruntergefallen sei.[113] Der Ehefrau des Henrich Lungerich spuckte ein betrunkener Husar dreimal ins Gesicht.[114] Die Ehefrau Heimbergers wurde von einem Grenadier ins Gesicht geschlagen.[115] Bei Christian Ossendorf war zwar niemand einquartiert. Dennoch hatten ihm (betrunkene?) Husaren aus der Nachbarschaft bei Nacht die Fenster eingeworfen.[116] Bei einer Schlägerei zwischen Husaren und Franzosen gingen bei Heinrich Weisheim ein Tisch und zwei Stühle zu Bruch.[117] Die Ehefrau des Joannes Langen – offenbar fortgeschrittenen Alters – wurde von einem Soldaten auf offener Straße verprügelt und landete schließlich auf einem Misthaufen.[118] Blut ist in all diesen Fällen aber offensichtlich nicht geflossen.

Anders bei der Witwe Newens. Ihr Knecht wurde in der Nacht mit Säbeln angegriffen, weil er den heimkehrenden Husaren nicht rasch genug die Tür geöffnet hatte, Newens ging dazwischen, wobei sie sich an der Hand verletzte und ein Auge durch einen Stoß schwer verletzt wurde. Die Husaren wollten danach – noch mitten in der Nacht – Rauchfleisch und Speck braten (die sie ihrer Wirtin wegnahmen). Da es an Essig und Bierhering fehlte, jagten sie Newens „mit den bloßen Säbelen in der Faust [...] ohne schuhe und strümpf"[119] (sie war wegen des vorherigen Lärmens aus dem Bett gekommen) auf die Straße, um das Fehlende zu beschaffen. Das gelang ihr unter Mühen, jedoch zerschlugen die Soldaten nach ihrer Mahlzeit Schüsseln und Teller. Man wird hier nicht fehlgehen, von einem gewissen Alkoholeinfluss auszugehen. Die Ohnmacht der mitten in der Nacht bedrohten Frau gegenüber den gewaltbereiten Männern ist noch im Bericht des Notars spürbar.

Als sich der Bürgerhauptmann Blumenberg weigerte, weiteren Wein auszuschenken, schlug ihn ein Soldat so ins Gesicht, dass es „schwartz, blaw und dick aufgeschwollen gewesen"[120] war. Danach trug er noch durch einen Säbelhieb eine wie stark auch immer blutende Wunde davon, die ein Chirurg behandeln musste. Dramatisch wurde es auch bei Tillman Finck: Zwei Husaren hatten den Ofen so sehr angeheizt, dass die Stube bereits Feuer fing.[121] Sie behinderten den Wirt bei den Löscharbeiten (die aber am Ende anscheinend erfolgreich waren), um danach aus dem Quartier zu verschwinden. In dem

---

112 HAStK-RBA Best. 33 A 141, Bl. 209v (Nr. 137). Von zerschlagenen Gläsern und Flaschen sowie Fenstern berichtet auch Heinrich Weisheim. HAStK-RBA Best. 33 A 142, Bl. 448r (Abrechnung Weisheim, nach März 1763).
113 HAStK-RBA Best. 33 A 141, Bl. 237r (Nr. 843).
114 HAStK-RBA Best. 33 A 141, Bl. 244r (Nr. 877).
115 HAStK-RBA Best. 33 A 141, Bl. 258v (Nr. 640).
116 HAStK-RBA Best. 33 A 141, Bl. 252v–253r (Nr. 948).
117 HAStK-RBA Best. 33 A 142, Bl. 447v (Abrechnung Weisheim, nach März 1763).
118 HAStK-RBA Best. 33 A 141, Bl. 255r (Nr. 967).
119 HAStK-RBA Best. 33 A 141, Bl. 194r (Nr. 115). Der ganze Fall Bl. 193v–194v.
120 HAStK-RBA Best. 33 A 141, Bl. 231v (Nr. 816).
121 Das war nicht der einzige Brand, der durch die fremden Truppen verursacht wurde. 1758 fing ein französisches Backhaus auf dem Waidmarkt Feuer, was zu schweren Schäden an benachbarten Wohngebäuden führte. HAStK-RBA Best. 33 A 158, Bl. 295r (Aufstellung der Schäden, 1758). Weitere Quellen dazu in HAStK-RBA Best. 33 A 315.

Chaos war aber auch ein Schwein aus dem Haus entwichen, das Finck nicht mehr wiederbekam.[122] Stephan Schnell stieß ein im Nachbarhaus einquartierter Soldat eine brennende Öllampe ins Gesicht, so dass er eine Verbrennung davontrug.[123] Zwei Grenadiere brachten eine „hur"[124] mit in ihr Quartier bei der Ehefrau Heimberg, was an sich schon eine moralische Herausforderung darstellte. Schlimm wurde es allerdings, als ein Franzose erschien, der ebenfalls Anspruch auf die Frau erhob. Darüber kam es zum „duell", das offenbar in wenig feiner Form mit blanken Waffen ausgefochten wurde. Die Frau nutzte diese Verwirrung, um zunächst durch den Garten zu fliehen. Später kam sie jedoch zurück, besetzte eine Stube und bediente wohl zehn Freier über den Tag hinweg.

Die Ehefrau Zeitz berichtete von zwei Husaren, die „ihr zwölfjährig tochtergen hätten nothzüchtigen"[125] wollen. Als die Mutter dazwischenging, um eine Vergewaltigung zu verhindern, zogen die Männer ihre Säbel und versuchten, sie aus dem Haus in den Stall zu verweisen. So weit ist es nicht gekommen, aber die Stube blieb von den Husaren besetzt, die dorthin viele Kameraden einluden – auch weil Frau Zeitz die Vorfälle aus Angst vor weiterem Ungemach nicht an den vorgesetzten Offizier gemeldet hatte. Beim verwitweten Schustermeister Joannes Wolffgart verlangte ein Soldat ein „huren loch"[126] und warf ein Auge auf die Tochter, was der Vater jedoch verhindern konnte. Ein Husar bei Henrich Surd schlug im Quartier seine eigene Ehefrau und bedrohte Surds Frau, als sie dazwischengehen wollte. Der herbeigerufene Husarenkorporal disziplinierte dann nicht den Soldaten, sondern verpasste Surd eine Ohrfeige, während der Husar mit blankem Säbel das Mobiliar traktierte.[127] Die Ehefrau des Antonius Gaolart, die erst drei Wochen vor der Einquartierung entbunden hatte, führte den Tod des Säuglings auf die raue Behandlung durch Husaren zurück.[128]

Beim Schustermeister Friderich Heess wurde ein Tambour einquartiert, der bereits bei seiner Ankunft an einer nicht näher spezifizierten Krankheit laboriert hatte. Doch erst, nachdem er 14 Tage im Bett verbracht hatte, wurde er in ein Lazarett verlegt – zu spät jedoch für zwei Knechte im Haus, die nun an derselben, also offenbar ansteckenden Krankheit litten.[129] Auch Meister Deuren berichtet von einem Jäger, der mehrere

---

122 HAStK-RBA Best. 33 A 141, Bl. 188v (Nr. 78).

123 HAStK-RBA Best. 33 A 141, Bl. 249r (Nr. 913).

124 HAStK-RBA Best. 33 A 141, Bl. 258v (Nr. 640). Das folgende Zitat ebd.

125 HAStK-RBA Best. 33 A 141, Bl. 192r (Nr. 111). Zum Konfliktfeld sexueller Übergriffe von Soldaten im Quartier vgl. Rischke-Ness, Subjektivierungen, S. 218–223. Sie dienten sicherlich nicht allein der Befriedigung der Soldaten, sondern auch symbolisch zur Darstellung von Machtverhältnissen gegenüber den Quartierwirten. Vgl. Opitz, Frauen, S. 40–44; Hagemann, Militär, S. 60–65; Rass, Auf dem Weg, S. 14 f.

126 HAStK-RBA Best. 33 A 141, Bl. 241r (Nr. 851).

127 HAStK-RBA Best. 33 A 141, Bl. 192v–193v (Nr. 113).

128 HAStK-RBA Best. 33 A 141, Bl. 206v (Nr. 131).

129 HAStK-RBA Best. 33 A 141, Bl. 248r (Nr. 908). 1758 war davon die Rede, dass unter den in Köln einquartierten Franzosen eine Seuche grassierte, so dass sogar Klöster mit Kranken belegt werden mussten. HAStK-RBA Best. 33 A 134, Bl. 237.238 (Köln an Maria Theresia [5.4.1758]). Vgl. zu Einquartierungen in Göttingen Pröve, Stehendes Heer, S. 229–231.

Wochen krank bei ihm im Quartier lag, dann ins Lazarett verlegt wurde, wo er verstorben sei. Zuvor hatte er aber die Frau und ein Kind des Meisters angesteckt.[130] Gesundheitliche Risiken durch die Verdichtung der Bevölkerung zählten insgesamt sicherlich nicht zu den geringsten möglichen Problemen einer Einquartierung. Bei der hier ausgewerteten Befragung wurde Krankheit jedoch kaum erwähnt.[131]

Abb. 17: Pflege pestkranker Soldaten in Köln durch Alexianer-Brüder, 1605 (anonym, KSM HM 1940/223, Repro: HAStK-RBA rba_mf166256)

---

130 HAStK-RBA Best. 33 A 141, Bl. 267r (Nr. 716).
131 Im zeitgenössischen militärmedizinischen Diskurs galt gleichwohl die zentrale Unterbringung von Soldaten in Baracken als vorteilhaft, weil hier auf Hygiene und Ernährung der Männer besser als in verstreuten Quartieren geachtet werden könne. So jedenfalls Brocklesby, Ökonomische und medicinische Beobachtungen, S. 15 f. Im Kölnischen Stadtmuseum ist ein Gemälde überliefert, das die Pflege pestkranker neapolitanischer Soldaten in Köln 1605 zeigt (KSM HM 1940/223). Vgl. Wagner, Kölnischer Bildersaal, S. 318 (Nr. 0861).

Nicht unterschlagen werden dürfen auch die Fälle, bei denen die Wirte über ihre ungebetenen Gäste „nicht klagen"[132] konnten oder die mit „zwey Husaren [...] zufrieden"[133] waren, weil die Soldaten „keine unruhe"[134] verursachten.[135] Daraus spricht jeweils zwar keine Begeisterung, aber man hatte sich offenbar arrangiert. Der Brauermeister Müller stellte ganz explizit einen Zusammenhang zwischen einem erträglichen Miteinander und seiner Gewohnheit her, an seine Einquartierten über seine Pflicht hinaus auch Lebensmittel und „gutes bier"[136] auszugeben. Nie wurde übrigens darüber geklagt, dass die Soldaten nebenbei ein Gewerbe aufnahmen und so eine Konkurrenz für einheimische Handwerker und Arbeitskräfte wurden.[137]

Arnoldus Esch hatte „kein gutes logis"[138] – also eine Behausung, die nicht den Ansprüchen der Soldaten entgegenkam. Daher seien sie wieder abgezogen. Nun kann er bewusst den Standard seines Hauses gesenkt haben, um verschont zu werden. Doch weist seine Angabe darauf hin, dass eher schlechter gestellte Kölnerinnen und Kölner mit prekären Wohnverhältnissen eine gewisse Chance hatten, der Einquartierung zu entgehen.[139] Besser Gestellte hätten dann, entsprechend ihrer höheren Leistungsfähigkeit, ein höheres Risiko auf Einquartierung gehabt – mit der Begleiterscheinung, dass der Zusammenstoß mit den einer ganz anderen Lebenswelt entstammenden einfachen Soldaten umso schockierender war. Beschwerden über Fluchen, Alkohol und gezückte Messer waren dann die Folge, die es in dieser Form in den Behausungen der derlei gewohnten Armen vielleicht nicht gegeben hätte. Ein wenig gemildert wurde dieses Problem, wenn bessere Häuser als „Officiers Haus"[140] ausgewiesen wurden, so dass allerdings nur in der Theorie Offiziere mit feineren Umgangsformen hereingelegt wurden.

Überhaupt keine Rolle spielen bei den protokollierten Aussagen religiöse bzw. konfessionelle Konflikte. Zwar war die kaiserliche Armee der Theorie nach genauso katholisch wie die Bevölkerung Kölns, aber in beiden Fällen sah die Praxis bekanntlich anders aus. Zumindest einige protestantische Soldaten dürften also bei katholischen

---

132 HAStK-RBA Best. 33 A 141, Bl. 184v (Nr. 28). Dieselbe Formulierung Bl. 186r (Nr. 44), Bl. 186v (Nr. 51), Bl. 187r (Nr. 56), Bl. 187v (Nr. 60 und Nr. 62) und weitere.

133 HAStK-RBA Best. 33 A 141, Bl. 185v (Nr. 42). Dieselbe Formulierung Bl. 186r (Nr. 46), Bl. 186v (Nr. 50 und Nr. 52 und Nr. 54), Bl. 187r (Nr. 58), Bl. 187v (Nr. 59) und weitere.

134 HAStK-RBA Best. 33 A 141, Bl. 215r (Nr. 178).

135 Diese positiven oder wenigstens nicht negativen Rückmeldungen stellen ein seltenes Zeugnis dar, das die Quelle über den Kölner Fall hinaus interessant macht. Vgl. Kroll, Soldaten, S. 297; Schröder, Stehende Heere, S. 226.

136 HAStK-RBA Best. 33 A 141, Bl. 288r (Nr. 786).

137 Vgl. dazu Rischke-Neß, Subjektivierungen, S. 215.

138 HAStK-RBA Best. 33 A 141, Bl. 187v (Nr. 64). Ähnlich Joannes Kuhl: Die ihm eingelegten Husaren seien gegangen, weil „ihnen das quartier zu schlecht gewesen", ebd., Bl. 188r (Nr. 69).

139 In der Akte HAStK-RBA Best. 33 A 141 finden sich noch zahlreiche weitere Angaben, keine Soldaten beherbergt zu haben. Dies wird jedoch sonst nicht begründet, so dass nur vermutet werden kann, dass der Zustand des Hauses oder seiner Bewohner eine Rolle gespielt haben könnte.

140 HAStK-RBA Best. 33 A 141, Bl. 198v (Nr. 123).

Wirten untergekommen sein (und umgekehrt), jedoch führte das anscheinend zu keinen Problemen.

In jedem Fall war die Zeit der Einquartierung mit „belästigung, vorgefallenen strapazen, unruhen, und ungezäumte auffuhrungen"[141] eine schwere Belastung für die betroffenen Kölnerinnen und Kölner.[142] Immer wieder ist die Rede davon, dass man um des lieben Friedens willen Zumutungen der Soldaten geschluckt habe, die über das hinausgingen, was sie rechtmäßig verlangen konnten.[143] Das betraf Forderungen nach Lebensmitteln und Brennholz, die Verteilung der Räume im Haus und nicht selten auch die persönliche Bedienung der Soldaten. Gezogene Messer und Säbel, aber auch Fluchen und Schreien führten offenbar vielfach zu einer angstbesetzten Situation, in der die Zivilisten auch deshalb den Kürzeren zogen, weil ihre eigene Obrigkeit keine Macht über die kaiserlichen Truppen hatte und deren eigene Offiziere kaum mäßigend[144] auf ihre Männer einwirkten.

Eine statistische Auswertung der Angaben zur kaiserlichen Einquartierung 1762/63 wäre nicht sinnvoll. Ihre Protokollierung durch die Notare führte zu einer ersten möglichen Verzerrung, weil sie etwas falsch verstanden oder in Nuancen zugunsten einer einheitlichen Protokollierung verändert haben können. Auch lässt sich anhand der stereotypen Aussage, man könne sich nicht beklagen oder sei zufrieden, nicht differenzieren, ob es ein resignierendes Nichtklagen oder eine echte Zufriedenheit mit dem ungebetenen Gast war. Manche dürften sich mehr erregt haben als andere, weshalb sie dem Notar ihre Probleme in grelleren Farben schilderten – wenn sie nicht auch deshalb übertrieben, weil sie auf eine Entschädigungszahlung hofften. Von Provokationen, die sich die Wirte gegenüber den Soldaten geleistet haben mochten, ist nirgendwo die Rede. Es ist also nicht möglich, in Prozentsätzen den Grad der im Zuge der Einquartierung entstandenen Probleme anzugeben, und auch der finanzielle Schaden lässt sich nicht beziffern (was aber auch nicht Aufgabe des Notars gewesen war). Trotz aller notwendigen Abstriche kann aber als Fazit der Untersuchung von 1763 festgehalten werden, dass es sich bei der Einquartierung Fremder insgesamt um eine große Zumutung für die Stadtgesellschaft handelte, die zumindest mit Kosten und Einschränkungen, für viele aber auch mit Entwürdigung und Gewalt verbunden war. In einer Zeit, die großen Wert auf die Darstellung von sozialen Hierarchien legte, stellte allein der respektlose und offenbar vielfach mit einem unchristlichen Fluchen verbundene Ton der Soldaten eine performative Entwertung und Erniedrigung stol-

---

141 So die Wertung eines allerdings auch besonders stark betroffenen Gastwirts, HAStK-RBA Best. 33 A 142, Bl. 448r (Abrechnung Weisheim, nach März 1763).

142 Was sie nicht von anderen Quartiergebern unterscheidet. Vgl. z. B. KRAUS, Johannes, Tradition, S. 255; MEUMANN, Beschwerdewege, S. 263–265.

143 Beispielsweise HAStK-RBA Best. 33 A 141, Bl. 192v–193v (Nr. 113), Bl. 199v (Nr. 124), Bl. 262v–263r (Nr. 698).

144 Nur selten wird erwähnt, dass Offiziere die Bürger unterstützten, es kam aber vor, siehe z. B. HAStK-RBA Best. 33 A 141, Bl. 200r (Nr. 125).

zer Bürgerinnen und Bürger dar[145], während diese umgekehrt diesen Ton vielleicht nur deshalb anschlugen und gern zum Säbel griffen, weil sie sonst als Außenseiter und Bittsteller behandelt und ihrerseits sozial deklassiert worden wären.[146] Eine gewisse Reibung war beim Erstkontakt beider Lebenswelten daher vermutlich kaum zu vermeiden. Wären die Kaiserlichen über Jahre geblieben, hätte man vielleicht zu einem stabileren wechselseitigen Rollen- und Positionsverständnis gefunden. In der relativen Kürze der Zeit der Einquartierung war es aber nicht möglich, ein solches zu entwickeln und einzuüben (zumal viele Quartierwirte von einem mehrfachen Wechsel der eingelegten Soldaten im Verlaufe des Winters berichten, also häufig noch nicht einmal im kleinen Rahmen die Möglichkeit bestand, eine stabile Beziehung aufzubauen).

Auffällig ist die häufige Erwähnung des ständigen Kochens, mit dem sich die Soldaten und ihre mitgebrachten Frauen beschäftigten. Dies war wegen des Holzverbrauchs, aber auch wegen der Besetzung eines warmen Raumes in der Küche oder am Kamin während der Winterzeit ein Ärgernis für manchen Wirt, während sich andere offenbar nur darüber wunderten. Zwar wird auch nicht selten darüber geklagt, dass die Einquartierten Lebensmittel forderten, jedoch weitaus seltener als über beständiges Kochen und so gut wie nicht in dem Zusammenhang, dass die Männer für ihre Kochaktivitäten Fleisch oder Gemüse forderten. Da sie auch nicht den ganzen Tag über gegessen haben werden, ist das Kochen vermutlich am ehesten als typische soldatische Freizeitbeschäftigung anzusehen, die dem Sitzen am Lagerfeuer im Feldlager entlehnt war.[147] Auch wenn wir im heiligen Köln nicht unbedingt mit protestantischer Arbeitsethik rechnen dürfen, stieß dieses Verhalten offensichtlich auf massives Unverständnis – ein Detail, das das Zusammenprallen inkompatibler Lebenswelten gut zu illustrieren vermag.

Werbung für auswärtige Armeen

Anfang 1758, also im Siebenjährigen Krieg, richtete die Kaiserin Maria Theresia ein Anliegen an die Stadt Köln, das für sie immerhin so hohe Bedeutung hatte, dass sie es eigenhändig unterschrieb. Sie verlangte zwar in allgemeinen Worten Unterstützung im Kampf gegen den Friedensbrecher Friedrich II. von Preußen. Konkret forderte sie von den Kölnern aber nicht etwa Geld, Waffen, Munition oder die Inmarschsetzung

---

145 Die Einquartierung betraf allerdings nicht nur sie, sondern z. B. auch den Tagelöhner Wilhelm Grimborn, dem die Versorgung von Einquartierten erheblich schwerer gefallen sein dürfte als einem gut situierten Handwerksmeister. HAStK-RBA Best. 33 A 141, Bl. 250v (Nr. 657).

146 So machten zwei Husaren dem Gärtner Sevarius Krings direkt „ersteren tags" unter Drohungen deutlich, was sie von ihm erwarteten. HAStK-RBA Best. 33 A 141, Bl. 239v (Nr. 850). Vgl. auch Kraus, Johannes, Tradition, S. 335 (soldatische Exzesse als „Verteidigung der eigenen Ehre" gegen Bürger).

147 Weshalb auch bisweilen darüber geklagt wird, dass sich zu den eigentlich einquartierten Männern weitere zum Kochen bzw. Essen einfanden, siehe z. B. HAStK-RBA Best. 33 A 141, Bl. 234r (Nr. [833]).

eigener Truppen, sondern die Anwerbung von Rekruten, die der kaiserlichen Armee zur Verfügung gestellt werden konnten, um die blutigen Verluste des ersten Kriegsjahrs rasch auszugleichen.[148] Die Kölner entzogen sich dem – aus taktischen Gründen oder tatsächlicher Unmöglichkeit – mit dem Angebot von Geld, weil sie wegen der harten französischen Einquartierung seit Kriegsbeginn[149] und der damit einhergehenden Seuchengefahr keine tauglichen Männer schicken könnten.[150] Wie auch immer: Wenigstens in der Theorie und in normalen Zeiten konnte man in Köln auf eine günstige Angebotslage an dienstwilligen Rekruten rechnen.

Die Anwerbung oder Werbung neuer Rekruten für die formal aus freiwilligen Söldnern bestehenden Armeen der Frühen Neuzeit stellte eine der bedeutendsten Überschneidungen zwischen ziviler und militärischer Lebenswelt dar. Auf individueller Ebene handelte es sich um eine den weiteren Lebensweg prägende Entscheidung, während die (zeitweise) Entfernung junger Männer aus ihrer Mitte eine Herausforderung oder je nach Perspektive Erleichterung für die Gesellschaft darstellte. Eine Herausforderung, wenn auf diese Weise qualifizierte Arbeitskräfte, Steuerzahler oder Versorger von Familien abhandenkamen[151], eine Erleichterung, wenn Bettler oder Kriminelle[152] in eine Armee abgeschoben werden konnten. Die Werbeoffiziere mussten umgekehrt ein Interesse daran haben, ihre Kontingente zusammenzukriegen und dabei noch möglichst geeignete Männer in Uniform zu bringen (auch wenn Letzteres insbesondere in Kriegszeiten häufig nicht die höchste Priorität hatte).[153] Warben sie im eigenen Territorium, so kam es regelmäßig zu Zielkonflikten zwischen einer prosperierenden Zivilgesellschaft und einer schlagkräftigen Armee. Diese konnten aber leicht umgangen werden, indem die Werbekommandos auf fremde Territorien oder Reichsstädte wie Köln auswichen. Hier konnten sie mehr oder weniger ohne Rücksicht auf lokale Interessen agieren, wenn sie keine für ihren Herrn unangenehmen, schwerwiegenden politischen Konflikte heraufbeschworen.[154]

---

148   HAStK-RBA Best. 33 A 134, Bl. 233–235 (Maria Theresia an Köln, 27.2.1758).

149   Eine ausführliche Abrechnung der dabei entstandenen Kosten in HAStK-RBA Best. 44 A 252.

150   HAStK-RBA Best. 33 A 134, Bl. 237.238 (Köln an Maria Theresia [5.4.1758]).

151   Weshalb Kölner Bürger, wenn sie denn nach ihrem Solddienst in der Fremde wieder geregelt zuverlässig in ihr altes bürgerliches Leben zurückkehren wollten, gut daran taten, sich bereits ihre Anwerbung vom Rat genehmigen zu lassen. Vgl. KORSCH, Strafrecht, S. 47–48 (der allerdings das Verbot der Annahme fremder Kriegsdienste und illegale Werbungen im Blick hat).

152   Vgl. KROLL, Soldaten, S. 177.

153   Normalerweise waren sie im Gegensatz zu einem landläufigen Vorurteil keineswegs darauf erpicht, unzuverlässige Kriminelle, Bettler usw. anzuwerben, die im Zweifel ebenso unzuverlässige Soldaten ergaben. Als etwa 1778 preußische Werbungen wegen eines Studententumults nicht ordnungsgemäß durchgeführt werden konnten, beklagte sich der Werbeoffizier explizit darüber, dass er nur zwei Mann erhalten habe, nämlichen einen aus dem Zuchthaus und einen Häftling aus der Hauptwache. HAStK-RBA Best. 33 A 429, Bl. 1398r (Pro Memoria, 1778). Vgl. auch TALLETT, Soldiers, S. 137 f.

154   Zur Werbung in der Frühen Neuzeit vgl. RISCHKE-NESS, Subjektivierungen, S. 163–182; WILSON, Politics; SIKORA, Disziplin, S. 216–236.

Die Stadt Köln[155] war jedenfalls während der gesamten Frühen Neuzeit[156] ein attraktives Betätigungsfeld für die Werbekommandos zahlreicher Armeen oder: ein umsatzstarker[157] *Gewaltmarkt*, ein Ort, an dem man relativ rasch Männer finden konnten, die

---

155   Wie andere Reichsstädte auch, vgl. KROLL, Soldaten, S. 154; EHLERS, Wehrverfassung, S. 41; HEUEL, Truppenwerbungen. Janys Abqualifizierung der Werbung in Reichsstädten als bloße Aushilfen in Zeiten hohen Rekrutenbedarfs ist der Vorstellung des 19. Jahrhunderts vom Bauern als besseren Soldaten verhaftet. Vgl. JANY, Geschichte, S. 548. Vgl. zur negativen Konnotation von *Soldatenhandel* BRAUN, Entstehung.

156   HEUEL, Truppenwerbungen, S. 9, zählt allein für die erste Hälfte des 18. Jahrhunderts 286 nachweisbare Werbegesuche. Siehe auch die Tabelle ebd., S. 99–109. Eine zeitgenössische Liste für die Jahre 1729 bis 1739 kommt auf 29 genehmigte Werbungen, HAStK-RBA Best. 33 A 424, Bl. 1465–1466. Vollkommen ohne Anspruch auf Vollständigkeit oder Systematik sei weiterhin auf diese Werbungen verwiesen: 1572, verschiedene illegale Werber, HAStK-RBA Best. 14 A 3, Nr. 165; 1672, verschiedene teils illegale Werber, HAStK-RBA Best. 10B A 120, Bl. 6v; 1682, Niederlande, HAStK-RBA Best. 33 A 68, Bl. 7; 1684, Spanien, HAStK-RBA Best. 33 A 68, Bl. 18; 1706, verschiedene teils illegale Werber, HAStK-RBA Best. 14 A 20, 3.2.1706; 1713, alliierte Truppen, HAStK-RBA Best. 14 A 17, Nr. 30; 1720, Dänemark, HAStK-RBA Best. 30N A 1215, Bl. 1; 1721, Dänemark, HAStK-RBA Best. 33 A 253, Bl. 51; 1725, Preußen, HAStK-RBA Best. 33 A 74, Bl. 74; 1726, Dänemark, HAStK-RBA Best. 33 A 74, Bl. 85–86; 1726, Dänemark, HAStK-RBA Best. 33 A 74, Bl. 116–117; 1727, Preußen, HAStK-RBA Best. 33 A 243, Bl. 78; 1727, Dänemark, HAStK-RBA Best. 33 A 243, Bl. 82–83; 1729, Österreichische Niederlande, HAStK-RBA Best. 33 A 76, Bl. 3; 1729, Preußen, HAStK-RBA Best. 33 A 76, Bl. 13–14; 1729, Preußen, HAStK-RBA Best. 33 A 76, Bl. 46; 1732, Preußen, HAStK-RBA Best. 33 A 77, Bl. 111; 1732, Preußen, HAStK-RBA Best. 33 A 77, Bl. 140–141; 1732, Spanische Niederlande, HAStK-RBA Best. 33 A 77, Bl. 154; 1733, Preußen, HAStK-RBA Best. 14 A 2, Nr. 186; 1734, Dänemark, HAStK-RBA Best. 33 A 78, Bl. 1; 1734, Dänemark (im kaiserlichen Dienst), HAStK-RBA Best. 33 A 78, Bl. 115; 1734, Dänemark, HAStK-RBA Best. 33 A 78, Bl. 125; 1739, Kaiser, HAStK-RBA Best. 14 A 2, Nr. 201; 1739, Kaiser (Kurpfalz, Lüttich), HAStK-RBA Best. 33 A 83, Bl. 58–59; 1740, Preußen, HAStK-RBA Best. 33 A 83, Bl. 63–64; 1745, Niederlande, HAStK-RBA Best. 33 A 283, Bl. 158; 1746, Preußen, HAStK-RBA Best. 33 A 86, Bl. 55; 1747, Kaiser, HAStK-RBA Best. 33 A 86, Bl. 68; 1747, Niederlande, HAStK-RBA Best. 33 A 86, Bl. 76; 1748, Niederlande, HAStK-RBA Best. 33 A 87, Bl. 9; 1748, Niederlande, HAStK-RBA Best. 33 A 87, Bl. 13; 1748, Preußen, HAStK-RBA Best. 33 A 87, Bl. 24; 1748, Preußen, HAStK-RBA Best. 33 A 87, Bl. 48; 1748, Niederlande (Baden-Durlach), HAStK-RBA Best. 33 A 87, Bl. 62; 1748, Niederlande, HAStK-RBA Best. 33 A 87, Bl. 66; 1748, Niederlande (Bayern), HAStK-RBA Best. 33 A 87, Bl. 88; 1749, Preußen, HAStK-RBA Best. 33 A 87, Bl. 97; 1749, Preußen, HAStK-RBA Best. 33 A 87, Bl. 101; 1750, Schweden, HAStK-RBA Best. 33 A 88, Bl. 26; 1750, Lothringen (Kaiser), HAStK-RBA Best. 33 A 88, Bl. 34; 1750, Kaiser, HAStK-RBA Best. 10B A 197, Bl. 198r; 1750, Kaiser, HAStK-RBA Best. 33 A 88, Bl. 115–117; 1755, Kaiser, HAStK-RBA Best. 33 A 137; 1755, Dänemark, HAStK-RBA Best. 33 A 137, Bl. 60; 1762, Kaiser, HAStK-RBA Best. 33 A 142, Bl. 453; 1763, nicht angegeben, HAStK-RBA Best. 33 A 141, Bl. 208v; 1763, Kaiser, HAStK-RBA Best. 33 A 266, Bl. 1866–1886; 1768, Sachsen-Hildburghausen, HAStK-RBA Best. 33 A 268, Bl. 1965–1966; 1769, Preußen, KLOOSTERHUIS, Militär, Bd. I/1, Nr. 2115; 1769, Kaiser, HAStK-RBA Best. 33 A 282, Bl. 2017–2020; 1771, Preußen, HAStK-RBA Best. 33 A 76, Bl. 82–84; 1775, Braunschweig-Lüneburg, HAStK-RBA Best. 33 A 268, Bl. 2101–2102; 1776, Hessen-Kassel, HAStK-RBA Best. 33 A 268, Bl. 2103–2104; 1776, Preußen, KLOOSTERHUIS, Militär, Bd. I/1, Nr. 2783; 1780, Kurpfalz, HAStK-RBA Best. 33 A 271, Bl. 2135r; 1781, Niederlande, HAStK-RBA Best. 33 A 111, Bl. 37; 1784, Kurpfalz-Bayern, HAStK-RBA Best. 33 A 269, Bl. 2165; 1785, Preußen, HAStK-RBA Best. 10B A 242, Bl. 10r; 1791, französische Emigranten, HANSEN, Quellen, Bd. 1, S. 948 (Nr. 435). Weitere Werbegesuche des 18. Jahrhunderts in HAStK-RBA Best. 33 A 284.

157   Und bisweilen von Konkurrenz geprägter: Siehe dazu etwa den gewaltsam ausgetragenen Streit zwischen preußischen und kurpfälzischen Werbern, der 1781 ausgetragen wurde. HAStK Best. 50 A 398/2.

Militärdienste annahmen – auch wenn der Kölner Söldner nie zu einem Markenzeichen für militärische Kompetenz wurde wie etwa der Schweizer.[158] Hier waren nicht nur zahlreiche Menschen anwesend, so dass die Chancen auf eine Verpflichtung von Rekruten schon rein mathematisch größer war als in schwach besiedelten Gegenden.[159] Konfessionelle Erwägungen scheinen die Attraktivität des Werbeorts Köln jedenfalls im 17. und 18. Jahrhundert kaum eingeschränkt zu haben. Mit Preußen, Dänemark oder den Niederlanden finden sich auch dezidiert protestantische Gemeinwesen, die ihre Werber gerne in das katholische Köln entsandten – und die hier auch nicht verbargen, „Lutherischer Religion"[160] zu sein. Man versprach sich hier jedenfalls, um mit den Worten eines preußischen Werbers zu sprechen „einige junge leuth, welche gern unter Ihro Königlicher Majestät [...] dienen wollen"[161]. Der kaiserliche Oberstleutnant (Anton Ulrich Joseph) von Mylius blies 1790 in ein ähnliches Horn, indem er die rasche Aufstellung des Freikorps Grün Laudon für den unmittelbaren Kriegseinsatz in den Niederlanden u. a. deshalb für möglich hielt, weil er in Köln und Umgebung über exzellente Kontakte verfüge und insbesondere sein Bruder, der Kommandant der Kölner Stadtsoldaten war, ihn dabei unterstützen könne.[162]

Der Fall eines in Köln in wirtschaftliche Not geratenen ehemaligen Wachtmeisters der kaiserlichen Armee, der 1731 um eine milde Gabe für seine geplante Weiterreise nach Italien bat, deutet darauf hin, dass sich auch erfahrene Soldaten in Köln einfanden, um von hier aus ihre weitere Laufbahn in Gang zu setzen.[163] Jedenfalls blieben bisweilen abgedankte Soldaten fremder Armeen in Köln mittellos hängen, denen die

---

158   Vgl. Kaiser, Waffen, S. 101; Füssel, Stehende Söldner-Heere; Rogger/Hitz, Söldnerlandschaften. Sogar in Schweizer Soldverbänden lassen sich vereinzelte Kölner finden (die dort vielleicht aber auch nur deshalb als „von Köln" geführt wurden, weil sie hier angeworben worden waren). Siehe z. B. Kantonsbibliothek Aargau Sammlung Zurlauben, Regesten zu den Acta Helvetia Bd. 97, Nr. 28 (Fähnrich Hans Kaspar Schreiber an Beat Jakob II. Zurlauben, 19.6.1710). Zu Männern aus Bremen und Hamburg als „Schweizer" vgl. Oberer, Ludwig, S. 181.

159   Teilweise ließen sich auch Orte in preußischen Territorien am Niederrhein gegen Zahlungen nach Berlin von der Werbung befreien, was den Werbern ein aufwändiges Agieren auf dem Land ersparte und Mittel verfügbar machte, um Soldaten in der Großstadt zu rekrutieren. Siehe z. B. HAStK-RBA Best. 1161 A 109, S. 5 (Zahlungen aus dem Umland von Moers).

160   So ein dänischer Werber in einem Verhör. HAStK-RBA Best. 30N A 1215, Bl. 1r (Verhörprotokoll, 1720). Der Befund ist an sich nicht überraschend, weil konfessionelle Homogenität keineswegs durchweg eine hohe Priorität in den Armeen genoss. Vgl. z. B. Plassmann, Bikonfessionelle Streitkräfte; Nowosadtko, Schuldbildung, S. 293 f.

161   HAStK-RBA Best. 33 A 76, Bl. 46 (Werbegesuch Froreich, 25.7.1729).

162   HAStK-RBA Best. 1075 A 43 (Vorschlag zur Errichtung eines Freikorps, 1790).

163   HAStK-RBA Best. 33 A 77, Bl. 18–19 (Supplik Mansteden, 1731). Ein weiteres Beispiel: 1765 gelangte ein wegen eines Duells aus der kaiserlichen Armee entlassener Oberleutnant auf der Suche nach neuer Beschäftigung nach Köln, HAStK-RBA Best. 33 A 370, Bl. 84–85 (Supplik Christian Freiherr von Weimar, 1765).

Stadt dann durchaus einmal ein Zehrgeld für ihre Abreise zahlen konnte.[164] Von diesen bisweilen schwer zu trennen sind Deserteure, die entweder in der Großstadt untertauchten oder gezielt den hiesigen Markt für den Sprung zum nächsten Dienstherrn aufsuchten.[165] Gegen Ende des Dreißigjährigen Krieges baten beispielsweise kaiserliche Offiziere darum, die offenbar zahlreich in Köln untergekommenen „verstreuten"[166] (versprengten oder desertierten) Soldaten wieder zu ihren Regimentern zurückzuschicken. Der Bitte kamen die Kölner sicher nicht zuletzt deshalb gerne nach, weil sie weder auf den absehbaren Versorgungsfällen nach Kriegsende sitzen bleiben noch die möglicherweise von dieser Personengruppe drohende Kriminalität dulden wollten. Ein (ehemaliger) kaiserlicher Reiter sagte beispielsweise in einem Verhör im Sommer 1649 aus, dass er mit einer Gruppe von sieben Kameraden auf dem Weg zwischen Aachen und Dortmund (so ganz klar ist diese Angabe aber nicht) in Köln mehr oder minder gestrandet sei, um hier auf den Rest der Kompanie zu warten. Das mag auch eine Schutz-

---

164 Belegt ist das v. a. für Offiziere, während Mannschaften wohl eher unter der namenlosen Schar der fremden Bettler zu vermuten sind. Siehe zu Offizieren z. B. HAStK-RBA Best. 33 A 87, Bl. 112 (Supplik abgedankte Bayern, 1749); HAStK-RBA Best. 33 A 87, Bl. 103–104 (Supplik Söns wegen eines abgedankten Mainzers bei den bayerischen Truppen, 1749). 1750 bat ein abgedankter preußischer Husarenleutnant um Hilfe, weil ihm ein Betrüger in Metz sein Geld abgenommen habe und er sich mittellos nicht standesgemäß als „Honnet homme" präsentieren könne, um wie beabsichtigt in kurkölnische Dienste zu treten, HAStK-RBA Best. 33 A 88, Bl. 24r (Supplik Rosen, 1750); ebenfalls 1750 bat ein abgedankter polnischer Leutnant, der bei der französischen Armee gedient hatte, für sich und seinen ihn begleitenden Diener um einen Zuschuss, HAStK-RBA Best. 33 A 88, Bl. 63 (Supplik Prouk, 1750). 1763 wurde einem ehemaligen russischen Leutnant Geld für seine Weiterreise bezahlt, HAStK-RBA Best. 10B A 210, Bl. 19v (Ratsprotokoll, 28.1.1763). Vgl. auch EIBACH, Frankfurter Verhöre, S. 39.

165 So vermutete 1725 ein kurpfälzischer Hauptmann 1725 einen Deserteur in Köln und bat um dessen Verhaftung durch die Gewaltrichter. HAStK-RBA Best. 33 A 74, Bl. 72–73 (Supplik Reitzenstein, 1725). 1715 wurde die Auslieferung von Deserteuren in die Spanischen Niederlande angemahnt, HAStK-RBA Best. 33 A 419, Bl. 1263r (Schreiben eines Offiziers aus Brügge, 1715). 1728 kam es zu einem Streit um fünf dänische Rekruten, die in Maastricht angeworben worden waren und in Köln Zwischenstation machten, HAStK-RBA Best. 33 A 243, Bl. 82–83 (Supplik Herwick, 1728). 1746 kam es zwischen kaiserlichen und preußischen Offizieren zum Streit um zwei Deserteure aus Ungarn, die sich offenbar in Köln aufhielten: HAStK-RBA Best. 33 A 86, Bl. 31–34 (Protestation der Preußen, 1746). Ende 1755 kam ein kaiserlicher Deserteur aus Luxemburg nach Köln, um sich hier erneut anwerben zu lassen (bei ihm handelte es sich übrigens um einen ursprünglich lutherischen Württemberger, der konvertiert war): HAStK-RBA Best. 33 A 137, Bl. 62–65 (Verhör Leurer, 3.1.1756). 1735 wurde eine kaiserliche Amnestie für Deserteure auch in Köln per Trommelschlag verkündet, HAStK-RBA Best. 14 A 2, Nr. 189–1 (Ratsedikt, 10.6.1735). 1784 vermutete die kurpfälzische Armee die Deserteure Ludwig Giesen, Henrich Embgen und Christian Schnock in Köln, HAStK-RBA Best. 33 A 270. 1673 wurde die Anwerbung fremder Männer für die Stadtsoldaten ausdrücklich unter die Bedingung gestellt, dass sie einen ordentlichen Abschied ihres vorigen Dienstherrn vorlegen konnten, es sich bei ihnen also nicht um Deserteure handelte. Im Umkehrschluss sahen die Kölner also durchaus die Gefahr, dass ihre Stadt zum Magneten für Deserteure wurde. HAStK-RBA Best. 10B A 120, Bl. 54v (Ratsprotokoll, 6.2.1673). Aus der Mitte des 18. Jahrhunderts liegt ein Hinweis auf eine Beschwerde der französischen Armee im Elsass vor, dass Köln Deserteure anziehe, HAStK-RBA Best. 33 A 283, Bl. 145r (Conditiones, 18. Jh.). Vgl. auch THEWES, Stände, S. 122 und 133; PLASSMANN, Zwischen Neutralität, S. 54. Zur Desertion vgl. auch die Beiträge in BRÖCKLING/SIKORA, Armeen.

166 HAStK-RBA Best. 10B A 95, Bl. 152v–153r (Ratsprotokoll, 15.6.1648).

behauptung zur Verschleierung einer Desertion gewesen sein, jedoch spielte diese Frage für die Kölner weniger eine Rolle als die nach Pferden und einem anderen Soldaten. Es ging also vermutlich um einen Pferdediebstahl durch abgedankte oder vor der Abdankung stehende Soldaten, die vom niederländischen Kriegsschauplatz zurückkamen und in Köln Station machten.[167] Als 1793 die kurpfälzische Armee um die Verhaftung einiger nach Köln geflohener Deserteure bat, gelang das nur bei zwei Männern, während einige andere entweder weitergereist oder in den holländischen Dienst getreten waren.[168] 1787 kam es zu einem rätselhaften Vorfall um einen württembergischen Leutnant Ertman, der in einem Kölner Privatquartier logierte. Dort wurde er von den städtischen Gewaltrichtern aufgesucht und verhört. Ertman gab an, zur württembergischen Militärakademie (der „Hohen Carlsschule"[169]) zu gehören, was ihm die Gewaltrichter aber nicht glaubten, denn sie bezeichneten ihn als „Freyschubber" (womit ein Soldat ohne Dienstherrn gemeint gewesen sein dürfte), rissen ihm den Federbusch herunter und schlugen den vermeintlichen Leutnant.[170] Sie gaben später an, dass sie ihn für einen Studenten hielten, der unter dem Schutz einer Leutnantsuniform als Hochstapler und „Beutelschneider"[171] tätig war. Vollends zu klären ist dies nicht, denn die Wahrheit könnte auch in der Mitte liegen, indem Ertman ein württembergischer Deserteur oder regulär entlassener Soldat gewesen sein könnte.[172]

Diese Beispiele mögen genügen. Sie zeigen deutlich, dass Köln ein übliches Ziel für Deserteure war, um hier zunächst unterzutauchen, eine Weiterreise vorzubereiten oder sich einem anderen Werber anzuschließen.[173] Hinzu kamen in allerdings insgesamt wohl eher zu vernachlässigendem Umfang Deserteure der Kölner Stadtsoldaten, die in fremde Streitkräfte wechselten. Maria Gatzweiler bat beispielsweise 1734 darum, ihren Ehemann Johan Neufeind (einen Bürgersohn) bei den Stadtsoldaten anzunehmen, nachdem er deren Dienst – nach ihren Angaben nicht als eidbrüchiger Deserteur und ohne Mitnahme von Uniformteilen (was jedoch so ganz nicht stimmen kann, denn sie musste nur deshalb für ihn tätig werden, weil kriegsgerichtlich gegen ihn ermittelt wurde) – bereits zuvor einmal verlassen hatte, um bei den Truppen des Fürstbistums Münster zu

---

167 HAStK-RBA Best. 30G A 263, Bl. 115v–117r (Verhör eines kaiserlichen Reiters, 21.7.1649). Zu dem Zusammenhang von Desertion und potentieller Kriminalität vgl. auch EIBACH, Frankfurter Verhöre, S. 107.

168 HAStK-RBA Best. 33 A 275, Bl. 2412r (Köln an Generalmajor Harold, 1793).

169 Vgl. HOHRATH, „Bildung des Offiziers", S. 56–59.

170 Das alles nach dem Bericht der Wirtin, HAStK-RBA Best. 33 A 255, Bl. 20–21 (Supplik Ulrich, 1787).

171 HAStK-RBA Best. 33 A 255, Bl. 22r (Bericht Gewaltrichter, 1787).

172 Laut freundlicher Auskunft von Dr. Wolfgang Mährle (Hauptstaatsarchiv Stuttgart) gab es einen 1786 aus der Hohen Carlsschule entlassenen Christian Carl Erdmann, jedoch kann nicht geklärt werden, ob es sich um denselben Mann handelt.

173 Darf man einem dagegen gerichteten Edikt von 19.9.1794 glauben, desertierten auch viele kaiserliche Soldaten direkt nach ihrer Wiederherstellung aus den in der Stadt eingerichteten Hospitälern, um sich illegalen Werbern anderer Armeen anzuschließen. Da bereits etwa zwei Wochen später die französische Armee einrückte, könnte es sich hier auch um Auflösungserscheinungen einer geschlagenen und demoralisierten Truppe gehandelt haben. HAStK-RBA Best. 30 A 279, Bl. 2484r (Ratsedikt, 19.9.1794).

dienen.[174] Ähnlich argumentierte Catharina Hoffmans 1749 für ihren Bruder Nicolaus Hoffman, der vor über sechs Jahren „durch verführung"[175] ohne Mitnahme von Uniformteilen o.Ä. aus dem städtischen Dienst entwichen sei, um bei der kurpfälzischen Kavallerie zu dienen. Dort habe er nun seinen Abschied genommen und würde gerne nach Köln zurückkehren. Auch Joseph Heyler bat um Gnade, nachdem er als 15-jähriger Stadtsoldat aus Furcht vor der Strafe wegen eines Wachvergehens in den Dienst von Reichstruppen desertiert war. Nun habe er dort seinen Abschied erhalten und wolle nach Köln zurückkehren.[176]

Das Werbepotential erschöpfte sich jedoch nicht mit den ehemaligen Soldaten. In einer Großstadt wie Köln war schon allein wegen der hohen Zahl von Einwohnern immer damit zu rechnen, dass sich Freiwillige finden ließen. Dabei spielte neben Männern in wirtschaftlich prekären Verhältnissen[177] möglicherweise auch die Universität eine Rolle, denn in den Armeen der Zeit finden sich immer wieder ehemaligen Studenten (die vielleicht keinen erfolgreichen Abschluss erreicht hatten, keine Berufsperspektive im akademischen Bereich sahen oder schlicht Schulden oder Streitigkeiten zu entkommen versuchten).[178] Dass 1588 Soldaten in einer Aufzählung mit Bettlern, herrenlosen Knechten, unvereideten Fremden und Wiedertäufern erscheinen, gegen die mit einer systematischen Visitation vorgegangen werden sollte, belegt nicht nur die zahlenmäßige Stärke solcher dienstloser Soldaten in der Stadt, sondern auch deren potentielle Nähe zu unerwünschten Randgruppen, deren Abschub in fremde Armeen im Interesse Kölns lag.[179] Soziale Randexistenzen unter den Angeworbenen sind jedoch schwer in den Kölner Quellen zu belegen.[180] Eine Ausnahme stellt beispielsweise Joseph Demar da, der nach eigenen Angaben Kind von indes verstorbenen Kölner Eltern war, keine Stelle im Kölner Stadtmilitär gefunden habe und daher nun in wirtschaftliche Not geraten sei. Da er sein Glück in der Fremde suchen wolle, benötige er einen Zuschuss für die Abreise.[181] Hier

---

174 HAStK-RBA Best. 33 A 78, Bl. 58 (Supplik Gatzweiler, 1734).

175 HAStK-RBA Best. 33 A 87, Bl. 95r (Supplik Hoffmans, 1749).

176 HAStK-RBA Best. 33 A 332, Bl. 27 (Supplik Heyler, 1764).

177 Vgl. BURSCHEL, Söldner, S. 60–72.

178 Vgl. KROLL, Soldaten, S. 164. 1649 hatte beispielsweise der Student gegenüber einem Werber seinen „wemuth sambt das er nit langer in studys pleiben konnte" bekannt, weshalb er sich mit dem Ziel rekrutieren ließ, Kompanieschreiber o.Ä. zu werden. Wir erfahren allerdings nur deshalb davon, weil er bei erster Gelegenheit desertierte. HAStK-RBA Best. 150 A 189, Bl. 1r (Supplik [Drach], 1649). Im Haus des Musterschreibers Gerard Setitz wurde 1760 eine umfangreiche Bibliothek u.a. mit philosophischen Schriften vorgefunden. Der Hintergrund ist nicht ganz klar, aber der Umstand spricht durchaus für einen gehobenen Bildungshintergrund. HAStK-RBA Best. 33 A 305, Bl. 483–486 (Inventar Steitz, 1760).

179 HAStK-RBA X-Best. 6100 A 473, Bl. 7r (Ratsregistratur, 30.5.1588). Aus diesem Grund dürfte eine fremde Werbung 1624 mit der Auflage verbunden worden sein, Bürger und Bürgerkinder nur mit ausdrücklicher Genehmigung des Rats anzuwerben, so dass die Werber primär Zugriff auf Randgruppen und Fremde hatten. HAStK-RBA Best. 10B A 70, Bl. 409v–410r (Ratsprotokoll, 27.9.1624).

180 Eine Untersuchung von Musterungslisten usw. der aufnehmenden Armeen könnte zwar mehr Befunde ergeben, ist hier jedoch nicht zu leisten.

181 HAStK-RBA Best. 33 A 88, Bl. 77 (Supplik Demar, 1750).

bestand also fast idealtypisch eine enge Verbindung zwischen Armut und dem angestrebten Militärdienst (wobei sich ihm außerhalb von Köln auch zivile Möglichkeiten des Lebensunterhalts bieten mochten). Joannes Wenn verließ hingegen im selben Jahr die Stadt, um in den kaiserlichen Dienst zu treten. Er ließ Ehefrau und Kinder in so großer wirtschaftlicher Not zurück, dass Erstere darum bat, ihren Sohn in das Große Armenhaus einzuweisen.[182] Etwas anders gelagert ist der Fall des Kölners Johan Frantz Fetweis, der mehrere Jahre in der kaiserlichen Armee im Regiment Deutschmeister diente, dort aber offenbar Probleme mit den ihm vorgesetzten Unteroffizieren bekam. Seine Schwester verhandelte jedenfalls nach Angaben seiner Mutter mit dem kaiserlichen Oberst um seine Entlassung, jedoch konnte das notwendige Abzugsgeld nicht aufgebracht werden. Das scheint dann der Anlass für seine Desertion und eigenmächtige Rückkehr nach Köln gewesen zu sein. Hier bat die Mutter den Rat um Unterstützung und argumentierte damit, ihr Sohn sei „gantz simpel und schwachsinnig"[183], worüber sie sogar eine notarielle Bestätigung vorlegen konnte. Hier könnte es also ursprünglich darum gegangen sein, einen zu eigenständiger Erwerbstätigkeit nicht fähigen jungen Mann in der Armee unterzubringen – oder um das Fingieren einer guten Entschuldigung für Fahnenflucht.

Offensichtlich nutzten Werber Köln auch als verkehrsgünstig gelegene Zwischenstation für das Sammeln und den Weitertransport von Rekruten, die auswärts geworben worden waren.[184] Bisweilen scheinen vor Ort anwesende Werber mehr oder weniger unter der Hand auch als Agenten für andere Armeen tätig gewesen zu sein, insbesondere dann, wenn sie in Köln mehr Männer rekrutieren konnten, als sie selbst benötigten. In diesen Fällen konnten sie sicherlich mit irgendeiner Form von Gewinn die Überzähligen weitergeben. Das zeigt etwa ein zufällig überliefertes Schreiben eines Herrn Öpp aus Maastricht an einen Kavalleriehauptmann Wrangel in Köln aus dem Kriegsjahr 1689: Er habe gehört, dass hier „viel Leute" bereit seien, Dienste anzunehmen. Aus alter Freundschaft bitte er daher um Überweisung von „ein paar gute Kerl so mundierung haben undt sonsten sich helffen können"[185]. Hier ging es also um erfahrene Soldaten, die ihre Uniform und Ausrüstung, wenn möglich, teilweise mit in den Dienst bringen

---

182 HAStK-RBA Best. 33 A 88, Bl. 97 (Supplik Wenn, 1750). Ähnlich der kaiserliche Grenadier Christian Custer, der 1769 bei Verlassen der Stadt angeworben war, in Köln aber zwei Kinder bei dem Meister zurückgelassen hatte, bei dem er als Handwerker gearbeitet hatte. HAStK-RBA Best. 33 A 282, Bl. 2000r (Köln an Baron Schorlemmer, 1769). Joseph Schlecht hatte bei seinem Eintritt in kaiserliche Dienste seine Frau mit sieben Kindern zurückgelassen, HAStK-RBA X-Best. 6100 A 491 (Supplik Schlecht, 1793).

183 HAStK-RBA Best. 33 A 354, Bl. 18r (Supplik Vetwies, 1723). Der ganze Vorgang ebd., Bl. 18–22.

184 Siehe z. B. HAStK-RBA Best. 33 A 83, Bl. 58–59 (ein Wirtshaus als Sammelstelle). 1750 wurden zwei lothringische Deserteure in Köln verhaftet, weil sie mit „Excessen" auffällig geworden waren, HAStK-RBA Best. 33 A 88, Bl. 22r (Pro Memoria, 1750). 1763 wurde die starke Belegung der Stadt mit neu geworbenen kaiserlichen Truppen beklagt, HAStK-RBA Best. 10B A 210, Bl. 28v–29r (Ratsprotokoll, 9.2.1763). HAStK-RBA Best. 33 A 118, Bl. 7–9 (Zugangsregelung für kaiserliche Rekrutentransporte, 1788). HAStK-RBA Best. 10B A 78, Bl. 7v (Ratsprotokoll, 29.12.1631: Köln als Zwischenstation für auswärts geworbene kaiserliche Rekruten); HAStK-RBA Best. 33 A 426, Bl. 1784 (Liste mit 47 Rekruten für ein Freikorps aus Lüttich, 1778).

185 Beide Zitate HAStK-RBA Best. 33 A 68, Bl. 55r (Öpp an Wrangel [1689]).

sollten – also letztlich um Deserteure. Köln erweist sich auch hier als Drehscheibe für Anwerbungen im größeren Stil.

Auch wenn es vielfach fremde Mächte waren, die den Kölner Rekrutenmarkt abschöpfen wollten, stand er natürlich grundsätzlich im Bedarfsfall auch für eigene Zwecke zur Verfügung. So in der Gefahrensituation des Holländischen Krieges 1672, als zur „Anwerbung mehrerer Kriegs Völcker, so viel derer in der Eil immer zu bekommen, die Trommelen"[186] geschlagen werden sollten. Dass gleichzeitig die Bürgerfahnen angewiesen wurden, die Junggesellen[187] und ledigen Handwerksburschen in einer eigenen Kompanie zusammenzufassen, deutet auf die Absicht hin, notfalls aus diesem mangels Familie sozial eher abkömmlichen Personal die regulären Truppen zu verstärken. Wie ernst dieser Plan war, zeigt die Anweisung, diese Leute durch Offiziere exerzieren zu lassen und sie von Wachdiensten freizustellen, damit sie sich auf ihre Ausbildung konzentrieren konnten.[188]

Wie wurde die Werbung durch fremde Armeen nun in der Praxis organisiert? Abgesehen von Fällen einer ohnehin verbotenen[189] Werbung unter der Hand und ohne Wissen des Rats,[190] mussten offizielle Werbegesuche von der Stadt genehmigt werden, bevor die Werbeoffiziere in Aktion treten konnten. Bürgermeister und Rat hielten dabei sowohl ihre Reichs- und Bündnispflichten als auch die politische Lage im Auge.[191] Als Reichsstadt war Köln ein natürliches Revier kaiserlicher Werber bzw. solcher für Reichstruppen.[192] Werbungen für kaiserliche Truppen konnte man kaum ablehnen.[193] Bei anderen Armeen konnte sowohl die Zulassung als auch die Ablehnung unliebsame Konsequenzen nach sich ziehen: Im ersten Fall durch den Unmut der Gegner der jeweiligen

---

186 HAStK-RBA Best. 10B A 120, Bl. 3v (Ratsprotokoll, 28.12.1672); ebd., Bl. 37r (Ratsprotokoll, 23.1.1673).

187 Von diesen wurden in einer vergleichbaren Situation 1632 durch die Bürgerhauptleute genau 2.692 erfasst, so dass es sich um ein erhebliches Personalreservoir handelte, HAStK-RBA Best. 10B A 78, Bl. 61v (Ratsprotokoll, 11.2.1632).

188 HAStK-RBA Best. 10B A 120, Bl. 43v–44r (Ratsprotokoll, 27.1.1673).

189 Siehe etwa HAStK-RBA Best. 14 A 3, Nr. 165 (Ratsedikt, 23.5.1572); HAStK-RBA Best. 30N A 668, Bl. 5r–v (Erneuerte Stimmmeister-Rolle, 1691).

190 Das Problem war etwa Ende 1672 so virulent, dass die Herbergen und Wirtshäuser systematisch nach fremden, nicht genehmigten Werbekommandos abgesucht werden sollten. HAStK-RBA Best. 10B A 120, Bl. 6v (Ratsprotokoll, 29.12.1672). Ähnlich 1631: HAStK-RBA Best. 10B A 77, Bl. 348v (Ratsprotokoll, 27.10.1631).

191 Vgl. Schwarz, Werbung, S. 260. HAStK-RBA X-Best. 6100 A 445 (Werb-Reglement [18. Jh.]). Ein Beispiel für die politischen Implikationen von Werbung: 1673 forderte ein kaiserlicher Vertreter in Köln die Durchsetzung des Verbots fremder Werbungen gegen einen auf dem Neumarkt agierenden – offensichtlich nicht kaiserlichen – Offizier. Hier ging es als um die Reservierung des Kölner *Gewaltmarkts* für kaiserliche Zwecke, deren Unterlaufen für die Stadt an allen möglichen Stellen Probleme hätte schaffen können. HAStK-RBA Best. 10B A 120, Bl. 116r–v (Ratsprotokoll, 10.4.1673).

192 Vgl. Hochedlinger, Adlige Abstinenz, S. 291; Schwarz, Werbung, S. 259. Die Möglichkeit zur Werbung im Reich ist insgesamt zu den Vorteilen des Kaisertums zu zählen, die zu seiner militärischen Stärke beitrugen. Vgl. Plassmann, Indirekt kaiserlich.

193 Siehe etwa HAStK-RBA Best. 33 A 137, Bl. 54v (Köln an Maria Theresia, 12.12.1755): „nach mög- und thunlichkeit" habe man kaiserlich-königliche Werbungen „jederzeit schuldigst allergehorsambst" gestattet.

Armee[194], im zweiten durch den Unmut eines vielleicht mächtigen Potentaten – der vielleicht auch nur deshalb verärgert war, weil seine Werbekommandos auf eine zu starke Konkurrenz auf den Kölner Straßen trafen.[195] So ist jedenfalls eine 1775 geführte förmliche kaiserliche Beschwerde zu verstehen.[196] Beklagt wurde die Anwesenheit vieler „Freyshopper und sogenannte[r] Seelenverkäufer" in der Stadt, die „Leuthe verführten" und für Armeen anwarben, die in keiner Beziehung zum Reich standen. Diese Männer standen dann für die kaiserlichen Werber nicht mehr zur Verfügung. Unterstützt werde das Ganze durch Wirte in Köln und sogar durch das Stadtmilitär, das dienstwillige „Purschen" (wohl gegen Provision) zu den Winkelwerbern umleite. Unter diesen ragte offenbar ein Peter Santen hervor, der zuvor in kaiserlichen Diensten gestanden habe, diese dann wegen seiner Verfehlung hatte verlassen müssen und nun in Köln sogar das Bürgerrecht erhalten habe.[197] Das diesbezüglich von den Kaiserlichen angerufene Gewaltgericht mache keine Anstalten, dem Übelstand abzuhelfen.

Der Rat wies auf Entwurf des Syndikats die „mit einigen ohnnötigen bedrohungen begleitete[n]"[198] Beschwerden jedoch zurück: Von illegalen Werbern sei nichts bekannt, und wenn es bekannt werde, werde dem selbstverständlich ein Riegel vorgeschoben. Ein in Verdacht geratener Wirt habe zwar früher mit „emigranten" zu tun gehabt, jetzt aber nicht mehr. Dass die Stadtsoldaten gegen die kaiserliche Werbung arbeiteten, wurde abgestritten. Vielmehr würden ankommende „dienstloße frembde der kayserlichen werbung vorzüglich" zugeführt. Schließlich erhob die Stadt einen Gegenvorwurf gegen die kaiserlichen Werber: Bereits verpflichtete, aber noch nicht in Marsch gesetzte Männer würden bei Nacht die Straßen unsicher machen. Dieses Problem kam offensichtlich dadurch zustande, dass die Rekruten so lange gesammelt wurden, bis ihre Zahl für eine Inmarschsetzung reichte.

Parallel zu diesen Vorgängen kam es zu einer Auseinandersetzung um den ehemaligen Tambour Peter Fontaine. Bei ihm handelte es sich um einen Kölner Stadtsoldaten, der regulär aus dem Dienst ausgeschieden war. Danach „ließ er sich dahin bereden, daß er Kaiserliche Uniform anlegte, und einen Werber abgab"[199] – so seine Schwägerin in einer Supplik zu seinen Gunsten. Er habe aber weder einen Eid abgelegt noch ein Hand-

---

194   Weshalb z. B. 1563 die Werbung für gegen Spanien eingesetzte Truppen in Köln verboten wurde. HAStK-RBA Best. 14 A 1, Nr. 110 (Ratsedikt, 9.7.1563).

195   Siehe z. B. die Beschwerde des Kurfürsten Johann Wilhelm von der Pfalz wegen der Rekrutierung von einigen seiner Untertanen durch ein venezianisches Werbekommando in Köln aus dem Jahr 1696. HAStK-RBA Best. 33 A 318, Bl. 782–785.

196   HAStK-RBA Best. 33 A 106, Bl. 80–81 (Nota über die Werbung, 27.5.1775). Die folgenden Zitate ebd.

197   Diese Angabe lässt sich nicht verifizieren. Vermutlich hat er nicht das Bürgerrecht erhalten, sondern durfte sich nur in Köln niederlassen. In den Bürgerbüchern taucht er nicht auf, vgl. den Index in DEETERS, Kölner Neubürger, Bd. 4.

198   HAStK-RBA Best. 33 A 106, Bl. 88–91 (Nota an das kaiserliche Werbekommando, [21.6.]1775). Die folgenden Zitate ebd.

199   HAStK-RBA Best. 33 A 106, Bl. 94r (Supplik der A. M. Theresia Aldenbruck, 1775). Der gesamte Vorgang ebd., Bl. 94–109.

geld angenommen, so dass er zwar die Uniform getragen habe, aber kein kaiserlicher Soldat geworden sei. Gleichwohl habe er angestrebt, bei den Kaiserlichen einen Aufstieg zum Tambourmajor zu nehmen. Das sei ihm auch zugesichert worden, wenn er in der Zwischenzeit in Köln fleißig Männer anwerbe. Irgendwann habe er jedoch bemerkt, dass er betrogen worden war und als einfacher Musketier auf den nächsten Rekrutentransport geschickt werden sollte. Daraufhin habe er die kaiserliche Uniform zurückgeschickt und sich bei einem Werber des Hochstifts Münster verpflichtet. Gleichzeitig desertierten zwei weitere Tambours der Stadtsoldaten. Der städtische Oberstleutnant habe angenommen, dass sie von Fontaine dazu verführt worden seien, und ihn verhaftet. Überdies bezichtigten die Kaiserlichen ihn der Desertion und verlangten die Auslieferung. Köln lavierte nun zwischen ihnen und Münster sowie dem in Personalunion mit Münster regierten Kurköln. Man könne ihn angesichts der über ihn streitenden höheren Mächte erst aus der Haft entlassen, wenn sie sich geeinigt hätten.

Solche Querelen belegen zur Genüge, dass bereits die Zulassung fremder Werber jedenfalls genau geprüft werden musste, weshalb der Rat beispielsweise das Werbegesuch des preußischen Hauptmanns von Buttlar 1729[200] zunächst zur politischen und rechtlichen Prüfung an das Syndikat verwies. In einem zweiten Schritt wurde dann die Schickung mit der Angelegenheit befasst, also ein Ratsausschuss für besonders brisante Fragen der großen Politik. Schließlich wurde die Werbung für zwei Monate gestattet, wenn Buttlar gegenüber den städtischen Kriegskommissaren die Befolgung des Kölner Werbereglements geloben werde.[201] Vermutlich stammte der preußische Feldwebel, der auf der Severinstraße den stadtkölnischen Korporal Lohausen erst zu einem Glas Wein einlud, um ihn dann zu einem nicht näher bezeichneten, vermutlich aber mit Fahnenflucht zu identifizierenden Verbrechen zu verführen, aus eben diesem Werbekommando.[202] Wenn dem so war, hatte dieses zu unlauteren Mitteln der Werbung gegriffen. Das nächste Werbegesuch für die preußische Armee folgte bereits im Juli 1729 durch einen Cornet R. H. von Froreich. Erneut wurde es zunächst an die Schickung verwiesen, um zu denselben Bedingungen auf zwei Monate bewilligt zu werden.[203] De facto hatte man damit fast ohne Unterbrechung preußische Werbekommandos in der Stadt. Das ist insofern auch nicht verwunderlich, als Preußen[204] mit seinen niederrheinischen Besitztümern in unmittelbarer Nähe lag und ein Mitstand des Niederrheinisch-Westfälischen Reichskreises war.

Waren die Werber einmal zugelassen, musste trotzdem sehr genau darauf geachtet werden, dass sie sich innerhalb des vorgegebenen Rahmens hielten und ihr Geschäft

---

200 HAStK-RBA Best. 33 A 76, Bl. 13–14 (Werbegesuch Buttlar, 1729).
201 HAStK-RBA Best. 10B A 176, Bl. 98v, 100v und 106r (Ratsprotokolle, 2.5.1729, 4.5.1729 und 11.5.1729).
202 HAStK-RBA Best. 33 A 76, Bl. 26–27 (Supplik Lohausen, 1729).
203 HAStK-RBA Best. 33 A 76, Bl. 46 (Werbegesuch Froreich, 25.7.1729); HAStK-RBA Best. 10B A 176, Bl. 200v und 209r–v (Ratsprotokoll, 25.7.1729 und 29.7.1729).
204 Entgegen dem landläufigen Bild von einer im Rahmen des Kantonssystems auf den Gütern ostelbischer Junker dienstverpflichteten preußischen Armee setzte diese sich auch im 18. Jahrhundert etwa zur Hälfte aus geworbenen Männern zusammen. Vgl. WINKEL, Eighteenth-Century, S. 80 f.; JESSEN, „Preußens Napoleon", S. 201; RINK, Der kleine Krieg, S. 267–270.

nicht auf Kosten der Stadt, ihrer Bevölkerung und ihrer Rechte betrieben. Das galt selbst für kaiserliche Werbungen. So wurde 1755 ein Notar zu zwei kaiserlichen Werbelokalen geschickt, um das dort ausgehängte Schild in Augenschein zu nehmen. Er fand am Lokal des Hauptmanns von Gleichen in der Diepen-Gasse ein Holzschild von ca. drei Fuß Höhe und zwei Fuß Breite vor, auf das auf blauem Grund ein gekrönter Reichsadler mit einem Wappenschild aufgemalt war, das die Wappen des Herzogtums Lothringen und des Großherzogtums Toskana zeigte (also die persönlichen von Franz I. neben der Kaiserwürde). Darüber stand in schwarzer Schrift: „Kaeyserlich Koeniglich Werbhaus & Jurisdiktion"[205]. Ein ähnliches Schild hatte zuvor schon am Werbelokal des Hauptmanns von Bourman gehangen.[206] Anstößig war daran aus Kölner Sicht die „Jurisdiktion", denn die Werber hatten in eine Verhaftung eines abzuschiebenden ehemaligen Eremiten durch Kölner Stadtsoldaten eingegriffen, weil sich dieser Eremit offenbar als Zuträger für die Rekrutenanwerbung betätigt hatte, also so etwas wie ein kaiserlicher Agent geworden war. Vor den Augen der Stadtsoldaten brachten sie ihn in ihrem Werbehaus in Sicherheit, für das sie so plakativ eine eigene kaiserlich-königliche Jurisdiktionsgewalt behaupteten.[207] Es ging hier also weniger um den konkreten Einzelfall als um die Frage, ob die Kölner Obrigkeit im Angesicht kaiserlicher Werber noch Herr im eigenen Haus war.[208] Köln beschwerte sich daher nachdrücklich beim Generalgouverneur der Österreichischen Niederlande[209] und bei der Kaiserin Maria Theresia[210] über das Wappenschild und dessen Beschriftung mit „Jurisdiction" am Werberquartier sowie das Vorgehen der Werber. Der Sinn dieser Beschriftung ist im Übrigen offensichtlich: Die Werber zeigten damit an, dass man sich durch Betreten dieses Hauses der stadtkölnischen Justiz entziehen könne. Es dürfte daher ganz dezidiert darum gegangen sein, zum Zweck eines schnellen Werbeerfolgs Kriminellen oder sonst in unangenehme Rechtsstreitigkeiten Verwickelten eine Rettung unter kaiserlichen Fahnen zu verheißen (was in diesem Fall den Topos des frühneuzeitlichen Söldners als Bodensatz der Gesellschaft bestätigen würde). So sehr die Kölner vielleicht ein Interesse daran haben konnten, soziale Randexistenzen auf diese Weise loszuwerden, so wenig konnten sie es dulden, dass sich jemand etwa unter Hinterlassung von Schulden oder unehelicher Kinder dem obrigkeitlichen Zugriff

---

205 HAStK-RBA Best. 33 A 137, Bl. 2r (Notarsinstrument Happertz, 12.12.1755).
206 HAStK-RBA Best. 33 A 137, Bl. 13–14 (Notarsinstrument Happertz, 10.12.1755).
207 HAStK-RBA Best. 33 A 137, Bl. 5–6 (Köln an Prinz Karl von Lothringen, 12.12.1755). Vgl. auch zur Anbringung eines Wappens an der preußischen Residentur in Köln LEIBETSEDER, Umstrittener sozialer Raum, S. 191.
208 Diese Frage kam immer wieder auf, z. B. 1769, als kaiserliche Werber einen Mann schwer misshandelten. Untersuchung dazu in HAStK-RBA Best. 33 A 282, Bl. 2017–2020. 1782 beschwerte sich ein preußischer Beamter darüber, dass kaiserliche Werber in Köln einen Deserteur für sich reklamierten und nicht auslieferten, was eine Untersuchung zur Folge hatte. HAStK-RBA Best. 50 A 398/4 (Pro Memoria und Verhör, 1782). 1770 stellte sich die Frage, ob ein von einem kaiserlichen Werber bezogenes Haus zu den bürgerlichen Lasten beitragen, also Wachgeld zahlen müsse. HAStK-RBA Best. 33 A 40, Bl. 3–4 (Supplik Bilstein, 1770).
209 HAStK-RBA Best. 33 A 137, Bl. 1–12 (Köln an Prinz Karl von Lothringen, 12.12.1755).
210 HAStK-RBA Best. 33 A 137, Bl. 54–55 (Köln an Maria Theresia, 12.12.1755).

entzog. Wien reagierte schnell und ließ bereits am 26. Dezember 1755 durch den Residenten in Köln ein Reskript verlesen, nach dem der schuldige Hauptmann für sein Vergehen bestraft werde und man erwarte, dass die Werbungen nunmehr ungestört fortgesetzt werden könnten.[211] An einer Eskalation bestand also kein Interesse. Der Resident Bossart machte aber in der Folge deutlich, dass er eine Unterstützung der kaiserlichen Werbung erwarte. Konkret führte er einen Fall an, bei dem Anfang Dezember 1755 stadtkölnische Soldaten einen bereits angeworbenen Rekruten abgeführt und ebenfalls anwesenden dänischen Werbern übergeben hatten (von denen er vielleicht ein zweites Handgeld kassiert hatte).[212] Das war ein Wink mit dem Zaunpfahl, bei konkurrierenden Werbungen auf dem *Gewaltmarkt* Köln die kaiserliche Sache zu unterstützen. Auf der anderen Seite kamen die Kaiserlichen den Kölnern auch in symbolischer Hinsicht entgegen, nämlich im heiklen Feld der Jurisdiktion. Als im Januar 1756 ein Deserteur aus der kaiserlichen Armee in Köln aufgegriffen wurde, wurde dieser durch einen Beauftragten der Stadt verhört, während ein kaiserlicher Offizier auf die Rolle eines anwesenden Zeugen beschränkt wurde.[213] Ein anderes mögliches und aus der Sicht der Stadt zu verschließendes Einfallstor in die inneren Verhältnisse Kölns über kaiserliche Werbekommandos stellten Heereslieferungen von außen dar. 1784 lehnte man deshalb das Ersuchen eines kaiserlichen Hauptmanns auf einen Pass für einen Deutzer Juden ab, der Fleisch für die in Köln liegenden Rekruten liefern sollte: Juden würden nur auf Einzelantrag in die sonst rein christliche Stadt gelassen, was die Ausstellung eines Passes als Präzedenzfall für freien Eintritt unterlaufen hätte.[214] Außerdem müsse man die Interessen der hiesigen Schlachter vor fremder Konkurrenz schützen.[215]

Ein Kölner „Werb-Reglement"[216] reagierte 1706 auf die Probleme mit auswärtigen Werbungen. Diese bestätigten zunächst grundsätzlich den Genehmigungsvorbehalt des

---

211 HAStK-RBA Best. 33 A 137, Bl. 56–57 (Bericht der stadtkölnischen Kommission beim Residenten, 26.12.1755).

212 HAStK-RBA Best. 33 A 137, Bl. 60–61 (Pro Memoria, 23.1.1756).

213 HAStK-RBA Best. 33 A 137, Bl. 62–65 (Verhör Leurer, 3.1.1756). Auch dieser Deserteur wurde offenbar von stadtkölnischen Soldaten dahingehend beredet, zur dänischen Armee zu gehen.

214 Vgl. PLASSMANN, Überlieferung, S. 17–20.

215 Antrag und Antwort in HAStK-RBA Best. 33 A 114, Bl. 1–3. Dass die Stadt Köln für die Belieferung ihrer Truppen am Oberrhein 1735 mit Brot einen Vertrag mit dem Juden Hertz Isaac aus St. Goar abschloss, ist dann nur folgerichtig: Hier schädigte man keinen Kölner Bäcker. Dass allerdings die Verhandlungen darüber in Köln stattfanden, man also einen Vertreter der jüdischen Familie in die Stadt gelassen hatte, zeigt dann doch eine gewisse Flexibilität im Umgang mit den eigenen Grundsätzen von der Heiligkeit der Stadt, die vor jüdischen Füßen geschützt werden müsse. HAStK-RBA Best. 33 A 436, Bl. 1377–1382 (Vertrag mit Hertz Isaac, 1735). Vgl. PLASSMANN, Überlieferung, S. 18–20.

216 HAStK-RBA X-Best. 6100 A 445 (Werb-Reglement [12.2.1706]). Die folgenden Zitate ebd. Dass das Reglement noch im späten 18. Jahrhundert in Kraft war, belegt seine Überlieferung in einer Akte zu Werbungen 1778/1790, HAStK-RBA Best. 33 A 426, Bl. 1797. Grundlegende Bestimmungen dieses Reglements galten bereits im Dreißigjährigen Krieg, so v. a. das Verbot der Anwerbung Minderjähriger ohne Wissen der Eltern oder Vormünder oder das Verbot der Abwerbung von Stadtsoldaten, siehe z. B. HAStK-RBA Best. 10B A 77, Bl. 187r (Ratsprotokoll, 13.6.1631).

Rats.[217] Doch auch mit einer Genehmigung durften keine „Burgers-Kinder, wie auch keine Studenten, oder einige annoch in den Lehr-Jahren eines Hand-Wercks stehende Gesellen und Jungen, ohne deren Eltern, oder Vormündern Vorwissen und Bewilligung" angeworben werden. Hier ging es sowohl um den Schutz Minderjähriger, die vielleicht noch nicht die Konsequenzen ihrer Handlungen übersahen, als auch um die Sicherung der Interessen der Stadt insgesamt, die nicht auf ökonomisch und sozial etablierte Nachwuchskräfte verzichten wollte (was indes nicht unbedingt auf die auswärtigen Studenten zutreffen mag).[218] Ausdrücklich verboten wurde auch die Abwerbung von Kölner Stadtsoldaten.[219] Im Umkehrschluss hatten die auswärtigen Werber also theoretisch vordringlich unter den Fremden und unter nichtzünftigen und nichtbürgerlichen Tagelöhnern sowie Bettlern und Müßiggängern nach Rekruten zu suchen.[220] Um die Einhaltung des Reglements zu erzwingen, war es verboten, die Neugeworbenen einzeln oder in Gruppen aus der Stadt zu bringen, ohne zuvor Namenslisten vorzulegen und eine Genehmigung des städtischen Kriegskommissars einzuholen. Diese Bestimmung diente aber auch dazu, zu verhindern, dass die Werber unter Zurücklassung von Schulden aus der Stadt verschwanden.

An den Werbungen verdienten Wirte und lokale Mittelsmänner dennoch unter dem Strich so gut, dass sie bisweilen in Versuchung gerieten, trotz empfindlicher Strafen ihr Geschäft mit unlauteren Praktiken zu betreiben.[221] Doch wurden sie auch Opfer der Werber. Verdienstmöglichkeiten und Risiken lagen hier eng beieinander. 1762/63 führten umfangreiche kaiserliche Werbungen zu einem diplomatischen Nachspiel. Ein Generalmajor von Kettler hatte gleich mehrere (Wirts-)Häuser besichtigt, um hier die neu gewonnenen Rekruten bis zum Abtransport unterbringen zu können. Dabei war schon die Rede von einer Bezahlung, mithin von einem guten Geschäft. Diese blieb am Ende jedoch aus und Kettler konnte sich bei den Wirten auch Dank „gewaltthätiger"[222] Unterstützung französischer Soldaten breitmachen, ohne dass diese jemals eine Zahlung sahen.

---

217 Der natürlich auch schon vorher und später geltend gemacht worden war, siehe z. B. HAStK-RBA Best. 33 A 289, Bl. 1–2 (Verbot fremder Werbungen, 1655). Siehe auch ebd., Bl. 34–35 (Auskunft an die Stadt Speyer über die Bedingungen der Werbung in Köln, 1765); ebd., Bl. 36–37 (Ratsedikt zur Werbung von 1765, erneuert 1781).

218 Eine ähnliche Bestimmung findet sich auch in undatierten „Conditiones" für Werbung, wohl aus dem Umfeld des Siebenjährigen Krieges. HAStK-RBA Best. 33 A 283, Bl. 145r. Die Folgen der Anwerbung eines Bürgersohnes lassen sich z. B. aus einer Supplik aus dem Jahr 1779 ersehen: Der Metzgermeister Frantz Offermanns sieht sich außer Stande, ohne Hilfe seines Sohns seinen Betrieb weiterzuführen. Dieser ist aber „als ein junger pursch durch verleitung anderer" einem Freikorps beigetreten. HAStK-RBA Best. 33 A 377, Bl. 5r (Supplik Offermans, 1779).

219 Was in Kriegszeiten auch auf die Soldaten der verbündeten Truppen in der Stadt ausgedehnt werden konnte. Siehe z. B. HAStK-RBA Best. 14 A 20 (Ratsedikt, 3.2.1706).

220 Vgl. auch KROLL, Soldaten, S. 95 f.

221 HAStK-RBA Best. 33 A 77, Bl. 136–137 (Supplik Weilerswist, 1732). Er wurde verhaftet, weil er preußischen Werbern illegal zugearbeitet habe. HAStK-RBA Best. 33 A 111, Bl. 37 (Supplik Ganzinotti, 1781). Er wurde mit einer Geldstrafe belegt, weil er als Kölner illegale niederländische Werber unterstützt hatte.

222 HAStK-RBA Best. 33 A 142, Bl. 453v (Köln an Graf [Johann Karl Philipp] Cobenzl [Staatsminister in den Österreichischen Niederlanden], 1.9.1763). Das gesamte Schreiben ebd., Bl. 453–454. Das folgende Zitat Bl. 454r.

Die „schlechte Mannszucht" der Soldaten und ihre übermäßigen, mit Drohungen durchgesetzten Forderungen erhöhten den Schaden weiter. Die von der Stadt bei kaiserlichen Stellen vorgebrachte Forderung nach Übernahme der Kosten war in dieser Situation und angesichts der Machtverhältnisse eher eine Demonstration nach innen (indem man sich den Geschädigten als fürsorgliche und handlungsfähige Obrigkeit präsentierte), als dass man wirklich auf Zahlungen hoffen konnte. Immerhin sicherte der Staatsminister der Österreichischen Niederlande, Graf Johann Karl Philipp Cobenzl, eine Untersuchung der Forderungen zu.[223]

1739/40 schloss ein Kölner Wirt einen Vertrag mit einem kaiserlichen Kriegskommissar ab, dem zufolge er gegen eine monatliche Zahlung von vier Louis d'or und vier Gulden Rekruten aus oder für (das wird aus der Formulierung nicht ganz klar) Kurpfalz und Lüttich beherbergte und versorgte. Laut eigener Aussage waren auf dieser Grundlage über ein ganzes Jahr hinweg Rekruten beherbergt und damit insgesamt einen Anspruch auf 260 Reichstaler erworben worden. Der Kommissar, der nun seine Werbung einzustellen begann, wollte aber nicht zahlen, sondern verwies ihn mit seinen Ansprüchen an die Stadt Köln. Diese machte nun seine Witwe geltend, weil der Wirt just zu diesem Zeitpunkt starb. Der Rat wies ihre Bitte um Zahlung jedoch aus naheliegenden Gründen ab, so dass sie anscheinend auf den Kosten sitzen blieb.[224] Solche Problemfälle dürfen aber nicht den Blick darauf verstellen, dass die meisten Werbungen offenbar reibungslos verliefen – denn sonst müsste es viel mehr Beschwerden und Prozesse geben. Froh scheint man jedoch allemal gewesen zu sein, wenn die Werber abzogen. 1731 beschloss der Rat sogar, kaiserlichen Werbern wegen ihres guten Verhaltens bei ihrem Abzug eine finanzielle Belohnung zukommen zu lassen.[225]

Dabei ging es nicht nur um die Bezahlung von Schulden, sondern auch um unlautere oder gar gewaltsame Werbepraktiken. Regelmäßig wurden Eltern beim Stadtrat vorstellig, weil sich ihre Söhne „ohne unser Elteren wißen undt willen"[226] von der einen oder anderen Armee hatten anwerben lassen. Aus der Darstellung der Eltern wird natürlich die Motivlage des Sohnes nicht recht deutlich. War der Eintritt in den Solddienst

---

223 HAStK-RBA Best. 33 A 142, Bl. 460r (Cobenzl an Köln, 29.10.1763).
224 HAStK-RBA Best. 33 A 83, Bl. 58–59 (Supplik Witwe Müller, 1740); HAStK-RBA Best. 10B A 187, Bl. 182r-v (Ratsprotokoll, 25.7.1740). Zu einem anderen Wirt, der auf seiner Rechnung sitzen blieb, siehe HAStK-RBA Best. 33 A 82, Bl. 9–11 (Supplik Schmitz, 1738).
225 HAStK-RBA Best. 10B A 178, Bl. 206r (Ratsprotokoll, 18.7.1731).
226 So Wilhelm Lingens über seinen Sohn Andreas Lingens 1729, HAStK-RBA Best. 33 A 76, Bl. 24r. Siehe auch HAStK-RBA Best. 10B A 77, Bl. 229r (Ratsprotokoll, 14.7.1631: Beschwerde zweier Bürger über die Anwerbung ihrer Söhne); HAStK-RBA Best. 33 A 83, Bl. 63–64 (Supplik Vriel, 1740); HAStK-RBA Best. 33 A 291, Bl. 320–321 (Anwerbung des Bürgersohns Wilhelm Bünnagel, 1757); HAStK-RBA Best. 10B A 210, Bl. 11r (Ratsprotokoll 10.1.1763 wegen des Sohnes des Bürgerhauptmanns Blomenberg im kaiserlichen Dienst). Siehe auch HAStK-RBA Best. 33 A 253, Bl. 45r (Supplik Geerlink, 1721); HAStK-RBA Best. 33 A 255, Bl. 18–19 (Supplik Schüller, 1787); HAStK-RBA Best. 33 A 115, Bl. 3–4 (Supplik Neukirchen, 1785); HAStK-RBA Best. 150 A 192 (Untersuchung der Werbung des Studenten Winand Dubbels ohne Genehmigung seiner Eltern durch einen preußischen Hauptmann, 1755). Vgl. Kroll, Soldaten, S. 90 und S. 139.

fremder Armeen einfach ein „ohnbesonnen beginnen"[227] eines jungen Mannes nach
dessen „Verleitung"[228] durch wen auch immer, suchte er Abenteuer, ein schnelles Handgeld oder auch nur einen Ausweg aus der jeweiligen Lebenssituation, floh er also vielleicht vor den Eltern[229], vor einem Eheversprechen[230], vor einem Lehrmeister[231] oder
vor Schulden?[232] In all diesen Fällen kann die Annahme von Solddienst durchaus dem
freien Willen entsprochen haben.[233] Beispielsweise bei den beiden Söhnen des Arnold
Woringen, der 1734 um Befreiung von der Wachpflicht bat. Er sei alt und gebrechlich,
weshalb bisher seine Söhne nicht nur für seinen Lebensunterhalt gesorgt, sondern auch
seine Wachpflichten übernommen hätten. Nun seien sie aber beide in Militärdienste getreten und hätten ihn allein zurückgelassen.[234]

Es ist aber in diesen Suppliken auch von gewaltsamer Verschleppung durch Werbekommandos die Rede, wobei sich der Wahrheitsgehalt solcher Vorwürfe meist nicht klären lässt. Sie richteten sich jedenfalls keineswegs nur gegen die diesbezüglich übel be-
leumundeten preußischen Werber[235], sondern etwa auch gegen kaiserliche[236] oder
kurpfälzische[237] Werbungen.[238] Auch die zwar nicht gewaltsame, die jungen Männer aber

---

227 HAStK-RBA Best. 33 A 78, Bl. 51r (Supplik Gaw, 1734). Der Sohn hatte sich für die dänische Armee
     anwerben lassen.
228 HAStK-RBA Best. 33 A 390, Bl. 51r (Supplik Maria Catharina Hartmans, 1769).
229 Vgl. HEUEL, Truppenwerbungen, S. 67.
230 1783 gab Catharina Coenens an, dass sie Wilhelm Hohnebroich nach Schwängerung nicht geheiratet
     habe, sondern er in kurpfälzischen Armeedienst getreten sei. Weil nunmehr seine Eltern die Zustim-
     mung zu einer Hochzeit gegeben hätten, bat sie um Unterstützung, um seine Entlassung zu erreichen.
     HAStK-RBA Best. 33 A 133, Bl. 27–28 (Supplik Coenens, 1783).
231 1790 beklagte sich Andreas Geist über die unrechtmäßige Anwerbung eines Lehrjungen aus seiner „Fa-
     brique". HAStK-RBA Best. 33 A 120, Bl. 1r (Supplik Geist, 1790).
232 Vgl. RISCHKE-NESS, Subjektivierungen, S. 178; LORIGA, Soldaten, S. 71 f.; NIMWEGEN, Pitfalls, S. 141.
     1761 beklagte der Schwager des Martin Urbach, dass dieser sich von der französischen Armee habe
     anwerben lassen. Seine Ehefrau sei mit in die Fremde gegangen und nun habe man es mit zwei hin-
     terlassenen Kindern zu tun, die versorgt werden müssten. HAStK-RBA Best. 33 A 33, Bl. 28 (Supplik
     Wirtz, 1761).
233 Vgl. MANN, Soldatenstande, S. 521; TALLETT, Soldiers, S. 139; SCHEFFKNECHT, Kleinterritorium, S. 342.
234 HAStK-RBA Best. 33 A 78, Bl. 60–61 (Supplik Woringen, 1734). Ein weiteres Beispiel sind diplomati-
     sche Verhandlungen, die die Stadt Köln 1769 mit einem kaiserlichen Gesandten um einen jungen Mann
     führte. Seine Mutter (mit vielen kleineren Geschwistern) reklamierte ihn zurück, weil er den Unterhalt
     der Familie sichergestellt habe und nun Not herrsche. Hier ist es natürlich denkbar, dass er gerade we-
     gen dieser Verantwortung die Flucht in den Armeedienst ergriffen hatte. HAStK-RBA Best. 33 A 290,
     Bl. 294–295 (Copia [1769]).
235 Vgl. BÜSCH, Rezeption, S. 7; RISCHKE-NESS, Subjektivierungen, S. 20; SALISCH, Deserteure, S. 156;
     MEUMANN, Military, S. 15.
236 HAStK-RBA Best. 33 A 241, Bl. 26–27 (Supplik der Witwe Clemens wegen ihres Sohnes, 1771).
237 HAStK-RBA Best. 33 A 106, Bl. 33–34 (Supplik der Witwe Wolff wegen ihres mit 50 Stockschlägen zur
     Anwerbung gezwungenen Sohnes, 1774); HAStK-RBA Best. 33 A 136, Bl. 454–455 (Köln an Kurpfalz
     wegen der Verschleppung zweier Männer durch Werbekommandos außerhalb der Stadt, 1757).
238 Und war selbstverständlich auch außerhalb von Köln ein ständiges Problem, vgl. z. B. KROLL. Soldaten,
     S. 129–136.

durch Alkohol[239], Überzeugungskünste attraktiver Frauen oder Taschenspielertricks überlistende Werbung kam in Köln sicherlich wie an anderen Werbeorten vor.[240] Auch wenn die Forschung das früher gerne gepflegte Vorurteil nachhaltig korrigiert hat, die frühneuzeitlichen Armeen hätten sich mehr oder weniger grundsätzlich nur aus gewaltsam gepressten Männern zusammengesetzt, ist jedenfalls auch nicht der Umkehrschluss statthaft, alle Werbungen seien vollkommen korrekt gelaufen.[241] Bürgermeister und Rat hatten sich folglich immer wieder mit entsprechenden Beschwerden und Klagen zu beschäftigen.

Bisweilen griff die Verwandtschaft der Männer zur Selbsthilfe. Jedenfalls beklagte sich 1731 ein preußischer Werber darüber, dass er Cornelius Stengel, einen „jungen Menschen"[242], ohne Zwang oder Druck ganz ordnungsgemäß angeworben hatte. Das sei nicht nur durch Handschlag, sondern auch durch einen eigenhändig unterschriebenen Zettel sowie durch das Verhalten beider Parteien über einen ganzen Tag hinweg bestätigt worden. Dann aber seien „Vatter, Mutter, Bruder und Schwester" erschienen, um Cornelius aus Sicht des Werbers gewaltsam wieder mitzunehmen. Damit galt er dem Werber als Deserteur.

Sein Stiefvater sah das indes anders. Er wies darauf hin, dass Cornelius mit 18 Jahren noch minderjährig sei und daher keinen Vertrag – als der der unterschriebene Zettel galt – abschließen könne. Der Werber habe vielmehr erreicht, dass er seinen Namen auf ein weißes Blatt Papier geschrieben habe, um dann den übrigen Text einzufügen.[243] Dieser Vorwurf ist nicht ganz von der Hand zu weisen, wenn man sich den vom Werber vorgelegten Zettel ansieht. Er ist ziemlich ungelenk zusammengeschrieben sowie besiegelt und macht insgesamt einen improvisierten Eindruck.[244] Allerdings kann es sich auch um das Produkt eines ungeübten Schreibers in Eile handeln, so dass diese Frage nicht zu entscheiden ist. Möglich ist auch eine dritte Variante: Cornelius hatte sich ordnungsgemäß anwerben lassen – vielleicht auch um sich dem Elternhaus zu entziehen –, dann aber seinen Plan nicht durchgehalten. Das sah jedenfalls der schließlich auch in der Sache aktive preußische Generalmajor Hans Christoph von Bardeleben so, der Inhaber des betroffenen Regiments. Er forderte die Herausgabe des aus seiner Sicht ordnungsgemäß Angeworbenen, der nur von „Eltern und Freünde [...] wieder anders Sinnes gemacht"[245] worden sei. Der Rat ließ daraufhin die Sache durch das Kriegskommissariat

---

239 Siehe z.B. HAStK-RBA Best. 33 A 1, Bl. 502r (Supplik Düßingh wegen Anwerbung seines Sohnes unter Alkoholeinfluss, 1632). Aus dem Jahr 1778 liegt eine seltene Abrechnung eines Werbekommandos vor. Diese enthält neben funktionalen Posten wie Schuhwerk etc. auch Ausgaben „zu vertrinken" und für Musikanten. HAStK-RBA Best. 33 A 426, Bl. 1755r. Was genau hinter der Bezahlung eines Malers für „2 Portrait" steckt, lässt sich nicht ermitteln. Ebd., Bl. 1788r.

240 Vgl. Mann, Soldatenstande, S. 522; Wilson, German Women, S. 132.

241 Vgl. z.B. Nowosadtko, Stehendes Heer, S. 208f.; Sikora, Change, S. 206.

242 HAStK-RBA Best. 33 A 77, Bl. 26r (Supplik des Werbers Wilhelm Hermanß, 1731). Der erwähnte unterschriebene Zettel ebd., Bl. 27. Ein weiteres Zeugnis für seine Echtheit ebd., Bl. 31.

243 HAStK-RBA Best. 33 A 77, Bl. 29–30 (Supplik Zerres, 1731).

244 HAStK-RBA Best. 33 A 77, Bl. 27.

245 HAStK-RBA Best. 33 A 77, Bl. 39r (Schreiben Bardeleben, 1.7.1731).

und das Syndikat untersuchen. Diese ließen sich für das schwer lösbare Problem jedoch Zeit und mussten mehrfach angewiesen werden, sich darum zu kümmern. Schließlich fiel die Entscheidung gegen Cornelius, der angewiesen wurde, den Kriegsdienst anzutreten.[246] Das war das Ergebnis einer sorgfältigen Untersuchung und Zeugenbefragung. Sogar der Stiefvater hatte am Ende eingestehen müssen, dass die Unterschrift des Cornelius echt sei – allerdings gab er auch zu Protokoll, dass sein Stiefsohn zuvor ein Glas von heimlich mit Branntwein versetztem Wein von dem Werber erhalten habe, er also unter Alkoholeinfluss und nicht zurechnungsfähig gewesen sei.[247] Er prangerte dergleichen listige Werbung als grundsätzlich gefährlich für die Bürger und ihre Kinder an, konnte sich aber letztlich mit dieser auf das Gemeinwohl zielenden Argumentation nicht durchsetzen.[248] Bürgermeister und Rat hielten sich an die ermittelten Fakten, welche die preußische Seite „beßer alß der Stengel"[249] habe glaubhaft machen können. Damit hielten sie sich die Rechtsposition offen, jeden Fall einzeln zu würdigen und zukünftig auch anders zu entscheiden. Zugleich vermieden sie aber einen offenen Streit mit dem mächtigen Preußen, das hier offenbar auch keinen Präzedenzfall entstehen lassen wollte. Bei dem Stiefvater des Rekruten handelte es sich allerdings nicht um irgendwen, sondern um Heinrich Zerres, der zwischen 1725 und 1734 Ratsherr war.[250] Man opferte also keineswegs einen Jungen aus einer ratsfernen Schicht.

Ein besonderer Fall wird in einer Supplik aus dem Jahr 1750 geschildert. Johann Joseph Eick gibt darin an, bereits im Jahr 1730 „mit listgriff" zur preußischen Armee geworben worden zu sein. Darum sei Streit zwischen seinen Eltern und dem Werbeoffizier entstanden, für den eine ungewöhnliche Lösung gefunden wurde: Der Werber habe 50 Reichstaler bei den Eltern „deponirt, gestalten solche für mich wan wiederkommen sollte, aufzubehalten"[251] – es handelte sich also um einen Pfand für die Rückkehr des einstweilen verlorenen Sohnes, das im Falle seiner regulären Entlassung aus dem Dienst, aber ausdrücklich auch im Falle seiner Desertion zurückzuzahlen war und das die Eltern in Silberwerk angelegt hatten. Nun kam Eick nach 20 Jahren auf Urlaub zurück nach Köln und musste feststellen, dass seine Eltern tot waren und sein Bruder (der ihn anscheinend auch für tot gehalten hatte, womit die 50 Reichstaler zu Recht als Entschädigung bei ihm geblieben wären) sowohl das Silberwerk als auch die 1730 zurückgelassene Kleidung als Erbe an sich genommen hatte Er dachte nicht daran, beides wieder herauszugeben. Wie auch immer dieser Streit unter Brüdern ausging: die Eltern hatten ein Geschäft mit dem Werber gemacht, mit dem sie sich gegen den Verlust ihres Sohnes absicherten.

---

246 HAStK-RBA Best. 10B A 178, Bl. 196r, 208r, 212r und 220r–v (Ratsprotokoll, 4.7.1731, 18.7.1731, 21.7.1731 und 8.8.1731).

247 1763 machte auch der Bürgerhauptmann Blomenberg geltend, dass sich sein Sohn im Rauschzustand von kaiserlichen Husaren habe anwerben lassen, was insbesondere bei einem Minderjährigen nicht statthaft sei. HAStK-RBA 33 A 330, Bl. 5–6 (Supplik Blomenberg, 1763).

248 HAStK-RBA Best. 33 A 77, Bl. 65–68 (Supplik Zerres, 1731).

249 HAStK-RBA Best. 33 A 77, Bl. 69r–v (Konzept Schreiben an Bardeleben, 8.8.1731).

250 Vgl. Deeters, Rat, S. 165.

251 Beide Zitate HAStK-RBA Best. 33 A 88, Bl. 83r (Supplik Eick, 1750).

Viel häufiger scheint die Anwerbung von jungen Kölnern aber unproblematisch verlaufen zu sein, denn sonst müssten viel mehr Beschwerden und Problemfälle in den Quellen auftauchen. 1774 etwa gab der Leyendecker Paulus Stoffel an, dass sich sein Sohn während des Siebenjährigen Krieges von hier anwesenden französischen Truppen hatte anwerben lassen. Nach 13 Jahren pflichtschuldigem Dienst sei er nun regulär entlassen worden. Zurück in Köln wollte er nun im väterlichen Betrieb arbeiten – und wir erfahren von seiner militärischen Biographie nur deshalb, weil es um seine Arbeit in Köln Ärger in der Zunft gab.[252] Probleme ergaben sich des Öfteren dort, wo Kölner von vornherein beabsichtigten, nur für eine gewisse Zeit in fremde Militärdienste zu treten, um danach wieder in ihr bürgerliches Leben zurückzukehren. Sie mussten dazu sowohl von ihrem Bürgerstatus beurlaubt werden als auch die Möglichkeit erhalten, später ihr Handwerk in ihrer Zunft ausüben zu können.[253] Inwieweit beides bewilligt wurde, hing vom Einzelfall ab. Wenn es aber zum Beispiel darum ging, einen Kölner als Chirurg bzw. Feldscher für ein lothringisches Regiment zu werben, wird deutlich, dass keineswegs nur Männer vom unteren Rand des sozialen Spektrums in Militärdienste traten.[254] Gleiches gilt für die gezielte Anwerbung von Kölner Bäckergesellen für die Feldbäckereien im Türkenkrieg, welche die kaiserliche Armee 1739 betrieb und die der Rat dadurch unterstützte, dass den Angeworbenen nach ihrer Dienstzeit eine bruchlose Rückkehr in das hiesige Handwerk zugesagt wurde.[255]

Der gelernte Bäcker Jacob Esser diente 1787 beim kurpfälzischen Militär in Düsseldorf, als sein Vater – der Bäckermeister Theodor Esser – plötzlich starb und seine Mutter schwer krank mit dem Tod rang. Jacobs Geschwister wünschten sich daher seine Entlassung, um zu Hause den elterlichen Betrieb fortführen zu können, wofür sie die Unterstützung der Stadt Köln anfragten und erhielten. Sie waren in diesem Zusammenhang bereit, die für den vorzeitigen Abschied ihres Bruders üblichen Gebühren an sein Regiment abzuführen.[256] Der Fall – dessen Ende allerdings nicht überliefert ist – zeigt einen etablierten Kölner Handwerker aus der bürgerlichen Mittelschicht, der für eine gewisse Zeit seines Lebens offensichtlich freiwillig den auswärtigen Militärdienst angenommen hatte und trotz der eingetretenen Notlage keineswegs auf dem Weg der Desertion ausscheiden wollte. Der Sohn des Jacobus Hermannus Bourscheid hingegen wurde 1764 nach zwei Jahren französischem Militärdienst „ganz rasend"[257] nach Köln zurückgebracht, also als dienstunfähig aufgrund welcher psychischen Beeinträchtigung auch immer. Sein Vater beantragte nun die Aufnahme in ein Hospital, so dass auch dieser junge Mann nicht durch das soziale Netz fiel.

---

252 HAStK-RBA Best. 33 A 106, Bl. 13–14 (Supplik Stoffel, 1774).
253 Vgl. PLASSMANN, Kämpfer, S. 138.
254 HAStK-RBA Best. 33 A 88, Bl. 34 (Supplik Hucher, 1750).
255 HAStK-RBA Best. 14 A 2, Nr. 201 (Ratsedikt, 30.1.1739). Siehe auch HAStK-RBA Best. 33 A 424. Vgl. zu der Praxis der Anwerbung von Bäckern SCHRÖDER, Stehende Heere, S. 416–420.
256 HAStK-RBA Best. 33 A 255, Bl. 1–3 (Supplik Esser, 1787).
257 HAStK-RBA Best. 33 A 332, Bl. 23r (Supplik Burscheid, 1764).

Probleme konnten sich dort ergeben, wo die in fremde Dienste getretenen Männer in Köln Familienangehörige zurückließen. Eher harmlos ist dabei der Fall des 1784 verstorbenen Oberstleutnants Theodor Krotte, der zuletzt beim kaiserlichen Infanterieregiment Esterhazy Dienst getan hatte. Er stammte aus Köln, weshalb nach seinem Tod bei der Stadt nach etwaigen Verwandten im Hinblick auf sein Erbe gefragt wurde. Dieses wird dabei zwar als „geringes Vermögen"[258] bezeichnet, aber immerhin hatte ihn seine Militärkarriere in fremden Diensten bis in einen hohen Offiziersposten gebracht.

Schwieriger wurde es, wenn die Ehefrau in Köln verblieben war. Catharina Elisabeth Stahlin war beispielsweise 1780 mit einem preußischen Grenadier verheiratet, der aber im fernen Vorpommern stationiert war. Da ein Streit um etwas Geld entstand, das dieser offenbar bei seiner Ehefrau hinterlassen hatte, wurde der Fall aktenkundig. Die Stadt Köln schrieb jedenfalls an den Regimentskommandeur Oberst (Philipp Wilhelm) Teuffel von Birckensee (Birkensee) in Anklam, dass Stahlin das Geld für ihren und ihrer Kinder Lebensunterhalt gebraucht habe. Sie könne wegen verschlossener Grenzen nicht nach Vorpommern zu ihrem Mann gelangen, weshalb der offenbar im Zuge eines Scheidungsverfahrens erhobene Vorwurf eines böswilligen Verlassens ihres Mannes nicht zutreffe. Eine Scheidung sei daher schon nach den Grundsätzen der evangelischen Konfession nicht möglich. In Köln wende man aber katholisches Recht an und demnach könne ohnehin nur der Tod die Eheleute scheiden. Die genauen Hintergründe des Problems bleiben unklar.[259] Der Fall belegt aber die Heirat von Kölnerinnen mit fremden Soldaten, die vielleicht hier angeworben worden waren oder einmal im Quartier gelegen hatten. Und er zeigt die Ehefrau mit Kindern ortsfest in Köln, wodurch eine Ehe auf lange Distanz mit allen dabei zu erwartenden Problemen geführt wurde.[260]

Der Siebenjährige Krieg war auch ein Reichskrieg gegen den Landfriedensbrecher Preußen. Für Köln, das wie gesehen schon traditionell ein Rekrutierungsfeld für die preußische Armee war, entstand so die mehr oder weniger unangenehme Situation, dass eine gewisse Anzahl seiner Bürger und Eingesessenen Dienst in feindlichen Regimentern tat.[261] Noch vor der förmlichen Erklärung des Reichskrieges wurde den Reichsständen untersagt, preußische Werbungen weiter zuzulassen. Da sich dieses Verbot ausdrücklich auch auf die Zeit vor seinem Erlass bezog, konnte man es im Zweifel auch als Anweisung lesen, seine eigenen Bürger von den preußischen Fahnen zurückzuholen –

---

258 HAStK-RBA Best. 33 A 260, Bl. 2163r (Anfrage Stadt Weszprim, 1784).

259 Denkbar ist angesichts der konfessionellen Thematik, dass sich Köln die Verfügung über die Kinder vorbehalten wollte, damit diese nicht in Vorpommern konvertierten (vgl. PLASSMANN, Hilliges Köln, S. 45 f.). Es kann aber auch um Geld gegangen sein oder um den Schutz einer eingesessenen Kölnerin vor der sozialen Deklassierung durch den Makel der hier ja an sich sozial nicht vorgesehenen Scheidung. Korrespondenz zu dem Fall auch in HAStK-RBA Best. 33 A 271.

260 HAStK-RBA Best. 33 A 260, Bl. 2162 (Köln an Teuffel von Birckensee, 1780).

261 Vgl. zum Hintergrund FANN, Foreigners.

zumal der Kaiser alle preußischen Soldaten von ihrem Diensteid entband.[262] Daher beschloss der Rat, sich zunächst einen Überblick über den Umfang des Problems zu verschaffen.[263] 1758/1759 schickte der Rat die Bürgerhauptleute aus, um in ihren Bezirken systematisch die Namen der in preußischen Diensten stehenden Männer sowie ihr möglicherweise zu beschlagnahmendes Vermögen zu ermitteln.[264] Natürlich stieß auch dieses Vorhaben an Grenzen, weil den Bürgerhauptleuten vielleicht Informationen verschwiegen wurden, weil die Männer gar keine lebenden Verwandten mehr in der Stadt hatten, ihre zurückgelassenen Verwandten sich über sie ausschwiegen oder weil sie nicht direkt, sondern über Zwischenstationen zu den Preußen gekommen waren. So hatte Bürgerhauptmann Linden trotz „accuradester nachforschung in meiner fahnen weiter nichts in erfahrung bringen können"[265] als die Namen zweier Männer. Seine Formulierung macht deutlich, dass auch er selbst an der Vollständigkeit der Angaben zweifelte. Mit einer gewissen Dunkelziffer ist also zu rechnen.[266]

Soweit überliefert,[267] ergeben die Rückmeldungen der Bürgerhauptleute folgendes Bild: 33 von ihnen erstatteten Fehlanzeigen. Sie hätten auch bei sorgfältiger Befragung von Haus zu Haus keine Personen feststellen können, die für den Reichsfeind Dienst taten. Das war nur in sieben Fahnenbezirken anders, aus denen 13 Fälle bekannt wurden. Zwischenzeitlich zurückgekehrt waren davon drei Mann.

Dabei handelte es sich sowohl um jüngst angeworbene Männer als auch um solche, von denen man wusste, dass sie vor vielen Jahren in den preußischen Dienst getreten waren – aber nicht unbedingt, dass sie sich aktuell noch dort befanden. Wie schwierig es war, von Köln aus den weiteren Lebensweg der Männer in fremden Militärdiensten zu verfolgen, zeigt die Meldung des Bürgerhauptmanns Joan Adam Müller. Er wusste von zwei Männern aus seinem Fahnenbezirk, jedoch: Bei Georgius Schallenberg war nicht klar, „ob lebendig oder tod". Und Godefridus Wijler stehe mittlerweile „angeblich"[268] im

---

262 Der Kölner Reichshofratagent Gay hatte schon am 22.9.1756 darauf hingewiesen, dass ein Verbot gegen preußische Werbungen demnächst ausgesprochen werde, HAStK-RBA Best. 33 A 284, Bl. 284r. Siehe auch HAStK-RBA Best. 33 A 138, Bl. 106–108 (Avocatoria gegen Preußen, 1756) und Bl. 110 (Mandat zur Eidendbindung preußischer Soldaten, 1756). Weitere kaiserliche Mandate in HAStK-RBA Best. 33 A 135. Vgl. SCHMIDT, G., Wandel, S. 161–166; ARETIN, Das Alte Reich, Bd. 3, S. 91–94.

263 Zugleich ließ er das Werbeverbot durch zwei Korporale der Stadtsoldaten mit zwölf Gemeinen und allen Tambouren an vier Stellen der Stadt öffentlich verlesen. HAStK-RBA Best. 33 A 138, Bl. 109r (Vollzugsmeldung, 1756). Einige der gedruckten einschlägigen kaiserlichen Mandate in HAStK-RBA Best. 33 A 135 weisen die Spuren eines (öffentlichen) Aushangs auf.

264 HAStK-RBA Best. 33 A 131, Bl. 142r (Ratsregistratur, 28.3.1759); HAStK-RBA Best. 14 A 2, Nr. 231–1 (Ratsedikt, 28.3.1759).

265 HAStK-RBA Best. 33 A 131, Bl. 157r (Meldung Linden, 1759).

266 Auch wenn man die Zahlen mit einer Liste vergleicht, die die Desertionen von gebürtigen Kölnern aus dem kurpfälzischen Gardegrenadierregiment aus den Jahren 1718 bis 1723 vergleicht: Hier sind 19 Männer benannt. Da nicht alle Kölner desertiert sein dürften, war ihre Gesamtzahl allein in diesem Regiment wahrscheinlich deutlich höher. HAStK-RBA Best. 33 A 419, Bl. 1270.

267 Daraus erwuchs eine Akte, aus der im Folgenden referiert wird. HAStK-RBA Best. 33 A 131.

268 Beide Zitate HAStK-RBA Best. 33 A 131, Bl. 134r (Meldung Müller, 1759).

kaiserlichen Dienst, könnte also aus Kölner Sicht auf die richtige Seite gewechselt sein. Von Theodor (Knosseling) war hingegen bekannt, dass er nun unter kaiserlicher Fahne stand.[269] Von Peter Gohr und Johann Lauten heißt es, dass ihre noch in Köln lebenden Eltern nicht angeben konnten, in welchen Regimentern sie Dienst taten.[270] Vom Sohn des Bürgers Fendringen war bekannt, dass er vor zwölf Jahren gewaltsam von preußischen Werbern mitgenommen worden sei. Von ihm hatten die Eltern aber seit sechs Jahren keine Nachricht mehr erhalten, so dass sein Verbleib unklar war.[271] Sebastian Lensbach hatte sich vor zwölf Jahren in Herford anwerben lassen, Weiteres war nicht bekannt.[272] N. N. Grieß war vor 24 oder mehr Jahren zu den Preußen gegangen und hatte sich dort verheiratet.[273] Von Petrus Nöthsheim wurde berichtet, dass er 1753 gewaltsam von einem preußischen Werbekommando verschleppt worden sei. Seitdem hatte man nichts mehr von ihm gehört.[274]

Es finden sich nur spärliche Angaben zur sozialen Stellung der Soldaten in preußischen und hannoverischen Diensten. Von Georgius Schallenberg wird berichtet, dass er ohne Vermögen (gewesen) sei.[275] Peter Gohr war Sohn eines Schnallengießers, der eine Kammer auf dem Kriegmarkt (dem heutigen Griechenmarkt) bewohnte, Johan Lauten Sohn eines Steinmetzknechts ebenfalls vom Kriegmarkt, beide ohne Vermögen.[276] Sebastian Lensbach und Gudtfriedt Brink waren vermögenslose Waisen. Brink war zwischenzeitlich nach Köln zurückgekommen und Stadtsoldat geworden. Von hier war er aber 1758 wieder mit unbekanntem Ziel desertiert.[277] Jaan Anton Blandtscheidt, der bereits 20 Jahre bei der preußischen Garde dienen sollte, hatte „hier in Cöllen keine effecten noch güther"[278]. Petrus Nöthsheim war als Schwager eines Kölner Bäckermeisters von Klein-Büllesheim nach Köln gekommen und hatte hier als Fuhrmann gearbeitet, bis er Opfer einer gewaltsamen Werbung geworden war.[279]

Die Angaben zur gewaltsamen Werbung können auch dadurch motiviert sein, die eigenen Söhne oder Verwandten vor Kriminalisierung zu schützen. Sie würden dann einen verbreiteten Topos aufgreifen und müssen daher nicht unbedingt ernst genommen werden. Soweit ersichtlich, sind die Männer sozial im unteren Bereich der Skala zu verorten, jedoch, vielleicht die beiden Waisen ausgenommen, nicht im untersten. Einige hatten einen Beruf, von dem sie hätten leben können. Allerdings dürften wirkliche soziale Randexistenzen wie Bettler, Kriminelle oder Fremde, die von den Preußen ange-

---

269 HAStK-RBA Best. 33 A 131, Bl. 144r (Meldung Wirtz, 1759).
270 HAStK-RBA Best. 33 A 131, Bl. 135r (Meldung Wollerschheim, 1759).
271 HAStK-RBA Best. 33 A 131, Bl. 139r (Meldung Schülgen, 1759).
272 HAStK-RBA Best. 33 A 131, Bl. 143r (Meldung Krakamp, 1758).
273 HAStK-RBA Best. 33 A 131, Bl. 157v (Meldung Linden, 1759).
274 HAStK-RBA Best. 33 A 131, Bl. 157r-v (Meldung Linden, 1759).
275 HAStK-RBA Best. 33 A 131, Bl. 134r (Meldung Müller, 1759).
276 HAStK-RBA Best. 33 A 131, Bl. 135r (Meldung Wollerschheim, 1759).
277 HAStK-RBA Best. 33 A 131, Bl. 143r (Meldung Krakamp, 1758).
278 HAStK-RBA Best. 33 A 131, Bl. 154 (Meldung Rödder, 1759).
279 HAStK-RBA Best. 33 A 131, Bl. 157v (Meldung Linden, 1759).

worben worden waren, mehr oder weniger spurlos aus der Stadtgesellschaft verschwunden sein, so dass nun auch niemand mehr den Bürgerhauptleuten Auskunft über sie geben konnte. Mit solchen Männern ist also zu rechnen, auch wenn sie nicht namhaft gemacht werden können. Umgekehrt ist es eher unwahrscheinlich, dass Söhne von finanziell oder politisch führenden Familien den Bürgerhauptleuten hätten verschwiegen werden können. Insgesamt kann die Untersuchung von 1758/59 in quantitativer Hinsicht nicht überzeugen, da eine mehr oder minder große Zahl von Männern bewusst oder unbewusst nicht aufgeführt wurde, während zu den bekannten Fällen auch einige zählen, deren aktueller Verbleib völlig unbekannt war. Qualitativ lässt sie aber den Schluss zu, dass in den preußischen Regimentern durchaus Kölner zu finden waren, die sich nicht aus purer Not oder wegen sozialer Ausgrenzung hatten anwerben lassen.

Ein weiteres Schlaglicht auf die Werbepraxis in Köln werfen zwei Listen von Männern, die 1739 von der Stadt Köln für die kaiserliche Armee – also vermutlich direkt oder indirekt für den Krieg gegen die Osmanen – angeworben worden waren. Hier handelt es sich um einen der in der Kölner Überlieferung seltenen Fälle, bei dem neben dem Namen der Rekruten auch ihre Herkunft eingetragen ist.[280] Es ist davon auszugehen, dass die hier verzeichneten 210 Mann[281] in Köln und nicht an auswärtigen Orten angeworben worden waren. Bei nur 14 von ihnen ist eine Herkunft aus Köln angegeben. Das lässt zwei Schlüsse zu: Zum einen schreckten die Kölner davor zurück, eigene Leute den Gefahren des Türkenkrieges auszusetzen. Zum anderen bestätigt es die Wahrnehmung, dass Köln ein so attraktiver Marktplatz der Truppenwerbung war, dass Interessenten auch von außerhalb hierherkamen, um einen Dienstherrn zu finden. Die auswärtigen Ortsangaben sind nicht immer eindeutig zu identifizieren, weshalb eine statistische Auswertung unterbleiben soll. Es finden sich zunächst Männer aus der direkten Umgebung, also etwa aus Aachen, Bonn, Düren oder Jülich. Ein weiterer namhafter Teil stammte aus der weiteren Region, also etwa aus den Niederlanden oder vom Westerwald. Zu finden sind aber auch zahlreiche Männer aus dem ganzen Reich inklusive Brandenburg, Bayern und Böhmen – um die entferntesten zu nennen. Nicht wenige stammten auch aus der Schweiz, waren also klassische Söldner auf dem europäischen Markt. Entsprechend dieser Herkunft war man nicht zimperlich, was die Konfession anging. Katholiken und Protestanten finden sich in einer für das hillige Köln erstaunlich bunten Mischung, was den Verantwortlichen vermutlich deshalb leichtfiel, weil die Männer aus der Stadt zogen und zu einem guten Teil nicht wiederkommen würden. Bei 120 von 210 Mann ist eine erlernte Profession angegeben. Sie waren meist Handwerker, jedoch finden sich vereinzelt auch Studenten. Nur 31 Mann waren verheiratet, was dem Befund für die Kölner Stadtsoldaten zwar widerspricht, aber leicht damit

---

280 HAStK-RBA Best. 33 A 283, Bl. 91–102 und Bl. 103–112. In dem Konvolut sind weitere Listen überliefert, deren Verhältnis zu diesen beiden aber unklar ist. Um Überschneidungen zu vermeiden, werden daher im Folgenden nur diese beiden aus einem Guss erstellten ausgewertet.

281 Insgesamt handelte es sich allerdings um 300 Rekruten, die dem Kaiser bereitgestellt wurden, siehe HAStK-RBA Best. 33 A 283, Bl. 90v.

zu erklären ist, dass es sich hier um einen fernen und gefährlichen Kriegseinsatz handelte und dass es sich zu einem großen Teil um professionelle Soldaten – nur 48 von
ihnen hatten vor der Anwerbung nicht in einer anderen Armee gedient – handelte, die
sich auf dem europäischen Markt bewegten (und die vielleicht nicht verheiratet waren,
aber trotzdem eine informelle Partnerschaft zu einer Frau im Heeresgefolge pflegen
konnten).[282] Die sicherlich nicht immer verlässlichen Altersangaben bewegen sich zwischen 16 und 44 Jahren, weisen aber einen eindeutigen Schwerpunkt in den 20ern auf.

Diese beiden Listen lassen sich gut zur Zusammenfassung grundlegender Befunde
zur auswärtigen Werbung in Köln heranziehen: Sie fand in so großem Umfang statt,
dass sowohl Werbekommandos als auch dienstwillige Männer in teilweise beträchtli-
chem Umfang von außerhalb offenbar gezielt auf den Kölner *Gewaltmarkt* strömten.
Auch wenn gewaltsame und betrügerische Werbung sicherlich vorkam, war sie jedoch
nicht die Regel. Wenn ein Schweizer mit einem erlernten Handwerk, der zuvor in der
niederländischen oder französischen Armee gedient hatte, sich in Köln anwerben ließ,
kann zwar auch eine Notlage eine Rolle gespielt haben, also etwa ein mittelloses Stran-
den in Köln auf dem Heimweg. Grundsätzlich hätten ihm aber auch andere Optionen
des Lebensunterhalts offengestanden, insbesondere im Hinblick auf die Gefahren eines
Einsatzes gegen die Osmanen. Von weitgehender Freiwilligkeit der Männer ist also auszugehen und damit auch davon, dass sie den Schritt zum Erwerb des Lebensunterhalts
als Soldat bewusst gingen. Sie verfügten häufig über einen zivilen Background, der sie
vermutlich nach dem Ausscheiden aus dem Solddienst wieder aufnehmen konnte, und
stammten keinesfalls durchgängig vom unteren Rand der Gesellschaft.

Für Köln waren mit der Funktion als Drehscheibe internationaler Soldatenwerbung
Chancen und Risiken verbunden. Die Rekruten und die Werbekommandos mussten
sich wenigstens für eine gewisse Zeit hier aufhalten. Das schuf durchaus Verdienstmöglichkeiten für Wirte, Handwerker und Zuträger – die aber auch immer wieder auf ihren
Rechnungen sitzen blieben. Zahlreiche sich möglicherweise langweilende fremde Soldaten in der Stadt brachten schließlich auch gewisse Sicherheitsrisiken mit sich, die auf
der Negativseite zu Buche schlagen. Insgesamt und im Durchschnitt dürfte aus Kölner
Sicht aber das Positive überwogen haben, denn sonst wäre viel mehr über Bemühungen
bekannt, Werbung zu verhindern oder zu kanalisieren. Die Gewinne für die Stadt und
ihre Bewohner fielen einerseits direkt aus (nämlich durch Einnahmen[283] und Arbeits-
möglichkeiten), andererseits aber auch indirekt, weil die Fähigkeit, rasch relativ große
Truppenkontingente zusammenzubringen, eine in Kriegs- und Krisenzeiten gesuchte
Ressource war, welche die Reichsstadt Köln als Bündnispartner wertvoll machte.

---

282 Bei einigen ist zusätzlich zum Vermerk „verheyrathet" auch ein „absent" notiert. Das ist wohl so zu
      deuten, dass die Ehefrau irgendwo in der Ferne wohnte und der Mann vielleicht den Kontakt zu ihr
      verloren hatte (oder dies wenigstens angab).

283 Allein für die Uniformierung und Ausrüstung der 1739 angeworbenen 300 Mann wurden mehr als
      3.000 Reichstaler an Schneider und sonstige Lieferanten gezahlt. HAStK-RBA Best. 33 A 283, Bl. 126r–v
      (Specification, 1739).

Fazit: Militär und Gesellschaft im frühneuzeitlichen Köln

Professionelle Soldaten mit ihren Familien und semiprofessionelles Bürgermilitär waren feste Teile der frühneuzeitlichen Kölner Stadtgesellschaft, die zwar nicht für alle Einwohnerinnen und Einwohner und nicht zu jedem Zeitpunkt gleichermaßen Bedeutung hatten. Angesichts der „Vielstrahligkeit der städtischen Lebenswelten"[1] wäre dies auch gar nicht wahrscheinlich. Aber insgesamt war der Faktor Militär bzw. Waffendienst doch so präsent, dass seine traditionelle Vernachlässigung sowohl in der Stadtgeschichte allgemein als auch durch die Köln-Historiographie im Besonderen zu einem schiefen Bild der Stadtgesellschaft und ihrer Probleme führt.

Für die Zeitgenossen war *Militär* hingegen noch ganz selbstverständlich ein mehr oder weniger zentraler Teil der Kölner Identität. Nach dem Rückzug der Franzosen aus Köln dichtete beispielsweise der hiesige Kulturheros Ferdinand Franz Wallraf 1814: „Laßt Bürgerfahnen bunt zur Colonellschaft prunken, / Und unser Bataillon mit den fünfhundert Funken."[2] Die Wiederherstellung der alten Reichsstadtherrlichkeit schien für einen Moment lang möglich, und zu dieser zählten ganz selbstverständlich notwendigerweise sowohl die Bürgerfahnen als auch die geworbenen Stadtsoldaten. Beide militärischen Formationen waren auch gedanklich untrennbar mit der Stadtverfassung und der durch sie garantierten Bürgerfreiheit verbunden. Erst die mit der Borussifizierung im Verlaufe des 19. Jahrhunderts einhergehende Geringschätzung städtischen Militärwesens ließ auch die Kölnerinnen und Kölner von dieser Tradition abrücken bzw. sie in den Karneval verschieben.

Wie gering der Abstand zwischen ziviler und militärischer Sphäre in Köln letztlich war, zeigt anschaulich eine Supplik des Stadtfechtmeisters Pierre Boissels aus dem Jahr 1787. Er sei nun seit 15 Jahren städtischer Fechtmeister, ohne, abgesehen von freier Wohnung, jemals ein städtisches Gehalt bezogen zu haben. Seinen Lebensunterhalt verdiente er mit privatem Fechtunterricht für Studenten und das gehobene Bürgertum, das den Sprung in den adeligen Habitus[3] suchte oder als Befehlshaber in einer

---

1   So EIBACH, Frankfurter Verhöre, S. 36, mit Blick auf Frankfurt a. M.
2   Zitiert nach MÜLLER, Klaus, Ferdinand, S. 95. Vgl. auch PLASSMANN, Erinnern, S. 105–107.
3   Vgl. SCHMITZ, Adlig werden, S. 464–465. Ein im HAStK-RBA Best. 7010 Nr. 289 überliefertes Fechtbuch des Stadtfechtmeisters Johann Henrich Eich aus dem 18. Jahrhundert, enthaltend die „adeliche und ritterliche Fecht Kunst" (Bl. 1r: Titel), ist den regierenden Kölner Bürgermeistern gewidmet (Bl. 3r).

Bürgerfahne mit einer professionellen Handhabung des Degens punkten wollte. Boissels bot nun aber an, seine Dienste auch auf die Stadtsoldaten auszudehnen, wobei er auf zwei Offiziere verweisen konnte, die bereits Interesse daran gezeigt hatten. Boissels erhielt dann tatsächlich ein aus dem Militäretat zu zahlendes Gehalt von sechs Reichstalern unter der Bedingung, dass er Angehörige der Stadtsoldaten kostenfrei unterrichte.[4] Nicht die militärischen Profis gaben ihre Fähigkeiten also an Zivilisten weiter, sondern umgekehrt bedienten sich Offiziere und Offiziersanwärter auf dem zivilen Markt, um militärische Grundfertigkeiten zu erwerben.

Doch, auch abgesehen von derlei Spezialthemen, dürfte es sich als fruchtbar erweisen, den Faktor Militär bei zahlreichen augenscheinlich rein zivilen Themen mitzubedenken. Dazu nur ein Beispiel: Bei der Untersuchung der Kriminalität in Köln anhand der in den Turmbüchern niedergelegten Verhöre konnte Gerd Schwerhoff zwei Probleme nur aufzeigen, ohne eine abschließende Lösung zu finden. Zum einen beobachtete er, dass die Turmbücher um 1700 deutlich weniger Fälle nachweisen, als dies noch etwa 100 Jahre zuvor der Fall gewesen war. Zutreffend vermutet er, dass gar nicht mehr alle (Bagatell-)Fälle auf den Turm gelangt sein könnten.[5] Wenigstens eine Erklärung dafür dürfte es sein, dass mittlerweile die Stadtsoldaten einen Teil der Sicherheitsaufgaben übernommen hatten und Beschuldigte nun auch im Wachlokal festgesetzt wurden (wodurch sie aus den Turmbüchern verschwanden). Zum anderen stellt er im Vergleich zwischen beiden Zeitschnitten einen Zuwachs von Soldaten fest, denen Gewaltdelikte vorgeworfen wurden.[6] Dieser lässt sich leicht damit erklären, dass es zwischenzeitlich zur Etablierung stehender Truppen gekommen war, die – zumal in den Kriegszeiten um 1700 – einen so hohen dauerhaften Anteil an der Stadtgesellschaft stellten, dass sie schon fast zwangsläufig in absoluten Zahlen häufiger straffällig werden mussten, ohne dass dies auf einen relativen Anstieg ihrer Kriminalität hindeuten würde.

Die Berührungspunkte zwischen der zivilen und der militärischen Lebenswelt waren jedenfalls so breit und dicht gesetzt, dass ihre vollkommen getrennte Betrachtung ein recht künstliches Bild ergeben würde, das mit der damaligen Lebensrealität wenig gemein hätte. Nicht wenige Kölner verbrachten einen Teil ihres Lebens in fremden Militärdiensten, jedoch sollte dieser Aspekt schon allein deshalb nicht überbetont werden, weil viele von ihnen nicht mehr in ihre Heimat zurückkehrten. Der Status eines Kölner Vollbürgers war jedoch nicht ohne die Vorstellung zu haben, mit der Waffe in der Hand

---

4   HAStK-RBA Best. 33 A 255, Bl. 10r und Bl. 15r (Suppliken Boissels, 1787). HAStK-RBA Best. 33 A 118, Bl. 3r (Schickungsprotokoll, Januar 1788). 1790 supplizierte dann der Fechtmeister Jacque Philipp Laurance um eine Leutnantsgage, HAStK-RBA Best. 33 A 120, Bl. 11–12 (Supplik Laurance, 1790).

5   Vgl. SCHWERHOFF, Kriminalität, S. 72.

6   Vgl. SCHWERHOFF, Kriminalität, S. 80.

Dienst zu tun. Wehrpflicht und Stadtverfassung gingen auf diese Weise eine häufig über-
sehene enge Verbindung ein. Männer waren als Teilzeitsoldaten im Wachdienst oder im
Krieg in den aufgebotenen Bürgerfahnen tätig – und selbst diejenigen, die sich diesem
Dienst mit den verschiedensten Argumenten zu entziehen vermochten, mussten dafür
Ersatzzahlungen leisten, Einquartierungen hinnehmen oder wenigstens versuchen, auch
diese abzuwehren. Positiv wie negativ durchdrangen daher, wenn auch mit wechselnder
Intensität, die Fragen der solidarischen Herstellung von Sicherheit (in einer nach wie
vor durch häufige Gewaltanwendung geprägten Gesellschaft) und der gemeinschaft-
lichen Absicherung der durch Bürgermeister und Rat konstituierten Obrigkeit die gesamte Stadtgesellschaft sowie ihre politische Kultur.

Dazu trug auch bei, dass 1583 das Netz der Bürgerfahnen über die gesamte Stadt geworfen wurde und dass diese eine Möglichkeit des systematischen Zugriffs auf die gesamte Stadt boten. Die Bedeutung der Bürgerfahnen als Verwaltungsbezirke wurde zwar
nicht gänzlich übersehen, aber bislang noch nicht angemessen erforscht.[7] Sie sollten
daher künftig verstärkt als untere Verwaltungseinheiten, aber auch als Institutionen des
sozialen Zusammenhalts auf lokaler Ebene innerhalb einer unübersichtlichen Großstadt
in den Blick genommen werden. Zu klären wäre dabei ihr Verhältnis zur Nachbarschaft,
die häufig z. B. in den Ratsprotokollen erscheint, weil die Nachbarn ein Problem geregelt haben wollten.[8] Handelten sie dann in Konkurrenz zum Bürgerhauptmann, war die
Nachbarschaft kleiner als die Fahne gedacht oder konnte sie auch Fahnengrenzen über-
springen? In welchem Verhältnis standen sie zu den Kirchspielen oder auch zu religiösen Laienbruderschaften? Zu den Gaffeln und Zünften? Zu den Tirmen? Solche Fragen
sind weithin ungeklärt, obgleich ihre Beantwortung wichtig für das Verständnis der
frühneuzeitlichen Kölner Lebenswelt wäre. Auch eine nähere Untersuchung der Kölner
Stadtgesellschaft unter geschlechtergeschichtlichen Aspekten aus den Akten zu den Bürgerfahnen wäre möglich und sinnvoll. Und es stellt sich die Frage, warum die Kölner
Bürgerfahnen offenbar kaum Gegenstand der Kunst wurden, obwohl es in Köln sicher
nicht an fähigen Malern mangelte und das mit einer Hauptmanns- oder Obristencharge
verbundene Sozialprestige durchaus ähnliche Werke wie Rembrandts Nachtwache in
Amsterdam hätte herausfordern können.[9]

---

7   Erste Ansätze dazu bot Norbert Finzsch 1989, vgl. Finzsch, Kölner Bürgerhauptmann. Vgl. auch die
    kurzen Ausführungen bei Schwerhoff, Köln, S. 165–167; Deeters, Bestände, S. 47.
8   Vgl. z. B. Plassmann, Was heißt, S. 17 f. Zu Frankfurt a. M. vgl. Eibach, Frankfurter Verhöre, S. 270. Sie-
    he auch als ein Beispiel unter vielen HAStK-RBA Best. 10B A 120, Bl. 74v (Ratsprotokoll, 27.2.1673): die
    Nachbarn der Kotzgasse bitten um Aufnahme eines achtjährigen elternlosen Kindes in das Waisenhaus.
9   Vgl. Adams, Civic guard.

Abb. 18: Die Nachtwache des Rembrandt van Rijn, 1642 (Ausschnitt, Rijksmuseum Amsterdam, SK-C-5)

Der wenigstens theoretisch gegebene Anspruch auf (militärischen) Gehorsam gegen-über den in den Fahnen organisierten Bürgern stellte sicherlich ein Vehikel dazu dar, die Stellung von Bürgermeistern und Rat als Obrigkeit darzustellen, durchzusetzen und zu sichern. Umgekehrt ist aber auch das Selbstbewusstsein, mit dem sich Bürgerinnen und Bürger in ihren auf die Bürgerfahnen bezogenen Suppliken bisweilen – nicht durch-gängig – an die Obrigkeit wandten, als über die Dienstpflicht transportierten Teilhabe-anspruch, als Residuum der Idee der Gleichheit und der einforderbaren Gemeinwohlver-pflichtung der formal nur auf Zeit gewählten Herrschenden zu analysieren. Das könnte insbesondere dann sehr erhellend sein, wenn man die entsprechenden Diskussionen im Zuge der verschiedenen Verfassungskonflikte und im Hinblick auf den Status pro-testantischer Einwohner betrachtet. In jedem Fall handelt es sich unabhängig von ihrer tatsächlichen Funktion bei den Bürgerfahnen um einen jener Kommunikationskanäle, über die im frühneuzeitlichen Köln vertikale wie wohl auch horizontale gesellschaft-liche, politische und rechtliche Aushandlungsprozesse abgewickelt wurden. Ein Medium dafür waren möglicherweise auch die zahlreichen in den Bürgerfahnen erstellten Lis-ten von Fahnenmitgliedern bzw. -bewohnern. Denn sie schufen Vergleichbarkeit von zu tragenden Lasten und Vermögen, die zu Diskursen über Gerechtigkeit und Solidarität geradezu eingeladen haben dürften und damit zu Grundwerten einer Gemeinschaft von Bürgern sowie nichtbürgerlichen Einwohnern.

Neben den Bürgerfahnen bildeten spätestens ab dem Dreißigjährigen Krieg die Stadt-soldaten eine ständige Militärpräsenz in der Stadt, die jedoch nicht als separierte Militärgesellschaft beschrieben werden sollte. Die Männer entstammten häufig Kölner Familien, waren verheiratet und hatten Kinder. Sie wohnten verteilt über die gesamte Stadt und waren daher in unterschiedlichste nachbarschaftliche Kontexte eingebunden. Stadtsoldat dürfte daher, abgesehen von Ausnahmesituationen in den großen Kriegen, ein Beruf wie jeder andere auch gewesen sein – was gelegentliche Reibungen und Auseinandersetzungen nicht ausschloss, man denke nur an den fast durchgehenden Antagonismus von Studenten und Soldaten. Angesichts der beträchtlichen Zahl von 500 Mann dürften die Roten Funken die meisten Handwerke deutlich an Köpfen übertroffen haben, so dass sie ein Wirtschaftsfaktor waren, der bei einer zunftzentrierten Betrachtungsweise gerne übersehen wird. Vermutlich wäre es sinnvoll, sie als Personengruppe gemeinsam mit den ebenfalls nur schwach untersuchten städtischen Bediensteten zu analysieren und danach zu fragen, welche ökonomische Rolle ihre Haupt- und Nebenbeschäftigungen im frühneuzeitlichen Köln tatsächlich spielten.

Die Probleme, die anderenorts die Fürsten größerer Flächenstaaten[10] dabei hatten, die Kontrolle über ihre wesentlich umfangreicheren Armeen und ihre Verwaltung auszuüben, hatten Bürgermeister und Rat der Stadt Köln nicht im selben Maße. Die Verhältnisse waren hier wesentlich übersichtlicher, die Kommunikation fiel deutlich direkter aus (weshalb es für viele Vorgänge keine schriftlichen Quellen gibt) und man konnte schnell vor Ort sein. Paradoxerweise war es also ausgerechnet die im Hinblick auf die relativen Machtverhältnisse mehr oder weniger ohnmächtige Reichsstadt, die ihr Militär früher und fester in der Hand hatte, als es bei den traditionellen Paradebeispielen militärischer Entwicklung der Fall war. Auch weil die politische und juristische Kontrolle der bewaffneten Macht in der Regel sehr engmaschig ausfallen konnte, bildeten sich keine getrennten Lebenswelten der militärischen und der zivilen Sphäre aus.[11] Die Stadtsoldaten bildeten zwar eine „Gemeinschaft eigener Signatur"[12], aber das unterschied sie nicht von anderen Gruppen der Stadtgesellschaft, mit der sie über zahlreiche Fäden verknüpft waren und blieben. Insofern lässt sich die Diskussion, die um die Frage einer „Verbürgerlichung" des Militärs oder einer „Militarisierung" der Stadt in der Frühen Neuzeit primär anhand von Territorialstädten geführt wurde[13], nicht oder wenigstens nicht direkt auf Köln und vermutlich andere Reichsstädte übertragen. Es dürfte allerdings auch nicht möglich sein, in den Reichsstädten ein einheitliches Feld der Militärgeschichte zu sehen. Zwar lässt sich hier vieles vergleichen und zahlreiche Ähnlichkeiten bestehen aufgrund ähnlicher Grundbedingungen. Jedoch haben sich offensicht-

---

10 Vgl. etwa Saito, Kriegskommissariat, S. 221–233; Anderson, War, S. 99–111; Otte, Leuthen, S. 16; Grawe, Generalstäbe, S. XIII–XVIII.

11 Vgl. auch Kaiser, Söldner, S. 117–119, der auf die Überwindung eines lebensweltlichen Gegensatzes zwischen Zivil- und Militärbevölkerung durch die Etablierung stehender Heere in der Hand des werdenden Staates nach 1648 hinweist. Vgl. ders., Überleben, S. 220.

12 Zimmermann, „… als wären sie selbst", S. 59 (mit Blick auf die antike römische Armee, was sich jedoch auf das Köln der Frühen Neuzeit übertragen lässt).

13 Vgl. Gräf, Militarisierung, v. a. S. 94 f.; Kraus, Jürgen, Militärwesen, S. 14 und S. 208.

lich die Praxis von Bürgeraufgeboten und Soldtruppen, ihre Organisation, Verwaltung und politische Kontrolle je nach den örtlichen Verhältnissen unterschiedlich entwickelt.[14] Daher wären weitere vergleichende Studien zu reichsstädtischen Militärwesen zwar sinn- und reizvoll. Sie sollten aber nicht nur mit Blick auf die Gemeinsamkeiten, sondern auch und besonders auf die Unterschiede durchgeführt werden. Der vergleichende Blick könnte aber dazu beitragen, die lokalen Entwicklungen besser zu verstehen und der Geschichte der Reichsstädte im Rahmen der Reichsverfassung neue Aspekte hinzuzufügen.

Brumshagen deutet die Einführung stehender Truppen, welche die Bürgeraufgebote zunächst ergänzten und dann militärisch marginalisierten, für Bremen, Lübeck und Hamburg als „Prozess der Professionalisierung"[15]. Das ist auf einer vordergründigen Ebene sicher nicht falsch und lässt sich auch auf Köln übertragen. Söldner waren in der Regel besser ausgebildet, besser ausgerüstet, erfahrener und disziplinierter als bewaffnete Bürger, die alleine im 18. Jahrhundert sicher nicht mehr dazu in der Lage gewesen wären, eine ernsthafte Belagerung abzuwehren. Jedoch wurden bereits im Spätmittelalter Soldtruppen eingesetzt, nur dass diese wie in den fürstlichen Territorien auch noch nicht stehend waren.[16] Die Mischung von bürgerschaftlichen und professionellen Elementen bildete also seit jeher ein Signum der städtischen Wehrverfassung, wobei sich im Verlaufe der Zeit nur die Gewichte und Formen wandelten, nicht aber die Grundidee. Die stehenden Truppen des 17. und 18. Jahrhunderts allein unter dem Blickwinkel eines Professionalisierungs- und damit Modernisierungsparadigmas zu betrachten, scheint daher doch zu stark der militärgeschichtlichen Sicht des 19. Jahrhunderts verhaftet zu sein, die mit Bürgeraufgeboten nur noch wenig anfangen konnte. Wenn man wollte, könnte man dem ohnehin entgegenhalten, dass die Zukunft bis ins endende 20. Jahrhundert nicht den Söldnerarmeen, sondern der Wehrpflicht gehören sollte. In diesem Sinne wären dann Reichsstädte wie Köln ein Vorreiter gewesen, indem sie schon in der Vormoderne demonstriert hätten, wie ein Gemeinwesen eine bürgerschaftlich geprägte Armee unterhalten und kontrollieren konnte. Dies würde jedoch das Pendel zu weit in die andere Richtung ausschlagen lassen, zumal die geworbenen Truppen auch die Funktion hatten, die Herrschaft der Ratselite gegen die Bürgergemeinde abzusichern. Die Wahrheit dürfte in der Mitte zu suchen sein. Reichsstädtische Wehrverfassungen der Frühen Neuzeit waren eine Möglichkeit der Herstellung von innerer und äußerer Sicherheit, die als eigenständige, den jeweiligen lokalen Verhältnissen angepasste militärgeschichtliche Wege ernst genommen werden und nicht allein durch die Brille der großen Armeen auf den Schlachtfeldern etwa des Siebenjährigen Krieges interpretiert werden sollten.

---

14 So dürfte das Fehlen eines Kölner Stadtadels im Vergleich mit Städten, die über einen solchen verfügten, ein relevanter Faktor sein.
15 BRUMSHAGEN, Bremer Stadtmilitär, S. 72.
16 Vgl. PLASSMANN, Stadt, S. 68–77.

Zu einem solchen Perspektivwechsel zählt sicher auch die Notwendigkeit, neben Erfolgen auf dem Schlachtfeld auch weitere Faktoren in den Blick zu nehmen, die sich zwar nicht so offensichtlich in den Vordergrund der Wahrnehmung drängen, die aber langfristig von hoher Bedeutung im Hinblick auf das Militär in einer ansonsten zivil geprägten Lebenswelt sind. Zu denken ist hier – jedenfalls für Köln und sicherlich auch weitere Reichsstädte – vornehmlich an die Sicherstellung ziviler Kontrolle über die stehenden Truppen, an eine daran ausgerichtete Militärjustiz und an die Integration des Heeresbedarfs in die Gesamtverwaltungsstrukturen. Alle drei Aspekte lassen die Stadt Köln gegenüber zahlreichen Flächenstaaten besser aussehen, wenn man denn die Unterordnung des Militärs unter zivile Belange für wichtiger hält als höchstmögliche militärische Effektivität und Einsatzbereitschaft für den höheren Ruhm eines Fürsten und seiner Dynastie. Das ist natürlich letztlich eine politische oder ethische Frage, die nicht mit den Mitteln der Geschichtswissenschaft beantwortet werden kann. Diese vermag aber aufzuzeigen, dass es auch in der deutschen Militärgeschichte durchaus Alternativen zur fürstlichen Armee gab, die nicht als bloße Lächerlichkeit, als rückständige Fortschrittsverweigerung wahrgenommen werden sollten, sondern als eigenständige Entwicklung mit eigener Logik, die durchaus – hätte man sie denn positiv oder wenigstens neutral wahrnehmen wollen – zur Entschärfung manchen Verfassungskonflikts des 19. Jahrhunderts hätte beitragen können.

Ein letzter Faktor breiter militärischer Präsenz in der Stadt ist mit den hier anwesenden fremden Truppen in den Blick zu nehmen – sei es in Form alliierter Regimenter, welche die Garnison verstärkten oder über den Winter einquartiert wurden, sei es als Werbekommandos oder sei es als Deserteure bzw. durchreisende abgedankte Söldner. Sie stellten nicht nur wegen der mit ihnen verbundenen finanziellen und rein praktischen Herausforderungen ein Problem dar. Die auswärtigen Offiziere und Soldaten waren kein Teil der Stadtgesellschaft und insofern auch nicht in ihre sozialen Strukturen und erprobten Diskurse zur Herstellung bzw. Wahrung von Rang oder Ehre eingebunden. Sie bildeten daher potentiell einen Fremdkörper, der nicht ohne weiteres zu integrieren war. Je größer ihre Zahl war, umso selbstbewusster konnten sie auftreten und die Autorität der Kölner Eliten in Frage stellen. Umgekehrt mussten aber auch sie zusehen, dass sie – bei längerem Aufenthalt – ihre eigene Stellung und Ehre gegenüber Zumutungen der Gastgeber sicherten. Mancher Konflikt wird daher als soziale Reibung zu deuten sein, als gegenseitige Herausforderung, die den fremden Soldaten dazu diente, sich „ihrer fragilen Ehre zu vergewissern"[17]. Die zahlreichen Einquartierungen französischer oder kaiserlicher Truppen im 18. Jahrhundert stellten insgesamt eine Belastung der Einheimischen dar, die kaum kleingeredet werden kann und die ihnen die politische Ohnmacht der Reichsstadt plastisch vor Augen führte. Sie war in einer Zeit großer Armeen und europäischer Kriege zunehmend nicht mehr dazu in der Lage, ihre Einwohner und die Si-

---

17 EIBACH, Frankfurter Verhöre, S. 248 (mit Blick auf Wirtshausauseinandersetzungen). Vgl. auch HARTER, Antoine, S. 228.

cherheit ihrer Häuser, mithin ihren privaten Lebensbereich, zuverlässig zu schützen. Der
gedankliche Umschwung vom Stolz auf die Reichsstadtherrlichkeit zur Flucht unter die
Protektion eines mächtigen Fürsten lag nahe und mag – das wäre aber noch näher zu
untersuchen – zur Erosion des reichsstädtischen Verfassungskonsenses und zu einer stei-
genden Bereitschaft des Anschlusses an einen starken Staat beigetragen haben, wie er
dann 1794/98 zunächst mit Frankreich und 1815 dann mit Preußen umgesetzt wurde.

*

Das Thema Stadtgesellschaft und Militär führt insgesamt keineswegs an den Rand der
Geschichte einer ansonsten friedliebenden Stadt, sondern ins Zentrum der Köln-Historiographie zur Frühen Neuzeit. Wenn diese aber ganz allgemein unter einem defizitären
Forschungsstand leidet, so gilt das für die militärischen Aspekte ganz besonders, und
zwar unabhängig davon, ob nach den Stadtsoldaten, fremdem Militär oder den Bürgerfahnen gefragt wird. Gerade Letztere sind jedoch von so hoher Bedeutung für die Verfassung, die Verwaltung und das Selbstverständnis der Kölner Bevölkerung im 17. und
18. Jahrhundert, dass ihr weitgehendes Ausblenden negative Auswirkungen auf zahlreiche Bereiche der Stadtgeschichtsforschung hat. Dringend erforderlich wäre es daher, die
Fahnenbezirke näher als Verwaltungseinrichtungen zu betrachten. Dazu müsste auch
ihr Funktionspersonal in den Blick genommen werden, insbesondere die Hauptleute.
Hier überhaupt einmal zu ermitteln, um wen es sich handelte und welche soziale und
politische Stellung sie außerhalb ihres Hauptmannsdienstes innehatten, verspricht reich-
haltige Erkenntnisse zur Funktionsweise der Stadtgesellschaft insgesamt. Das gilt, wenn
auch in geringerem Maße, auch für die Offiziere der Stadtsoldaten.

 Das Fehlen systematischer Einwohnerregister oder Steuerlisten in Köln beeinträchtigt die Möglichkeiten quantifizierender sozial- und wirtschaftsgeschichtlicher, aber auch
biographisch-genealogischer Forschung seit jeher. Der Blick über die Bürgerfahnen und
in geringerem Maße über das Stadtmilitär vermag dieses Defizit zwar auch nicht zu hei-
len, weil es zu beiden keine seriellen Register über einen längeren Zeitraum hinweg gibt.
Aber es sind doch zahlreiche zu unterschiedlichen Zwecken angefertigte Listen überliefert, die im Zusammenhang mit den Bürgerfahnen oder militärischen Zwecken im weiteren Sinne stehen und die bislang noch kaum beachtet wurden. Sie einmal systematisch
auszuwerten und, soweit möglich, zu verknüpfen, würde daher ganz neue stadt- und
personengeschichtliche Wege eröffnen, die nicht zu begehen geradezu sträflich wäre –
auch wenn zugegebenermaßen die Aufstellung dieses Postulats leichter als die Umsetzung ist.

 In rein militärgeschichtlicher Hinsicht ergeben sich Fragen, die über den Kölner
Rahmen hinausführen. (Reichs)städtisches Militärwesen der Frühen Neuzeit sollte künftig neben den derzeit dominierenden Armeen der großen Territorien und Staaten verstärkt als eigener Faktor mit eigenen Logiken und Bedingungen in den Blick genommen
werden, zumal in der Stadt mit einer erhöhten Schriftlichkeit im Vergleich zum Land zu

rechnen ist, die Quellen also auch in manchen Bereichen reichhaltiger fließen dürften. Der Umstand, dass vieles an Uniformierung, Taktik oder Ritualen bei reichsstädtischen Truppen an den allgemeinen Gebräuchen der Zeit orientiert war, darf jedenfalls nicht dazu verleiten, anhand von diesen Äußerlichkeiten etwa die Kölner Roten Funken als eine Miniaturausgabe der preußischen Armee zu betrachten, deren Untersuchung keinen Mehrwert verspricht. Von Interesse wäre es sicherlich auch, die Gruppe der städtischen bürgerlichen Berufsoffiziere nicht nur im Hinblick auf ihre Verortung in der Stadtgesellschaft zu untersuchen, sondern auch im Vergleich zu ihren adeligen Kameraden in fürstlichen Armeen.

Welchen Beitrag können die Ergebnisse dieser Arbeit zur Debatte um die sogenannte *Militärische Revolution*[18] der Frühen Neuzeit leisten? Die Diskussion sowohl um den Begriff als auch um die genaue Datierung der damit verbundenen Prozesse soll hier nicht im Detail referiert werden. Kurz gefasst, geht es bei dem ursprünglich von Michael Roberts entwickelten Konzept der *Militärischen Revolution* darum, dass ab einem gewissen Punkt der organisatorischen, technischen und taktischen Entwicklung europäischer frühneuzeitlicher Armeen und Marinen diese eine im Verhältnis zu den mittelalterlichen wie zeitgenössischen außereuropäischen Streitkräften so sehr gesteigerte Kampfkraft entwickelten, dass dieser Qualitätssprung zu völlig neuen Verhältnissen und zu einer drückenden Überlegenheit gegenüber allen geführt habe, die diesen Sprung nicht mitmachen konnten – die also keine Feuerwaffen einführen, keine Festungen oder Kriegsschiffe auf dem neuesten Stand bauen, ihre Truppenzahlen nicht deutlich vermehren und all das finanzieren sowie logistisch unterstützen konnten. Gerade der letzte Aspekt von Finanzierung und Verwaltung lässt sich nur gemeinsam mit dem Beginn der Entwicklung zum modernen Staat denken, der die Kraft, Durchsetzungsfähigkeit und Ausdauer dafür besaß oder wenigstens einmal besitzen würde, die *Militärische Revolution* auch tatsächlich zu vollziehen. Kleine, mindermächtige Territorien oder auch Reichsstädte wie Köln waren demnach genauso grundsätzlich im Nachteil wie die Bewohnerinnen und Bewohner der künftigen europäischen Kolonien.

Die Stadt Köln hatte demnach ab etwa 1500 einen strukturellen Nachteil in der Konkurrenz mit den sich entwickelnden Territorien und später Staaten in der näheren und weiteren Entfernung. Dieser Nachteil ließ ihre relative militärische (aber auch politische und wirtschaftliche) Stärke so lange erodieren, bis sie Ende des 18. Jahrhunderts fast zwangsläufig ihre Unabhängigkeit verlieren und in einem Flächenstaat aufgehen musste. Dieser Prozess ist grundsätzlich so richtig beschrieben.[19] Es lohnt sich dennoch, ihn im Hinblick auf die Diskussion um die *Militärische Revolution* noch einmal näher zu betrachten. Mangels wirtschaftlicher, territorialer und demographischer Masse konnte

---

18 Vgl. Parker, Militärische Revolution; ders., „Military Revolution"; Bäckström, Military Revolution; Sicken, Der Dreißigjährige Krieg; Dorn, „Military Revolution"; Asch, Vor dem großen Krieg, S. 243–260; ders., Kriegsfinanzierung; Rohrschneider, Leopold, S. 54; Hoffman, Wie Europa; Otte, Leuthen, S. 1 f.

19 Vgl. Plassmann, Stadt, S. 229–238.

Köln wie andere Reichsstädte auch schließlich nicht mehr gegen die Konkurrenz des modernen Flächenstaates bestehen. Ein Problem, das diesen im 19. Jahrhundert und eigentlich bis heute beschäftigen sollte, hatte die Stadt aber bereits ab dem 16. Jahrhundert weitgehend gelöst: die Integration der bewaffneten Macht in die Gesellschaft, die Mitwirkung aller Bürger an der Herstellung von Sicherheit auch als Zeichen ihres politischen Teilhabeanspruchs und die feste politische sowie juristische Kontrolle der zivilen Obrigkeit über das Berufsmilitär.

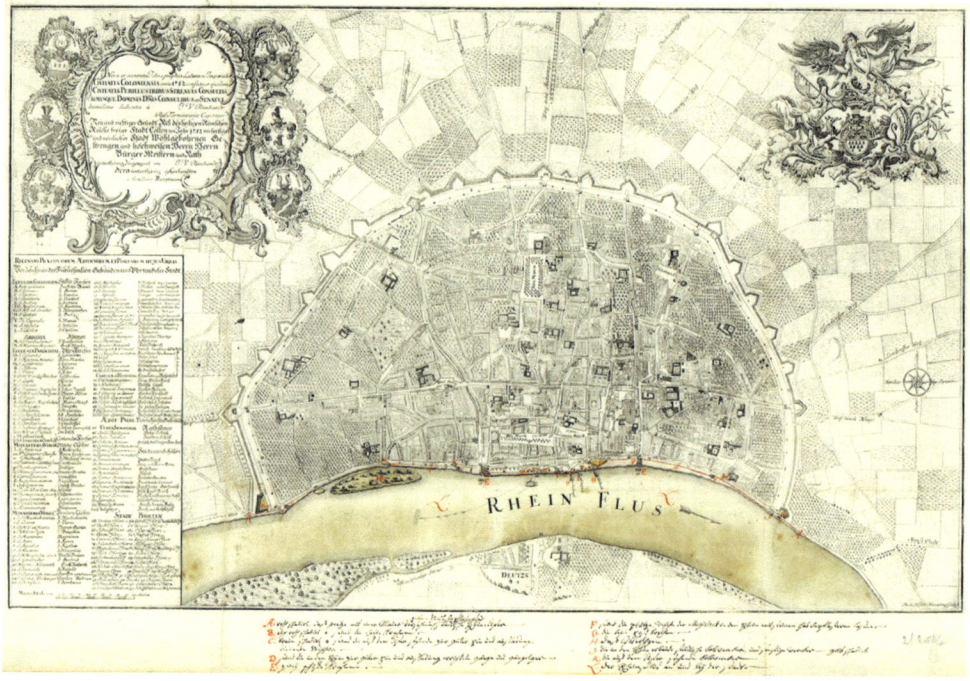

Abb. 19: Plan der Stadt Köln von Artilleriehauptmann Johann Valentin Reinhardt, 1752
(HAStK-RBA Best. 7102 P 20)

Abkürzungen

Abt.	Abteilung
Anm.	Anmerkung
Aufl.	Auflage
Bd.	Band
Bearb.	Bearbeiter, bearbeitet
Best.	Bestand
dems.	demselben
ders.	derselbe
dies.	dieselbe
ebd.	ebenda
fol.	folio (Blatt)
HAEK	Historisches Archiv des Erzbistums Köln
HAStK-RBA	Historisches Archiv der Stadt Köln mit Rheinischem Bildarchiv
Hrsg.	Herausgeber, herausgegeben
KSM	Kölnisches Stadtmuseum
LAVNRW	Landesarchiv NRW
ND	Nachdruck
NF	Neue Folge
Nr.	Nummer
o. J.	ohne Jahr
o. O.	ohne Ort
r	recto (Vorderseite)
S.	Seite
v	verso (Rückseite)
vgl.	vergleiche
WRM	Wallraf-Richartz-Museum & Fondation Corboud Köln

Quellen und Literatur

Ungedruckte Quellen

Historisches Archiv der Stadt Köln mit Rheinischem Bildarchiv (HAStK-RBA)

Best. 1 (Haupturkundenarchiv)
Best. 10B (Ratsprotokolle)
Best. 14 (Ratsedikte)
Best. 30C (Verfassung und Verwaltung – Centralverwaltung)
Best. 30G (Verfassung und Verwaltung – Gerichtswesen)
Best. 30N (Verfassung und Verwaltung – Nachträge)
Best. 30V (Verfassung und Verwaltung – Verfassung)
Best. 33 (Militaria)
Best. 36 (Suppliken)
Best. 38 (Gülich)
Best. 39 (Bürgerliche Deputatschaft)
Best. 40 (Kirchensachen)
Best. 50 (Köln und das Reich)
Best. 70 (Rechnungen)
Best. 95 (Zunft)
Best. 110B (Testamente, Buchstabe B)
Best. 110F (Testamente, Buchstabe F)
Best. 110J (Testamente, Buchstabe J)
Best. 110K (Testamente, Buchstabe K)
Best. 110L (Testamente, Buchstabe L)
Best. 120 (Zivilprozesse)
Best. 125 (Kriminalakten)
Best. 150 (Universität)
Best. 160 (Armenverwaltung)
Best. 203 (St. Apern)
Best. 205 (Augustiner)
Best. 227 (Johann und Cordula)
Best. 231 (Karmeliterinnen in der Kupfergasse)
Best. 240 (Lämmchen auf der Breiten Straße)
Best. 256 (Minoriten Depositum)
Best. 265 (Sion)
Best. 266 (St. Ursula)
Best. 290 (Clerus Secundarius)
Best. 300 (Deutz, Freiheit)

Best. 310C (Reichskammergericht, Buchstabe C)
Best. 310M (Reichskammergericht, Buchstabe M)
Best. 350 (Französische Verwaltung)
Best. 350N (Französische Verwaltung – Nachträge)
Best. 1074 (Nachlass Johann Conrad Meyer)
Best. 1075 (Familienarchiv Mylius)
Best. 1105 (Nachlass Ferdinand Franz Wallraf)
Best. 1149 (Nachlass Ernst Zander)
Best. 1161 (Sammlung Lückger)
Best. 7010 (Handschriften Wallraf)
Best. 7030 (Chroniken und Darstellungen)
Best. 7101 (Plankammer Format 1)
Best. 7950 (Dokumentationsgut)
X-Best. 6100 (Reichsstadt Köln)

Historisches Archiv des Erzbistums Köln (HAEK)

Kirchenbücher

Kantonsbibliothek Aargau

Sammlung Zurlauben, Regesten zu den Acta Helvetia

Landesarchiv NRW (LAVNRW)

Abteilung Rheinland

Best. AA 0007 (Kurköln II)

Abteilung Ostwestfalen-Lippe

Best. L 40 (Militärakten)

Wallraf-Richartz-Museum & Fondation Corboud Köln

Inv.-Nr. WRM 1001

Gedruckte Quellen und Literatur

Die Abschaffung der Bürgerwacht im Jahre 1784, in: Der Kölsche Gabbeck oder Führer durch die Vergangenheit und Gegenwart 2 (1850), S. [4].

ADAMS, Ann Jensen, Civic Guard Portraits: Private Interests and the Public Sphere, in: Nederlands Kunsthistorisch Jaerboek 46 (1995), S. 168–197.

ALLMAYER-BECK, Christoph, Von Hubertusburg nach Jena. Die preußische Armee am Ende des 18. Jahrhunderts von außen gesehen, in: BAUMGART/KROENER/STÜBING, Preußische Armee, S. 121–132.

AMEND-TRAUT, Anja u. a., Gerichtsvielfalt und Gerichtslandschaften. Annäherungen und Perspektiven, in: DIES. u. a. (Hgg.), Unter der Linde vor dem Kaiser. Neue Perspektiven auf Gerichtsvielfalt
und Gerichtslandschaften im Heiligen Römischen Reich (Quellen und Forschungen zur höchsten
Gerichtsbarkeit im Alten Reich, Bd. 73), Wien/Köln/Weimar 2020, S. 9–37.

ANDERSON, Matthew Smith, War and Society in Europe of the Old Regime 1618–1789 (Fontana History of
European War and Society), Leicester 1988.

ARETIN, Karl Otmar von, Das Alte Reich 1648–1806. 3 Bde., Stuttgart 1993–1997.

ASCH, Roland G., Vor dem großen Krieg. Europa im Zeitalter der spanischen Friedensordnung 1598–1618,
Darmstadt 2020.

ASCH, Roland G., Kriegsfinanzierung, Staatsbildung und ständische Ordnung in Westeuropa im 17. und
18. Jahrhundert, in: Historische Zeitschrift 268 (1999), S. 635–671.

BÄCKSTRÖM, Olli, Military Revolution and the Thirty Years War 1618–1648. Aspects of Institutional
Change and Decline, Helsinki 2023.

BANCK, Rudolf, Die Bevölkerungszahl der Stadt Köln in der zweiten Hälfte des 16. Jahrhunderts, in:
Beiträge zur Geschichte vornehmlich Kölns und der Rheinlande. Zum achtzigsten Geburtstag
Gustav von Mevissens dargebracht von dem Archiv der Stadt Köln, Köln 1895, S. 299–332.

BARTZ, Christian, Köln im Dreißigjährigen Krieg. Die Politik des Rates der Stadt (1618–1635). Vorwiegend
anhand der Ratsprotokolle im Historischen Archiv der Stadt Köln (Militärhistorische Untersuchungen, Bd. 6), Frankfurt a. M. u. a. 2005.

BATTENBERG, Friedrich, Gerichtsbarkeit und Recht im spätmittelalterlichen und frühneuzeitlichen Worms,
in: KIRCHGÄSSNER, Bernhard/BECHT, Hans-Peter (Hgg.), Residenzen des Rechts. 29. Arbeitstagung in
Speyer 1990 (Stadt in der Geschichte, Bd. 19), Sigmaringen 1993, S. 37–76.

BAUMGART, Peter/KROENER, Bernhard R./STÜBING, Heinz (Hgg.), Die preußische Armee zwischen Ancien
Régime und Reichsgründung, Paderborn u. a. 2008.

BEHR, Hans-Joachim, Kleinstaatliches Militärwesen in Westfalen. Reichskontingent und Garnison der
Grafschaft Rietberg, in: KRAUS, Hans-Christof/KROLL, Frank-Lothar (Hgg.), Historiker und Archivar
im Dienste Preußens. Festschrift für Jürgen Kloosterhuis, Berlin 2015, S. 265–284.

Beiträge zur Geschichte und Quellenkunde. Mit Beiträgen von Recha ALLGAIER-HONAL u. a. (Mitteilungen
aus dem Stadtarchiv von Köln, Bd. 113), Köln 2024.

BERGERHAUSEN, Hans-Wolfgang, Köln in einem eisernen Zeitalter 1610–1686 (Geschichte der Stadt Köln,
Bd. 6), Köln 2010.

BERGERHAUSEN, Hans-Wolfgang, Der Holländische Krieg (1672/74–1679) als Wendepunkt in der Kölner
Stadtgeschichte, in: Jahrbuch des Kölnischen Geschichtsvereins 75 (2004), S. 43–56.

BERGHOLZ, Thomas, *Kein anderer Spiel als Trommen und Pfeifen*. Der Zusammenhang zwischen Militär-
und Hochzeitsmusik anhand zweier Mandate der Markgrafen Georg Friedrich und Ernst Friedrich
von Baden aus den Jahren 1597 und 1606, in: Zeitschrift für die Geschichte des Oberrheins 152
(2004), S. 235–244.

BOES, Maria R., Zur Rechtsprechung über Soldaten in der Reichsstadt Frankfurt zwischen 1562 und 1696,
in: NOWOSADTKO/KLIPPEL/LOHSTRÄTER, Militär, S. 145–169.

BOHEIM, Wendelin, Handbuch der Waffenkunde. Das Waffenwesen in seiner historischen Entwicklung
vom Beginn des Mittelalters bis zum Ende des 18. Jahrhunderts, Leipzig. o. J. [Originalausgabe 1890].

BRAUBACH, Max, Beiträge zur Geschichte der Stadt Köln im 18. Jahrhundert, in: Jahrbuch des Kölnischen
Geschichtsvereins 12 (1930), S. 99–117.

BRAUN, Christine, Die Entstehung des Mythos vom Soldatenhandel. Europäische Öffentlichkeit und der
„hessische Soldatenverkauf" nach Amerika am Ende des 18. Jahrhunderts (Quellen und Forschungen
zur hessischen Geschichte, Bd. 178), Darmstadt/Marburg 2018.

Breil, Michaela/Paulus, Ina, Das Haus der Geschichte Dinkelsbühl – von Krieg und Frieden, Berlin/
    München 2009.

Brocklesby, Richard, Ökonomische und medicinische Beobachtungen zur Verbesserung der Kriegslaza-
    rethe und Heilart der Feldkrankheiten. Aus dem Englischen übersetzt und mit einigen Anmerkungen
    begleitet von Christian Gottlieb, Berlin 1772.

Bröckling, Ulrich/Sikora, Michael (Hgg.), Armeen und ihre Deserteure. Vernachlässigte Kapitel einer
    Militärgeschichte der Neuzeit, Göttingen 1998.

Bruin, Renger de/Brinkman, Maarten (Hgg.), Friedens-Städte. Die Verträge von Utrecht, Rastatt und
    Baden 1713–1714, Petersberg 2013.

Brumshagen, Andree, Das Bremer Stadtmilitär im 17. und 18. Jahrhundert. Eine Untersuchung zum
    Militärwesen in einer Hansestadt (Kleine Schriften des Staatsarchivs Bremen, Bd. 45), Bremen 2010.

Das Buch Weinsberg, Kölner Denkwürdigkeiten aus dem 16. Jahrhundert, Bd. 1, bearb. von Konstantin
    Höhlbaum (Publikationen der Gesellschaft für Rheinische Geschichtskunde, Bd. III), Leipzig 1886;
    Bd. 2, bearb. von dems. (Publikationen der Gesellschaft für Rheinische Geschichtskunde, Bd. IV),
    Leipzig 1887; Bd. 3, bearb. von Friedrich Lau (Publikationen der Gesellschaft für Rheinische
    Geschichtskunde, Bd. XVI, 1), Bonn 1897; Bd. 4, bearb. von dems. (Publikationen der Gesellschaft
    für Rheinische Geschichtskunde, Bd. XVI, 2), Bonn 1898; Bd. 5, Kulturhistorische Ergänzungen,
    bearb. von Josef Stein (Publikationen der Gesellschaft für Rheinische Geschichtskunde, Bd. XVI, 3),
    Bonn 1926 [Neudruck Düsseldorf 2000].

Burkhardt, Johannes, Der Dreißigjährige Krieg, Frankfurt a. M. 1992.

Burschel, Peter, Söldner im Nordwestdeutschland des 16. und 17. Jahrhunderts (Veröffentlichungen des
    Max-Planck-Instituts für Geschichte, Bd. 113), Göttingen 1994.

Burschel, Peter, Krieg, Staat, Disziplin. Die Entstehung eines neuen Söldnertypus im 17. Jahrhundert,
    in: Geschichte in Wissenschaft und Unterricht 48 (1997), S. 640–652.

Burschel, Peter, Zur Sozialgeschichte innermilitärischer Disziplinierung im 16. und 17. Jahrhundert,
    in: Zeitschrift für Geschichtswissenschaft 42 (1994), S. 965–981.

Busch, Michael, Absolutismus und Heeresreform. Schwedens Militär am Ende des 17. Jahrhunderts
    (Europa in der Geschichte, Bd. 4), Bochum 2000.

Büsch, Otto, Zur Rezeption und Revision der preußisch-deutschen Geschichte. Ausgewählte sozial-
    historische Beiträge, Berlin 1988.

Carl, Horst, Okkupation und Regionalismus. Die preußischen Westprovinzen im Siebenjährigen Krieg
    (Veröffentlichungen des Instituts für europäische Geschichte Mainz. Abteilung Universalgeschichte,
    Bd. 150), Mainz 1993.

Chaix, Gérald, Köln im Zeitalter von Reformation und katholischer Reform 1513/13–1610 (Geschichte
    der Stadt Köln, Bd. 5), Köln 2021.

Childs, John, The Military Use of Land. A History of the Defence Estate, Bern 1998.

Creveld, Martin van, Frauen und Krieg, München 2001.

Deeters, Joachim, Die Bestände des Stadtarchivs Köln bis 1814. Eine Übersicht (Mitteilungen aus
    dem Stadtarchiv von Köln, Bd. 76), Köln/Weimar/Wien 1994.

Deeters, Joachim, Kölner Neubürger 1356–1798, Bd. 4, Index und Nachträge (Mitteilungen aus
    dem Stadtarchiv von Köln, Bd. 64), Köln/Wien 1983.

Deeters, Joachim, Rat und Bürgermeister in Köln 1396–1797. Ein Verzeichnis (Mitteilungen aus
    dem Stadtarchiv von Köln, Bd. 99), Köln 2013.

Delle Luche, Jean-Dominique, Des amitiés ciblées. Concours de tir et diplomatie urbaine dans
    le Saint-Empire, XVe–XVIe siècle (Studies in European Urban History, Bd. 51), Turnhout 2021.

Dietmar, Carl, Das Militärwesen der Stadt Köln vom 13. bis zum 18. Jahrhundert. Bürgermiliz, Söldner,
    Stadtsoldaten – ein Überblick, in: Hunold/Drewes/Euler-Schmidt, Stadtsoldaten, S. 17–47.

DITTMAR, Sven, „Die Gewalt ist ein ‚wahres Chamäleon' - Transformationen, Persistenzen und Emergenzen militärischer Gewaltsamkeiten". 62. internationale Tagung für Militärgeschichte (ITMG) des Zentrums für Militärgeschichte und Sozialwissenschaften der Bundeswehr (ZMSBw) im Militärgeschichtlichen Museum der Bundeswehr (MHM) in Dresden, 12. bis 14. September 2023, in: Militärgeschichtliche Zeitschrift 83 (2024), S. 193–198.

DOERING-MANTEUFFEL, Anselm, Kriegserfahrungen, Wissenschaft und Technik, in: Schild/Schindling, Kriegserfahrungen, S. 197–211.

DOLÍNEK, Vladimir/DURDÍK, Jan, Historische Waffen, Hanau 1995.

DORN, Harold, The „Military Revolution", Military History or History of Europe?, in: Technology and Culture 32 (1991), S. 656–658.

DREHER, Bernd (Bearb.), Texte zur Kölner Verfassungsgeschichte (Veröffentlichungen des Kölnischen Stadtmuseums, Bd. 6), Köln 1988.

DUFFY, Christopher, Friedrich der Große. Ein Soldatenleben, Augsburg 1995.

EBELING, Dietrich, Bürgertum und Pöbel. Wirtschaft und Gesellschaft Kölns im 18. Jahrhundert (Städteforschung. Reihe A, Bd. 26), Köln/Wien 1987.

EHLERS, Joachim, Die Wehrverfassung der Stadt Hamburg im 17. und 18. Jahrhundert (Militärgeschichtliche Studien, Bd. 1), Boppard 1966.

EIBACH, Joachim, Burghers or Town Council, who Was Responsible for Urban Stability in Early Modern German Towns?, in: Urban History 34 (2007), S. 14–26.

EIBACH, Joachim, Frankfurter Verhöre. Städtische Lebenswelten und Kriminalität im 18. Jahrhundert, Paderborn u. a. 2003.

EICHBERG, Henning, Desertion zwischen Individualisierung, Zivilgesellschaft, Macht und Markt. Militärgeschichte aus der Perspektive des Weglaufens, in: Zeitschrift für historische Forschung 27 (2000), S. 229–247.

EICHBERG, Henning, Zirkel der Vernichtung oder Kreislauf des Kriegsgewinns? Zur Ökonomie der Festung im 17. Jahrhundert, in: Kirchgässner/Scholz, Stadt, S. 105–124.

ENGELBRECHT, Jörg/LOOZ-CORSWAREM, Clemens von (Hgg.), Krieg und Frieden in Düsseldorf. Sichtbare Zeichen der Vergangenheit (Veröffentlichungen aus dem Stadtarchiv Düsseldorf, Bd. 10), Düsseldorf 2004.

ENGELEN, Beate, Warum heiratet man einen Soldaten? Soldatenfrauen in der ländlichen Gesellschaft Brandenburg-Preußens im 18. Jahrhundert, in: KROLL/KRÜGER, Militär, S. 251–273.

ESCH, Arnold, Überlieferungs-Chance und Überlieferungs-Zufall als methodisches Problem des Historikers, in: Historische Zeitschrift 240 (1985), S. 529–570.

FANN, Willerd F., Foreigners in the Prussian Army, 1713–56, some Statistical and Interpretive Problems, in: Central European History 23 (1990), S. 76–84.

FIEDLER, Siegfried, Kriegswesen und Kriegführung im Zeitalter der Kabinettskriege (Heerwesen der Neuzeit. Abteilung II, Bd. 2), Koblenz 1986.

FIEDLER, Siegfried, Kriegswesen und Kriegführung im Zeitalter der Landsknechte (Heerwesen der Neuzeit. Abteilung I, Bd. 2), Koblenz 1985.

FIEGENBAUM, Thea, „… ist ein erst gebohrnes Kind auf dem Domhof an der untersten Thür der Domkirche gefunden worden …". Die Auffindung von Findelkindern in Köln um 1800, in: Geschichte in Köln 65 (2018), S. 87–110.

FINSTERWALDER, W., Die Studentenunruhen an der Kölner Universität im Jahre 1744, in: Jahrbuch des Kölnischen Geschichtsvereins 21 (1939), S. 195–234.

FINZSCH, Norbert, Der Kölner Bürgerhauptmann als sozialpolitisches Amt vom 16. bis zum 18. Jahrhundert, in: Geschichte in Köln 26 (1989), S. 5–18.

FISCHER, Ulrich/PLASSMANN, Max (Hgg.), Das Archiv als „Beste Gewähr gegen Geschichtsklitterung"! Festschrift für Bettina Schmidt-Czaia, Köln 2025.

FREITAG, Werner/SCHEUTZ, Martin (Hgg.), Ein bürgerliches Pulverfass? Waffenbesitz und Waffenkontrolle in der alteuropäischen Stadt (Städteforschung. Reihe A, Bd. 102), Wien/Köln/Weimar 2021.

FREVERT, Ute, Gesellschaft und Militär im 19. und 20. Jahrhundert, Sozial-, kultur- und geschlechtergeschichtliche Annäherungen, in: DIES., Militär, S. 7–14.

FREVERT, Ute, Das jakobinische Modell, Allgemeine Wehrpflicht und Nationsbildung in Preußen-Deutschland, in: DIES., Militär, S. 17–47.

FREVERT, Ute (Hg.), Militär und Gesellschaft im 19. und 20. Jahrhundert (Industrielle Welt, Bd. 58), Stuttgart 1997.

FREY, Linda/FREY, Marsha, Krieg und Gesellschaft, Mars und Europa im frühen 18. Jahrhundert, in: BRUIN/BRINKMAN, Friedens-Städte, S. 26–32.

FUCHS, Peter/SCHWERING, Max-Leo, Kölner Karneval. Zur Kulturgeschichte der Fastnacht, Bd. 1, Köln 1972.

FÜSSEL, Marian, Akademischer Sittenverfall? Studentenkultur vor, in und nach der Zeit des Dreißigjährigen Krieges, in: Militär und Gesellschaft in der Frühen Neuzeit 15 (2011), S. 124–146.

FÜSSEL, Marian, Stehende Söldner-Heere? Europäische Rekrutierungspraktiken im Vergleich (1648–1789), in: GREYERZ, Kaspar von/HOLENSTEIN, André/WÜRGLER, Andreas (Hgg.), Soldgeschäfte, Klientelismus, Korruption in der Frühen Neuzeit. Zum Soldunternehmen der Familie Zurlauben im schweizerischen und europäischen Kontext (Herrschaft und soziale Systeme in der Frühen Neuzeit, Bd. 25), Göttingen 2018, S. 259–278.

GIEL, Robert, Politische Öffentlichkeit im spätmittelalterlich-frühneuzeitlichen Köln (1450–1550) (Berliner Historische Studien, Bd. 29), Berlin 1998.

GRÄF, Holger Th., Landesdefension, Miliz, Solddienst und stehendes Heer – (personelle) Schnittstellen am Beispiel der Landgrafschaft Hessen-Kassel im 17. Jahrhundert, in: ROGGER/SCHMID, Miliz, S. 233–250.

GRÄF, Holger Th., Militarisierung der Stadt oder Urbanisierung des Militärs? Ein Beitrag zur Militärgeschichte der frühen Neuzeit aus stadtgeschichtlicher Perspektive, in: PRÖVE, Klio, S. 89–108.

GRAWE, Lukas, Generalstäbe im Zeitalter der Weltkriege – Einleitung, in: DERS. (Hg.), Gehirne der Armeen? Die Generalstäbe der europäischen Mächte im Vorfeld der Weltkriege (Krieg in der Geschichte, Bd. 118), Paderborn 2023, S. IX–XXXIII.

GROTEN, Manfred/HUISKES, Manfred (Bearb.), Beschlüsse des Rates der Stadt Köln 1320–1550. 6 Bde. (Publikationen der Gesellschaft für Rheinische Geschichtskunde, Bd. LXV), Düsseldorf 1990–2003.

GROTEN, Manfred/LOOZ-CORSWAREM, Clemens von/REININGHAUS, Wilfried (Hgg.), Der Jülich-Klevische Erbstreit 1609. Seine Voraussetzungen und Folgen (Publikationen der Gesellschaft für Rheinische Geschichtskunde. Vorträge, Bd. 36 = Veröffentlichungen der Historischen Kommission für Westfalen. Neue Folge, Bd. 1 = Veröffentlichungen des Arbeitskreises niederrheinischer Kommunalarchivare), Düsseldorf 2011.

GROTEN, Manfred/MÖLICH, Georg/MUSCHIOL, Gisela/OEPEN, Joachim (Hgg.), Nordrheinisches Klosterbuch. Lexikon der Stifte und Klöster bis 1815. Teil 3, Köln (Studien zur Kölner Kirchengeschichte, Bd. 37, 3), Siegburg 2022.

GSCHLIESSER, Oswald von, Gail, Andreas von, in: Neue Deutsche Biographie 6 (1964), S. 38–39 (https://www.deutsche-biographie.de/pnd11884296X.html#ndbcontent, abgerufen am 22.8.2024).

HAGEMANN, Karen, Militär, Krieg und Geschlechterverhältnisse. Untersuchungen, Überlegungen und Fragen zur Militärgeschichte der Frühen Neuzeit, in: PRÖVE, Klio, S. 35–88.

HAMACHER, Wilhelm, Die Reichsstadt Köln und der Siebenjährige Krieg, Bonn 1911.

HANSEN, Joseph (Hg.), Quellen zur Geschichte des Rheinlandes im Zeitalter der Französischen Revolution 1780–1801 (Publikationen der Gesellschaft für Rheinische Geschichtskunde, Bd. XLII). 4 Bde., Bonn 1931–1938 [Neudruck Düsseldorf 2003–2004].

HARTER, Hans, Antoine Marie Victor de Vigny (1770–1794). Der Tod eines „Condéers" in Schiltach, in: Zeitschrift für Württembergische Landesgeschichte 83 (2024), S. 225–254.

HEINZEN, Toni, Zunftkämpfe, Zunftherrschaft und Wehrverfassung in Köln. Ein Beitrag zum Thema „Zünfte und Wehrverfassung" (Veröffentlichungen des Kölnischen Geschichtsvereins e. V., Bd. 16), Köln 1939.

HEPPEKAUSEN, Ulf, Die Kölner „Stadtrechte und Bürgerfreiheiten", in: Geschichte in Köln 46 (1999), S. 50–96.

HEUEL, Theodor, Truppenwerbungen in der Reichsstadt Köln in der ersten Hälfte des 18. Jahrhunderts, Bonn 1911 [Diss. phil. Bonn 1911 unter abweichendem Titel: Werbungen in der Reichsstadt Köln von 1700–1750].

HEYN, Oliver, Das Militär des Fürstentums Sachsen-Hildburghausen 1680–1806 (Veröffentlichungen der Historischen Kommission für Thüringen. Kleine Reihe Bd. 47), Köln/Weimar/Wien 2015.

HIERONYMI, Adolf, Die Haltung der Reichsstadt Köln zu Beginn des sog. Pfälzisch-Orlean'schen Krieges 1688–1689, in: Jahrbuch des Kölnischen Geschichtsvereins 49 (1978), S. 115–172.

HILSCH, Peter, Zur Geschichte der Reichsstädte, in: REDIES, Rainer/WAIS, André (Hgg.), Reichsstädte im deutschen Südwesten, Leinfelden-Echterdingen 2004, S. 11–24.

HOCHEDLINGER, Michael, Adlige Abstinenz und bürgerlicher Aufstiegswille. Zum Sozial- und Herkunftsprofil von Generalität und Offizierskorps der kaiserlichen und k. k. Armee im 17. und 18. Jahrhundert, in: PFEIFER/ANDERMANN, Soziale Mobilität, S. 271–349.

HOFFMAN, Philip T., Wie Europa die Welt eroberte, Darmstadt 2017.

HOFFMANN, Philipp, Der Freien Reichsstadt Köln Artillerie oder Preußischblau im Kölner Karneval? Die Gründung der Blauen Funken unter dem Einfluss der deutschen Nationsbildung, in: HANNIG, Alma/MEIERHOFER, Christian/MÖLICH, Georg (Hgg.), 1870/71. Der deutsch-französische Krieg in transnationaler, regionaler und interdisziplinärer Perspektive (Deutschland und Frankreich im wissenschaftlichen Dialog, Bd. 13), Göttingen 2024, S. 359–377.

HÖH, Marc von der, Überlegungen zu einer Sozialgeschichte ständischer Grenzziehungen. Führungsschichten und „Geschlechter" im spätmittelalterlichen Köln, in: HESSE, Christian (Hg.), Ständische Grenzüberschreitungen (Vorträge und Forschungen, Bd. XCII), Ostfildern 2021, S. 199–236.

HOHRATH, Daniel, Die „Bildung des Offiziers" im 18. Jahrhundert, in: DERS. (Hg.), Die Bildung des Offiziers in der Aufklärung. Ferdinand Friedrich von Nicolai (1730–1814) und seine enzyklopädischen Sammlungen. Eine Ausstellung der Württembergischen Landesbibliothek, Stuttgart 1990, S. 28–63.

HOHRATH, Daniel, Der Bürger im Krieg der Fürsten. Stadtbewohner und Soldaten in belagerten Städten um die Mitte des 18. Jahrhunderts, in: KROENER/PRÖVE, Krieg, S. 305–329.

HOHRATH, Daniel, Spätbarocke Kriegspraxis und aufgeklärte Kriegswissenschaften. Neue Forschungen und Perspektiven zu Krieg und Militär im „Zeitalter der Aufklärung", in: DERS./GERTEIS, Klaus (Hgg.), Die Kriegskunst im Lichte der Vernunft. Militär und Aufklärung im 18. Jahrhundert. 2 Teile., Hamburg 2000, hier Teil II, S. 5–47.

HOLT, Paul, Die Befehlshaber der Bürgerwehr in Köln 1583–1603, in: Beiträge zur Kölnischen Geschichte/Sprache/Eigenart 3 (1918–1920), S. 407–414.

HOLT Paul, Die Bürgermusterung in Köln vom Jahre 1583, in: Beiträge zur Kölnischen Geschichte/Sprache/Eigenart 2, Heft 10 und 11 (1917), S. 228–241.

HOLT, Paul, Die militärische Einteilung der Reichsstadt Köln von 1583–1794, in: Jahrbuch des Kölnischen Geschichtsvereins 8/9 (1927), S. 135–181.

HOLT, Paul, Die Wartschützen der Reichsstadt Köln, ein Beitrag zur Geschichte ihrer militärischen Einrichtungen, in: Jahrbuch des Kölnischen Geschichtsvereins 6/7 (1925), S. 237–240.

HÖSER, Heinrich, Das Zeughaus der freien Reichsstadt Köln, in: Beiträge zur Kölnischen Geschichte/Sprache/Eigenart 3 (1918–1920), S. 180–196.

HUBER, Brigitte, Schutz gegen den Feind von außen und von innen – München als Festungs- und Garnisonsstadt, in: SCHÖNEWALD, Stadt, S. 165–185.

HUFFMAN, Joseph P., „Caritas" und die Profitwirtschaft. Hospitalverwaltungen und -stiftungspraktiken im
   mittelalterlichen Köln, in: Geschichte in Köln 71 (2024), S. 11–53.

HUNOLD, Heinz-Günther/DREWES, Winfried/EULER-SCHMIDT, Michael (Hgg.), Vom Stadtsoldaten zum
   Roten Funken. Militär und Karneval in Köln, Köln 2005.

IKARI, Yuki, Tendenzen der Aufklärung in Köln. Überlegungen zum Toleranzstreit, in: RUTZ/WULF,
   O felix Agrippina, S. 183–206.

IKARI, Yuki, Wallfahrtswesen in Köln vom Spätmittelalter bis zur Aufklärung (Veröffentlichungen des
   Kölnischen Geschichtsvereins, Bd. 46), Köln 2009.

JANSEN, Markus, Die Stadt der Ritter. Kriegerische Habitusformen der Elite der spätmittelalterlichen Stadt
   Köln (Stadt und Gesellschaft, Bd. 11), Köln 2024.

JANY, Curt, Geschichte der Preußischen Armee vom 15. Jahrhundert bis 1914, Bd. 1, Von den Anfängen
   bis 1740, 2. Aufl., Osnabrück 1967.

JAQUET, Daniel, Fencing and Shooting in the City of Solothurn during the 15th and 16th Century.
   A Closer Look into Regulations for Martial Contests, in: Schweizerische Zeitschrift für Geschichte 73
   (2023), S. 111–130.

JESSEN, Olaf, „Preußens Napoleon"? Ernst von Rüchel. 1754–1823. Krieg im Zeitalter der Vernunft,
   Paderborn u. a. 2007.

JILKA, Richard, Aspekte des bürgerlichen Wachdienstes in Köln im 18. und 19. Jahrhundert, in: Geschichte
   in Köln 28 (1990), S. 79–104.

KAISER, Michael, Die Söldner und die Bevölkerung. Überlegungen zu Konstituierung und Überwindung
   eines lebensweltlichen Antagonismus, in: KROLL/KRÜGER, Militär, S. 79–120.

KAISER, Michael, Waffen, Geld und Soldaten. Köln und die Kriegswirtschaft, in: LEWEJOHANN, Köln,
   S. 93–101.

KAISER, Michael, Überleben im Krieg – Leben mit dem Krieg. Zur Alltagsgeschichte des Dreißigjährigen
   Krieges in den niederrheinischen Territorien, in: EHRENPREIS, Stefan (Hg.), Der Dreißigjährige Krieg
   im Herzogtum Berg und seinen Nachbarregionen (Bergische Forschungen, Bd. XXVIII), Neustadt an
   der Aisch 2002, S. 181–233.

KAISER, Michael/KROLL, Stefan (Hgg.), Militär und Religiosität in der Frühen Neuzeit (Herrschaft und
   soziale Systeme in der Frühen Neuzeit, Bd. 4), Münster 2004.

KAYSER, Tanja, 1570 – Mummerei und Schlägerei in der Sporgasse, in: WAGNER/PLASSMANN, Achtung
   Brauchtumszone, S. 63–66.

KEMP, Jacob, Die Huldigung der Kölner Bürgerschaft unter Kaiser Karl VII, in: Jahrbuch des Kölnischen
   Geschichtsvereins 5 (1922), S. 33–77.

KEUSSEN, Hermann, Die Matrikel der Universität Köln 1389 bis 1797 (Publikationen der Gesellschaft für
   Rheinische Geschichtskunde, Bd. VIII). 7 Bde., Köln u. a. 1919–1981.

KIRCHGÄSSNER, Bernhard/SCHOLZ, Günter (Hgg.), Stadt und Krieg (Stadt in der Geschichte, Bd. 15),
   Sigmaringen 1989.

KLOOSTERHUIS, Jürgen u. a. (Hgg.), Militär und Gesellschaft in Preußen. Quellen zur Militärsozialisation
   1713–1806. Archivalien in Berlin, Dessau und Leipzig. Teil I–III. Bearb. von Peter Bahl, Claudia
   Nowak und Ralf Pröve (Veröffentlichungen aus den Archiven Preußischer Kulturbesitz, Arbeits-
   berichte, Bd. 15, 1–4), Berlin 2015.

KNÖTEL, Richard, Handbuch der Uniformkunde, die militärische Tracht in ihrer Entwicklung bis zur
   Gegenwart, Bd. 2., Leipzig 1896.

KOBER, Kathrin, Der Kölner Residentenstreit um das *exercitium reformatae religionis*. Gesandtenrecht
   versus Staatskirchenrecht zu Anfang des 18. Jahrhunderts (Rheinische Schriften zur Rechtsgeschichte,
   Bd. 21), Baden-Baden 2016.

KORSCH, Hans-Peter, Das materielle Strafrecht der Stadt Köln. Vom Ausgang des Mittelalters bis in
   die Neuzeit (Veröffentlichungen des Kölnischen Geschichtsvereins e. V., Bd. 20), Köln 1958.

KRAMP, Mario, 1794. Köln – Paris. Das Geheimnis der Kölner Stadtschlüssel, Weilerswist 2023.

KRAUS, Johannes, Tradition und Pragmatismus. Herrschaftsakzeptanz und lokale Verwaltungspraxis im Dreißigjährigen Krieg (Herrschaft und soziale Systeme in der Frühen Neuzeit, Bd. 27), Göttingen 2021.

KRAUS, Jürgen, Das Militärwesen der Reichsstadt Augsburg 1548–1806. Vergleichende Untersuchung über städtische Militäreinrichtungen in Deutschland vom 16.-18. Jahrhundert (Abhandlungen zur Geschichte der Stadt Augsburg, Bd. 26), Augsburg 1980.

KRISCHER, André, Rituale und politische Öffentlichkeit in der Alten Stadt, in: SCHWERHOFF, Stadt, S. 125–157.

KROEFFGES, Karl, Des Kölner Artilleriehauptmanns Reinhadt Stadtplan vom Jahre 1752, in: Jahrbuch des Kölnischen Geschichtsvereins 6/7 (1925). S. 85–96.

KROENER, Bernhard R., „Des Königs Rock". Das Offizierskorps in Frankreich, Österreich und Preußen im 18. Jahrhundert – Werkzeug sozialer Militarisierung oder Symbol gesellschaftlicher Integration?, in: BAUMGART/KROENER/STÜBING, Preußische Armee, S. 72–95.

KROENER, Bernhard R., „Die Soldaten sind ganz arm, bloss, nackend, ausgemattet". Lebensverhältnisse und Organisationsstruktur der militärischen Gesellschaft während des Dreißigjährigen Krieges, in: BUSSMANN, Klaus/SCHILLING, Heinz (Hgg.), 1648. Krieg und Frieden in Europa. Textband I, Politik, Religion, Recht und Gesellschaft, Münster 1998, S. 285–292.

KROENER, Bernhard R., „Das Schwungrad an der Staatsmaschine"? Die Bedeutung der bewaffneten Macht in der europäischen Geschichte der Frühen Neuzeit, in: DERS./PRÖVE, Krieg, S. 1–23.

KROENER, Bernhard R./PRÖVE, Ralf (Hgg.), Krieg und Frieden. Militär und Gesellschaft in der Frühen Neuzeit, Paderborn u.a. 1996.

KROLL, Stefan, The Lifeworld of Soldiers in Eighteen-Century Saxony, in: MEUMANN/PÜHRINGER, Military, S. 89–112.

KROLL, Stefan, Soldaten im 18. Jahrhundert zwischen Friedensalltag und Kriegserfahrung. Lebenswelten und Kultur in der kursächsischen Armee 1728–1796 (Krieg in der Geschichte, Bd. 26), Paderborn u.a. 2006.

KROLL, Stefan/KRÜGER, Kersten (Hgg.), Militär und ländliche Gesellschaft in der frühen Neuzeit (Herrschaft und soziale Systeme in der Frühen Neuzeit, Bd. 1), Hamburg 2000.

KÜNTZEL, Astrid, Fremde in Köln, Integration und Ausgrenzung zwischen 1750 und 1814 (Stadt und Gesellschaft, Bd. 4), Köln/Weimar/Wien 2008.

KUNZLE, David, The Soldier Redeemed. Art and Reality in a Dutch Province at War 1650–1672, Gerard ter Borch in Deventer, in: Marburger Jahrbuch für Kunstwissenschaft 27 (2000), S. 269–298.

KUPHAL, E[rich], Das Polizeiwesen der Reichsstadt Köln im Spiegel der Großen Morgensprache, in: Jahrbuch des Kölnischen Geschichtsvereins 8/10 (1928), S. 81–100.

KUTZ, Martin, Deutsche Soldaten. Eine Kultur- und Mentalitätsgeschichte, Darmstadt 2006.

LANGEWIESCHE, Dieter, Nation, Imperium und Kriegserfahrungen, in: SCHILD/SCHINDLING, Kriegserfahrungen, S. 213–230.

LAU, Thomas, Unruhige Städte. Die Stadt, das Reich und die Reichsstadt (1648–1806) (bibliothek altes Reich, Bd. 10), München 2012.

LEIBETSEDER, Mathis, Ein umstrittener sozialer Raum. Der herzoglich-klevische Stadthof als brandenburgisch-preußische Residentur in der Reichsstadt Köln (1609–1772), in: Rheinische Vierteljahrsblätter 76 (2012), S. 176–204.

LEMMER, Nicolas, Les civils du Nord meusien du XVe au XXe siècle, 500 ans de résistance face au conflits, in: Annales de L'Est. Numéro spécial 2 (2017), S. 5–28.

LENERZ-DE WILDE, Majolie, Zunft und Ordung. 700 Jahre Kölner Handwerksgeschichte. Zunftobjekte aus dem Kölnischen Stadtmuseum, Köln 2016.

LEWEJOHANN, Stefan (Hg.), Köln in unheiligen Zeiten. Die Stadt im Dreißigjährigen Krieg. Begleitband zur Ausstellung des Kölnischen Stadtmuseums vom 14. Juni bis 5. Oktober 2014, Köln/Weimar/Wien 2014.

LINDE, Benjamin van der, Das Leibregiment der friesischen Statthalter. Kriegsgerichte, Offizierslaufbahnen und militärische Lebenswelten in den Garnisonsstädten Leeuwarden, Groningen und Emden 1666–1752 (Historische Forschungen, Bd. 113), Berlin 2016.

LOOZ-CORSWAREM, Clemens von, Düsseldorf als Garnisonsstadt, in: ENGELBRECHT/LOOZ-CORSWAREM, Krieg, S. 35–88.

LOOZ-CORSWAREM, Clemens von, Das Finanzwesen der Stadt Köln im 18. Jahrhundert. Beitrag zur Verwaltungsgeschichte einer Reichsstadt (Veröffentlichungen des Kölnischen Geschichtsvereins, Bd. 34), Köln 1978.

LORIGA, Sabrina, Soldaten in Piemont im 18. Jahrhundert, in: L'Homme. Zeitschrift für feministische Geschichtswissenschaft 3 (1992), S. 64–87.

LUGER-HESSE, Elisabeth, Rechnungsbücher und ihr Wert für das Verständnis des städtischen Lebens in Köln im 16. Jahrhundert, in: FISCHER/PLASSMANN, Archiv, S. 183–195.

LUH, Jürgen, Kriegskunst in Europa 1650–1800, Köln/Weimar/Wien 2004.

LYNN, John A., The Wars of Louis XIV. 1667–1714 (Modern Wars in Perspective), London 1999.

MÄHRLE, Wolfgang, Der gewalttätige Student. Wallenstein an der Hohen Schule in Altdorf, in: EMICH, Birgit u. a. (Hgg.), Wallenstein. Mensch – Mythos – Memoria (Historische Forschungen, Bd. 117), Berlin 2018, S. 179–209.

MANN, Michael, Vom Soldatenstande, Überlegungen zu einer Alltagsgeschichte von Soldaten im 18. Jahrhundert, in: Militärgeschichtliche Zeitschrift 81 (2022), S. 516–551.

MAURER, Benedikt, „… daß wir in Ungeren marschieren dahten". Ein Soldat im Paderborn des 18. Jahrhunderts, in: Westfälische Zeitschrift 146 (1996), S. 245–272.

MEIER, Martin, Landesherrliche Einquartierungspolitik in „Dänisch-Vorpommern" 1715 bis 1721 dargestellt am Beispiel der „militärischen Exekution", in: Militärgeschichtliche Zeitschrift 63 (2004), S. 299–323.

MERING, Friedrich Everhard von/REISCHERT, Ludwig, Zur Geschichte der Stadt Köln am Rhein. Von ihrer Gründung bis zur Gegenwart, nach handschriftlichen Quellen und den besten gedruckten Hilfsmitteln bearbeitet. 4 Bde., Köln 1838–1840.

MEUMANN, Markus, Beschwerdewege und Klagemöglichkeiten gegen Kriegsfolgen, Okkupation und militärische Belastungen im Reich und in Frankreich um die Mitte des 17. Jahrhunderts, in: DUCHHARDT, Heinz/VEIT, Patrice (Hgg.), Krieg und Frieden im Übergang vom Mittelalter zur Neuzeit. Theorie – Praxis – Bilder (Veröffentlichungen des Instituts für Europäische Geschichte Mainz. Abteilung für Universalgeschichte. Beiheft 52), Mainz 2000, S. 247–269.

MEUMANN, Markus, The Military in the Early Modern World. A Critical Assessment, in: DERS./PÜHRINGER, Military, S. 7–28.

MEUMANN, Markus/PÜHRINGER, Andrea (Hgg.), The Military in the Early Modern World. A Comparative Approach (Herrschaft und soziale Systeme in der Frühen Neuzeit, Bd. 26), Göttingen 2020.

MEYNEN, Henriette/SCHÄFKE, Werner, Köln im Flug durch die Zeit. Die schönsten Ansichten aus der Luft vom Mittelalter bis heute, Köln 2008.

MÜLLER, Christian Th./ROGG, Matthias (Hgg.), Das ist Militärgeschichte! Probleme – Projekte – Perspektiven. Paderborn u. a. 2013.

MÜLLER, Klaus, Ferdinand Franz Wallraf. Gelehrter, Sammler, Kölner Ehrenbürger (1748–1824), Köln 2017.

MÜLLER, Klaus, Unter pfalz-neuburgischer und pfalz-bayerischer Herrschaft (1614–1806), in: WEIDENHAUPT, Hugo (Hg.), Düsseldorf. Geschichte von den Ursprüngen bis ins 20. Jahrhundert. Bd. 2., Düsseldorf 1988, S. 7–312.

NEUGEBAUER, Wolfgang, Staatsverfassung und Heeresverfassung in Preußen während des 18. Jahrhunderts, in: BAUMGART/KROENER/STÜBING, Preußische Armee, S. 27–44.

Newe gemeine Wachtordnung / wie sie ein Ehrsamer Rhat dieser deß H. Reichs freyer Statt Cöllen
im Jahr Tausent Fünffhundert Neuntzig neun reformirt und zu halten gebotten / mit desses Transfix.
Fort etlichen seithero ergangenen Edicten / Befelchen und Registraturen / Sambt deren Anno 1604.
den 5. Januarij publicirter Ordnung / Wie sich ein jeder Rhumors / Lermens / Tumults / Auff, oder
Anlauffs / Item Brandts oder ander Unglücks zeiten und Geschrey verhalten soll, Köln 1685.

NIMWEGEN, Olaf van, The Pitfalls of Modern Perceptions of the Early Modern Dutch Army, in: MEU-
MANN/PÜHRINGER, Military, S. 139–153.

NOWOSADTKO, Jutta, Militärpolizei? Die innerstaatlichen Aufgaben der stehenden Heere des Ancien
Régime als Forschungsproblem, erläutert am Beispiel des Fürstbistums Münster, in: HOLENSTEIN,
André u. a. (Hgg.), Policey in lokalen Räumen. Ordnungskräfte und Sicherheitspersonal in Gemein-
den und Territorien vom Spätmittelalter bis zum frühen 19. Jahrhundert (Studien zu Policey und
Policeywissenschaft), Frankfurt a. M. 2002, S. 317–340.

NOWOSADTKO, Jutta, Ordnungselement oder Störfaktor? Zur Rolle der stehenden Heere innerhalb der
frühneuzeitlichen Gesellschaft, in: PRÖVE, Klio, S. 5–34.

NOWOSADTKO, Jutta, Die Schulbildung der Soldatenkinder im Fürstbistum Münster. Konfessionelle Unterschiede in den Heeren des 17. und 18. Jahrhunderts, in: KAISER/KROLL, Militär, S. 293–305.

NOWOSADTKO, Jutta, Stehendes Heer im Ständestaat. Das Zusammenleben von Militär- und Zivilbevölkerung
im Fürstbistum Münster 1650–1803 (Forschungen zur Regionalgeschichte, Bd. 59), Paderborn u. a. 2011.

NOWOSADTKO, Jutta/KLIPPEL, Diethelm/LOHSTRÄTER, Kai (Hgg.), Militär und Recht vom 16. bis 19. Jahrhundert. Gelehrter Diskurs – Praxis – Transformationen (Herrschaft und soziale Systeme in der Frühen Neuzeit, Bd. 19), Göttingen 2016.

OBERER, Vincent, Ludwig von Roll. Ein Solothurner Solddienstunternehmer im Dreissigjährigen Krieg,
Basel 2025.

OLDACH, Robert, Das Einquartierungswesen in der schwedischen Festung Stralsund 1721–1807,
in: Militär und Gesellschaft in der Frühen Neuzeit 16 (2012), S. 218–256.

OPITZ, Claudia, Von Frauen im Krieg zum Krieg gegen Frauen. Krieg, Gewalt und Geschlechterbezie-
hungen aus historischer Sicht, in: L'Homme. Zeitschrift für feministische Geschichtswissenschaft 3
(1992), S. 31–44.

OPITZ-BELAKHAL, Claudia, Militärreformen zwischen Bürokratisierung und Adelsreaktion. Das französische Kriegsministerium und seine Reformen im Offizierskorps von 1760–1790 (Beihefte der
Francia, Bd. 34), Sigmaringen 1994.

OPLL, Ferdinand/KRAUSE, Heike/SONNLECHNER, Christoph, Wien als Festungsstadt im 16. Jahrhundert.
Zum kartografischen Werk der Mailänder Familie Anglielini, Wien/Köln/Weimar 2017.

OTTE, Thomas G., Leuthen. Great Battles, Oxford 2024.

PARKER, Geoffrey, The „Military Revolution“, 1560–1660 - a Myth?, in: The Journal of Modern History 48
(1976), S. 195–214.

PARKER, Geoffrey, Die militärische Revolution. Die Kriegskunst und der Aufstieg des Westens 1500–1800,
Frankfurt a. M./New York 1990.

PARKER, Geoffrey, Der Soldat, in: VILLARI, Rosario (Hg.), Der Mensch des Barock. Frankfurt a. M./New
York 1997, S. 47–81.

PECHLANER, Evi, … nun hinfüran der Burgerschafft alhier einverleibt. Sozialer Aufstieg in Bozen des 18.
und 19. Jahrhunderts am Beispiel der Familie Hepperger, in: PFEIFER/ANDERMANN, Soziale Mobilität,
S. 351–386.

PFEIFER, Gustav/ANDERMANN, Kurt (Hgg.), Soziale Mobilität in der Vormoderne. Historische Perspek-
tiven auf ein zeitloses Thema. Akten der internationalen Tagung Brixen, Bischöfliche Hofburg und
Priesterseminar 11. bis 14. September 2019 (Veröffentlichungen des Südtiroler Landesarchivs, Bd. 48),
Innsbruck 2020.

Plassmann, Max, 1632, Köln geht ans Tafelsilber. Ein Beitrag der Geistlichkeit zur Finanzierung des Dreißigjährigen Krieges, in: Beiträge zur Geschichte und Quellenkunde, S. 33–43.

Plassmann, Max, Die Abgrenzung von geistlicher und weltlicher Gerichtsbarkeit und die Qualität der Reichsstandschaft der Stadt Köln, in: Annalen des Historischen Vereins für den Niederrhein 216 (2013), S. 41–56.

Plassmann, Max, Bikonfessionelle Streitkräfte, Das Beispiel des Schwäbischen Reichskreises (1648–1803), in: Kaiser/Kroll, Militär, S. 33–48.

Plassmann, Max, Die Bühl-Stollhofener Linien, in: Hierzuland 37 (2022), Nr. 55, S. 11–16.

Plassmann, Max, Erinnern, Vergessen, Identität. Das Kölner Stadtgedächtnis, Köln 2021.

Plassmann, Max, Die Geburt des Kölner Karnevals aus dem Geist des Verbots, in: Fischer/Plassmann, Archiv, S. 197–215.

Plassmann, Max, Hermann Weinsberg als historische Quelle – oder, wie zuverlässig sind Zeitzeugen?, n: Beiträge zur Geschichte und Quellenkunde, S. 9–16.

Plassmann, Max, Hilliges Köln 2.0 – Auf dem Weg zur religiösen Toleranz? Begleitband zur Ausstellung des Historischen Archivs der Stadt Köln. 6. April–12. November 2017, Köln 2017.

Plassmann, Max, Indirekt kaiserlich? Die Kriegführung und -finanzierung von Reichskreisen und Assoziationen (1648–1740), in: Rauscher, Peter (Hg.), Kriegführung und Staatsfinanzen. Die Habsburgermonarchie und das Heilige Römische Reich vom Dreißigjährigen Krieg bis zum Ende des habsburgischen Kaisertums 1740 (Geschichte in der Epoche Karls V., Bd. 10), Münster 2010, S. 515–541.

Plassmann, Max, Kämpfer oder Kaufleute? Militärische Kompetenzen in der Kölner Bürgerschaft der Vormoderne, in: Schönewald, Stadt, S. 123–142.

Plassmann, Max, Karneval auf den Straßen, in: Wagner/Plassmann, Achtung Brauchtumszone, S. 71–83.

Plassmann, Max, Köln – die Stadt am Hafen in Mittelalter und Früher Neuzeit, in: Am Strom. Köln und seine Häfen von der Antike bis zur Gegenwart. Mit Beiträgen von Thomas Höltken u. a. (Mitteilungen aus dem Stadtarchiv von Köln, Bd. 106), Köln 2021, S. 55–67.

Plassmann, Max, Kriegsgefangene der Reichsarmee im Neunjährigen Krieg und im Spanischen Erbfolgekrieg (1688–1714), in: Jalabert, Laurent (Hg.), Les prisonniers de guerre (XVe–XIXe siècle). Entre marginalisation et reconnaissance, Rennes 2018, S. 199–212.

Plassmann, Max, Paralleluniversum?! Köln und seine Universität seit 1919. Begleitband zur Ausstellung des Historischen Archivs der Stadt Köln. 08.05.–10.11.2019, Köln 2019.

Plassmann, Max, Preußisch-Kölscher Militarismus? Überlegungen anlässlich des Preußenjahrs 2015, in: Lewejohann, Stefan/Mölich, Georg (Hgg.), Köln und Preußen. Studien zu einer Beziehungsgeschichte (Geschichte in Köln. Beihefte. Beiträge zur Stadt- und Regionalgeschichte, Bd. 3), Köln 2019, S. 33–47.

Plassmann, Max, Eine Stadt als Feldherr. Studien zur Kriegsführung Kölns (12.–18. Jahrhundert) (Stadt und Gesellschaft, Bd. 7), Wien/Köln/Weimar 2020.

Plassmann, Max, Stadtgeschichte von außen nach innen, Leben im Schatten der Mauer, in: Willkommen im alten Köln. Geschichte(n) rund um die Stadtmauer. Mit Beiträgen von Martin Bachem u. a. (Mitteilungen aus dem Stadtarchiv von Köln, Bd. 103), Köln 2018, S. 71–87.

Plassmann, Max, Die „Topographie der Stadt Köln im Mittelalter" und die Schreinsbücher – nach Keussen, in: Die Schreinsbücher – Spiegel der Kölner Vormoderne. Mit Beiträgen von Rainer Opitz u. a. (Mitteilungen aus dem Stadtarchiv von Köln, Bd. 102), Köln 2017, S. 55–62.

Plassmann, Max, Überlieferung zur jüdischen Geschichte im Historischen Archiv der Stadt Köln, in: 1700 Jahre jüdisches Leben in Köln. Mit Beiträgen von Tomáš Fedorovič u. a. (Mitteilungen aus dem Stadtarchiv von Köln, Bd. 109), Köln 2022, S. 9–23.

Plassmann, Max, Was heißt und zu welchem Ende betreiben wir Karneval?, in: Wagner/Plassmann, Achtung, S. 17–54.

PLASSMANN, Max, Zwischen Neutralität und Kaisertreue. Die Stadt Köln zu Beginn des Spanischen Erbfolgekrieges (1702–1704), in: Jahrbuch des Kölnischen Geschichtsvereins 83 (2019), S. 33–61.

PRAK, Maarten, Citizens against Soldiers in the Dutch Republic, 's-Hertogenbosch in the Late 18th Century, in: ROGGER/SCHMID, Miliz, S. 125–139.

PRAK, Maarten, Die städtische Politik in den Niederlanden 1780–1820, in: BLICKLE, Peter/SCHMAUDER, Andreas (Hgg.), Die Mediatisierung der oberschwäbischen Reichsstädte im europäischen Kontext (Oberschwaben – Geschichte und Kultur, Bd. 11), Epfendorf 2003, S. 219–241.

PRIETZEL, Malte, Krieg im Mittelalter, Darmstadt 2006.

PROKOSCH, Michael/SCHEUTZ, Martin, Bürgerschuss, Flinte und Hellebarde. Bürgerrecht und Waffenbesitz im Spiegel von Bürgerbüchern österreichischer Städte in der Frühen Neuzeit, in: FREITAG/SCHEUTZ, Pulverfass, S. 33–54.

PRÖVE, Ralf (Hg.), Klio in Uniform? Probleme und Perspektiven einer modernen Militärgeschichte der Frühen Neuzeit, Köln/Weimar/Wien 1997.

PRÖVE, Ralf, Der Soldat in der „guten Bürgerstube". Das frühneuzeitliche Einquartierungswesen und die sozioökonomischen Folgen, in: KROENER/PRÖVE, Krieg, S. 191–217.

PRÖVE, Ralf, Stehendes Heer und städtische Gesellschaft im 18. Jahrhundert. Göttingen und seine Militärbevölkerung (Beiträge zur Militärgeschichte, Bd. 47), München 1995.

PRÖVE, Ralf, Violentia und Potestas. Perzeptionsprobleme von Gewalt in Söldnertagebüchern des 17. Jahrhunderts, in: MEUMANN, Markus/NIEFANGER, Dirk (Hgg.), Ein Schauplatz herber Angst. Wahrnehmung und Darstellung von Gewalt im 17. Jahrhundert, Göttingen 1997, S. 24–42.

RASS, Christoph, Auf dem Weg zur gleichberechtigten Gewaltakteurin? Krieg, Militär und Gender im 19. und 20. Jahrhundert, in: BÖSLING, Carl-Heinrich u. a. (Hgg.), Männer. Frauen. Krieg. Krieg und Frieden – eine Frage des Geschlechts (Erich Maria Remarque Jahrbuch, Bd. XXV), Osnabrück 2015, S. 13–32.

REINHARDT, Volker, Überleben in der frühneuzeitlichen Stadt. Annona und Getreideversorgung in Rom 1563–1797, Tübingen 1991.

RINK, Martin, Der kleine Krieg als Karrierefeld für „Ausländer" in der preußischen Armee. Vom 18. zum 19. Jahrhundert, in: MÜLLER/ROGG, Militärgeschichte, S. 267–291.

RISCHKE[-NESS], Janine, „Mit dem bloßen Pallasch ihn etliche mal über den Kopff geschlagen". Gewalttätigkeiten von Soldaten in Gerichtsakten des preußischen Militärs im 18. Jahrhundert, in: MÜLLER/ROGG, Militärgeschichte, S. 292–311.

RISCHKE-NESS, Janine, Subjektivierungen und Kriminalitätsdiskurse im 18. Jahrhundert. Preußische Soldaten zwischen Norm und Praxis (Schriften des Frühneuzeitzentrums Potsdam, Bd. 10), Göttingen 2021.

ROGG, Matthias, Lauter Krieg – Annäherung an eine Militärgeschichte als Klanggeschichte, in: JONAS, Michael/LAPPENKÜPER, Ulrich/WROCHEM, Oliver von (Hgg.), Dynamiken der Gewalt. Krieg im Spannungsfeld von Politik, Ideologie und Gesellschaft. Festschrift für Bernd Wegner, Paderborn 2015, S. 377–394.

ROGGER, Philippe, Söldneroffiziere als gefragte Militärexperten – Zum Transfer militärischer Kultur in die frühneuzeitliche Eidgenossenschaft, in: DERS./SCHMID, Miliz, S. 141–172.

ROGGER, Philippe/HITZ, Benjamin (Hg.), Söldnerlandschaften. Frühneuzeitliche Gewaltmärkte im Vergleich (Zeitschrift für Historische Forschung, Beiheft 49), Berlin 2014.

ROGGER, Philippe/SCHMID, Regula (Hg.), Miliz oder Söldner? Wehrpflicht und Solddienst in Stadt, Republik und Fürstenstaat. 13.-18. Jahrhundert (Krieg in der Geschichte, Bd. 111), Paderborn 2019.

ROHRSCHNEIDER, Michael, Leopold I. von Anhalt-Dessau, die oranische Heeresreform und die Reorganisation der preußischen Armee unter Friedrich Wilhelm I., in: BAUMGART/KROENER/STÜBING, Preußische Armee, S. 45–71.

ROSEN, Wolfgang, Die Ökonomie des Kölner Stiftes St. Aposteln. Strukturen und Enzwicklungen vom Mittelalter bis 1802 (Rheinisches Archiv, Bd. 158), Köln/Weimar/Wien 2016.

ROSEN, Wolfgang, Die Stadt und der geistliche Grundbesitz. Das Gesetz gegen die „Tote Hand" von 1385, in: DERS./WIRTLER, Lars (Hgg.), Quellen zur Geschichte der Stadt Köln, Bd. 1, Köln 1999, S. 296–306.

ROSSEAUX, Ulrich, Städte in der Frühen Neuzeit, Darmstadt 2006.

RUTZ, Andreas, Englische Fräulein, in: GROTEN/MÖLICH/MUSCHIOL/OEPEN, Nordrheinisches Klosterbuch, S. 206–209.

RUTZ, Andreas (Hg.), Krieg und Kriegserfahrung im Westen des Reiches 1568–1714 (Herrschaft und soziale Systeme in der Frühen Neuzeit, Bd. 20), Göttingen 2016.

RUTZ, Andreas/WULF, Tobias (Hgg.), O felix Agrippina nobilis Romanorum Colonia. Neue Studien zur Kölner Geschichte – Festschrift für Manfred Groten zum 60. Geburtstag (Veröffentlichungen des Kölnischen Geschichtsvereins, Bd. 48), Köln 2009.

SAITO, Hiroyuki/SCHWERHOFF, Gerd, Waffengebrauch und Gewaltpraktiken in der alteuropäischen Stadt, Köln und Leipzig am Beginn der Neuzeit, in: FREITAG/SCHEUTZ, Pulverfass, S. 55–75.

SAITO, Keita, Das Kriegskommissariat der bayerisch-ligistischen Armee während des Dreißigjährigen Krieges (Herrschaft und soziale Systeme in der Frühen Neuzeit, Bd. 24), Göttingen 2020.

SALISCH, Marcus von, Treue Deserteure. Das kursächsische Militär und der Siebenjährige Krieg (Militärgeschichtliche Studien, Bd. 41), München 2009.

SCHANBACHER, Ansgar, Natur als Ressource und Gefahr. Braunschweig, Würzburg und Utrecht in der späten Vormoderne (Umwelthistorische Forchungen, Bd. 11), Köln 2024.

SCHEFFKNECHT, Wolfgang, Kleinterritorium und Heiliges Römisches Reich. Der „Embsische Estat" und der Schwäbische Reichskreis im 17. und 18. Jahrhundert (Forschungen zur Geschichte Vorarlbergs. Neue Folge, Bd. 13), Konstanz 2017.

SCHENNACH, Martin P., Introduction and Commentary, in: MEUMANN/PÜHRINGER, Military, S. 31–43.

SCHENNACH, Martin P., Tiroler Landesverteidigung 1600–1650. Landmiliz und Söldnertum (Schlern-Schriften, Bd. 323), Innsbruck 2003.

SCHILD, Georg/SCHINDLING, Anton (Hgg.), Kriegserfahrungen. Krieg und Gesellschaft in der Neuzeit. Neue Horizonte der Forschung (Krieg in der Geschichte, Bd. 55), Paderborn u. a. 2009.

SCHILLING, Heinz, Höfe und Allianzen. Deutschland 1648–1763 (Siedler Deutsche Geschichte), Berlin 1998.

SCHLÖDER, Christian, Bonn im 18. Jahrhundert. Die Bevölkerung einer geistlichen Residenzstadt (Stadt und Gesellschaft, Bd. 5), Köln/Weimar/Wien 2014.

SCHLÜRMANN, Jan, Das Militär der Freien und Hansestadt Lübeck 1623–1867, in: FIEBIG, Eva S./SCHLÜRMANN, Jan (Hgg.), Handbuch zur nordelbischen Militärgeschichte. Heere und Kriege in Schleswig-Holstein, Lauenburg, Eutin und Lübeck 1623–1863/76, Husum 2010, S. 165–204.

SCHMID, Regula, Der Harnisch im Haushalt. Waffen als Indikatoren und als Triebkräfte sozialen Wandels in der mittelalterlichen Stadt, in: HEUSINGER, Sabine von/WITTEKIND, Susanne (Hgg.), Die materielle Kultur der Stadt in Spätmittelalter und Früher Neuzeit (Städteforschung. Reihe A, Bd. 100), Wien/Köln/Weimar 2019, S. 205–224.

SCHMIDT, Georg, Wandel durch Vernunft. Deutsche Geschichte im 18. Jahrhundert, München 2009.

SCHMIDTCHEN, Volker, Kriegswesen im späten Mittelalter. Technik, Taktik, Theorie, Weinheim 1990.

SCHMITZ, Simon, Adlig werden und es wirklich sein. Etablierung im Adel im 17. und frühen 18. Jh. im Gesamtzusammenhang des Phänomens Neuadel im 16. und 17. Jh., Diss. phil. Heidelberg 2023 (online 2024, http,//www.ub.uni-heidelberg.de/archiv/35030, abgerufen am 27.8.2024).

SCHNITTER, Helmut, Volk und Landesdefension. Volksaufgebote, Defensionswerke, Landmilizen in den deutschen Territorien vom 15. bis zum 18. Jahrhundert (Militärhistorische Studien. Neue Folge, Bd. 18), Berlin (Ost) 1977.

SCHNITZLER, Thomas, Die Kölner Schützenfeste des 15. und 16. Jahrhunderts – Zum Sportfest in „vormoderner Zeit", in: Jahrbuch des Kölnischen Geschichtsvereins 63 (1992), S. 127–141.

SCHÖNEWALD, Beatrix (Hg.), Stadt und Militär. Konfrontation und/oder Kooperation. Tagungsband der 57. Jahrestagung des Südwestdeutschen Arbeitskreises für Stadtgeschichtsforschung (Stadt in der Geschichte, Bd. 46), Göttingen 2024.

SCHÖNFUSS, Florian, Mars im hohen Haus. Zum Verhältnis von Familienpolitik und Militärkarriere beim rheinischen Adel 1770–1830 (Herrschaft und soziale Systeme in der Frühen Neuzeit, Bd. 22), Göttingen 2017.

SCHRÖDER, Martin, Stehende Heere in Bewegung. Kursächsische und (kur)hannoversche Feldzugspraktiken im „Großen Türkenkrieg" (1683–1699) (Herrschaft und soziale Systeme in der Frühen Neuzeit, Bd. 29), Göttingen 2024.

SCHRÖDER-STAPPER, Teresa, Fürstäbtissinnen. Frühneuzeitliche Stiftsherrschaften zwischen Verwandtschaft, Lokalgewalten und Reichsverband (Symbolische Kommunikation in der Vormoderne), Köln/Weimar/Wien 2015.

SCHRYVER, Reginald de, Max II. Emanuel von Bayern und das spanische Erbe. Die europäischen Ambitionen des Hauses Wittelsbach 1655–1715 (Veröffentlichungen des Instituts für Europäische Geschichte Mainz. Abteilung Universalgeschichte, Bd. 156), Mainz 1996.

SCHWARK, Thomas, Lübecks Stadtmilitär im 17. und 18. Jahrhundert. Untersuchungen zur Sozialgeschichte einer reichsstädtischen Berufsgruppe (Veröffentlichungen zur Geschichte der Hansestadt Lübeck. Reihe B, Bd. 18), Lübeck 1990.

SCHWARZ, Friedel, Die Kölner Stadt-Soldaten am Ende der reichsstädtischen Zeit, in: Jahrbuch des Kölnischen Geschichtsvereins 48 (1977), S. 151–198.

SCHWARZ, Friedel, Die Kreiskontingent-Stellung der freien Reichsstadt Köln im polnischen Erbfolgekrieg 1733–1736. I. Der Oberrhein-Feldzug, in: Jahrbuch des Kölnischen Geschichtsvereins 59 (1988), S. 51–86.

SCHWARZ, Friedel, Die Kreiskontingent-Stellung der freien Reichsstadt Köln im polnischen Erbfolgekrieg 1733–1736. II. Der Mosel-Feldzug, in: Jahrbuch des Kölnischen Geschichtsvereins 61 (1990), S. 113–136.

SCHWARZ, Friedel, Werbung, Organisation, Sold und Ausrüstung des „Militär Contigents der Kay. F. R. Stadt Cöln", in: Jahrbuch des Kölnischen Geschichtsvereins 49 (1978), S. 259–276.

SCHWERHOFF, Gerd, Criminalized Violence and the Process of Civilsation, a Reappraisal, in: Crime, Histoire & Sociétés/Crime, History & Societies 6 (2002), S. 1–24.

SCHWERHOFF, Gerd, Early Modern Violence and the Honour Code. From Social Integration to Social Distinction?, in: Crime, History & Societies 17 (2013), S. 27–46.

SCHWERHOFF, Gerd, Köln im Ancien Régime 1686–1794 (Geschichte der Stadt Köln, Bd. 7), Köln 2017.

SCHWERHOFF, Gerd, Köln im Kreuzverhör. Kriminalität, Herrschaft und Gesellschaft in einer frühneuzeitlichen Stadt, Bonn/Berlin 1991.

SCHWERHOFF, Gerd, Kriminalität in der Reichsstadt Köln um 1700 – ein neuer Blick vom Turm, in: Geschichte in Köln 55 (2008), S. 63–85.

SCHWERHOFF, Gerd (Hg.), Stadt und Öffentlichkeit in der Frühen Neuzeit (Städteforschung. Reihe A, Bd. 83), Köln/Weimar/Wien 2011.

SCHWERHOFF, Gerd, Zivilisationsprozeß und Geschichtswissenschaft. Norbert Elias' Forschungsparadigma in historischer Sicht, in: Historische Zeitschrift 266 (1998), S. 561–605.

SICKEN, Bernhard, Der Dreißigjährige Krieg als Wendepunkt, Kriegführung und Heeresstruktur im Übergang zum miles perpetuus, in: DUCHHARDT, Heinz (Hg.), Der Westfälische Friede. Diplomatie – politische Zäsur – kulturelles Umfeld – Rezeptionsgeschichte (Historische Zeitschrift. Beihefte Bd. 26), München 1998, S. 581–598.

SICKEN, Bernhard, Die Streitkräfte des Hochstifts Würzburg gegen Ende des Ancien Régime. Beobachtungen zur Organisation und Sozialstruktur, in: Zeitschrift für Bayerische Landesgeschichte 47 (1984), S. 691–744.

SIKORA, Michael, Change and Continuity in Mercenary Armies, Central Europe, 1650–1750, in: ZÜRCHER, Fighting, S. 201–241.

SIKORA, Michael, Disziplin und Desertion. Strukturprobleme militärischer Organisation im 18. Jahrhundert (Historische Forschungen, Bd. 57), Berlin 1996.

SIKORA, Michael, Militarisierung und Zivilisierung. Die preußischen Heeresreformen und ihre Ambivalenzen, in: BAUMGART/KROENER/STÜBING, Preußische Armee, S. 164–195.

SIKORA, Michael, Die französische Revolution der Heeresverfassung, in: BAUMGART/KROENER/STÜBING, Preußische Armee, S. 135–163.

SIKORA, Michael, Die guten Soldaten, in: ROGGER/SCHMID, Miliz, S. 17–39.

SIKORA, Michael, Söldner – historische Annäherung an einen Kriegertypus, in: Geschichte und Gesellschaft 29 (2003), S. 210–238.

SOÉNIUS, Ulrich S., Die Kölner Stadtsoldaten im Adressbuch von 1797, in: HUNOLD/DREWES/EULER-SCHMIDT, Stadtsoldaten, S. 95–107.

Stadtrecht. Stadtrecht. Bürgerfreiheit. Ausstellung aus Anlaß des 600. Jahrestages des Verbundbriefes vom 14. September 1396. Historisches Archiv der Stadt Köln 13. September–31. Oktober 1996, Köln 1996.

STEHKÄMPER, Hugo/DIETMAR, Carl, Köln im Hochmittelalter 1074/75–1288 (Geschichte der Stadt Köln, Bd. 3), Köln 2016.

STEIN, Walther (Bearb.), Akten zur Geschichte von Verfassung und Verwaltung der Stadt Köln im 14. und 15. Jahrhundert (Publikationen der Gesellschaft für Rheinische Geschichtskunde, Bd. X). 2 Bde, Bonn 1893–1895 [Nachdruck Düsseldorf 1993].

STEPHAN, Jonas, Tinte, Feder und Kanonen. Der Niederrheinisch-Westfälische Reichskreis am Vorabend des Spanischen Erbfolgekrieges (1701) (Verhandeln, Verfahren, Entscheiden. Historische Perspektiven, Bd. 8), Münster 2024.

STOLLBERG-RILINGER, Barbara, Rang vor Gericht. Zur Verrechtlichung sozialer Rangkonflikte in der frühen Neuzeit, in: Zeitschrift für Historische Forschung 28 (2001), S. 385–418.

STRAUBEL, Rolf, Heer und höhere Beamtenschaft in (spät-)friderizianischer Zeit. Zum Prozeß der sogenannten Militarisierung der preußischen Verwaltung, in: BAUMGART/KROENER/STÜBING, Preußische Armee, S. 96–106.

STRAUCH, Dieter, Kölnisches Gerichtswesen, in: DEETERS, Joachim/HELMRATH, Johannes (Hgg.), Quellen zur Geschichte der Stadt Köln, Bd. 2, Köln 1996, S. 29–62.

STRAUSS, Angela, Das preußische Militär auf Potsdamer und Berliner Stadtansichten. Bildquellen als Zugang zur Gesellschaft des späten 18. Jahrhunderts, in: MÜLLER/ROGG, Militärgeschichte, S. 338–357.

TAKATSU, Hideyuki, Die Kölner Syndici in der zweiten Hälfte des 16. Jahrhunderts. Zur Professionalisierung obrigkeitlicher Herrschaftspraktiken am Beginn der Frühen Neuzeit, in: RUTZ/WULF, O felix Agrippina, S. 113–125.

TAKATSU, Hideyuki, Die Neuorganisation des Militärwesens der Stadt Köln 1583. Überlegungen zum Einfluss auf das politische Verhältnis von Rat und Gemeinde, in: Jahrbuch des Kölnischen Geschichtsvereins 76 (2005), S. 27–50.

TALLETT, Frank, Soldiers in Western Europe, c. 1500–1790, in: ZÜRCHER, Fighting, S. 135–167.

TALLETT, Frank, War and Society in Early-Modern Europe, 1495–1715 (War in Context), London/New York 1992.

THEIBAULT, John, German Villages in Crisis. Rural Life in Hessen-Kassel and the Thirty Years' War, 1580–1720 (Studies in German Histories), Atlantic Highlands 1995.

THEWES, Guy, Stände, Staat und Militär. Versorgung und Finanzierung der Armee in den Österreichischen Niederlanden 1715–1795 (Schriftenreihe der Österreichischen Gesellschaft zur Erforschung des 18. Jahrhunderts, Bd. 14), Wien/Köln/Weimar 2012.

THIELEN, Katharina, Politische Partizipation in der preußischen Rheinprovinz 1815–1845. Eine Verflechtungsgeschichte (Stadt und Gesellschaft, Bd. 10), Wien/Köln 2023.

TLUSTY, B. Ann, The Martial Ethic in Early Modern Germany. Civic Duty and the Right of Arms (Early Modern History. Society and Culture), Basingstoke 2011.

VEDDELER, Peter, Das Porträt des Feldmarschalls Wilhelm Graf zu Schaumburg-Lippe im Rathaus in Münster – Ein Zeugnis zur Geschichte der Stadt während des Siebenjährigen Krieges, in: Westfalen. Hefte für Geschichte, Kunst und Volkskunde 95 (2017), S. 89–166.

Verzeichnus der stadt-kölnischen Einwohner, nebst Bemerkung […], Köln 1798.

VOLLRATH, Hanna, Die Rolle der Grundherrschaft bei der genossenschaftlichen Rechtsbildung. Analysen am Beispiel der Klöster Werden und Rupertsberg, in: DILCHER, Gerhard/VIOLANTE, Cinzio (Hgg.), Strukturen und Wandlungen der ländlichen Herrschaftsformen vom 10. zum 13. Jahrhundert. Deutschland und Italien im Vergleich (Schriften des Italienisch-Deutschen Historischen Instituts in Trient, Bd. 14), Berlin 2000, S. 189–214.

WAGNER, Daniela/PLASSMANN, Max (Hgg.), Achtung Brauchtumszone! Beiträge zur Kölner Karnevalsgeschichte (Mitteilungen aus dem Stadtarchiv von Köln, Bd. 111), Köln 2023.

WAGNER, Rita (Bearb.), Kölnischer Bildersaal. Die Gemälde im Bestand des Kölnischen Stadtmuseums einschließlich der Sammlung Porz und des Gymnasial- und Stiftungsfonds, Köln 2006.

WHALEY, Joachim, Das Heilige Römische Reich Deutscher Nation und seine Territorien. 2 Bde., Darmstadt 2014.

WILHELM, Jürgen (Hg.), Das große Köln Lexikon, 2. Aufl., Köln 2008.

Willkommen im alten Köln. Geschichte(n) rund um die Stadtmauer. Katalog zur Ausstellung des Historischen Archivs der Stadt Köln, 15. März bis 23. September 2016. Mit Werken von Siegfried GLOS und Texten von Max PLASSMANN, Köln 2016.

WILSON, Peter H., German Women and War, 1500–1800, in: War in History 3 (1996), S. 127–160.

WILSON, Peter H., The Politics of Military Recruitment in Eighteenth-Century Germany, in: The English Historical Review 117 (2002), S. 536–568.

WILSON, Peter H., Social Militarization in Eighteenth-Century Germany, in: German History 18 (2000), S. 1–39.

WINKEL, Carmen, Adliger Stand und militärischer Rang. Konflikte zwischen hochadligen Offizieren in der brandenburgisch-preußischen Armee (1713–1786), in: Militärgeschichtliche Zeitschrift 72 (2013), S. 267–287.

WINKEL, Carmen, Eighteenth-Century Military and Princely Rule. Brandenburg-Prussia as a Prime Example?, in: MEUMANN/PÜHRINGER, Military, S. 67–88.

WINKEL, Carmen, Zwischen adliger Reputation und militärischer Subordination. Normative Ehrvorstellungen und soziale Praxis im preußischen Offizierskorps, in: LUDWIG, Ulrike/PÖHLMANN, Markus/ZIMMERMANN, John (Hgg.), Ehre und Pflichterfüllung als Codes militärischer Tugenden (Krieg in der Geschichte, Bd. 69), Paderborn 2014, S. 111–126.

WINTER, Martin, Desertionsprozesse in der preußischen Armee nach dem Siebenjährigen Krieg, in: NOWOSADTKO/KLIPPEL/LOHSTRÄTER, Militär, S. 187–207.

WINTER, Martin (Bearb.), Friedrich Wilhelm Carl von Schmettau. Einrichtung des Krieges-Wesens für die Preußische Infanterie zu Friedens-Zeiten (1773). 2 Bde. (Veröffentlichungen aus den Archiven Preußischer Kulturbesitz. Quellen, Bd. 70), Berlin 2016.

WITTKE, Margarete, Mord und Todschlag? Gewaltdelikte im Fürstbistum Münster 1580–1620. Täter, Opfer und Justiz (Veröffentlichungen der Historischen Kommission für Westfalen, Bd. XXII = Geschichtliche Arbeiten zur Westfälischen Landesforschung, Bd. 21), Münster 2002.

WOLF, Klaus, Politische Öffentlichkeit und reichsstädtische Politik. Kölner Kontroversen des späten 18. Jahrhunderts, in: Geschichte in Köln 57 (2010), S. 71–92.

WULF, Tobias, Die Pfarrgemeinden der Stadt Köln. Entwicklung und Bedeutung vom Mittelalter bis in die Frühe Neuzeit (Studien zur Kölner Kirchengeschichte, Bd. 42), Siegburg 2012.

WUNDER, Heide, „Er ist die Sonn', sie ist der Mond". Frauen in der Frühen Neuzeit, München 1992.

XENAKIS, Stefan, Gewalt und Gemeinschaft. Kriegsknechte um 1500 (Krieg in der Geschichte, Bd. 90), Paderborn 2015.

[ZANDER, Ernst], Köln als befestigte Stadt und militärischer Standort (einschließlich der früher selbständigen Garnisonen Deutz und Mülheim am Rhein), in: Jahrbuch des Kölnischen Geschichtsvereins 23 (1941), S. 5–132.

ZAUNSTÖCK, Holger, Konstellationen des Öffentlichen und städtischer Raum. Pietismus, Studentenkultur und Disziplinarpolitik um 1700, in: SCHWERHOFF, Stadt, S. 159–178.

ZIELSDORF, Frank, Militärische Erinnerungskulturen in Preußen im 18. Jahrhundert. Akteure – Medien – Dynamiken (Herrschaft und soziale Systeme in der Frühen Neuzeit, Bd. 21), Göttingen 2016.

ZIMMERMANN, Martin, „... als wären sie selbst dabei gewesen". Antike Kriegslandschaften in Bild und Text, in: SCHILD/SCHINDLING, Kriegserfahrungen, S. 41–81.

ZÜRCHER, Erik-Jan (Hg.), Fighting for a Living. A Comparative Study of Military Labour 1500–2000, Amsterdam 2013.

Abbildungsnachweis

Abb. 1: Ansicht von Köln, um 1680 (Kölnisches Stadtmuseum HM 1915/208, Reproduktion HAStK-RBA rba_mf165518)

Abb. 2: Vergleichbar zur Kölner Bürger-Kavallerie: Ein Offizier der Bürgerkompanie zu Pferd der Stadt Regensburg, 1773 (Ausschnitt aus HAStK-RBA X-Best. 6100 A 492)

Abb. 3: Postenzettel der Soldatenwache für den 3. Juli 1771 (HAStK-RBA Best. 33 A 371, Bl. 213v)

Abb. 4: Uniformen der Stadtsoldaten im 18. Jahrhundert (nach Knötel, Handbuch, Tafel 17)

Abb. 5: Grundriss eines Kettenhauses, eines innerstädtischen Wachhauses für die Bürgerwache, 1787 (HAStK-RBA Best. 7101 P 312)

Abb. 6: Cornelius Springer: Ansicht eines Kettenhauses an der Kreuzung Blaubach/Waidmarkt, um 1840 (Kölnisches Stadtmuseum, HAStK-RBA rba_d029795)

Abb. 7: Verteilung der Kettenhäuser mit dem Schema der gegenseitigen Visitation, 1768 (HAStK-RBA Best. 7101 P 1/218)

Abb. 8: Wachzettel für Thonis Wienhoffen, 16. Jh. (HAStK-RBA Best. 33 A 230, Bl. 196r)

Abb. 9: Die Einteilung der Stadt Köln in acht Colonelschaften (I–VIII) sowie in die Fahnenbezirke A-H in der VI. Colonelschaft, 1583 (nach Holt, Bürgermusterung, S. 235)

Abb. 10: Bürger mit Hellbarde, Spießen und Helmen. Ausschnitt aus: Arnold Colyns: Die Rückkehr nach der Schlacht von Worringen, 1582 (Kölnisches Stadtmuseum, Repro HAStK-RBA rba_d035260_04)

Abb. 11: Gerard ter Borch (der Jüngere): Wachtstube, ca. 1650/1660 (Wallraf-Richartz-Museum & Fondation Corboud, Köln, Inv.-Nr. WRM 1001, Repro HAStK-RBA rba_c004928)

Abb. 12: Grenzbereich der Fahnen Schölgens, Wirtz und Töller, 1767 (HAStK-RBA Best. 7101 P 251)

Abb. 13: Ansicht und Plan des Wachgebäudes auf dem Neumarkt, um 1750 (HAStK-RBA Best. 7101 P 262)

Abb. 14: Aus dem Fechtbuch des stadtkölnischen Fechtmeisters Joan Henrich Eich, 18. Jh. (HAStK-RBA Best. 7010 Nr. 289, Bl. 14r)

Abb. 15: Gerät zur Erprobung der Qualität von Pulver aus der Mittwochsrentkammer, 17. Jh. (Kölnisches Stadtmuseum, Inv.-Nr. 1996/509, Repro: HAStK-RBA rba_d035890, Sabrina Walz)

Abb. 16: Plan von Köln, 1790 (Kölnisches Stadtmuseum KSM 1964/33, Repro HAStK-RBA rba_c015972)

Abb. 17: Pflege pestkranker Soldaten in Köln durch Alexianer-Brüder, 1605 (anonym, KSM HM 1940/223, Repro: HAStK-RBA rba_mf166256)

Abb. 18: Die Nachtwache des Rembrandt van Rijn, 1642 (Ausschnitt, Rijksmuseum Amsterdam, SK-C-5)

Abb. 19: Plan der Stadt Köln von Artillerie-Hauptmann Johann Valentin Reinhardt, 1752 (HAStK-RBA Best. 7102 P 20)

Register

Nicht berücksichtigt wurden häufige Begriffe wie Bürgerfahne, Stadtsoldaten, Dienst-grade, Straßennamen usw. Ebenfalls nicht berücksichtigt wurden Namen unbekannter oder nur beispielhaft angeführter Personen sowie die Anmerkungen.